热带农业
与国家战略

王庆煌 崔鹏伟 等/著

**TROPICAL
AGRICULTURE
FOR NATIONAL
STRATEGIES**

科学出版社

北京

内 容 简 介

本书从中国热带农业应国家战略而生开篇，首先讨论热带农业发展历程、现状和趋势，热带农业区域与领域，热带农业科技创新体系，热带农业与国家安全，热带农业与乡村振兴等；其次围绕热带作物种质资源，热带作物产业发展，热带农产品精深加工技术，热带作物机械化，粮油作物产业发展，冬季瓜菜产业发展，热带特色畜禽产业发展，热带海洋生物资源保护与利用，热区生态农业产业发展，热带农业信息化，热带农业国际合作等领域全面阐述"四个面向"的显著成效；最后立足于中国热带农业为国家使命而战，提出热带农业发展展望，打造国家热带农业科学中心。

本书可为农业科研机构、大学、涉农企业以及从事热带农业产业发展研究的相关人员认识、研究、发展热带农业提供参考，为关心中国热带农业产业和中国热带农业科学院发展的各界人士提供素材。

审字号：（2022）1562号

图书在版编目（CIP）数据

热带农业与国家战略 / 王庆煌等著 . —北京：科学出版社，2022.12

ISBN 978-7-03-072700-8

Ⅰ.①热… Ⅱ.①王… Ⅲ.①热带作物 – 农业发展战略 – 研究 – 中国

Ⅳ.① F323

中国版本图书馆 CIP 数据核字（2022）第 115190 号

责任编辑：陈会迎 郝 悦 / 责任校对：张小霞
责任印制：霍 兵 / 封面设计：有道设计

科 学 出 版 社 出版

北京东黄城根北街 16 号
邮政编码：100717
http://www.sciencep.com

中国科学院印刷厂 印刷

科学出版社发行 各地新华书店经销

*

2022 年 12 月第 一 版 开本：720×1000 1/16
2022 年 12 月第 一 次印刷 印张：25
字数：500 000

定价：298.00 元

（如有印装质量问题，我社负责调换）

《热带农业与国家战略》编委会

秦晓威	贾效成	夏　溢	党选民	徐　志	徐丹璐
徐明岗	徐铁山	郭安平	唐　冰	黄　艳	黄华孙
黄明忠	黄建峰	黄贵修	黄媛媛	曹红星	曹建华
戚志强	龚康达	崔鹏伟	谌　振	韩　旭	曾　辉
曾小红	谢江辉	谢振宇	楚小强	雷照鸣	詹儒林
蔡　杰	谭乐和	薛晶晶	戴　萍	戴好富	戴声佩

序

热带农业是依托热带地区（简称热区）特有的自然资源与气候特点，主要利用动物、植物和微生物的生长特性，不断开发生产供人类需要产品的农业。中国热带农业在世界热带农业中居于重要地位。

2019 年，按照中央统一部署，农业农村部启动"十四五"农业农村现代化规划编制工作。中国热带农业科学院高度重视，组织力量，从热带农业与国家战略关系的视角，对我国热带农业发展开展基础性、创新性研究。最近，他们将研究成果之一的《热带农业与国家战略》一书的初稿送我阅读，并希望我为之作个序。我用了几天时间阅读，很有收获，也有一些体会。

好规划要从基础研究做起。农业规划工作是一项科学性很强的工作，但目前存在对规划工作不重视、研究深度不够、操作性不强等问题。以往我国对热带农业发展的系统深入研究一直是个短板，这次的研究不仅让我们能更加全面、系统地认识我国热带农业发展的规律，而且可喜的是已经有不少成果转化为国家"十四五"支持发展热带农业的政策措施。比如，中央首次提出要坚持面向世界热带农业科技前沿，围绕生物育种、热带农业、深蓝渔业、动物卫生与营养四个创新领域，引进和培养一批具有国际水平的创新领军人才和尖端科研团队，支撑万亿级热带特色现代农业产业发展。再次强调要发挥海南自由贸易港优势，扩大农业对外开放，建设全球热带农业中心和动植物种质资源引进中转基地。重视热带农业发展的理论研究将为我国热带农业的持续健康发展奠定良好基础。

热带农业在中国农业发展进步中具有独特地位。热带农业是中华优秀农耕文明的重要组成部分，从云南元谋到广西顶狮山、广东咸头岭，这些热带地区的农业文明伴随着中华农耕文明的进步而发展；唐代诗人杜牧的《过华清宫》中"一骑红尘妃子笑，无人知是荔枝来"，描写的也是热带水果之上品"妃子笑荔枝"品种。热带农业为国家粮食安全和重要农产品供给做出了重要贡献，热区是国家重要的优质水稻产区，是天然橡胶、蔗糖等国家重要战略物资的生产基地；热带水果、冬季瓜菜、香辛饮料、畜禽和海洋水产品生产直接关系到老百姓日常生活，热区是全国人民冬季瓜菜的"菜篮子"，热带水果的种类、货架期等综合权重占全国水果的70%。热带农业科技进步为全国农业科技创新立下了汗马功劳，其中，中国热带农业科学院发挥了重要的科技支撑作用，热带农业科技实现全面发展，尤其是海南国家南繁科研育种基地的成功建设，为全国承担了70%的育种及原种扩繁任务，是国家种业振兴和种业安全的战略高地。热带农业为国家脱贫攻坚战取得全面胜利和增进民族团结发挥了重要作用，2010年全国热带地区有63个国家级贫困县、24个省定贫困县，515万贫困人口，同时也多是少数民族聚集区，经过不懈努力，已全部如期脱贫，热带农业的发展发挥了特殊作用。

热带农业在推进"双循环"新发展格局中必将担负起不可替代的使命。加快构建以国内大循环为主体、国内国际双循环相互促进的新发展格局，是对我国全面建成小康社会、实现第一个百年奋斗目标之后，乘势而上开启全面建设社会主义现代化国家新征程、向第二个百年奋斗目标进军的方向性指引。中国热带农业具有资源优势明显、产业特色鲜明、品种类别丰富、经济效益突出等特点，是我国农业中与国际关联度、开放度最高的地域性产业，荔枝、龙眼、肉桂、八角、柚子等产量居世界首位，天然橡胶、香蕉、胡椒、火龙果、芒果、澳洲坚果、槟榔等产量均居世界前列。截至2020年底，全球136个国家与中国签署了共建"一带一路"合作文件，其中热带国家84个，热带农业国际合作既回应了"一带一路"热带国家的重点关切，又契合公众利益与民生，已成为打造"一带一路"命运共同体与利益共同体的最佳结合点之一，成为国家"一带一路"建设的得力抓手、技术支撑。全球热带农业发展已成为推动中国热带农业国际化的关键因素。加快构建以国内大循环为主体、国内国际双循环相互促进的新发展格局，我国热带农业发展有挑战，但更多的是新机遇、新使命。

期待《热带农业与国家战略》一书早日出版，能够为热带农业战线的广大干部和科技工作者认识热带农业、关注热带农业、研究热带农业、开发热带农业提供参考，能够为热带农业产业发展及科技创新赢得社会各界更多的关注与支持，共同为全面推进乡村振兴战略发挥更大作用。

农业农村部原副部长、党组副书记

屈冬玉

前言

　　世界热带地区陆地面积5360万平方公里，占全球陆地面积的36%；海洋面积14 938万平方公里，占全球海洋面积的41%。农业是热带国家和地区国民经济发展的支柱、民生的重要支撑、农民收入的重要来源，农产品出口贸易为这些热带国家和地区提供外汇收入。热带地区"稻可三熟、果香四季"，是全球粮食、植物油、香辛饮料的主产地，如玉米、大蕉、豆类、大薯、木薯、油棕、咖啡、可可等。木薯，全球共有100多个国家种植，是世界10余亿人的主要粮食，在全球粮食安全中不可或缺。150个国家、30亿人都在使用含棕榈油的产品，全球范围内，人均每年消耗棕榈油8公斤。咖啡、可可与茶并称为世界"三大饮料"，咖啡风靡全球各个角落，2020年人均咖啡消费量1.5公斤（1公斤=1千克），特别是欧盟、北美等地区人均咖啡消费量已经超过10公斤。香蕉是世界贸易量最大的水果，2020年人均消费量达到21公斤。热带农业在维护世界粮食安全、促进全球反贫困事业发展、实现联合国2030年可持续发展议程等方面做出了突出贡献。

　　中国热带地区，陆地面积54万平方公里，以5.6%的陆地面积支撑16.3%的人口。1951年8月31日，中央人民政府政务院第100次政务会议通过了《关于扩大培植橡胶树的决定》，做出"一定要建立自己的橡胶科研生产基地"等战略决策，在周恩来总理等国家领导人的重视和关心下，我国几乎从零开始，探索总结出一整套适合华南地区自然条件的天然橡胶种植与初加工技术体系，形成了独具特色的中国天然橡胶产业，揭开了中国热带农业规模化、现代化发展的序幕。

　　中国热带农业科学院发展的历史，就是中国热带农业发展历史的生动写照。本书是在农业农村部的领导下，由中国热带农业科学院组织相关领域的专家，全面梳理热带农业发展现状、查阅相关统计数据、研读相关研究文献、整理相关调查资料等的基础上，深入分析、讨论和研究形成的。全书共分三篇，十八章，应国家战略而生开篇，首先讨论了热带农业发展历程、现状和趋势，热带农业区域与领域，热带农业科技创新体系，热带农业与国家安全，热带农业与乡村振兴等；其次围绕热带作物种质资源，热带作物产业发展，热带农产品精深加工技术，热带作物机械化，粮油作物产业发展，冬季瓜菜产业发展，热带特色畜禽产业发展，热带海洋生物资源保护与利用，热区生态农业产业发展，热带农业信息化，热带农业国际合作等领域全面阐述"四个面向"的显著成效；最后提出热带农业发展展望，打造国家热带农业科学中心，回应为国家使命而战。

本书是广大热带农业科技工作者集体智慧的结晶，在编写本书第一章"热带农业发展历程、现状和趋势"的过程中，我们深深为老一辈热带农业产业工作者为打破西方对新中国的经济封锁和天然橡胶的禁运，开辟和创立中国天然橡胶和热带作物产业所付出的艰辛所打动，在此向他们表示崇高的敬意！

本书在编写过程中得到了部分中国热带农业科学院离休、退休专家学者和中国热带作物学会相关专家的具体指导和帮助，在此表示感谢！除所列参考文献外，还有许多文献、资料未一一列出，谨向有关作者表示歉意。本书的出版得到了中央级公益性科研院所基本科研业务费专项"新时期热带农业发展战略研究"（1630012022010）、"新时期热带农业科技创新管理能力提升研究"（1630012022011）等项目的资助，内容丰富、深入浅出，很多内容是第一次进行系统性阐述，但是还有很多工作要做，研究内容还需要进一步深化。由于专业跨度和时间所限，加上笔者的研究和写作水平有限，本书尚有不足之处，敬请同行专家学者批评指正，共同推动热带农业高质量发展。

目 录

1

第一篇
应国家战略而生

党中央、国务院高度重视热带农业发展。2010年4月，习近平在海南考察兴隆热带植物园时强调，"要将热带农业融入大农业格局之中，持续推进热带农业现代化发展"①；2013年4月，习近平在视察海南时提出"使热带特色农业真正成为优势产业和海南经济的一张王牌"②；2018年4月，习近平在庆祝海南建省办经济特区30周年大会上强调"打造国家热带农业科学中心""做强做优热带特色高效农业，打造国家热带现代农业基地"③；2020年6月，《海南自由贸易港建设总体方案》提出"发挥国家南繁科研育种基地优势，建设全球热带农业中心和全球动植物种质资源引进中转基地"。2021年9月，农业农村部、国家发展改革委、教育部、科技部、财政部、人社部、人民银行、海关总署、市场监管总局、中国科学院、银保监会、中国证监会、国家知识产权局等13个部门联合印发《国家热带农业科学中心建设规划（2021—2035年）》，规划立足海南、面向全球、聚焦关键、带动整体，强化国家热带农业战略科技力量，支撑海南自由贸易港建设，力争用10～15年把海南打造成世界一流的热带农业科学中心。

　　中国热带农业应国家战略而生，为突破中华人民共和国成立初期，西方对社会主义国家实行的经济封锁，"一定要建立自己的橡胶科研生产基地""自力更生发展我们橡胶事业"成为时代最强声音，中国以最快的速度在广东、广西、云南、福建、四川等5个省区种植橡胶树770万亩，在华南地区搭建起以天然橡胶为主的热带农业科学研究网络。中国天然橡胶事业从无到有、从小到大、从弱到强，迅速地发展壮大。随后热带农业的发展一直受到党中央、国务院的高度重视，与国家战略紧密相连。在支撑广西、云南等边境地区繁荣稳定、重要农产品安全供给、打赢脱贫攻坚战、助力乡村振兴中彰显热带农业的担当与作为。

<hr>

① 《【中国农网】牢记总书记嘱托 中国热科院持续推进高水平热带农业科技自立自强》，https://www.catas.cn/contents/8/215618.html[2022-04-20]。

② 《习近平在海南考察：加快国际旅游岛建设 谱写美丽中国海南篇》，http://jhsjk.people.cn/article/21093668[2013-04-11]。

③ 《习近平在庆祝海南建省办经济特区30周年大会上的讲话》，http://jhsjk.people.cn/article/29925838[2018-04-14]。

第一章　热带农业发展历程、现状和趋势

第一节
中国热带农业发展历程、现状和趋势

中国热带农业科学院发展的历史，就是中国热带农业发展历史的生动写照。中国热带农业科学院应国家战略而生，为国家使命而战。经过近70年的奋斗，推动热带农业产业从无到有、从小到大、从弱到强、从引进到输出，为中国和世界热带农业的发展，以及热带地区农民增收提供了重要的科技支撑。

一、中国热带农业发展历程

中国热带农业发展大致经历了三个重要阶段。

第一阶段（探索起步阶段）：从中华人民共和国成立初期到20世纪80年代，以发展热带农业生产力，解决人民温饱问题和提升国家战略物资的供给水平为主要标志。中华人民共和国成立以前，中国热带农业大都以碎片化的形式存在。中华人民共和国成立以后，根据党中央的战略决策，设立华南垦区，解决天然橡胶战略物资供应问题。为支撑天然橡胶大规模开发种植，华南热带林业科学研究所应运而生，1954年创建于广州沙面，同年更名为华南热带作物科学研究所，1955年搬迁至广州石牌，1956年更名为华南亚热带作物科学研究所，研究所1958年迁至海南儋州并创办了华南农学院海南分院（图1-1），1959年华南农学院海南分院更名为华南热带作物学院，1960年周恩来总理到院视察，并题词"儋州立业，宝岛生根"（图1-2）。1965年，经国家科委和农垦部批准，华南亚热带作物科学研究所扩建为农垦部热

带作物科学研究院，后升格为华南热带作物科学研究院（图1-3）。我国橡胶科技工作者肩负着为国家研究和发展天然橡胶的神圣使命，几乎从零开始，创造了北纬18°～24°大面积植胶的奇迹，并探索总结出一整套初加工技术体系，形成了独具特色的中国天然橡胶产业，揭开了中国热带农业规模化发展的序幕。

图1-1 1958年建成的华南农学院海南分院校舍

图1-2 1960年周恩来总理视察时的题词

图1-3 20世纪70年代华南热带作物科学研究院、华南热带作物学院大门

第二阶段（全面发展阶段）：从20世纪80年代至党的十八大召开，以全面发展热带大农业，推动解决热带地区"三农"问题，实现大部分热带农产品品种多元、供给充足、丰年有余为主要标志。1986年，国务院做出大规模开发热带作物资源的决定，《国务院办公厅关于成立发展南亚热带作物指导小组的通知》发布；1994年，

华南热带作物科学研究院更名为中国热带农业科学院（图1-4），1996年华南热带作物学院更名为华南热带农业大学（图1-5）。2010年，《国务院办公厅关于促进我国

图1-4 中国热带农业科学院成立大会

图1-5 中国热带农业科学院、华南热带农业大学校门

热带作物产业发展的意见》发布，要求把热带作物产业作为现代农业建设的重要内容。我国热带地区各地大力发展热带经济作物、热带粮食作物、热带冬季瓜菜、热带畜牧、热带海洋生物资源和南繁种业等现代特色农业，建成国家重要的糖料基地、天然橡胶基地、热带水果基地、冬季菜篮子基地、渔业出口基地和南繁育制种基地等，热带大农业得以全面快速发展。

第三阶段（开启新征程）：党的十八大以来，党中央、国务院高度重视热带农业发展，赋予热带农业新的战略定位，开启了热带农业发展新纪元。中国热带农业飞速发展，逐步融入全球农业的合作与竞争，中国已经成为热带农产品的生产大国、消费大国和进口大国，在热带农业科技创新上取得了一系列丰硕成果，在重要作物的前沿科技领域实现了从跟跑到并跑、领跑的转变，热带农业已经成为粮食安全、国家安全、乡村振兴、"一带一路"倡议、农业供给侧结构性改革、健康中国、美丽中国等的重要支撑。习近平总书记作出"打造国家热带农业科学中心"[①]的重要战略部署，依托的相关科教单位正在加快推进，支撑引领全球热带农业高质量、跨越式发展。2018年国家热带农业科技创新中心（海口）投入使用，中国热带农业科学院热带农业科技创新空间布局进一步完善（图1-6）。

图1-6　中国热带农业科学院海口院区办公大楼

---

① 《在庆祝海南建省办经济特区30周年大会上的讲话》，http://jhsjk.people.cn/article/29925838 [2022-09-20]。

二、 中国热带农业发展现状

（一）生产供给能力提升有待挖掘

中国是热带农产品生产大国，近年来生产供给能力持续提升，但是幅度相对放缓，提升空间有待进一步挖掘。以热带作物为例，2011～2020年我国主要热带作物年末实有面积、总产量如表1-1所示。

表1-1 2011～2020年我国主要热带作物年末实有面积、总产量

年份	年末实有面积/万亩①	总产量/万吨
2011	7 385.35	13 203.84
2012	7 694.34	14 423.82
2013	7 740.77	14 756.77
2014	7 822.00	14 801.23
2015	8 170.40	13 810.23
2016	7 906.49	13 435.21
2017	7 803.87	13 036.79
2018	7 711.62	13 319.34
2019	7 606.00	13 479.99
2020	7 658.90	13 438.38

注：统计的主要热带作物包括天然橡胶、剑麻、咖啡、木薯、热带水果、胡椒、八角、砂仁、槟榔、益智和甘蔗等

2011～2020年，主要热带作物年末实有面积、总产量波动不大，年末实有面积2015年达到峰值后总体呈下降趋势，主要是因为剑麻、咖啡、木薯、香蕉等作物面积的减少；产量的减少也是因为这些作物特别是木薯产量的减少。中国热带地区也是国家热带林木、畜禽和水产的重要供给区域。例如，据不完全统计，2020年，我国热带地区木材产量、畜禽肉类总产量分别占全国总量的60%和20%以上。由于土地供给受限、成本提升，节本、提质、增效、绿色、生态等为未来中国热带农业主要发展方向。

---

① 1亩≈666.7平方米。

（二）进口大于出口长期难以改变

中国是热带农产品进口大国，进口量总体上呈现上升趋势，个别年份有波动，进口量远大于出口量，特别是市场需求量大的天然橡胶、棕榈油、木薯干片等产品生产能力严重不足，保供给仍是发展的重要任务（表1-2）。

表1-2　2011～2020年主要热带农产品进出口数据

年份	进口量/万吨	进口金额/亿美元	出口量/万吨	出口金额/亿美元
2011	456.34	193.03	12.93	4.32
2012	471.00	142.11	14.36	4.73
2013	534.31	134.09	16.16	4.41
2014	577.20	106.98	14.24	4.11
2015	593.92	84.95	12.42	3.73
2016	498.60	75.39	17.04	7.06
2017	602.91	102.78	14.93	4.06
2018	589.96	81.01	16.07	4.10
2019	584.49	76.59	13.43	3.05
2020	545.00	70.74	9.37	2.42

注：统计的主要热带农产品包括天然橡胶类、胶乳、烟胶片、技术分类橡胶、椰子干、未去壳（内果皮）的椰子、其他椰子、未焙炒未浸除咖啡碱的咖啡、未焙炒已浸除咖啡碱的咖啡、已焙炒已浸除咖啡碱的咖啡、咖啡的浓缩精汁、鲜或干的菠萝、白利糖度不超过20的菠萝汁、菠萝罐头、未脱脂可可膏、整颗或破碎的可可豆、生的或焙炒的可可豆、可可脂、可可油、未加糖或其他甜物质的可可粉、未磨胡椒、已磨胡椒、槟榔

例如，以2021年的天然橡胶类进出口数据来分析，天然橡胶乳（不论是否预硫化）进口量达到54.94万吨，其中泰国进口量达39.77万吨，越南进口量达10.40万吨，这两个国家的占比达到91.32%；技术分类天然橡胶进口量达144.83万吨，其中泰国进口量达69.32万吨，马来西亚进口量达31.61万吨，科特迪瓦进口量达19.20万吨，印度尼西亚的进口量达16.54万吨，这四个国家的占比达到94.37%；其他形状的天然橡胶进口量达19.23万吨，其中老挝的进口量达11.33万吨，缅甸的进口量达6.09万吨，这两个国家的占比达到90.59%；烟胶片进口量达19.51万吨，其中泰国进口量达12.64万吨，缅甸进口量达4.07万吨，越南进口量达1.59万吨，这三个国家的占比达到93.80%；复合橡胶进口量达7.68万吨，其中泰国的进口量达1.19万吨，占比达15.49%。由此可见，天然橡胶安全供给形势严峻。

（三）科技具备参与国际竞争实力

伴随着中国热带农业科学院等科研单位的成长与发展，中国热带农业科技发展取得了很大成效，在资源与育种、栽培与耕作、病虫害防控、加工工艺与装备等方面已有较强的科技储备。先后承担了"863计划"、"973计划"、国家科技支撑计划、国家重点研发计划、国家重大科技成果转化等重大项目，促进了热带农业学科发展。在种质资源的收集、保存和管理体系建设、种质创新利用方面都实现了快速提升。在热带作物选育种、橡胶产排胶机理、加工与分子改性理论等研究领域处于世界先进水平；在南繁育种、热带特色作物基因组学等基础研究，以及高性能天然橡胶加工、高效采胶、精准施肥与绿色防控、动物疫病防控、渔业资源保护与利用、水域生态环境修复等重大技术研究方向处于世界领先水平。

三、　中国热带农业发展趋势

（一）热带农业产业结构进一步优化

根据资源禀赋、产业发展基础和国内外市场需求，热带农业产业结构将进一步优化。一是优势产业带逐步形成。依托区域和资源比较优势，进一步优化热带农业产业布局，打造出资源高效利用、区域环境协调的热带农业产业带。二是产品结构逐步优化。根据市场多元化、消费个性化的需求，品种结构优化多元、熟期结构搭配合理，绿色优质产品供给丰富多样、营养健康。三是产业链短板进一步补齐。热带农产品初加工、精深加工和综合利用统筹协调，热带农产品多元化开发、多层次利用和多环节增值加快推进，热带优势特色产业集群不断涌现。

（二）热带农业设施和科技装备进一步强化

现代化设施、装备、技术手段是夯实热带农业产业高质量发展的基础，是提高热带农业良种化、机械化、科技化、标准化、智能化水平的支撑。一是基础设施建设进一步完善。热带农业生产基地农田水利、仓储物流、采后处理、防灾减灾等基础设施逐步健全，一批建设质量高、科技支撑强、示范作用好的热带农业标准化生产示范基地将涌现，规模化、智能化良种苗木繁育基地建设稳步推进。二是热带农业科技进步贡献率进一步提升。优良新品种的推广应用逐步加快，果树高接换种、间套种、喷滴灌、测土配方施肥、专业化统防统治等技术集成应用，热带农业科技创新资源逐步整合，产学研紧密衔接的科技创新体系逐步建成。三是热带农业装备与信息技术支撑能力进一步加强。适宜山地作业的小型机械装备、无人机等的推广逐步促进热带农业机械化提档升级。精准作业、智能控制、远程诊断、遥感监测、灾害预警预报、地理信息服务及物联网等现代信息技术在热带农业领域的应用逐步铺开，智能化装备水平逐步提升，现代化信息服务能力逐步增强。

（三）热带农业新型经营主体和社会化服务力量不断壮大

培育热带农业新型经营主体，是建设现代热带农业的前进方向和必由之路，对支撑乡村振兴意义重大。一是热带农业农民专业合作社、家庭农场、龙头企业、种养大户等新型经营主体呈现出数量快速增长、规模日益扩大、领域不断拓宽、实力不断增强的良好态势。二是热带农业社会化服务能力逐步增强。热带农业技术服务中心、试验示范基地、技术培训中心、良种良苗繁育基地、病虫害统防统治平台、代耕代收、全程托管等社会化基础设施投入力度加大，社会化服务能力增强。三是利益联结机制逐步建立和完善。新型经营主体联农带农机制逐步强化，形式多样、竞争充分的社会化服务不断涌现，合作式、订单式、托管式的社会化服务模式不断创新，小农户与大市场的衔接更加有效。

（四）热带农业产业融合程度不断增强

按照"纵链横面"的思路，热带农业产业上、中、下游，第一、第二、第三产业不断融合发展。"纵链"是指产业纵向延伸，将生产、加工、销售等各环节联结成为一个完整的产业链条；"横面"是指产业横向拓展联结，特别是与"互联网+"、休闲观光、农事体验、历史文化等领域联结融合，形成前景广阔的产业新兴业态。一是热带农产品加工流通体系逐步做强。依托布局在热带农业生产优势区域的加工厂、物流配送中心、仓储冷藏保鲜仓库、产地批发市场、交易中心等要素打造出一批热带现代农业产业园，产业链后端加工流通能力不断增强，产业链掌控能力不断提升，产业增值收益更多地留给热带地区、留给农民。二是热带农业新产业、新业态不断发展。热带农产品电子商务、创意农业、景观农业、定制农业、智慧农业等新型农业业态不断涌现，热带农产品区域品牌、公共品牌、企业品牌以及知名商标逐渐增加。三是热带农业功能不断拓展。康养农业、休闲观光农业、共享农业、农事体验等功能不断拓展，重要农业文化遗产的挖掘、保护、传承与利用得到强化，田园综合体、共享农庄、特色小镇蓬勃发展。

（五）热带农业绿色化、低碳化水平不断提升

绿水青山就是金山银山，热带农业绿色化、低碳化发展是顺应历史潮流，热带

农业产业发展绿色化、生产体系低碳化、资源利用高效化、产品质量安全化不断推进。一是热带农业绿色生产技术体系逐步搭建。热带农业投入品绿色低碳及减量增效、病虫害绿色防控、废弃物资源化循环利用、绿色保鲜贮运加工等关键实用技术不断突破。二是热带农业绿色生产稳步推进。化肥农药使用量零增长、水肥一体化、机械深耕、中医农业、有机肥替代化肥等绿色生产技术集成应用。三是热带农产品质量安全水平稳步提升。加快推进电子追溯码监管，建设标准化示范园，严格投入品管理，通过管源头、管过程、管产品、管标准、管能力、管本质带动热带农产品质量安全水平总体稳步提升。

（六）热带农业产业国际化水平不断攀升

随着"一带一路"倡议稳步推进，热带农业服务国家外交的能力不断增强，国际化水平不断攀升。一是热带农业对外合作布局更加优化。在统筹考虑热带农业资源禀赋、投资政策环境等有关因素的基础上，有条件的企业将逐步走到"一带一路"热带国家开展跨国经营，推进以天然橡胶、木薯、油棕、水果等为重点的境外生产、加工、贸易以及仓储物流等领域的合作，拓宽热带农业产业发展空间。二是热带农业科技国际合作亮点纷呈。热带农业科教机构对外交流合作不断增多，特别是随着海南自由贸易港、全球动植物种质资源引进中转基地建设等的不断推进，一大批热带农业新品种、先进技术和管理理念被引进，同时也不断向全球热带国家分享中国热带农业新品种、新技术、新成果，带动全球热带农业国际标准规则制定，促进全球热带农业产业升级，彰显中国热带农业国际话语权。三是涉农跨国企业走到国内来，特别是国际巨头与国内企业、种植基地联合，在国际分工中高度融合发展。例如，雀巢、星巴克走进云南，助力咖啡产业发展；都乐、金吉达走到中国助力香蕉产业发展。

（七）热带农产品贸易更加活跃

我国热带农产品消费量大，进口量多，出口量少，特别是在海南自由贸易港建设全面推进、《区域全面经济伙伴关系协定》启动生效的背景下，热带农产品的贸易将更加活跃。在热带农产品进口方面，将以天然橡胶、木薯淀粉、棕榈油、蔗糖等资源密集型大宗产品和榴莲、山竹等高端特色的热带水果为主，进口量仍将维持稳定增长趋势，对外贸易的逆差仍将不断扩大。出口方面将以水产品、蔬菜、水果等劳动密集型农产品为主。目前天然橡胶、木薯、甘蔗、棕榈油等主要进口产品来源地十分集中，随着我国与新兴市场经济体和发展中国家不断加强沟通交流，建立了多个贸易促进平台，持续推进贸易便利化，促进了相互之间热带农产品贸易的发展，大宗和高端热带农产品进出口市场呈现多元化发展趋势。

第二节
世界热带农业简史、发展现状和趋势

　　世界热带农业的形成与发展经历了不同的过程，其基本规律是以起源地为中心，形成独特农业生产和农耕文化。然后物种通过自然和人为途径向外传播，自然途径主要是指动物传播、风传播、水传播等，人为途径主要有贸易、人员交流、宗教、战争、专业引种等。随着物种的传入，并结合当地的自然资源和社会经济条件，沿着不同的路线在适宜生产的地区进行扩散，特别是从地理大发现以来，世界热带农业交流频繁，并在传播中不断交流、互动、融合和创新，最终逐步发展成为各具特色的热带农业生产面貌和农业类型。

一、世界热带农业简史

（一）亚洲起源的主要热带作物及传播

　　中国是荔枝和龙眼起源地，也是香蕉和甘蔗的原产地之一。荔枝于17世纪末最早从中国传入缅甸，后又传入印度、马达加斯加、美国、以色列以及澳大利亚等国家。龙眼传播历史比较晚，从18世纪末开始，从中国辗转马来群岛传入非洲、美洲、大洋洲等地的一些国家，直到1978年龙眼才传入印度。中国南部、印度以及东南亚一带是香蕉的起源地，最早由阿拉伯人从印度引入中东，后经地中海沿岸国家于公元7世纪传至非洲大陆，大约在15世纪被引种到美洲。中国与印度、新几内亚是甘蔗的起源地，中国甘蔗的栽培与制糖技术最早由波斯人经印度引入西亚，继而传播到阿拉伯地区及欧洲，之后随着西方人的对外扩张，甘蔗种植及制糖业才传入大西洋诸岛屿以及美洲大陆等地区。

　　东南亚是芒果、椰子和槟榔的原产地。芒果起源于缅甸与印度交界处的阿萨姆地区，最早在公元前5世纪到公元前4世纪随着佛教传播开来，相传唐朝玄奘法师西行取经时，将芒果从印度引入中国，到16世纪，葡萄牙人把芒果从印度带往非洲及附近的岛屿，随后传到美洲以及西半球的其他国家和地区。椰子起源于马来半岛、加里曼丹岛以及印度尼西亚群岛的东南亚地区。大约在距今3000年前，居住在东南亚地区的人们已经懂得并开始驯化和种植椰子。椰子大约在公元前10世纪后，从东南亚传播到印度，后阿拉伯人从印度把椰子传入非洲东部种植，15世纪后，随着新航线的开辟，欧洲人把椰子从印度传入西非及中美洲。槟榔原产于马来西亚，最早在公元前9世纪前从原产地传入印度种植，后由越南引入中国栽培，在10世纪晚期，阿拉伯商人把槟榔带入非洲种植。

（二）中南美洲起源的主要热带作物及其传播

原产于中南美洲的有木薯、橡胶树、菠萝、可可、番木瓜、香草兰、剑麻等。在地理大发现之前，木薯已从其起源地亚马孙河流域，传播遍及南美洲、中美洲和北美洲南端，从1492年哥伦布首航美洲开始，木薯才传入非洲、南亚、东南亚、中国以及大洋洲各岛。橡胶树原产于亚马孙河流域，是少数未经起源地驯化便在异地引种传播的热带作物。橡胶树第一次走出美洲是在1876年，英国人魏克汉将采集的7万粒橡胶种子运往英国伦敦皇家邱园育苗，成苗被先后成功移植到斯里兰卡、印度尼西亚、马来西亚和新加坡，从此，橡胶树才被引入南亚、东南亚、大洋洲、非洲的宜种地区。菠萝起源于南美洲巴西、阿根廷及巴拉圭一带干燥的热带丛林低地地区，在哥伦布第二次登陆美洲时被发现，葡萄牙人把菠萝和栽培技术传入非洲和亚洲。可可原生于亚马孙河、奥里诺科河两岸的热带雨林，哥伦布第四次远航美洲时期，第一次见识了可可制作的巧克力饮料，从16世纪开始，欧洲人把可可从亚马孙河流域带到中美洲的加勒比地区进行移植，后引种传播到非洲、亚洲和大洋洲。

（三）非洲起源的主要热带作物及其传播

非洲农业起源的考古发现不多，咖啡、油棕起源于非洲。咖啡于公元7世纪由原产地埃塞俄比亚传入阿拉伯半岛，在地理大发现时代，欧洲人通过航海逐渐把咖啡传遍全世界。油棕起源于几内亚湾沿岸及刚果盆地热带雨林中，15世纪50年代，油棕树被欧洲人在几内亚海岸发现，1848年，油棕传入印度尼西亚等东南亚国家，后陆续传入中国、中南美洲国家种植。

二、　世界热带农业发展现状

（一）生产国主要为发展中国家

热带农业生产国大都为发展中国家，发展水平相对落后但蕴含巨大的发展潜力。

表1-3列举了主要热带作物产量世界排名前10的国家,从表中可以看出,主要热带作物产量世界排名前10的国家大都是亚洲、非洲、拉丁美洲的发展中国家。

表1-3　2020年主要热带作物产量世界排名前10的国家

排名	甘蔗	油棕果	木薯	香蕉	椰子	菠萝	天然橡胶
1	巴西	印度尼西亚	尼日利亚	印度	印度尼西亚	菲律宾	泰国
2	印度	马来西亚	刚果(金)	中国	印度	中国	印度尼西亚
3	中国	泰国	泰国	印度尼西亚	菲律宾	哥斯达黎加	越南
4	巴基斯坦	尼日利亚	加纳	巴西	巴西	巴西	科特迪瓦
5	泰国	哥伦比亚	印度尼西亚	厄瓜多尔	斯里兰卡	印度尼西亚	中国
6	墨西哥	危地马拉	巴西	菲律宾	越南	印度	印度
7	美国	巴西	越南	危地马拉	巴布亚新几内亚	泰国	马来西亚
8	澳大利亚	巴布亚新几内亚	安哥拉	安哥拉	墨西哥	尼日利亚	柬埔寨
9	印度尼西亚	加纳	柬埔寨	坦桑尼亚	泰国	墨西哥	缅甸
10	危地马拉	喀麦隆	坦桑尼亚	哥斯达黎加	马来西亚	哥伦比亚	老挝

近年来,世界热带国家热带农业产业发展水平稳步提升,总产量呈平稳增长态势。以主要热带作物为例,收获面积和产量总体上保持上扬态势,但各作物之间存在发展差异,表1-4、表1-5列举了2011～2020年主要热带作物收获面积和产量数据。

表1-4　2011～2020年主要热带作物收获面积(单位:万亩)

作物	2011年	2012年	2013年	2014年	2015年	2016年	2017年	2018年	2019年	2020年
油棕	30 576	31 886	33 265	32 967	34 108	35 215	40 600	41 605	42 603	43 104
木薯	33 933	38 093	38 865	38 219	38 626	38 793	38 967	39 988	42 536	42 365
甘蔗	38 263	38 981	40 304	40 602	39 893	40 001	39 469	39 875	40 378	39 700
天然橡胶	14 459	15 517	16 230	16 902	17 259	17 498	17 937	18 373	18 795	19 193
可可	15 381	15 471	15 267	15 867	16 439	16 051	17 618	17 887	18 151	18 474
椰子	17 620	17 778	17 743	17 228	17 449	17 297	17243	17 282	17 445	17 363
咖啡	14 894	15 423	15 736	15 574	16 158	16 143	15 485	15 942	16 587	16 565
腰果	8 327	8 372	8 560	8 600	9 323	8 559	9 333	10 627	9 895	10 653
香蕉	8 216	7 996	8 066	7 833	8 044	7 868	7 673	7 566	7 699	7 805
菠萝	1 455	1 506	1 502	1 523	1 522	1 548	1 582	1 646	1 628	1 617

表1-5 2011～2020年主要热带作物产量数据（单位：万吨）

作物	2011年	2012年	2013年	2014年	2015年	2016年	2017年	2018年	2019年	2020年
油棕果	29 644	30 900	32 552	32 732	33 588	33 389	40 669	40 927	41 590	41 844
木薯	26 522	27 381	27 842	28 687	28 719	28 632	28 052	29 062	29 903	30 266
甘蔗	178 998	182 743	190 150	188 502	187 500	188 140	183 589	193 522	195 531	186 972
天然橡胶	1 124	1 166	1 228	1 214	1 226	1 260	1 354	1 391	1 370	1 295
可可	461	461	449	474	482	464	526	552	562	576
椰子	5 840	6 157	6 129	5 975	5 897	5 809	5 701	6 337	6 216	6 152
咖啡	839	882	889	876	885	936	931	1 037	1 003	1 069
腰果	324	301	297	298	339	312	366	402	377	418
香蕉	10 950	10 977	11 299	11 235	11 495	11 211	11 329	11 665	11 753	11 983
菠萝	2 279	2 398	2 450	2 543	2 582	2 595	2 739	2 833	2 822	2 782

（二）热带农产品贸易呈现两极分化

热带农产品贸易呈现两极分化，贸易量在波动中保持持续上涨态势。热带农产品出口多为发展中国家，进口多为发达国家，呈现两极分化。据统计，2020年世界95%的热带农产品由发展中国家生产并出口，80%的热带农产品由发达国家进口。表1-6列举了2011～2020年主要热带农产品出口量数据，表1-7列举了2020年主要热带农产品进出口量排名前10的国家。

表1-6 2011～2020年主要热带农产品出口量数据（单位：万吨）

农产品	2011年	2012年	2013年	2014年	2015年	2016年	2017年	2018年	2019年	2020年
棕榈油	3704.29	3930.36	4165.45	4316.23	4733.75	4244.75	4792.54	4873.41	4935.17	4730.09
白砂糖	3373.32	3483.48	3725.59	3583.36	3603.50	3962.67	3885.80	3353.13	3445.65	4186.03
精制糖	2310.85	2239.49	2475.84	2374.21	2641.25	2792.44	2902.04	3112.33	2638.25	2787.53
香蕉	1871.99	1909.91	2009.81	2128.77	1973.41	2118.06	2395.37	2435.27	2480.29	2449.70
棕榈仁饼	598.44	652.99	676.18	659.43	740.10	667.46	716.77	796.52	818.84	795.29
咖啡生豆	672.79	711.98	696.60	727.32	718.77	749.93	734.82	748.91	794.88	771.87
天然橡胶干片	749.98	705.50	764.84	793.03	806.61	765.17	856.79	795.37	798.65	749.80
木薯干片	550.56	723.65	784.34	888.02	969.74	873.99	933.72	550.91	335.26	545.21
木薯淀粉	245.09	295.19	295.79	466.12	488.94	516.54	514.61	449.16	513.21	513.96
可可豆	331.43	298.22	272.50	329.29	338.82	321.86	389.19	412.88	409.85	411.73

表1-7　2020年主要热带农产品进出口量排名前10的国家

排名		棕榈油	白砂糖	精制糖	香蕉	棕榈仁饼	咖啡生豆	天然橡胶干片	木薯干片	木薯淀粉	可可豆
1	进口量	印度	印度尼西亚	苏丹	美国	日本	美国	中国	中国	中国	荷兰
1	出口量	印度尼西亚	巴西	印度	厄瓜多尔	印度尼西亚	巴西	印度尼西亚	泰国	泰国	科特迪瓦
2	进口量	中国	中国	意大利	中国	新西兰	德国	马来西亚	泰国	印度尼西亚	德国
2	出口量	马来西亚	澳大利亚	巴西	哥斯达黎加	马来西亚	越南	泰国	老挝	越南	加纳
3	进口量	巴基斯坦	阿尔及利亚	美国	俄罗斯	荷兰	意大利	美国	韩国	马来西亚	马来西亚
3	出口量	荷兰	泰国	泰国	危地马拉	韩国	哥伦比亚	科特迪瓦	越南	印度尼西亚	厄瓜多尔
4	进口量	荷兰	孟加拉国	中国	德国	巴布亚新几内亚	日本	越南	越南	日本	美国
4	出口量	危地马拉	印度	法国	哥伦比亚	中国	印度尼西亚	马来西亚	柬埔寨	老挝	喀麦隆
5	进口量	西班牙	美国	西班牙	荷兰	科特迪瓦	西班牙	日本	美国	美国	比利时
5	出口量	巴布亚新几内亚	危地马拉	阿联酋	菲律宾	沙特阿拉伯	洪都拉斯	柬埔寨	哥斯达黎加	柬埔寨	比利时
6	进口量	意大利	马来西亚	索马里	比利时	危地马拉	比利时	印度	卢旺达	菲律宾	印度尼西亚
6	出口量	哥伦比亚	斯瓦蒂尼	德国	比利时	越南	德国	越南	坦桑尼亚	巴拉圭	尼日利亚
7	进口量	美国	印度	伊朗	日本	越南	法国	韩国	西班牙	新加坡	法国
7	出口量	洪都拉斯	南非	俄罗斯	荷兰	德国	乌干达	老挝	印度尼西亚	巴西	印度尼西亚
8	进口量	孟加拉国	韩国	斯里兰卡	英国	加纳	俄罗斯	德国	荷兰	越南	土耳其
8	出口量	德国	古巴	危地马拉	巴拿马	英国	比利时	菲律宾	荷兰	科特迪瓦	荷兰
9	进口量	尼日利亚	尼日利亚	也门	意大利	德国	瑞士	土耳其	乌干达	荷兰	英国
9	出口量	哥斯达黎加	墨西哥	摩洛哥	美国	泰国	埃塞俄比亚	缅甸	乌干达	荷兰	马来西亚
10	进口量	肯尼亚	伊拉克	德国	法国	尼日利亚	荷兰	西班牙	布隆迪	哥伦比亚	加拿大
10	出口量	泰国	萨尔瓦多	荷兰	洪都拉斯		秘鲁	加纳	比利时	尼加拉瓜	多米尼加

（三）科技创新以大国和国际组织为主

热带农业科技创新主要由中国、印度、巴西、泰国、马来西亚、澳大利亚等生产或出口国家，美国、法国等发达的进口国家，以及国际生物多样性中心与国际热带农业中心联盟、国际热带农业研究所、热带农业研究与高等教育中心等国际组织主导。整体上看，热带农业科技力量与基础相对薄弱、研发机制体制不健全、自主创新能力较弱、研究的广度和深度都不够，生产、加工过程中许多关键技术尚未攻克，严重限制了热带农业产业发展。例如，在 ScienceDirect 数据库搜索，以标题中含"banana"为条件，可以搜索到1999～2021年的62 063篇文献，作者主要来自美国、中国、澳大利亚、法国等国家，香蕉最大出口国厄瓜多尔仅182篇。而以标题中含"maize"为条件，则可以搜索到150 231篇文献，以标题中含"wheat"为条件，则可以搜索到302 056篇文献，以标题中含"rice"为条件，则可搜索到445 409篇文献。

三、　世界热带农业发展趋势

（一）热带农产品生产区域集中化

近十几年来，世界热带农业生产开始出现从原产地向优势产区逐渐集中的现象。可以预计，未来各热带农产品生产大国为进一步增强产品竞争力、扩大出口，将继续加强产业政策引导，持续保持并扩大优势热带农产品的生产能力，向优势生产地区集中的趋势还会更加明显。

（二）热带农业发展模式集约化、机械化

长期粗放型的生产方式给热带农业生产资源和生态环境拉响了警报，唯一的出路就是走资源节约型和环境友好型的集约化发展模式，保证热带农业生产力的提升和资源的持续利用。由于经济社会的发展、生产成本的增加，热带农业机械化的发展越发迅速。

（三）热带农业科技应用普及化

向热带农业要效益，关键在于科技。依靠现代农业科技进步和成果的应用普及，

将逐渐解决热带农业品种退化、病虫害防控压力日益增大、精深加工薄弱、技术标准缺乏及劳动力成本上升等诸多制约因素。

（四）热带农产品深加工产业化

热带农产品种类繁多、功能多样、经济附加值高、市场潜力大，以先进的加工科技挖掘热带农产品价值潜能，提高热带农产品原料附加值、副产物综合利用度及提取具有保健药用价值的功能性成分将是世界热带农业产业结构调整和增强各国热带农业产业国际竞争力的重要发展方向。

（五）国际贸易越发频繁与活跃

热带农产品属于资源约束型农产品，生产空间增长有限，但是消费需求越来越庞大，未来围绕热带农产品的国际贸易将更加频繁与活跃。例如，天然橡胶是国际竞相争夺的焦点，一方面，世界主要产胶大国努力控制橡胶的产销主导权；另一方面，天然橡胶主要消费大国也开始在国外投资植胶，以保证天然橡胶供给安全。

第一节

中国热带地区

一、 划分的标准

　　根据气候学中关于气候区划的划分标准，以日均温稳定≥10℃的年积温、日均温≥10℃的天数、最冷月平均气温等指标划分气候带，以干燥度划分气候大区。中国从北到南划分为9个气候带和一个高原气候大区（指青藏高原），其中热带、南亚热带地区由于其独特的气候条件、地势地形以及土壤土质，具有发展热带农业的独特条件和优势，这些地区在习惯上被称为"中国热带地区"，见表2-1。

表2-1　中国热带地区划分的指标体系及标准

气候带（地区）		日均温≥10℃期间		最冷月平均气温 /℃	年极端最低气温 /℃
		年积温 /℃	日数 / 天		
南亚热带	华南	6 400 ～ 8 000	285 ～ 365	10 ～ 15	0 ～ 5
	西南	5 000 ～ 7 500	290 ～ 360	9 ～ 15	0 ～ 2
北热带 （边缘热带）	华南	8 000 ～ 9 000	360 ～ 365	15 ～ 20	5 ～ 8
	西南	7 500 ～ 8 000	> 360	15 ～ 19	2 ～ 6
中热带（华南）		9 000 ～ 10 000	365	18 ～ 24	8 ～ 20
南热带（华南）		> 10 000	365	> 24	> 20

二、 区域范围

　　中国热带地区包括福建南部、广东大部、广西中南部、云南南部与西南部以及海南、香港、澳门、台湾全域，此外还有五块"飞地"①，即四川、云南的金沙江干热河谷地带，贵州西南部的红水河南、北盘江河谷地带，湖南南部郴州、永州市，江西南部赣州部分市县以及西藏墨脱、波密、察隅的低海拔地区，面积大约为54万平方公里，见图2-1。

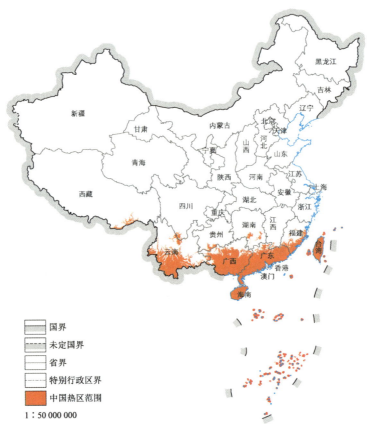

图2-1　中国热带地区的地图范围

三、 区域特征

（一）气候

1. 热量丰富，但冬季大部分地区偶有低温

　　我国热带地区光热水资源丰富，大部分地区太阳年总辐射量达$41.87×10^8$～

　　① "飞地"指具有南亚热带气候特征，且不与集中连片热带地区相邻的局部区域。

75.36×10^8 焦/米^2，年日照时数多在1800～2400小时，光照率在40%～50%。平均气温高，热量十分丰富，大部分地区年平均气温在18～25℃。但在冬季受南下冷空气的影响，特别是遇到寒潮过境时，大部分地区偶有短时的低温。

2. 干湿季分明，雨热同期

除海南岛西南部和部分干热河谷外，热带作物种植区年降水量大多在1200～2000毫米，是全国降水量最丰富的地区之一，但年降水量在不同地区和不同季节差异较大，由东到西降水逐渐减少，有明显的干湿季节之分，干季在11月到次年4月，湿季在5月到10月，湿季降水量占全年的80%以上。且东部热带区域频受台风影响。

（二）地形地势

热带地区东部属两广丘陵的组成部分，丘陵山地广布，山脉多为东北—西南走向，谷底较为广阔，沿海还有不少台地和平原。西部属云贵高原的南缘，以高原山地为主，山岭高耸绵延，山川近似南北走向，间有面积不大的平坝（盆地）和河谷阶地。

东部地区呈东西走向的南岭，阻滞或减缓南下寒潮的势力，较大范围地影响东部热区的气候。西部地区地势自西北向东南倾斜，山地、高原、丘陵、谷坝相间交错。

（三）土壤

热带地区由于水热状况、生物过程等成土条件的差异，土壤基本上呈地带性分布，主要有砖红壤，还有红壤、赤红壤和燥红土等。

砖红壤：属热带地带性土壤。主要分布在南部热带季风气候的海南岛、雷州半岛、西双版纳、河口一带，以及台湾南部地区，是中国椰子、腰果、橡胶等热带作物的主要分布地的土壤。

红壤：是中亚热带的典型土壤，多分布于北纬24°～26°，垂直高度小于500米。大致在福建南安、南靖，广东兴宁、英德，广西梧州、隆安，云南开远、景东一线以北。其表土呈暗灰或灰棕色，心土呈红色，土层厚薄不一，具碎块状结构，质地多为中壤或重壤，主要种植甘蔗、茶叶、水稻等作物。

赤红壤（砖红壤性红壤）：是南亚热带的典型土壤，是砖红壤和红壤的过渡性土壤，多分布于北纬22°～24°。中国荔枝、菠萝、香蕉、龙眼、柑橘等热带、南亚热带果树多集中在这种土壤上。分布于粤西西北部、桂南、闽南、台南以及滇南的临沧、思茅、红河、德宏等地区。

燥红土：是热带干热气候下发育的地带性土壤，海南岛西南部，如儋州、昌江、东方、乐东等地和云南怒江、澜沧江、红河上游等河谷地区，由于焚风影响而分布较多。燥红土的植物景观多为稀树草原，植物多具刺、叶面有蜡质、多棘毛，以减少蒸发，土壤肥力低，是适宜腰果种植的地区。

概言之，热带、亚热带土壤的特征是土壤风化强烈，含黏粒高；生物合成物含量虽高，但分解迅速，有机质累积量低。土地经开垦后转化迅速，若利用不当，肥力很快下降。因此，在进行热带农业资源开发时，应做好水土保持，间种绿肥，合理规划，综合治理，防止生态恶化。

第二节
世界热带地区

一、划分的标准

按照国际公认惯例，世界热带地区是指南北回归线之间，即南北纬23°26′之间的区域（图2-2）。

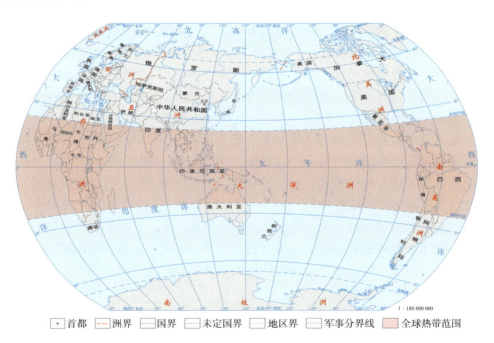

| ·首都 | 洲界 | 国界 | 未定国界 | 地区界 | 军事分界线 | 全球热带范围 |

图2-2 世界热带地区的地理范围

二、 区域范围

世界热带地区主要分布在东南亚、非洲、拉丁美洲、南太平洋岛国，有138个国家或地区，其中，全域热区国家93个（该类国家全部领土均处于南北回归线之间），局部热区国家或地区25个（南回归线或北回归线从该国家或地区穿过），非热区国家的热带地区20个（指英国、法国、荷兰、新西兰等国家在热带地区的海外领地）。热带地区的陆地面积5360万平方公里，占全球陆地面积的36%；海洋面积14 938万平方公里，占全球海洋面积的41%。在2020年底联合国发布的《世界经济展望》中，这138个全域或局部热区国家或地区中，发达国家或地区仅有2个，分别是澳大利亚、新加坡，大多是发展中国家或地区，有93个，最不发达国家或地区有43个，主要位于非洲。

三、 区域特征

（一）东南亚

东南亚位于亚洲东南部，包括中南半岛和马来群岛两大部分，共有柬埔寨、缅甸、文莱、印度尼西亚、老挝、马来西亚、菲律宾、泰国、越南、新加坡、东帝汶11个国家，面积约457万平方千米[①]。该区域地处亚洲与大洋洲、太平洋与印度洋之间的"十字路口"，中南半岛属于热带季风气候，全年高温，分雨旱两季，农作物一般在雨季播种，旱季收获。马来群岛属于热带雨林气候，全年高温多雨，农作物可以随时播种，一年到头均有收获。

东南亚具有丰富的农业资源禀赋，大部分国家都是以农业生产为主，农业经济在国民经济中占比较大。农业增加值占国内生产总值的比例在10%左右，农业用地占东南亚土地面积的30%左右，农业人口占东南亚总人口的比例在50%左右，农业劳动力占东南亚劳动力的比例在60%左右，部分国家高达70%。独特的气候使该地区成为世界上生物多样性最丰富的地区之一，雨热同期，地形平坦、土壤肥沃、水源充足、交通便利和劳动力资源丰富等因素使该地区成为重要的农业生产区域。特别是泰国、老挝、柬埔寨、缅甸、越南等澜湄五国更是以其优越的自然条件、肥沃的土地、相对低廉的劳动力成本、优良的农业资源禀赋成为亚洲乃至全球热带农业

---

① 数据来源于联合国粮农组织统计数据库，经计算加总得到。

最具发展潜力的国家。

截至2020年，东南亚是华侨华人最集中的区域，全球86%左右的华侨华人集中在该区域，仅印度尼西亚（600万）、泰国（465万）、马来西亚（509万）三国就有1574万人，占世界华侨华人总数的60%多。中国和东南亚地缘相近、人文相通、利益相融，是天然的合作伙伴。由于东南亚国家农业资源禀赋丰富、农业生产成本低、投资环境宽松，进出国门路途较近等，其已经成为中国农业"走出去"的首选区域。

（二）非洲

非洲大陆北邻地中海，东北部被苏伊士地峡和红海围绕，东南部连接印度洋，西部连接大西洋，同时包括马达加斯加和诸多群岛。土地面积约3020万平方千米[①]，仅次于亚洲。非洲大陆大部分处于低纬度，洲域75%左右的土地都处于南北回归线以内。高原面积广，对于非洲的自然环境和农业发展起着十分重要的作用。平坦的高原，使光、热、水的分布具有一定的一致性、渐变性和水平地带性，而相应的农业分布也具有比其他大洲更为明显的地带性特征，这对于农业生产部门的结构、作物的构成、牲畜的组合以及农业经营方式都产生了重大影响。

非洲大陆农业发展的自然条件优越，农业用地面积11.19亿公顷，占世界农业用地面积的23.54%。2020年实际利用土地仅为2.76亿公顷，垦殖率仅为24.66%，发展潜力巨大。农业一直是非洲国家重要的经济部分，其产值在该地区生产总值中的占比基本稳定在15%，大多数非洲国家仍然是传统的农业国，农业在国计民生中占有重要地位，不仅是重要的生产部门，也是重要的国民收入来源。2020年非洲农业人口占非洲总人口的比例为55%，农业劳动力占非洲劳动力的比例为60%。非洲是农作物重要起源区域之一，约有250种以上的农作物起源于非洲。非洲也是世界上咖啡、可可、木薯、薄荷、香草兰、山药以及高粱等农产品的主要生产、出口区域；也是热带海洋水产品的主要生产和输出地区，尼罗鲈鱼大多出口欧洲，摩洛哥沙丁鱼出口量居世界第一。科特迪瓦是世界最大的可可生产国，尼日利亚是世界最大的木薯生产国，马达加斯加是世界最大的香草兰生产国。

非洲也是中国农业对外合作的主要区域之一，一是向非洲国家持续派遣农业技术专家组，面对非洲农业技术人员开展培训；二是向非洲国家持续派遣农业职业教育教师组，帮助非洲建立农业职业教育体系；三是布局援非农业技术示范中心，共同开展生产示范和技术推广；四是推动中国企业赴非洲开展农业种植、农产品加工、畜牧业养殖、渔业捕捞和养殖、农产品仓储物流等领域的合作，促进非洲农产品进入中国市场。

---

① 数据来源于联合国粮农组织统计数据库，经计算加总得到。

（三）拉丁美洲

拉丁美洲是指美国以南的美洲地区，即地处北纬32°42′和南纬56°54′之间的大陆，包括墨西哥、中美洲、西印度群岛和南美洲，面积2070万平方公里[①]。拉丁美洲东临大西洋，西靠太平洋，南北全长11 000多公里。东西最宽处5100多公里，最窄处巴拿马地峡仅宽48公里。拉丁美洲的主要部分处在低纬度和赤道线两侧，80%的地区处在热带和亚热带，气候温和，温差较小，雨量充沛且季节分布相对均匀。优越的地理位置和气候条件，为拉丁美洲提供了非常丰富的自然资源，也为动植物生长和繁衍提供了良好的条件。

2020年拉丁美洲农业用地6.64亿公顷，占世界农业用地的13.97%。2020年实际利用土地1.69亿公顷，垦殖率为25.46%，开发潜力巨大。拉丁美洲的传统农业从第二次世界大战以后开始向现代农业过渡，巴西、阿根廷、墨西哥、智利、乌拉圭等国采用先进农业生产技术，实行大面积高效经营的现代化农牧场已占很大比例，哥伦比亚、哥斯达黎加、古巴、秘鲁等国家的农业也有一定水平。拉丁美洲的农业机械化水平在发展中国家中名列前茅，良种、化肥、农药的使用面积和水平在第三世界也排在前列，在农业生产专业化、农工商一体化以及农业科学研究推广等方面也达到了较高水平。

拉丁美洲主要粮食作物有稻米、小麦、大豆和玉米。经济作物中甘蔗、咖啡、香蕉、棉花最重要。糖产量约占世界糖产量的四分之一，加勒比地区有"世界糖罐"之称，古巴是世界上出口糖最多的国家。拉丁美洲咖啡产量已远远超过非洲，国际市场上的咖啡，60%以上来自拉丁美洲，巴西咖啡生产和出口量均居世界首位。拉丁美洲香蕉产量也大，出口量约占世界总出口量的80%以上。厄瓜多尔是世界上最大的香蕉出口国，洪都拉斯、巴拿马、危地马拉等国也有大量出口。拉丁美洲棉花产量增长很快，不少国家出口棉花，以巴西和墨西哥的出口量最大。此外，拉丁美洲还有面积广大的森林和丰富的沿海渔业资源，秘鲁沿岸海域是世界著名大渔场之一。

农业历来是中国与拉丁美洲地区开展经贸合作的重要领域。中国已从拉丁美洲有关国家引进了高产、抗病的玉米、小麦、高粱、大豆、甘蔗、马铃薯、柑橘、甜叶菊、香草兰、柏树、塔腊树、牧草等品种，部分已大面积试种和推广，有的已取得了明显的经济和社会效益。中国农业"走出去"，在拉丁美洲，主要集中于大豆产业、水果、谷类、咖啡以及葡萄酒等，除开展种植外，还进行全产业链布局，加工、贸易、仓储、物流等同步进行。

（四）南太平洋岛国

南太平洋岛国是指分布在南太平洋的岛屿国家，分属美拉尼西亚、密克罗尼

---

① 数据来源于联合国粮农组织统计数据库，经计算加总得到。

西亚、波利尼西亚三大群岛区，2020年其陆地总面积约55万平方公里，总人口为750多万。农业用地面积236.40万公顷，占土地面积的4.37%。南太平洋岛国农业基础设施缺乏，农业大都处于靠天吃饭状态。

南太平洋岛国拥有丰富的水果资源、水产资源。塔希提岛上的诺丽果产量占世界总产量80%以上，世界上大约有95%的诺丽产品都源于塔希提岛。南太平洋岛国金枪鱼产量占世界总产量的50%以上，世界大约有55%的金枪鱼罐头产自南太平洋岛国。

南太平洋岛国是中国菌草、远洋渔业"走出去"的重要区域。2019年3月29日，中国—太平洋岛国农业部长会议在斐济楠迪召开，审议通过了《中国—太平洋岛国农业部长会议楠迪宣言》。根据宣言，中国和太平洋岛国未来将加强农业发展战略与规划对接，共同编制《中国—太平洋岛国农业合作行动计划（2020—2022年）》；开展农业领域人员交流和能力建设合作，2020～2022年，中国每年将为太平洋岛国举办两期农业技术培训班；加强农业科技合作，特别是菌草技术培训与推广，服务双方农业发展；推进渔业可持续发展领域合作，发展海水养殖加工及贸易，提升渔业附加值[①]。

第三节
热带农业主要领域

一、 中国热带农业主要领域

中国热带农业经过70余年的发展，主要领域从中华人民共和国成立初期聚焦国家战略物资天然橡胶，逐步发展扩大，形成了覆盖热带经济作物、热带粮食作物、热带冬季瓜菜、热带畜牧、热带海洋生物资源、南繁种业六大创新领域的现代热带农业。

（一）热带经济作物

目前，我国种植面积超过150万亩的热带经济作物有天然橡胶、甘蔗、荔枝、

---

① 《中国—太平洋岛国农业部长会议在斐成功召开》，http://fj.mofcom.gov.cn/article/jmxw/201904/20190402848832.shtml[2022-07-11]。

八角、香蕉、龙眼、芒果、澳洲坚果、肉桂、柚子、槟榔、咖啡等。

　　天然橡胶是世界战略资源，是国家重要农产品之一，从全球角度看，仍具有稀缺性，世界各国竞相追逐。甘蔗是一种重要的经济作物，是世界上最重要的糖料作物及较有发展潜力的可再生能源作物，也是中国热带地区打赢脱贫攻坚战助力乡村振兴的支柱产业之一，更是广西近2000万农民的收入来源。热带水果已成为承接人民从温饱需求向营养健康需求转变的重要供给保障，种类繁多，香蕉、菠萝、芒果、椰子、火龙果等一年四季均有自然成熟的鲜果上市，让老百姓"果盘子"端得更稳。八角、肉桂是重要的香料作物，应用广泛，既可以作为药物，也可以作为调味剂，甚至还可以榨油，属于中国—东盟自由贸易区协定税率项下商品，在东盟国家享受零关税优惠，香飘东盟、香连"一带一路"。2020年中国是世界澳洲坚果种植面积最大的国家，2021年产量世界排名第3位，在澳洲坚果产业界的话语权不断提升。澳洲坚果已经发展成为中国热带地区一个能够提升经济发展、提升生态环境、提升人民收入水平的真正的富民兴边的朝阳产业。槟榔是一种重要的南药，含有多种人体所需的营养素和有益物质，同时也含有多种药理的活性成分，主要包括生物碱、酚类化合物、脂肪油以及多种氨基酸和各种各样的矿物质等，广泛用于杀虫、消积、行气、利水。咖啡是世界上最流行的饮料之一，随着消费需求的提质、新型业态的兴起，人们对咖啡的需求，已经不仅仅是一种饮品的消费，更是对新生活方式的追求，未来中国的咖啡产业有着巨大的市场空间。

（二）热带粮食作物

　　热带粮食作物是粮食作物领域中不可或缺的一部分，因其对环境要求较低，抗逆性较好而在热区普遍种植，是国家粮食安全重要的补充。热带粮食作物主要包括特种稻、特种玉米、块根块茎作物和热带木本粮食作物等。

　　特种稻是具有特定遗传性状和特殊用途的稻谷。一般包括色稻、香稻和专用稻三类。特种稻米与普通稻米相比，含有更丰富的蛋白质、氨基酸、植物脂肪、矿物质元素和维生素等营养成分，此外，还含有膳食纤维、不饱和脂肪酸、类黄酮等生理活性物质，并具有一定的生理调节功能。特种玉米是指普通玉米以外的经济价值更高或具有特殊用途的玉米品种或类型，可分为两类：一类是专用玉米，如甜玉米、糯玉米、笋玉米和爆裂玉米等；另一类是优质玉米，是在普通玉米基础上通过遗传改良而获得的某种营养成分含量更高的玉米，如高油玉米、高蛋白玉米、高淀粉玉米、高直链淀粉玉米等。块根块茎作物主要有木薯、芋头、山药、甘薯和马铃薯等，大都可以粮菜二用，具有高产、稳产、适应性广、营养丰富、用途多等特征，是重要的粮食、饲料、工业原料及新型能源作物，广泛种植于世界热带国家。木本粮食相对于草本粮食而言，对于缓解粮地矛盾、维护粮食安全、调整产业结构、改善生态环境等都具有重要的战略意义。热带木本粮食作物主要有菠萝蜜、面包果等，可以合理利用山区林地资源，大力发展木本粮食产业，打造一批名、特、优、新木本粮食生产基地以及庭院经济，建设"树上粮仓"。

（三）热带冬季瓜菜

热带冬季瓜菜既是热带地区农业产业结构调整、增加农民收入的重要作物，也是保障我国冬季菜篮子的重要供给来源。我国热带地区不到全国6%的土地担负着全国70%左右的冬季瓜果蔬菜供给，利用热区冬春季节闲置的耕地发展冬季瓜菜，实现稻菜轮作，既能提高蔬菜和稻米的质量，还能提高土壤的酶活性、土壤微生物数量、群落多样性和土壤的理化特性。

2009年12月31日，国务院在《关于推进海南国际旅游岛建设发展的若干意见》（国发〔2009〕44号）中明确提出，充分发挥海南热带农业资源优势，大力发展热带现代农业，使海南成为全国冬季菜篮子基地、热带水果基地、南繁育制种基地、渔业出口基地和天然橡胶基地。云南已经成为全国重要的南菜北运基地、西菜东调基地，以及全国重要的冬春蔬菜、夏秋补淡和外销出口蔬菜基地，成为享誉全国乃至世界的菜园子。2020年云南省蔬菜出口量为135.6万吨、蔬菜出口额为106.8亿元，同比分别增长15.3%、5.4%。2020年广西也已经成为全国重要的"南菜北运"蔬菜基地、全国最大的秋冬菜基地，全年农产品产量约6000万吨，外运量约2400多万吨，不仅保障了北方冬季"菜篮子"，也成为当地农民致富的新钱袋。

（四）热带畜牧

热带畜牧包括两大类，一是热带饲料作物，二是热带畜禽养殖。热带饲料作物在支撑热区畜禽产品生产、生态环境维护、热带农业绿色生产等方面起着十分重要的作用。热带特色畜禽遗传资源作为我国生物多样性的重要组成部分，同样是维护国家生态安全、农业安全的重要战略资源，也是现代种业创新和科技发展的支撑和基础。热带饲料作物与热带畜禽养殖对促进我国畜牧业的转型升级，缓解人畜争粮的矛盾、避免潜在粮食安全问题具有重要战略意义。

在海南自由贸易港建设的背景下，海南省热带农业种质改良工程技术研究中心和一批特色热带畜禽保种场、繁育场稳步推进建设，海南黑山羊、五指山猪、儋州鸡、水奶牛等特色畜禽品种的选育、性状研究和生态养殖技术以及畜禽废弃物综合利用技术等均在不同程度上取得新的进展，热带饲料作物与热带畜禽养殖绿色生态产业链逐步完善，热带特色畜牧业生产成本显著降低，养殖规模逐步扩大，热带畜牧产业化的经济效益稳步提高。

（五）热带海洋生物资源

我国热带海洋占全国海域面积三分之二以上，包括广泛分布的200多个岛、礁、沙滩，孕育着丰富的热带海洋生物资源，发展战略性热带海洋新兴产业，拓展热带海洋生物资源开发领域，对提高海洋资源开发能力，发展海洋经济，保护海洋生态环境，坚决维护国家海洋权益，宣示国家领海主权，建设海洋强国意义重大。

热带海洋经济鱼类、虾类、贝类资源和藻类植物资源丰富，热带地区具有海洋牧场广、品种多、生长快和鱼汛期长等特点，为国家"蓝色粮仓"建设提供了巨大的发展空间。据估算，整个南海年最大持续渔获量为420多万吨，是中国热带海洋渔业的重要基地。众多的岛屿与独特的热带海洋环境孕育出我国热带海洋丰富的海洋生物资源，有文献记载的各类海洋生物超过4000种，它们不仅极具观赏性，也具有很高的生态价值、经济价值和科研价值。南海海域的热带海洋生物因其特殊生态环境必然使其产生结构更为丰富多样的代谢产物，也决定其具有多种生物功能，是非常具有潜力的天然药物资源库，能为海洋生物医药产业的发展提供坚实的药源基础。深入挖掘热带海洋生物资源的药用价值能给解决重大疑难杂症、保障人类健康带来新希望，也能帮助培育新的经济增长点，促进海洋经济发展。

南海热带岛礁地理位置特殊，战略与经济地位突出。南海热带岛礁农业是热带岛礁建设不可或缺的一部分，热带岛礁农业的发展可以丰富农业生产内容，在美化岛礁，改善岛礁景观，维持热带岛礁生态系统稳定与功能发挥中具有重要作用。同时，热带岛礁农业的发展可丰富岛礁的蔬菜、瓜果等的供给，对于维持岛礁居民日常活动开展，服务岛礁守备具有积极作用。此外，热带岛礁农业生产活动的开展对于宣示国家主权，服务国家战略也具有现实意义。

（六）南繁种业

南繁种业是我国热区优异光热资源禀赋的重要体现，指利用我国南方特别是海南岛南部地区冬春季节气候温暖的优势条件，将夏季在北方种植的农作物育种材料，于冬春季节在南方再种植一季或者两季的农作物育种活动。2018年4月，习近平来到国家南繁科研育种基地，他强调，"要下决心把我国种业搞上去，抓紧培育具有自主知识产权的优良品种，从源头上保障国家粮食安全。海南热带农业资源十分丰富、十分宝贵。国家南繁科研育种基地是国家宝贵的农业科研平台，一定要建成集科研、生产、销售、科技交流、成果转化为一体的服务全国的'南繁硅谷'"①。农业农村部办公厅、海南省人民政府办公厅出台了《关于加快推进国家南繁科研育种基地建设规划落实的通知》，明确提出要抓紧培育具有自主知识产权的优良品种，从源头上保

---

① 《习近平：以更高站位更宽视野推进改革开放 真抓实干加快建设美好新海南》，http://jhsjk.people.cn/article/29925832[2022-07-11]。

障国家粮食安全。

南繁种业始于20世纪50年代，经过60多年发展，南繁已成为我国育种资源培育与扩散的核心基地。南繁不仅是我国重要的科研战略基地，更成为海南特有的品牌和名片。南繁主要有水稻、玉米、大豆等粮食作物，油菜、棉花、麻、瓜菜、烟草、向日葵、木薯、牧草、林木、花卉等经济作物近30种，涉及农、林、牧、渔等多个领域。南繁品种推广的倍增效应难以估量，经济效益以万亿元计。我国杂交水稻累计种植面积超过45亿亩，杂交水稻种植面积已经占到全国水稻种植面积的60%以上，累计增收稻谷4.5亿吨，按谷价2400元/吨计算，相当于增加收入1.08万亿元。

二、 世界热带农业主要领域

东南亚、拉丁美洲、非洲、南太平洋岛国四大热带农业发展区域，由于气候、生态、人文、经济发展水平等差异，其主要热带农业产业种类、地位等均有差异。

（一）东南亚热带农业领域与地位

东南亚是世界热带粮食作物、热带经济作物等的重要产区。热带粮食作物主要有常规水稻、特种稻、特种玉米、木薯等；热带经济作物主要有木棉，天然橡胶，蕉麻，香蕉、榴莲、菠萝蜜、山竹、菠萝等热带水果，丁香、肉桂、胡椒、咖啡等香辛饮料，槟榔、豆蔻等药用植物。

据统计，2020年东南亚水稻产量约占世界的四分之一，泰国、越南、柬埔寨是重要的大米出口国，特别是特种稻茉莉香米，享誉全球。泰国香米是仅次于印度香米的世界上最大宗的出口大米品种之一，柬埔寨香米在世界大米会议上曾4次夺得桂冠，被授予"世界最好大米"称号。

全球天然橡胶产量的75%以上来自东南亚，天然橡胶十大主产国中东南亚国家占据6席，分别是泰国、印度尼西亚、越南、马来西亚、柬埔寨、缅甸。泰国是世界上天然橡胶产量最大的国家，泰国、印度尼西亚和马来西亚三国组成国际橡胶联盟，长期垄断了国际天然橡胶市场供应，左右着国际市场天然橡胶价格的走向。东南亚也是热带木本油料的重要生产区域，印度尼西亚和马来西亚的棕榈油产量占全球棕榈油产量的80%以上，主导着全球棕榈油贸易，两国棕榈油出口量占全球棕榈油出口量的近60%。东南亚也是世界丁香、肉桂、胡椒、咖啡等的主要产区，丁香产量占世界产量的70%以上，肉桂和胡椒产量均占世界产量的55%以上，咖啡产量占世界产量的四分之一。印度尼西亚是全球丁香、肉桂产量最高的国家，越南是全球胡椒产量最高的国家，越南、印度尼西亚咖啡产量分别位列世界第二、第四位。东南亚丁香出口量占全球出口量的60%以上，肉桂出口量占全球出口量的40%以上，胡椒出口量占全球出口量的60%以上，咖啡生豆出口量约占全球出口量的五分之一。

（二）拉丁美洲热带农业领域与地位

拉丁美洲是世界热带农业发展最具活力和潜力的地区之一，是热带粮食作物、热带经济作物、热带畜牧、热带海洋生物资源开发利用的重要区域。热带粮食作物主要有玉米、高粱、大豆等；热带经济作物主要有甘蔗、香蕉、菠萝、牛油果、咖啡、剑麻、可可等；热带畜牧发达，以养牛为主，同时还有养羊业、养禽业和养猪业等；海岸线长，热带海洋生物资源也非常丰富。

2020年，据统计，拉丁美洲龙舌兰麻占全球产量的80%以上，哥伦比亚是全球龙舌兰麻最大产区；箭叶黄体芋产量占全球的60%以上，古巴、委内瑞拉箭叶黄体芋产量全球排名第一、第二；牛油果、咖啡产量接近全球产量的60%，墨西哥、哥伦比亚牛油果产量全球排名第一、第二，巴西是全球最大的咖啡生产国，哥伦比亚咖啡产量全球排名第三；大豆、甘蔗产量超过全球产量的50%，巴西、阿根廷大豆产量全球排名第一、第三，巴西甘蔗产量全球排名第一；剑麻产量接近50%，巴西剑麻产量全球排名第一；菠萝、香蕉产量均超过全球产量的四分之一，哥斯达黎加、巴西菠萝产量全球排名第三、第四，巴西香蕉收获面积全球排名第二；玉米、高粱产量接近全球产量的五分之一，墨西哥、秘鲁玉米产量全球排名第二、第五，墨西哥、巴西高粱产量全球排名第五、第七。

畜牧业在拉丁美洲农业生产中占有重要地位，拉丁美洲的牛肉产量、禽肉产量、牛存栏量均占世界总量的四分之一以上。农牧业产品出口是阿根廷外汇收入的主要来源，2020年阿根廷农产品出口总额占其产品出口总额的50%～60%，阿根廷是世界第八大农产品出口国，其牛肉出口额占阿根廷肉类出口总额的85%。

此外，拉丁美洲和加勒比地区海岸线绵长，东西有两洋环抱，又紧靠墨西哥湾和加勒比海，有许多天然渔场，如秘鲁、智利沿海，墨西哥湾和加勒比海，巴西沿海以及南大西洋等海域都是世界重要的渔场，盛产沙丁鱼、金枪鱼、鲈鱼、鲭鱼、鳕鱼以及多种虾类，厄瓜多尔金枪鱼捕捞量位居世界第一，池虾生产和出口位居世界第二。

（三）非洲热带农业领域与地位

非洲也是热带粮食作物、热带经济作物、热带畜牧、热带海洋生物资源开发利用的重要区域。以木薯为代表的热带粮食作物已经成为非洲国家的主粮；热带经济作物有天然橡胶、剑麻、咖啡、腰果、可可、香草兰等。据统计，当前非洲已经成为世界天然橡胶新的增长极，产出的份额一直在增加。2020年，全球天然橡胶产量的9.45%来自非洲，其中科特迪瓦天然橡胶种植面积达65万公顷，产量达93.10万吨，位列世界第四位。非洲天然橡胶大都供应出口，2020年出口量占世界出口量的10.43%，科特迪瓦天然橡胶出口量为92.01万吨，占世界出口量的7.97%，位列世界第五；剑麻产量接近世界产量的40%，坦桑尼亚号称"剑麻王国"；咖啡生豆产量占世界产量的八分之一左右，生豆出口量占世界出口量的十分之一；带壳腰果产量占世界的60%左右，出口量占世界的90%以上；可可豆产量接近世界产量的70%，出口量占世界出口量的比例超过70%；香草兰产量超过世界产量的40%，出口量占世界出口量的30%。此外，木薯是非洲国家重要的粮食作物，产量占世界产量的60%以上，但很少出口到其他区域。

非洲是全球骆驼存栏量最高的区域，骆驼存栏量接近全球的90%，骆驼肉产量占全球产量的60%以上，牛的存栏量占全球的四分之一左右，牛肉产量占全球的10%左右。

非洲海岸线平直，又具有大量的内湖，渔业资源非常丰富。据联合国粮食及农业组织（Food and Agriculture Organization of the United Nations，FAO）发布的《2020年世界渔业和水产养殖状况》报告，未来非洲水产养殖产量将稳步增长，主要有两个原因，一是近几年来形成了更大养殖能力，二是随着更高经济增长而不断提高的当地需求刺激了促进水产养殖的地方政策。非洲水产养殖总产量2030年预计将略高于320万吨，其中大多数（220万吨）产自埃及。

（四）南太平洋岛国热带农业领域与地位

南太平洋岛国面积相对较小，经济发展水平相对落后，但是也是热带粮食作物、热带经济作物、热带海洋生物资源开发利用的重要区域。热带粮食作物主要有木薯、芋头等，热带经济作物有天然橡胶、椰子、甘蔗、咖啡等，热带海洋生物资源有金枪鱼、对虾和龙虾等。

芋头是南太平洋岛国栽种时间最早，种植范围最广的作物，已经成为该区域国家的主粮，2020年该区域芋头产量占世界产量的3.86%，特别是巴布亚新几内亚芋头产量世界排名第五位。南太平洋岛国天然橡胶产量占世界产量的0.04%，巴布亚新几内亚是天然橡胶生产国协会的成员，所产天然橡胶全部供应出口；椰子被南太平洋岛国视为"生命之树"，该区域产量占世界产量的3.42%，几乎没有出口；虽然甘蔗、咖啡产量均不足世界产量的1%，但在该区域中都是重要的经济作物，斐济尚拥有英国投资建设的一个蔗糖加工厂，巴布亚新几内亚咖啡产量世界排名第20位，岛上的海拔和土壤令种出的咖啡豆拥有绝佳品质，其特点是有着像丝绸般柔和的口感和绝妙的香味，酸度适中，是咖啡中比较少有的高醇度兼中酸度咖啡品种。巴布亚新几内亚金枪鱼的储量占世界总储量的20%，年潜在捕捞量为40万吨。

第一节

世界热带农业科技创新体系

一、主要国际组织及工作网络

国际农业研究磋商组织下设有与热带农业领域相关的研究机构，包括国际热带农业中心、国际热带农业研究所、国际干旱地区农业研究中心、国际生物多样性中心、国际水稻研究所、国际畜牧研究所、国际水资源管理研究所、国际粮食政策研究所、世界渔业中心等。国际热带农业中心成立于1967年，总部设在哥伦比亚，2020年国际热带农业中心与国际生物多样性中心合并成立联盟。国际热带农业研究所成立于1967年，总部设在尼日利亚。国际干旱地区农业研究中心成立于1977年，总部设在叙利亚。国际生物多样性中心成立于2006年，总部位于意大利。国际水稻研究所成立于1960年，总部位于菲律宾。国际畜牧研究所成立于1995年，总部位于肯尼亚。国际水资源管理研究所成立于1984年，总部位于斯里兰卡。国际粮食政策研究所成立于1975年，总部位于美国。世界渔业中心成立于1977年，总部位于马来西亚。此外，还有其他区域性的热带农业科研机构。例如，热带农业研究与高等教育中心成立于1940年，总部位于哥斯达黎加。美洲农业合作研究所成立于1942年，总部位于哥斯达黎加。

除了研究机构外，还成立了专业性的国际组织。例如，针对天然橡胶产业，就成立有国际橡胶研究组织、国际橡胶研究与发展委员会、天然橡胶生产国协会等；针对香蕉产业，就成立有全球香大蕉基因组学联合会、全球香大蕉改良组织等；针对椰子产业，就成立有亚洲和太平洋椰子共同体、国际椰子遗传资源网；针对咖啡产业，就成立有国际咖啡遗传资源网、国际咖啡组织；针对畜牧产业，就成立有世界畜产协会。

二、 重要热带国家或地区相关科研机构

美国、法国、澳大利亚、德国、日本等发达国家也成立有自己的热带农业科研机构。例如，美国的夏威夷大学热带农业和人力资源学院、美国农业研究服务部热带农业研究站、佛罗里达大学热带农业中心、夏威夷农业研究中心等；法国农业国际合作研究发展中心等；澳大利亚国际农业研究中心、昆士兰大学、迪肯大学等；德国的霍恩海姆大学热带农业科学研究所等；日本的爱媛大学、日本国际农林水产业研究中心等。

此外，世界各热带农业发展大国也成立了热带农业科研机构，既有综合性的热带农业科研机构，也有针对某一热带作物产业成立的研究机构，如巴西农牧研究院、阿根廷国家农业技术研究所、泰国农业大学、马来西亚农业研究与发展研究所、科特迪瓦国家农业研究中心、柬埔寨橡胶研究所、南非甘蔗研究所、斯里兰卡椰子研究所等。国家经济发展水平的差异，导致各国热带农业科研机构的科研实力、研发投入以及产出水平也千差万别。

三、 重点聚焦的创新方向及进展

（一）更加注重新品种的培育与推广

美国战略家、前国务卿基辛格曾经说过："谁控制了粮食，就控制了人类。"这足以显现出粮食对人类的重要性。种子是农业的"芯片"，谁控制了种子，谁就控制了农业。世界各国更加注重新品种的培育与推广，纷纷加快基因工程育种技术、航天育种、杂种优势利用研究与开发技术等在热带农业新品种选育上的应用。国际热带农业中心在木薯、牧草等新品种的选育上走在世界前沿，国际热带农业研究所在木薯、大豆、山药、香蕉、可可等新品种的选育上取得显著成效。泰国非常重视新品种的研发，除了始终把优质水稻品种的选育放在农业工作的首位之外，已经研发

出椰子、青柚、榴莲、芒果、菠萝、龙眼等的新品种。马来西亚注重符合世界天然橡胶产业发展方向的胶木兼优新品种的选育，已选育出一批胶木兼优品种。菲律宾植物生物技术研究计划的重点是培育转基因抗束顶病毒香蕉和转基因抗环斑病毒番木瓜，培育转基因延迟成熟的番木瓜和芒果。

（二）更加注重生物防控技术的应用

农业资源环境问题越来越受到世界各国的重视，因此绿色的生物防控技术的研发日益成为热带农业科技发展的态势。热带地区高温高湿的环境，非常有利于病虫害的繁殖，世界各国均在探索利用生物活体（真菌、细菌、昆虫病毒、转基因生物、天敌等），或者提取、合成其有效物质，制成生物农药，防治病虫害，或者培育出抗病新品种，以减少化学农药的使用。同时利用生物固氮技术改良土壤，或者把固氮基因直接转入植物，通过转基因技术培育的真菌和细菌，进一步增强其制造养分和释放土壤养分的能力。例如，我国利用天敌防控椰子病虫害，利用枯草芽孢杆菌、假单胞菌、木霉菌等抗病毒生防菌对香蕉病虫害进行防控等；巴西通过使用位于植物根系的固氮细菌接种技术进行生物固氮，已大大降低施加到农田中的化学肥料用量。

（三）更加注重农业信息技术的应用

农业信息技术能为农业生产者、经营者、管理者和研究者提供各种信息支持和服务，已经广泛应用于农业的各个环节。国外已经将农业信息技术广泛应用于农业资源调查和监测、产量估算、农业管理及决策支持等各个领域。精准农业、物联网技术等使热带农业生产从粗放型转向精准型，智能化专家系统使热带农业由定性生产转向定量生产，网络技术使热带农业全产业链信息由分散封闭到开放共享，大数据技术在热带农业品种选育、市场监测、风险防控、灾害预报等领域的应用越来越广，3S[①]技术与热带农业机械化、热带农产品产量估算、无人机喷药等紧密衔接。

信息技术已经贯穿热带农业的生产、田间管理、收获、仓储、加工、运销的全过程，使得农产品生产、加工、销售联成一体，极大地提升了热带农业生产的精确性和可控程度，推动热带农业朝"精细农业"和"智能化农业"方向发展。例如，无人机已经在西非的科技中心加纳使用，它配备了特殊的传感器，使农民能够检测杂草和病害，测量灾后损害，进行施肥测算等。尼日利亚的一家精准农

---

① 3S 是遥感（remote sensing，RS）、地理信息系统（geographic information system，GIS）和全球定位系统（global positioning system，GPS）的统称。

业公司Zenvus通过测量和分析温度、养分等土壤数据，帮助农民使用适当的肥料并优化灌溉农场，从而提高农业生产率并减少投入浪费。尼日利亚和肯尼亚已经出现共享农机，农民可以使用手机租用价格合理的农机来耕种自己的土地。

（四）更加注重农产品精深加工技术

热带农产品国际贸易活跃，保鲜要求高，也带动了热带农产品精深加工技术的发展，世界各国更加注重农产品精深加工技术的研发与推广应用。例如，计算机视觉识别与分级技术可以实现香蕉、芒果等热带水果表面缺陷和损伤的即时检测，进而根据大小、形状、颜色等外观实现自动分级；利用膜分离技术开展水果汁、蔬菜汁以及蔗糖的浓缩；利用超临界二氧化碳萃取技术从植物中萃取天然色素、食品添加剂和香料等；利用真空冷冻干燥技术对蔬菜、水果、花卉、肉类等农产品进行干燥加工；利用低温粉碎技术对可可、胡椒、咖啡等香辛饮料以及南药等进行粉碎加工。

此外，热带农产品功能性成分的挖掘提取技术、区域特色食品的保鲜加工技术、植物性蛋白提取技术、酶技术和食品微生物技术以及无公害无残留农业投入品的研发技术等也正在加快发展。

（五）更加注重农业知识产权的保护

农业知识产权保护已经成为当今世界各国发展经济和参与国际竞争的重要条件之一，农业知识产权保护对提高农业科技创新能力、保护农业生态安全、促进农业发展具有十分重要的意义。农业科技成果容易被模仿，具有投资大、风险高的特征。农业知识产权制度将农业科技成果产权化，有利于促进农业科技进步和农业科技成果推广应用。

农业知识产权涉及面很广，既包括生产环节的知识产权，也包括农产品的知识产权。从类别来说，涵盖专利、商标、版权、植物新品种、地理标志、生物遗传资源、商业秘密、传统知识等多种类型的知识产权。例如，在植物新品种保护方面，国际植物新品种保护联盟截至2021年11月已有78个成员，涉及近100个国家；泰国制定了《植物新品种保护法》，由泰国农业与合作社部监督；印度尼西亚2000年12月20日就颁布了《植物品种保护法》；越南、马来西亚、印度、孟加拉国、菲律宾等也纷纷出台了植物品种保护法；尼日利亚也通过了《植物新品种保护法案》。农业知识产权的保护越来越受到重视。

第二节
我国热带农业科技创新体系

一、 中国热带农业科学院

中国热带农业科学院隶属于农业农村部，是我国唯一从事热带农业科学研究的国家级综合性科研机构。近年来中国热带农业科学院坚持以"四个面向"为指引，以服务国家战略和产业需求为导向，紧密围绕保障国家天然橡胶战略物资安全、热带农产品的有效供给和热带农业"走出去"，建立了特色鲜明的"领域+学科"国家热带农业科技创新体系。覆盖热带经济作物、南繁种业、热带粮食作物、热带冬季瓜菜、热带畜牧、热带海洋生物资源等六大重点创新领域；布局建设作物学、农业工程、植物保护等17个一级学科和51个二级学科，明确其重点科研攻关方向。

"十四五"期间，中国热带农业科学院将加快国家热带农业科技创新体系建设，扛起建设国家热带农业科学中心的使命和责任担当，强化基础研究和应用研究，凝练重大科技命题，科技支撑热带农业高质量跨越式发展。

二、 各省区市农业科学院热带农业研究机构

热区各省区市均设有农业科学院，各农业科学院围绕区域内的主要农业产业发展类型设立研究机构。例如，广西壮族自治区农业科学院设置有广西南亚热带农业科学研究所、广西亚热带作物研究所、甘蔗研究所、园艺研究所、农业资源与环境研究所等与热带农业领域相关的研究所；福建省农业科学院设置有亚热带农业研究所、果树研究所、土壤肥料研究所等热带农业相关研究机构；云南省农业科学院设置有热带亚热带经济作物研究所、热区生态农业研究所、甘蔗研究所、花卉研究所、园艺作物研究所等涉热带农业研究机构。

此外，云南省非农业科学院领域，还建有云南省热带作物科学研究所、云南省德宏热带农业科学研究所、云南省红河热带农业科学研究所等；福建省农业农村厅

下设有福建省热带作物科学研究所。

三、 热区涉农高校热带农业学科设置

创建于1958年的华南热带农业大学（2007年并入海南大学）曾是一所热带特色鲜明，融农、工、理、管、文、法等于一体的综合性热带农业高校，2007年后，热带农业相关学科进入海南大学热带作物学院、园艺学院、植物保护学院、林学院、动物科技学院、海洋学院等学院。

云南农业大学热带作物学院（原名云南热带作物职业学院），设有6个教学部门，开办农学（热带作物方向）、食品科学与工程、中草药栽培与鉴定、电子商务、秘书学等13个应用本科专业、19个专科专业和土木工程、经济学、电子商务等9个专升本专业。

此外，华南农业大学、福建农林大学、四川农业大学、广西农业职业技术大学、云南农业职业技术学院、广东农工商职业技术学院、福建农业职业技术学院等热区涉农高校均设置有热带农业相关学科专业。

四、 重点方向标志性的技术突破及作用

（一）种质资源收集保存与评价

1. 种质资源收集、保存走在世界前列

截至2020年我国热带作物种质资源收集、保存量位列世界第二，解决了我国热带作物种质资源匮乏问题。通过系统考察，逐步摸清了国内热带作物种质资源本底，基本探明橡胶、荔枝、芒果等作物地理分布和富集程度，极大丰富了我国热带作物种质资源的战略储备，填补了部分作物在我国的种质空白。"热带作物种质资源安全保存体系的构建"获2009年度海南省科学技术进步奖一等奖。

2. 搭建起种质资源收集保存和评价技术体系

截至2021年底，我国建有10个国家种质资源圃、25个农业农村部种质资源圃以及2个种质资源中期保存库，研发了天然橡胶、木薯等250种作物的组培离体保存技

术，创新了荔枝、油棕等花粉、胚性愈伤组织超低温保存等技术；建立337项标准的技术体系，实现热作种质资源工作的科学化、规范化。"橡胶热作种质资源主要性状鉴定评价"在1992年获得国家星火奖三等奖；"橡胶热作种质资源鉴定评价的研究"在1998年获得国家科技进步奖二等奖；"热带作物种质资源收集保存、评价与创新利用"获2010—2011年度中华农业科技奖科研类成果一等奖；"特色热带作物种质资源收集评价与创新利用"获2012年度国家科学技术进步奖二等奖；"芒果种质资源收集保存、评价与创新利用"获2012—2013年度中华农业科技奖科学研究成果一等奖；"南药种质资源收集保存、鉴定评价与开发利用"获2014—2015年度中华农业科技奖科学研究成果一等奖。

3. 实现了热作种质资源的全国共享，推动了种质资源的创新利用

截至2021年，全国协同完成了68种作物4.3万份种质资源的评价，获得300万项次种质数据，建设了热带作物种质资源共享信息平台，为科研、教学、政府管理等部门60多万人次提供了40多万条数据项信息共享服务；为全国及泰国、哥伦比亚、越南、柬埔寨、老挝、缅甸等20个国家的科研和生产单位提供了20多万份次的实物材料。"热带作物种质资源共享体系的构建与应用"获2010年度海南省科学技术进步奖一等奖。

（二）新品种选育

1. 热带经济作物

热带经济作物新品种的培育，推动了我国热带作物产业的创建、扩展和更新换代。例如，截至2020年相关科研院所通过传统杂交育种方法选育出天然橡胶国审品种6个，其中，热研7-33-97速生、高产，抗逆性较好，于1995年被列入大规模推广级种植新品种，推广面积最大，适合海南省中风中寒区域和广东中风中寒区域种植，累计推广面积超过250万亩；以杂交选育种为主，选育出甘蔗品种59个，其中代表性品种是桂柳05-136、桂糖42号和粤糖93-159，推广面积最大的是桂柳05-136和桂糖42号；选育出椰子品种5个，其中，国审品种2个，省审品种3个，代表性品种是文椰3号，其是1983～2000年从引进的马来亚红矮中采用混系连续选择与定向跟踪筛选法，连续4代选育而成；选育出香蕉品种12个，其中，国审品种1个，威廉斯香蕉主要种植区域为广西、云南等地，种植面积在230万亩以上，巴西蕉主要种植区域为海南、广东、云南等产区，种植面积在160万亩以上；以"五步杂交育种法"选育出芒果系列优良品种34个，其中国审品种9个，实现品种早、中、晚熟合理布局，如桂热芒3号、桂热芒60号等品种，耐低温阴雨，高产稳产，成为广西、云南等产区主栽品种；通过引进筛选获得香辛饮料作物品种7个，其中，咖啡国审品种2

个、省认定品种2个，可可省认定品种1个，胡椒国审品种1个，香草兰省认定品种1个。"橡胶树早熟高产品种热研8-79的选育"获2009年度中华农业科技奖一等奖；"椰子种质资源创新与新品种培育"获2012—2013年度中华农业科技奖科学研究成果二等奖。

2. 热带粮食作物

热带粮食作物是国家粮食安全的重要补充。例如，截至2021年，我国在木薯选育种方面，以传统杂交选育种为主，分子标记等选育种方法为辅，选育出新品种35个，其中，国审品种15个，省审品种20个，代表性品种是华南205、华南5号和华南9号；选育出的菠萝蜜品种有4个——香蜜17号菠萝蜜、常有菠萝蜜、海大1号、海大2号；选育的水稻品种就非常多，仅中国热带农业科学院就选育了热科182、热黑稻1号、热农1A、热农2A、中莲优589、粤优589、红泰优996、热糯1号等。"木薯品种选育及产业化关键技术研发集成与应用"获2009年度国家科学技术进步奖二等奖。

3. 热带冬季瓜菜

冬季瓜菜是冬春季节人民拎稳菜篮子的重要支撑。例如，在辣椒品种的选育上，有粤椒一号、汇丰二号、辣优2号、辣优4号、海椒3号、海椒5号、海椒109、桂椒7号、桂椒8号、桂椒10号、华椒5号、热辣1号、热辣2号、热辣6号、茂椒4号、东方神剑等；苦瓜品种的选育上有热科1号、热科2号、大肉一号、桂农科一号、桂农科二号、海研1号、海研2号、如玉5号、早优苦瓜、早绿苦瓜、农优1号、新科3号等。

4. 热带饲料作物与畜牧

热带饲料作物是畜牧业发展的保障，在牧草的选育种上，截至2021年，仅中国热带农业科学院就选育牧草国审品种27个，其中推广面积最大的是热研4号王草，在我国、非洲、东南亚地区和南太平洋岛国广泛种植，柱花草是豆科牧草，富含蛋白质，形成"北有苜蓿，南有柱花草"的草业发展新格局，热研12号平托落地花生成为我国热区重要的放牧以及景观豆科牧草，有力支撑了热区乡村振兴与产业扶贫，臂形草成为我国南方治理水土流失以及放牧草地的优选禾本科草种，银合欢、坚尼草、山蚂蝗等多种牧草品种在不同草产业发展中起着重要支撑作用。

（三）热带作物种苗快繁

我国突破了一批热带作物组织培养快繁技术，实现了规模化、工厂化、工程化生产。组织培养快繁技术已经在橡胶、油棕、甘蔗、剑麻、香蕉、木薯等热带作物种苗生产中得到广泛应用。建立并完善橡胶树自根幼态无性系繁育技术体系，年体细胞胚增殖系数达到 10 000 以上，装袋成活率达到 98%，提高产量 20% 左右。木薯复合快繁技术，可比传统繁殖法快 30～300 倍，新品种的推广时间从 8～10 年缩短到 3～5 年；香蕉组培苗繁育技术是大规模商品化生产的主要技术支撑，甘蔗脱毒种苗生产技术实现了甘蔗脱毒种苗的工厂化育苗，使优良品种能够快速和规模化应用，解决了甘蔗遗传转化效率低、转基因稳定性差、可转化基因型有限等难题。

（四）基因组学研究

1. 热带作物生物技术与基因工程

在主要热带作物全基因组测序与注释方面，已完成菠萝、木薯、橡胶树、椰子、香蕉、甘蔗等 10 余种重要热带作物的全基因组测序与注释，预测基因模型和主要结构基因序列，创建基因组学数据库，居世界先进或领先水平，为主要热带作物的基因挖掘和分子育种奠定基础。在主要热带作物遗传转化体系及基因功能研究方面，建立了重要热带作物的遗传转化体系，应用于基因功能验证和具有经济价值突变体的创制。在基因组选择育种技术研究方面，创建了一种基因组简化重测序的方法，可一次性解决大群体的基因型分析，同时检测群体的甲基化位点，在橡胶树、麻风树、马铃薯、可可、胡椒、茶叶、香蕉等 20 余种作物上广泛应用。

2. 热带农业微生物及基因工程

截至 2021 年，我国相关农业科研院所从热带地区收集、分类、鉴定并保藏功能微生物、大型真菌总计 10 000 余份，鉴定出 100 余属 600 余种，发表新种 26 个，中国新记录种 35 个种，建成可容纳 10 万份标本的小型真菌标本馆，发现分别具有高产生物酶、有机酸、乙醇、抗菌肽等功能菌种，获得有经济价值的食、药用菌株 200 余株。

3. 热带农业病毒分子生物学

我国相关农业科研院所已经鉴定出甘蔗花叶病毒和甘蔗线条花叶病毒、槟榔坏死环斑病毒和槟榔坏死梭斑病毒、番木瓜环斑病毒和番木瓜畸形花叶病毒、香蕉束顶病毒等热带重要特色果蔬和经济作物 DNA 病毒及 RNA 病毒 30 余种，建立了适合实验室和田间检测应用的病毒检测技术。完成了多个病毒全基因组测序和序列分析及遗传变异研究，建立了快速构建侵染性 cDNA 克隆的方法。利用 RNA 干扰、双链 RNA 分解酶基因、基因编辑等策略创建甘蔗和番木瓜抗病毒新种质。

4. 热带生物天然产物结构及功能

截至 2021 年，我国相关科研院所从 29 种热带药用植物分离活性化合物 1000 多个，其中新化合物220个，具有显著抗菌、消炎、抑制肿瘤或抗病毒等生物活性的化合物50多个，建立了热带天然产物化学库，为药物设计研发和创新利用提供了物质基础，并在此基础上结合现代波谱技术建立了以天然产物指纹图谱为代表的热带药用植物代谢组学的化合物绝对定量和相对定量检测方法。对沉香中色酮类化合物和血竭中黄烷类化合物的生物合成途径进行了研究，获得了大量与其合成相关的基因。

（五）高效栽培

1. 热带作物精准定量栽培

热带作物生育进程、群体动态指标和栽培技术措施定量研究的不断深入，推进了栽培方案设计、生育动态诊断与栽培技术措施的定量化，有效地促进了热带作物栽培技术由定性为主向以定量为主的跨越。其中，"中国橡胶树主栽区割胶技术体系改进及应用"获2006年度国家科学技术进步奖二等奖；"橡胶树精准施肥技术研究及在海南的应用"等项目获得了省部级科技奖励。研发了木薯、甘蔗、剑麻、椰子、槟榔、胡椒、香草兰等热带作物的定量化栽培技术。

2. 热带作物间套种栽培

根据橡胶树新品种直立生长的特点，提出了一种全新的橡胶树间作/套作模式——全周期胶园间作模式，在橡胶树整个生产周期，土地利用率可提高1.5倍，对提高橡胶园整体效益和增加热区土地战略储备等具有重要意义。甘蔗间套种是我国甘蔗生产的一大特色，已得到广泛应用。目前我国蔗区主要的间套种模式有间套种玉米、西瓜、大豆、马铃薯、辣椒、花生等。

（六）病虫害防控

1. 橡胶树病虫害防治

先后制定了《热带作物种质资源抗病虫鉴定技术规程 橡胶树白粉病》《橡胶树白粉病测报技术规程》《橡胶树主要病虫害防治技术规范》《橡胶树棒孢霉落叶病监测技术规程》等农业行业标准。明确了橡胶树白粉病菌等病害病原菌的致病机理及重要害虫橡副珠蜡蚧和六点始叶螨的成灾机理，筛选出大量抗（耐）病的优良品种（种质），研制出高效低毒药剂、生物源杀菌剂及其使用技术。

2. 重要入侵生物防治

在我国热区及国外热区推广应用以生物防治为主、化学防治为辅的椰心叶甲、螺旋粉虱、橡胶介壳虫、叶螨、瓜实蝇及香蕉枯萎病等重要热带作物病虫害的绿色防控技术，实现了可持续防控。椰心叶甲绿色防控技术已在海南、云南、广东等省份规模化应用，防效达85%～90%，有效解决了椰心叶甲防控难的生产实际问题，相关技术及产品累计推广应用1700万亩，生态、社会和经济效益显著，该技术被引入马尔代夫，成效显著。橡副珠蜡蚧生物防治技术及香蕉枯萎病绿色综合防控技术已入选农业农村部"十三五"期间第一批热带南亚热带作物主推技术。螺旋粉虱综合生物防治技术、瓜实蝇生物防治技术和叶螨生物防治技术田间防效在70%～80%。

3. 热带果树病虫害防治

制定《香蕉镰刀菌枯萎病诊断及疫情处理规范》《香蕉花叶心腐病和束顶病病原分子检测技术规范》《香蕉黑条叶斑病原菌分子检测技术规范》《热带作物病虫害监测技术规程 香蕉枯萎病》《芒果细菌性黑斑病原菌分子检测技术规范》等农业行业标准，明确了病虫害种类及其演变规律，建立了我国热带果树以及其他作物病虫害监测检测网络，建立了主要病毒病、香蕉枯萎病、芒果炭疽病等病害的检测方法，减少了重大病害的发生，也控制了其传播范围，研发了系列防治药剂及其精准施药技术，构建了重大病虫害综合防控体系。

（七）农产品质量安全

1. 建立了热带作物质量安全标准体系

制定热带果蔬、香辛饮料、热带油料等食用热带农产品绿色栽培、病虫害防控、保鲜贮运、质量安全检测、农药残留限量等从农田到餐桌全过程的标准150余项，建立了完善的热带作物标准体系，从而实现食用热带农产品生产有标可依、产品有标可检、执法有标可判，为热作产业健康发展提供了重要支撑。

2. 研发了一批农产品质量安全检测技术

改进了传统色谱技术，建立了龙眼、莲雾、荔枝、咖啡、豇豆等热带作物中有毒有害因子残留的精准筛选和检测新方法；研究了分子印迹磁性纳米微球材料固相萃取小柱，实现了农产品中多菌灵、三氯杀螨醇、哒螨灵等快速、高效的前处理；改造了部分仪器检测元件，研发了新型微等离子体激发源，应用于福美双等农药残留的分析检测；建立了热带环境及部分热带作物中重金属元素分析新方法；开发了新型分子印迹传感及微流控芯片，实现对克百威和吡虫啉等农药残留的快速、灵敏检测；开发了一系列实验样品前处理新型设备，获得大批专利，其中包括环保型高效样品消化器、圆盘进位顶杆式火焰光谱仪器自动进样器等，有效提高了样品分析结果的准确度和精密度。

（八）热带农产品加工

1. 产品初加工

我国相关科研院所、企业通过开展高产、安全的木葡糖酸醋杆菌筛选研究，攻克了椰子水发酵生产细菌纤维素技术，与国外同类技术相比，发酵时间缩短3天以上，生产成本降低5～10倍，将椰子水细菌纤维素应用于高档面膜等生物新材料行业；研发"胡椒鲜果直接连续化脱皮"新工艺，取代传统"自然浸泡发酵去皮"工艺，提高工效5倍以上，降低水耗并减少污水量约90%；建立了香荚兰连续化加工过程模型，首创了香荚兰豆荚在50℃空气中直接发酵生香技术，发酵时间缩短一半以上，香兰素含量提高50%以上；攻克了咖啡脱皮、脱胶、脱壳技术，研发咖啡湿法脱皮新工艺，工效提高5倍以上，发酵时间由24～36小时缩短至6～8小时；研发了纤维碱法半脱胶和乳化油软化梳理的精细化处理技术，解决了菠萝叶纤维单纤过短、在传统脱胶工艺中纤维流失多且可纺性差的难题，在国际上首次实现菠萝叶纤维纺织工业化生产，突破了菠萝叶幼细叶脉纤维提取时极易断纤、提取率低的技术难题。

2. 标准化生产

截至2020年，中国热带农业科学院通过加工工艺、装备和标准研发（制），形成技术标准28项，其中国家标准7项，行业标准21项，占我国热带农产品加工领域标准总数的61%，初步建立符合我国国情的特色热带作物产品质量标准体系，解决了咖啡、腰果、香草兰、椰子、胡椒、菠萝、剑麻等特色热带作物产品加工工艺落后、机械化程度低和产品质量不稳定等技术问题。成果先后在160多家企业推广应用，形成商品18类59个种，培育了世界最大的椰子汁加工企业之一——椰树集团有限公司及一批龙头加工企业，创建了椰树、椰国等国际品牌和兴科、福山等国内知名品牌。同时，实现技术、装备和产品出口，其中腰果、咖啡等多项产品加工技术与装备出口尼日利亚、巴西等国家，椰子汁等产品远销30多个国家和地区。

3. 精深加工生产

研发微胶囊包埋技术和纳米纤维素固定技术固定植物精油，首创"纳米纤维素粒度控制技术"，并探明纤维素液态均相纳米化过程的关键技术机理，建立了纳米纤维素绿色高效制备技术，研制出的纳米纤维素直径可达5～12纳米，解决了现行技术生产纳米纤维素粒度分布范围广等技术难题；研发出胡椒催熟、机械脱皮、高温灭酶护色、鲜果全果直用、热浸提、精制制备调味油及活性成分稳态化等生态高值化加工关键技术，研制出胡椒杀青脱粒和脱皮等关键设备6台/套，促进胡椒资源利用率提高15%，人工减少50%，产品附加值提高3～5倍，生产能力是间歇式生产的3～5倍；突破了菠萝蜜果肉风味品质保存、果肉干燥、果肉半固态发酵、种子口感改良及高纯度种子淀粉提取等关键技术。

4. 天然橡胶加工

1）标准胶加工方面

中国热带农业科学院农产品加工研究所主持的"天然橡胶新产品——国产标准橡胶的研制"项目，按三种技术方案开展标准胶的研制，均获得了成功，其中锤磨造粒法在当时具有明显的优越性，适合农场的实际生产需要，从而在生产上迅速得到推广应用，剪切造粒法也已广泛应用于标准胶生产。以中国热带农业科学院农产品加工研究所为代表的橡胶加工技术团队建立了我国自主、完备的标准胶工艺、装备和标准体系，先后设计建成我国第一座标准胶加工厂，研制出标准胶连续干燥与打包技术生产线，研制出我国第一条杂胶标准胶连续化生产线，向尼日利亚、泰国出口成套生产设备。

2）改性产品研制方面

以中国热带农业科学院农产品加工研究所为代表的橡胶加工技术团队先后开发出黏土天然橡胶、环氧化天然橡胶、氯化天然橡胶、天甲橡胶、脱蛋白天然橡胶、恒黏天然橡胶、子午线轮胎专用胶、预硫化胶乳等一大批改性天然橡胶产品，取得了多项原创性成果，从而拓宽了天然橡胶的应用领域。其中，中国热带农业科学院农产品加工研究所研发的胶乳法氯化天然橡胶不采用四氯化碳溶剂，在天然胶乳中直接通入氯气进行改性，建立了示范性生产线，产品制成船舶漆进行涂船试验，通过了1年的航海验证，生产技术达到国际领先水平。

3）天然橡胶高性能化加工

以中国热带农业科学院农产品加工研究所为代表的橡胶加工技术团队提出国产天然橡胶必须走"高性能化之路"，开始与国内相关军工单位开展技术攻关并取得阶段性突破，初步完成了天然橡胶技术研发从"标准通用胶"向"特种专用胶"的转型。我国天然橡胶加工应继续围绕国家重要新兴工业和国防军工等领域对天然橡胶高性能技术指标的需求，针对天然橡胶高性能化和特种化，开展相关技术研发，为高端制造与国防装备提供材料支撑。同时，加快推进天然橡胶生产的自动化智能化研究、绿色环保加工技术和"三废"处理技术研究，解决目前我国天然橡胶加工业主要面临的生产成本高、环保难达标、产品质量不稳定等难题。

（九）农机装备

1. 甘蔗机械

开发了甘蔗收获机、甘蔗联合种植机和甘蔗中耕施肥机械、甘蔗破垄施肥盖膜机、宿根蔗管理联合作业机、甘蔗碎叶还田机等，尤其切段式甘蔗联合收获机取得新突破，整杆式甘蔗联合收获机也在加快研发进程。

2. 剑麻机械

先后研制了剑麻起苗机、剑麻头粉碎机、剑麻深耕浅种开沟犁、刮麻机、脱糠机、剑麻乱纤维回收机、烘干机、倒纱机、压布机等制品加工机械。

3. 木薯机械

创建了适宜机械化的木薯宽窄双行起垄种植新模式，研制与之配套的木薯生产全程机械化设备，包括起垄机、中耕施肥机、收获机、履带式木薯田间转运车等，初步构建了我国木薯生产全程机械化体系。

4. 农产品初加工机械

开发了咖啡加工技术与装备，创新了不充分发酵与机械摩擦、水流冲刷相结合的脱胶技术，克服了国外湿法加工中因发酵时间过长而造成的风味下降的缺点，缩短了发酵时间，提高了咖啡豆品质。研制了咖啡湿法加工生产线，采用该生产线加工的咖啡豆，质量达到国际标准，被国际知名企业麦斯威尔和雀巢两家咖啡公司认可和订购，替代了部分进口原料。开发了椰子加工技术与装备，配套了生产甜炼椰奶、椰蓉、椰油、椰子粉等椰子产品的设备，创新使用添加剂解决浓缩椰奶的分层问题，使其保存期达到1年，提高了产品质量。开发了腰果加工设备、胡椒加工设备、小型棕油提取加工设备、澳洲坚果加工设备等。

5. 热带果树机械

开发了香蕉种植开坑机、电动切割香蕉采收机、香蕉采收索道系统、香蕉采摘机、香蕉茎秆粉碎还田机、香蕉茎秆刮麻机等，开发了菠萝移栽机、菠萝叶粉碎还田机、菠萝叶刮麻机、菠萝叶纤维打包机、菠萝叶割铺机等。

（十）热带农业信息化

数据库、遥感技术、专家系统、地理信息系统（geographic information system，GIS）等现代信息技术在热带农业领域广泛应用，福建利用GIS技术监测植被覆盖变化，海南建设了海南农垦商务网天然橡胶电子交易系统，中国热带农业科学院橡胶研究所研发了橡胶树精准施肥技术、海南土壤资源信息库及测土施肥专家系统等。农业信息服务取得成功，热作"12316"、农业科技110服务站和"科技特派员"等新型信息服务方式先后涌现。

随着物联网、云计算、大数据等新一代信息技术的发展，信息技术与传统热带农业深度融合，热带农业信息化向全要素、全产业链发展，热带农业迈向智能化、智慧化、精准化时代。贵州成为全国首个国家级大数据综合试验区。广东构建了水稻、蔬菜测土配方施肥大数据库；开展了精准施肥技术研究应用。中国热带农业科学院科技信息研究所等利用物联网技术、大数据技术、空间信息技术等开展了作物生长环境监测、智能水肥一体化、热作农产品质量溯源、主要热作产业监测预警等技术研究，推动农业信息技术与热作全产业链融合发展。

2018年4月，习近平总书记在十九届中央国家安全委员会第一次会议上强调，"要加强党对国家安全工作的集中统一领导，正确把握当前国家安全形势，全面贯彻落实总体国家安全观，努力开创新时代国家安全工作新局面"[①]。农业安全是国家安全的基础，粮食生产在国民经济中具有重要的战略地位，农业是容纳劳动力最多的产业，农民是一个巨大的消费群体，农业安全直接关系国家安全。热带农业在保障我国国防、边境、种业、粮食、生态安全和消费多元等方面具有重大战略意义，大力发展热带现代农业是落实"总体国家安全观"的要求和具体实践。

第一节

国防与边境安全

一、 热带农业与国防安全

（一）热带农产品在国防安全中具有不可替代的作用

《国务院办公厅关于促进我国天然橡胶产业发展的意见》（国办发〔2007〕10号）明确了"天然橡胶是重要战略物资和工业原料"的战略定位。天然橡胶广泛应用于交通运输业、医疗卫生业、工业、农业、建筑业、国防军工业和人们的日常生活。

---

① 《习近平：全面贯彻落实总体国家安全观 开创新时代国家安全工作新局面》，http://jhsjk.people.cn/article/29932761[2022-07-11]。

在军事国防装备领域，一辆坦克要用800多千克天然橡胶；一艘三万吨级的军舰要用68吨天然橡胶，多数军事装备、空军设施、国防工程都需要天然橡胶，使用天然橡胶制作的船舶、帐篷、仓库、防护用具及浴水服装等品种也很多。在海、陆、空交通运输上，哪一个都离不开橡胶制品，至于国防尖端技术需要的耐高温、耐低温、耐油、耐高度真空等特殊性能的橡胶制品更是不可缺少。随着国防现代化的发展，能耐$-100 \sim 400 \, ℃$的温度范围，并能抵抗各种酸、碱和氧化剂，具有特殊性能的橡胶，正在研制生产。

剑麻纤维是世界上主要的硬质纤维之一，具有坚韧、耐磨、富有弹性、耐海水浸泡等特性，广泛应用于航海、运输、工矿、渔业、油田、造纸等领域，是生产电梯钢丝绳芯、轮船缆绳、纱条、绳索、抛光轮、地毯、絮垫、剑麻墙纸、纸币、帆布、防水布及工艺品等的主要制造原料之一。20世纪上半叶，世界上的硬纤维中，剑麻纤维的品质仅次于马尼拉麻纤维，成为第二次世界大战中广泛使用的重要国际战略物资之一。

这样的热带农产品还有很多。例如，椰子果壳制成的新型活性炭，在高温活化和碳化之后，添加光催化剂和碳纤维，它对有机气体的吸附能力是普通活性炭的5倍，吸附速度更快，制作的防毒面具效果更好；巧克力是部队的军粮之一，在行军、作战时被用作应急口粮。

（二）热带农业是维护国家重要军事基地海岛安全的支撑

中国南海是我国海洋战略通道和具有能源资源基地功能的战略区域，在中国地缘经济战略实施与拓展中具有重要战略意义。南海广泛分布着200多个岛、礁、沙滩，维护南海安全，既需要军事手段、经济手段，也离不开热带农业。通过推动热带农业科技创新，大力发展热带海洋渔业、岛礁热带农业、生态旅游业等，实现经济养岛、护岛、繁荣国土，是强化南海"主权属我"，实施"搁置争议，共同开发"战略思想的务实手段。从20世纪70年代开始，我国驻扎在西沙岛礁上的军民所需的新鲜蔬菜基本要靠成本高昂的船运补给。由于台风等灾害性天气频发，经常造成断水、断粮、断菜。热带农业科技工作者克服南海岛礁高盐、高湿、高温影响，成功种植出多种蔬菜，为维护南海安全提供了重要支撑。这些经验也在中国人民解放军驻吉布提保障基地得到推广和应用，取得了良好成效。

二、　热带农业与边境安全

我国热带地区主要处于边境地区，有绵延4000余公里的陆地边境线，占全国陆地边境线的17.54%。云南热带地区与缅甸、老挝和越南交界，广西热带地区与越南交界，西藏林芝地区与印度、缅甸接壤。这些边境地区是我国通往东南亚、南亚的窗口和门户，也是"一带一路"倡议中的重要节点。这些边境地区在地理位置上属于国家的边缘，在国家安全中扮演着外围屏障的角色。对于中国这样一个边境地区广阔，且边境地区人口众多，安全形势复杂的国家来讲，发展热带农业富民强边是保障边境安全的重要途径。

（一）替代种植

我国热区边境极为特殊，我国云南边境临近泰国、缅甸和老挝三国边境"金三角"区域，该区域长期盛产鸦片等毒品，是世界上主要的毒品产地。20世纪90年代以来，缅甸北部山区的人们发现，以种植罂粟为收入来源的生活，无法与有正当职业的中国边境农民的生活相媲美。国家财政设立专项资金支持中国企业到"金三角"区域，在原来种植罂粟的土地上改种水稻、木薯、天然橡胶、澳洲坚果、香蕉及芒果等热带作物，这项工作在遏止毒源、巩固禁毒成果、向"金三角"区域农民传授农业生产技术、解决"金三角"区域贫困问题等方面取得了显著成绩，替代种植项目所在地农民年人均纯收入也由20世纪90年代的200多元增加到21世纪初的3000多元。同时相关企业在替代种植项目所在地积极开展了援助学校、卫生所建设，兴修水利、电力、饮水、道路设施等公益设施的活动，缓解了当地群众就学难、就医难、出行难、饮水难的问题，有力地帮助和促进了"金三角"区域社会事业的发展。中国提出的替代种植，改变了"金三角"，是中国在国际禁毒工作中一个伟大的创举，直接启发了联合国国际麻醉品管制署。截至2020年底，仅缅甸罂粟种植面积就下降到44.25万亩，为近年来最低，较2019年下降了11%，较2014年下降了48.25%。从2020年卫星遥感数据看，缅甸北部靠近中国边境的区域集中了中方90%以上的替代种植企业，罂粟种植面积已经不足5000亩，为我国在缅北建起了一道绿色的禁毒除源屏障，降低了毒品流入和难民涌入我国的风险，对维护我国边境安全有重要的意义。此外，替代种植返回国内的天然橡胶、木薯淀粉、粮食、甘蔗、香蕉、茶叶、咖啡等热带农产品调剂了国内市场的余缺。

（二）边境贸易

边境贸易是指毗邻两国边境地区的居民和企业，在距边境线两边设定的公里以内的地带从事的贸易活动，其目的是方便边境线两边的居民互通有无。边境贸易主要有边境互市、边境小额贸易和旅购贸易（旅游购物贸易）三种形式。中国热带地区边境互市占到整个边境贸易的一半以上。中国更多以进口甘蔗、橡胶、木薯、茶叶、香蕉、芒果等农特产品为主，而缅甸、老挝、越南等更多以进口日化用品、建筑材料、机械设备等产品为主。2020年1～12月，中缅边境瑞丽边境互市进出口完成99.86亿元，同比增长216.51%，其中，进口9.17亿元，同比增长9.78%，出口90.69亿元，同比增长290.27%。边境贸易的繁荣，在边疆民族地区边境安全、社会稳定、百姓生活改善、脱贫攻坚等方面扮演了重要角色。

第二节
国民经济安全

一、　热带农业与区域经济安全

中国热区大多属于革命老区、少数民族聚居区、边境地区、经济欠发达区，曾是国家扶贫开发攻坚战主战场。四川省凉山彝族自治州（简称凉山州）、云南省怒江傈僳族自治州（简称怒江州）曾经属于国家层面的深度贫困地区，曾是国家全面建成小康社会最难啃的"硬骨头"，这些区域大都以农业为生，热带特色农业的收入占到了热区农民收入的70%以上。只有发展热带高效农业，才能够促进这些区域农民增收和安居乐业，实现区域经济稳定。

二、　热带农业与粮食安全

民为国基，谷为民命。粮食安全是关系国运民生的"压舱石"，是维护国家安全的重要基础，保障国家粮食安全是一个永恒课题，任何时候这根弦都不能松。热带地区由于气候资源的特殊性，水稻可以种植三季，蔬菜一年可以种植8～10茬。同时，木薯、地瓜、芋头、淮山等薯芋类作物生长快，产量高，品质优，经济效益好；面包果、菠萝蜜、椰枣等木本粮食作物耐干旱，挂果时间长，不与粮争田，不与林争地，是国家粮食安全的重要补充。粮食是人类一切生产活动的基础，粮食安全也是国民经济稳定的基础。

三、 热带农业与种业安全

一粒种子可以改变一个世界，种业安全事关农业农村经济发展。种子是农业的"芯片"，2020年中央农村工作会议强调要"夯实现代农业发展基础支撑，坚决打好种业翻身仗"。要打好这个翻身仗、保障种业安全，最重要的是做好种质创新和品种扩繁。在北方，大田科研生产受到温度和光照时长等条件的限制，育种速度慢、周期长，1年只能完成1代，而一个新的农作物品种的选育一般需8～10代。在热区利用充足的光热资源，开展品种扩繁工作，1年可以完成2～3代甚至更多，能大大缩短育种周期。近年来，热区已经成为我国育种加代提速的基地，越来越多的农业育种科研单位、企业选择到热区开展育种工作，大大加快了优良新品种的推广步伐。

第三节

农产品供给安全

一、 热带农产品供给数量安全

热带地区是我国居民"果盘子"和冬季"菜篮子"重要供给区域，特别是海南已经成为国家热带水果基地、冬季瓜菜基地。热带水果的种类、货架期等综合权重占全国水果的70%，香蕉、芒果、菠萝、火龙果、木瓜、莲雾等热带水果已经实现鲜果周年上市，特别是冬春时节，北方大宗水果就只有冷藏的苹果、柑橘、梨等，而热带地区西瓜、哈密瓜、圣女果、番石榴、释迦、青枣、人心果、蛋黄果、杨桃等备受青睐，极大地丰富了冬春时节千家万户的"果盘子"。热带地区的冬季瓜菜生产具有成本低、质量好的天然优势，供应了冬春时节全国70%的瓜果蔬菜。北方冬春季节能够露天生产的瓜果蔬菜仅有大白菜、萝卜以及土豆等，而热区却能生产出新鲜的辣椒、豇豆、苦瓜、丝瓜、黄瓜、茄子、西红柿、葫芦瓜等，极大地丰富了全国人民的"菜篮子"。热区冬季瓜菜和水果的稳定供给，在我国春节等传统节日的居民消费供给中起到了关键性作用，确保了供给多元化和价格稳定，大大增强了居民的幸福感和安全感。

二、　热带农产品供给质量安全

热带农业供应居民消费所需的蔬菜、水果、粮食等，其质量安全将会直接影响国内居民的消费安全。从国内来看，热区农业生产环境高温高湿、病虫害容易暴发，现阶段热带农业生产规模较小、农业标准化程度低、投入品使用不规范，影响热带农产品质量安全的事件仍然时有发生。从国际角度来看，在"一带一路"倡议和改革开放新格局下，越来越多的热带水果等热带农产品进入中国。而这些热带农产品生产者大多集中在欠发达国家，其质量安全管控能力与我国相比，还存在一定的差距，不安全的热带农产品进口、消费，也将会影响我国居民的身体健康。从社会发展的角度看，人民对健康食品的更高层次追求与食品产业加速转型所带来的新食品质量安全隐患、新的投入品（即新的农资，如新型肥料、农药、添加剂等）与潜在风险因子等的矛盾，又将以问题叠加的方式大量涌现。

自2001年农业部启动"无公害食品行动计划"以来，国家和各级政府投入很大力量开展农产品质量安全监管，目前热区已经建立覆盖省、市、县三级的农产品质量安全监控体系，农产品质量安全认证覆盖到了所有热带农产品。截至2020年农业农村部热带作物及制品标准化技术委员会组织专家已制修订热带作物行业标准450多项，引导地方制定热带作物地方标准600多项，已建立起以国家标准、行业标准为基础，地方标准和企业标准衔接配套，涵盖我国热带农产品产地环境、产品生产、病虫害防治、投入品安全及产品质量监管等各环节，贯穿我国热带经济作物产前、产中、产后全过程的质量安全标准体系。通过标准的宣贯推广，一大批新技术得以实施，大大地提高了热带农产品的质量安全水平，近年来热带农产品的抽样合格率一直在98%以上，取得了良好的成效。但是，我国的热带农产品还存在农药残留超标、有害元素污染等问题。部分生产者在短期利益驱动下，追求的目标仍然是数量，尚未把质量和安全放在重要位置，存在农药违规使用、超量使用、不按照间隔期使用的现象，导致农药残留超标时有发生。进口农产品的质量安全问题也不容忽视，其因质量安全检测不达标而被挡在国门外的现象时有发生，这些问题的存在，将会影响到国内居民的消费安全。热带农产品质量安全直接影响我国居民的"菜篮子""果盘子"消费安全，还需要加大力气对其进行研究和管控。

第五章	热带农业与乡村振兴

　　党的十九大明确提出实施乡村振兴战略，并作为七大战略之一写入党章。中央经济工作会议、中央农村工作会议对实施乡村振兴战略作出了全面部署，强调，要落实高质量发展的要求，坚持农业农村优先发展，坚持质量兴农、绿色兴农，加快推进农业由增产导向转向提质导向，加快推进农业农村现代化，走中国特色社会主义乡村振兴道路，让农业成为有奔头的产业，让农民成为有吸引力的职业，让农村成为安居乐业的美丽家园。[①]

第一节
热带农业在乡村振兴中的意义

一、 热带地区是乡村振兴战略基础薄弱区

　　2020年中国热带地区人口2.3亿，其中农业人口1.4亿，曾是国家脱贫攻坚的主战场，现在是国家乡村振兴战略基础薄弱区。2015年底，全国有14个集中连片特殊困难地区、832个贫困县、12.8万个建档立卡贫困村，贫困人口达5575万人，其中热带地区就有6个集中连片特殊困难地区，贫困人口3800万人，且云南省热区80%以上的县、贵州省热区85%以上的县属于国家级贫困县。例如，全国最后实现脱贫摘帽的贵州省9个县中，有6个在热带地区；位于中国西南边陲的云南省怒

---

　　① 《农业部关于大力实施乡村振兴战略加快推进农业转型升级的意见》，http://www.moa.gov.cn/xw/zwdt/201802/t20180213_6137182.htm[2018-02-13]。

江州，2020年底仍有48%的自然村没有通硬化路，农民生产的特色农产品还很难运出来。中国热带农业科学院科技支撑怒江州草果产业做大做强，彰显"国家队"的责任与担当。

二、 热带农业是热带地区乡村振兴战略的着力点

热带地区大都工业基础薄弱，主要发展热带农业。例如，云南热带地区是国家天然橡胶重要生产基地、全球最大的澳洲坚果生产区域、国家精品咖啡生产基地等；海南热带地区也是国家天然橡胶重要生产基地、冬季瓜菜生产基地、热带水果生产基地、国家南繁科研育种基地等；广西热带地区是国家糖料蔗生产基地、热带水果生产基地、全国最大的木薯生产区域等；广东热带地区是热带水果生产基地，广东徐闻县号称"菠萝的海"。热带农业是我国热带地区实施乡村振兴战略的着力点，促进热带农业发展对热区的民族团结、社会稳定、农民增收、农村繁荣有着十分重要的意义。

三、 打造农业全产业链是推动乡村振兴的首要举措

乡村振兴，产业兴旺是重点、是关键。产业兴旺，农民收入才能稳定增长，农村繁荣才能持续实现。产业是农业农村发展的根基，产业兴旺是解决农村一切问题的前提。打造农业全产业链，充分发挥农业食品保障、农业生态涵养、农业休闲体验、农业文化传承等多种功能，提升乡村多元价值，全产业链农业已经成为乡村振兴必答题。例如，2020年澳洲坚果种植覆盖云南省临沧市8县（区）71个乡镇564个村18余万种植户51万人，带动建档立卡贫困户6万多户，24万人实现脱贫，种植户人均收入达2941元，全市共建有澳洲坚果初级加工厂11个，精深加工厂2个，生产能力达4.5万吨，仅2020年澳洲坚果产量就有4万吨，实现产值20亿元，成了农民增收、农业增效、农村富裕的重要产业，来自澳洲坚果的收入占全市农村常住居民人均可支配收入比重将近25%。

四、 热带农业产业是热带地区乡村振兴的核心竞争力

2013年习近平总书记考察海南时明确提出，做强做精做优热带特色农业，使热

带特色农业真正成为优势产业和海南经济的一张王牌①。例如，海南省海口市石山镇施茶村依托独特的火山岩地貌发展火山石斛、石山黑豆、石山壅羊等特色产业，石斛产业从2018年的200多亩扩展到2020年的1200亩，同时加大党建引领力度，培育高素质农民队伍，打造现代农业经营体系，彻底改变了过去贫穷落后的面貌，村民人均收入由2013年的3600元提高到2020年的2.9万元，年均增长率超30%，打造出了海口市乡村振兴示范村、"样板间"。福建省漳州市漳浦县沙西镇高山村依托"沙西榕树盆景"国家级地标产品的品牌优势，因势利导，对现有榕树种植、盆景加工、榕瓜嫁接进行科学规划，引进新品种，形成以榕树盆景为主、多品种开发、系列化发展的思路，全村榕树种植面积达1800亩，2020年全村榕树产业创产值1260万元，实现农民人均可支配收入3.2万元，村集体经济收入72.1万元②。

第二节
科技创新在乡村振兴中的作用

一、 乡村振兴要插上科技的翅膀

科技是农业农村高质量发展的重要引擎和动力源。实施乡村振兴战略，本质上是推进农业农村现代化，归根到底要靠农业科技的支撑和引领，农业科技创新对于乡村振兴的作用是全方位的。2021年3月，习近平总书记在福建武夷山市星村镇燕子窠生态茶园考察时强调，要统筹做好茶文化、茶产业、茶科技这篇大文章，坚持绿色发展方向，强化品牌意识，优化营销流通环境，打牢乡村振兴的产业基础。要深入推进科技特派员制度，让广大科技特派员把论文写在田野大地上③。2021年中央一号文件提出，深入开展乡村振兴科技支撑行动。支持高校为乡

---

① 《美丽篇章藉春风——习近平总书记考察海南纪实》，http://jhsjk.people.cn/article/21124967 [2013-04-13]。

② 《沙西镇高山村：走好特色产业发展路 奏响乡村振兴进行曲》，http://www.taihainet.com/news/fujian/yghx/2021-12-12/2578032.html[2021-12-12]。

③ 《习近平在福建考察时强调在服务和融入新发展格局上展现更大作为 奋力谱写全面建设社会主义现代化国家福建篇章》，http://jhsjk.people.cn/article/32060807[2021-03-25]。

村振兴提供智力服务。加强农业科技社会化服务体系建设，深入推行科技特派员制度①。

2018年8月，《中共科学技术部党组关于创新驱动乡村振兴发展的意见》（国科党组发〔2018〕36号）提出，强化农业农村科技创新供给。重点围绕产业兴旺、生态宜居等科技需求，加强农业农村科技领域的总体部署，明确主攻方向和重点，实施国家重点研发计划和种业自主创新工程等。加快发展现代农作物、畜禽、水产、林木种业；加快研发经济作物、养殖业、丘陵山区农林机械；加快研发适应不同土壤、作物特点的生态化肥农药；加快研发村镇建设、人居环境、数字农业和"互联网+现代农业"技术，为乡村振兴提供创新动力。

2018年9月，农业农村部办公厅印发《乡村振兴科技支撑行动实施方案》，提出按照乡村振兴"产业兴旺、生态宜居、乡风文明、治理有效、生活富裕"总要求，推动科技创新导向的转变和工作重心的调整，集聚科技、产业、金融、资本等各类创新要素，着力开展关键技术创新、生态循环模式创建、典型示范引领、新型生产经营主体培育和体制机制创新，显著提升科技对农业质量效益竞争力和农村生态环境改善的支撑水平，有力推动农业农村发展质量变革、效率变革、动力变革，支撑引领乡村全面振兴和农业农村现代化。

2019年1月，科技部印发《创新驱动乡村振兴发展专项规划（2018—2022年）》，从强化农业农村科技创新供给、统筹农业农村科技创新基地建设、加强农业农村科技人才队伍建设、加快农业高新技术产业发展、推动县域创新驱动发展、助力打赢脱贫攻坚战、促进农业农村科技成果转化、注重农业农村科技国际合作交流等方面明确了创新驱动乡村振兴发展重点任务。

二、 乡村产业兴旺要依靠科技创新

（一）农业农村科技创新供给充足

以中国热带农业科学院为代表的热带农业科教机构在热带经济作物、南繁种业、热带粮食作物、热带冬季瓜菜、热带畜牧、热带海洋生物资源等创新领域取得了一系列科技创新成果，有力地推动了重要热带作物产量提高、品质提升、效益增加，

---

① 《中共中央 国务院关于全面推进乡村振兴加快农业农村现代化的意见》，http://www.gov.cn/zhengce/2021-02/21/content_5588098.htm[2021-02-21]。

为保障国家天然橡胶等战略物资和工业原料、热带农产品的安全有效供给及促进热区乡村振兴做出了突出贡献。"橡胶树在北纬18—24度大面积种植技术""胡椒丰产栽培技术推广""木薯品种选育及产业化关键技术研发集成与应用""特色热带作物产品加工关键技术研发集成及应用""荔枝高效生产关键技术创新与应用""中国特色兰科植物保育与种质创新及产业化关键技术"等科技创新成果荣获国家级奖项，为助力乡村振兴奠定了坚实基础。

（二）农业农村科技创新基地建设完备

中国热带作物学会成立于1963年，截至2021年，其下设21个分支机构，其中专业委员会16个，工作委员会5个，并承担对省级热带作物学会的业务指导。在中国科学技术协会（简称中国科协）、农业农村部的坚强领导以及中国热带农业科学院的大力支持下，中国热带作物学会始终坚持"四服务"的职责定位，团结带领会员和广大科技工作者，积极开展学术交流、决策咨询、专题调研、科学普及、技术培训与示范推广以及优秀人才培养举荐等活动，为推动热带作物科技创新、促进我国热区农业农村经济健康快速发展做出了重要贡献，2018年底民政部公布2017年度全国性社会组织评估等级结果，中国热带作物学会被评为全国性学术类社会组织4A等级。全国热带农业科技协作网在2009年11月启动，2011年11月首届理事会成立，在开展热带农业科技联合攻关、协作推广、人才培养和战略规划，实践和探索大联合大协作的有效机制上取得了卓有成效的成绩。2021年中央一号文件明确提出，打造国家热带农业科学中心。农业农村科技创新基地的建设，为乡村振兴提供了持续基础保障。

（三）农业农村科技人才队伍充足

乡村振兴，人才是第一资源。"十三五"以来，截至2021年，仅中国热带农业科学院就分批次选派优秀科技人员56名，到广西、云南、四川、贵州、西藏、新疆等省区的市县（乡镇）挂职帮扶，为农业农村科技创新创业提供高端人才保障。中国热带农业科学院深入推行科技特派员制度，截至2021年累计向海南选派660名科技特派员，占全省科技特派员的59%，服务范围覆盖全省各市县；选派"三区"①科技人才173名，占全省"三区"科技人才的近50%，定点联系服务陵水、乐东、东方、昌江、临高、定安、屯昌、琼中、五指山、保亭和白沙等11个"三区"市县128个村。针对制约热带农业产业发展、热区农民增收的关键问题，实施乡村实用

---

① "三区"即海南边远贫困地区、边疆民族地区和革命老区。

科技人才培育行动，派出专家2000多人次开展技术咨询和进村入户指导，服务农民3万多人次；组织开展农民教育培训300多期，培训农村实用人才2万多名，参训人员覆盖海南全省，辐射至广东、广西、四川等热区省区，通过持续培养，跟踪帮扶，推动新型职业农民成为乡村振兴的"主力军"，青年创业创新人才成为乡村振兴的"生力军"，农村实用技术人才成为乡村振兴的"领头雁"，乡土技能人才成为乡村振兴的"专业队"，农业管理干部成为乡村振兴的"引路人"。

（四）农业高新技术产业蓬勃发展

国家农业科技园区是产学研结合的农业科技创新与成果转化孵化基地、促进农民增收的科技创业服务基地、培育现代农业企业的产业发展基地、体制机制创新的科学发展试验基地和发展现代农业的综合创新示范基地。截至2020年底，以中国热带农业科学院为主体获批的海南儋州国家农业科技园区，入驻国家级法人科研机构10家，其中核心区5家、示范区5家，省部级以上研发平台49个，国际合作平台8个，自设研发平台25个，创新创业服务机构5个，推广示范机构6个，教学培训机构4个，农产品检测检验平台4个，开设电商平台3个，设有博士后科研工作站3个，院士工作站1个，入园企业59家。园区根据自身优势和特点，围绕热带农业主导产业发展需求，确定科技服务业、健康种苗业、天然橡胶产业、热作加工业、休闲观光农业等五大主导业务。2022年海南正在以海南儋州国家农业科技园区为依托，积极申报国家农业高新技术产业示范区。通过科技园区的示范带动作用，建立与农户的衔接机制，让农民共享产业融合发展的增值收益，连片带动乡村振兴。

（五）农业农村科技成果转化加快

农业农村科技成果是乡村振兴的甘泉雨露。瞄准农业农村先进适用技术、乡村绿色技术和高新技术成果，加强集成应用和示范推广是乡村振兴的推进器。在这个方面，中国热带农业科学院做出了表率，充分发挥了引领带动作用。中国热带农业科学院结合农业农村部、科技部、中央宣传部、中国科协等举办的各类科普活动，积极在海南、云南、广东等中国热区省份组织开展"科技创新　强国富民""科技强国　创新圆梦""科技战疫　创新强国"等为主题的科技活动月、科普大集市、科普讲解大赛等形式多样、内容丰富的科普活动。仅2020年，共免费发放了农业科技图书、实用科技手册、科技科普资料等万余份，集中展示了苦瓜、丝瓜、豇豆、黄秋葵等耐湿热品种225个，"有机肥+微生物菌肥+微喷"技术、"玉米+叶菜"间作、"苦瓜+叶菜"套作等间套轮作新型生产种植模式20多项,椰子、槟榔、咖啡、可可、胡椒、香草兰、菠萝蜜等科技新产品等100多项,开展服务咨询、科技下乡和田间指导等活动100多场次,直接受益群众达万余人次。中国热带农业科学院为热带农业产业发展、热区农村繁荣以及农民增收提供了强有力的科技成果支撑保障。

三、 科技助力乡村振兴经验启发

(一)丰富的科技服务内涵是科技助力热区乡村振兴的根本

乡村振兴是一个跨时代的大课题,其发展所面临的问题是多元的,其对科技的需求是多样化的,也是不断变化的。只有坚持问题导向,对症拿出适宜的科技支撑方案,才能为乡村振兴"解难点""疏堵点""治痛点"。丰硕的科技成果储备和优秀的科技人才队伍无疑是我们农业科教机构能够因地制宜、因情施策、因势利导的根本保障和不竭源泉。

(二)健全的科技服务体系是科技服务热区乡村振兴的关键

举国上下"一盘棋","国家队+地方队"联动,全面推动科技服务热区乡村振兴的良好工作格局是科研所科技服务热区乡村振兴实践取得良好工作成效的关键。有效整合科技资源,建立协同协作和监测评价机制,积极营造支持科技服务乡村振兴的良好氛围,确保科技服务热区乡村振兴的各项任务落实到位,科技服务效能不断提升。

(三)长效的科技服务机制是科技服务好热区乡村振兴的核心

科技服务、技术培训、示范带动等工作是科技服务热区乡村振兴的重要工作内容和工作抓手,但在实际情况下这些工作往往不能够长期稳定地持续开展,在一定程度上影响了工作的及时性、稳定性和持续性,从而导致科技服务有效供给不足、供需对接不畅、科技支撑成效不显著等现象。中国热带农业科学院大胆创新,通过科技人员挂职、科技特派员、送技术上门等模式,探索出长效的科技服务机制,高质、高效、持续的科技供给已经成为推动热区乡村振兴的永恒主题。

第三节
科技服务热区乡村振兴

一、 四川攀枝花"南亚热带干热河谷芒果产业发展模式"

　　四川攀枝花地处攀西大裂谷的四川西南和云南西北交合处，山地占全市面积的90%以上。20世纪90年代以前，攀枝花农业发展滞后，农民生活贫困。

　　1996年，中国热带农业科学院专家组对攀枝花进行实地考察，提出了《在攀西地区发展10万亩一流的优质芒果商品生产基地的建议》，得到了农业部的高度重视和攀枝花市委市政府的大力支持，1997年院市签订科技合作协议，从此拉开了攀枝花芒果产业蓬勃发展的序幕，2009年又进行了续签。此后，中国热带农业科学院承担了农业部[①]"十一五""十二五""十三五"热作优势区域布局规划，对攀枝花芒果产业发展的优势区域布局、品种结构、提质增效技术等提出优化路径，引领芒果产业高质量发展。截至2020年，中国热带农业科学院连续选派8批21人次到攀枝花挂任科技副县（区）长，5批次12名专家担任攀枝花市政府顾问、特聘专家，科技专家每年上百人次深入攀枝花市各县（区）、乡村基层开展科技服务，先后引进20多个芒果新品种，培育出热农1号、热农3号等系列优良芒果新品种，解决了"大小年"结果、果肉溃败和区域性特有病虫害等重大科技难题。成功构建了以当地政府为主导、挂职干部为纽带、创新团队为支撑的政研产学紧密结合的"攀枝花模式"，促进了当地芒果产业"从无到有、从小到大、从弱到强"的跨越式发展。

　　2020年，攀枝花芒果种植面积已达65万亩，芒果种植农户约5万余户，初步具备家庭农场适度规模条件的芒果种植大户约200余家，总产值超过15亿元，芒果良种覆盖率达到99%，中晚熟优良品种达到77%，形成了我国"纬度最北、海拔最高、成熟最晚"的优质晚熟芒果产业带（图5-1～图5-3）。芒果成为攀枝花农业供给侧结构性改革的重要作物和农民脱贫致富的"摇钱树"，并辐射形成了50多万亩的金沙江干热河谷晚熟芒果优势产业带，使我国芒果鲜果供应期从原先最晚的8月延长到11月，改善了我国芒果鲜果的供应结构。"攀枝花模式"得到光明日报、中央电视台

---

　　① 2018年3月13日，十三届全国人大一次会议审议国务院机构改革方案，组建农业农村部，不再保留农业部。

《新闻调查》、农民日报等媒体广泛报道，被誉为我国科技扶贫工作的典型经验和成功模式，农业农村部领导也多次前往调研。

图5-1 攀枝花芒果园

图5-2 丰收的攀枝花芒果

图5-3　沉甸甸的红象牙芒果

二、　云南怒江"绿色香料产业带动脱贫攻坚模式"

　　怒江州曾是云南省乃至全国"贫中之贫、困中之困、坚中之坚、难中之难"的典型代表。截至2021年底，怒江州草果、花椒、山胡椒等绿色香料种植面积达144万亩，绿色香料产业已成为群众增收致富的重要产业。其中草果已种植111万亩，年鲜果总产量近3.6万吨，产值约3亿元，草果产业带动沿边3个县（市）4.31万户农户实现脱贫增收，覆盖人口16.5万人，其中1.08万户3.78万人曾属于建档立卡贫困人口。草果成为群众眼里名副其实的致富"金果果"。

　　为深入贯彻落实党的十九大精神和科技助力"三区三州"①脱贫攻坚战略部

---

　　①　"三区"是指西藏自治区和青海、四川、甘肃、云南四省藏区及南疆的和田地区、阿克苏地区、喀什地区、克孜勒苏柯尔克孜自治州四地区；"三州"是指四川凉山州、云南怒江州、甘肃临夏州（全称为临夏回族自治州）。

署，充分发挥中国热带农业科学院在"三区三州"等深度贫困地区特色农业产业扶贫行动中的科技支撑和引领作用，推动农业产业提质增效，促进怒江州产业扶贫和农业区域布局优化调整，助力怒江州脱贫攻坚，2019年6月，中国热带农业科学院与怒江州人民政府签署了战略合作框架协议，先后制订《科技支撑云南怒江州绿色香料特色产业发展工作推进方案（2019—2020年）》《中国热带农业科学院进一步加强科技支撑怒江州脱贫攻坚工作方案》。2019年8月，中国热带农业科学院与怒江州人民政府双挂牌成立怒江绿色香料产业研究院，连续选派7名优秀科技干部赴怒江州挂（兼）职，9个单位和部门参与，立足怒江州现有的农业基础和优势，积极开展以草果为核心，花椒、山胡椒、土砂仁为重要组成的绿色香料产业提质增效技术研发、产业规划、种质资源收集利用、成果转化及示范推广和相关的技术培训工作。截至2021年底，研发出草果加工品10余个，完成《怒江绿色香料产业园总体规划》《云南省怒江州福贡县草果种质资源圃建设方案》，谋划建设福贡县草果种植资源圃和草果种植示范基地等，加快了怒江绿色香料产业技术体系的构建、产业链的延长和价值链的提升，助推怒江州草果产业升级，壮大生态农业经济，为坚决扛起怒江脱贫攻坚与乡村振兴有效衔接奠定坚实基础。

三、 贵州兴义"石漠化综合治理扶贫模式"①

贵州省曾经是国家重点扶贫攻坚区，同时也是我国石漠化的核心区，石漠化现象最为严重，而兴义市又是贵州省石漠化严重地区之一，2010年石漠化面积为957.52平方公里，占全市面积（2911.1平方公里）的32.89%。全市2010年贫困人口13.83万人，其中有11.5万人生活在石漠化地区。

2013年5月，中国热带农业科学院与贵州省农业科学院签订了科技合作协议；2015年5月，双方共建的第一个"石漠化地区改造示范点"在兴义市南盘江镇田房村开始建设（图5-4）；2016年8月，中国热带农业科学院与贵州省科技厅、贵州省农业科学院、黔西南州人民政府签订扶贫攻坚科技合作"四方合作"协议，以现代特色热带果树产业为核心，打造贵州省热带农业产业示范样本，助力黔西南州脱贫攻坚与乡村振兴有效衔接。2013～2021年，中国热带农业科学院联合贵州省各级地方政府部门

---

① 《贵州兴义石漠化综合治理示范基地建设初见成效，将迎来国家农业科技创新联盟现场观摩》，www.catas.cn/contents/5/10101.html[2019-07-27]。

和科研单位联合开展石漠化治理技术研究，定制了相应的"果—草（药）—畜（禽）—沼—肥"生态循环发展模式，集成芒果、澳洲坚果等栽培管理技术，共同在示范点大力开展芒果、澳洲坚果等特色热带果树生产示范和石漠化地区林下生态种养等工作，帮助创办农民专业合作社、农民讲习所、农民技术学校、专家工作站，建立技术信息服务平台，为带动山区农民增收致富进行试验示范，实施特色产业定点扶贫，总结提炼出"政府+科研院所+农民合作社+基地+农户"的石漠化地区社会化服务有效模式，石山、荒山变成了绿水青山，绿水青山变成了金山银山（图5-5）。当地政府还对示范点进行亮化、美化改造，特色养殖和生态休闲体验农庄为一体的农业科技复合生产经营示范点已初步成型，阶段效果明显。通过技术的实施，2021年兴义市石漠化生态治理与综合利用示范基地已实现了果树下全覆盖，芒果树也已全面挂果，亩产230公斤，价值3000元左右，相当于当地农户种植传统作物玉米收入的4倍。有效支撑了热带山地绿色高效农业可持续发展，打造了石漠化地区石漠化治理与产业振兴同生共促新模式，迎来了各级领导的称赞和现场观摩。

图5-4　贵州兴义石漠化生态治理与综合利用示范基地

图5-5 石漠化治理后的兴义市南盘江镇田房村

四、 海南白沙"拥处村特色产业精准扶贫模式"

　　白沙黎族自治县（简称白沙县）青松乡拥处村是海南省中西部山区典型的黎族村落，2009年才消灭了"茅草屋"。2014年全村341户1503人，其中建档立卡贫困户198户共836人，贫困发生率55.6%，是名副其实的深度贫困村。2015年，中国热带农业科学院选派人员进入拥处村开展帮扶工作，确定了党建引领、"政府＋科技＋合作社＋项目＋贫困户"科技支撑产业发展助力脱贫攻坚路径和"天然橡胶保收、林下经济增收、山兰稻文化创收"的产业发展道路。

　　通过精准施策、精准扶贫，拥处村在产业方面，一是新技术助力产业提升。通过推广天然橡胶种植和林下间种山兰稻（图5-6）、南药种植等技术，有效提高天然橡胶管护水平和产胶量，大大提升了单位产出和综合产出效益，保障了村产业的良性可持续发展。二是基地示范带动脱贫攻坚。帮助建设橡胶、林下间种益智和黑山兰糯稻、火龙果等高产栽培示范基地，2019年带动南药年产量提高到2.4万公斤，黑山兰糯稻年产量提高到10万公斤，全村户均增收超过2000元，涵盖建档立卡户195户，有效带动贫困农户的长期稳定增收。三是打造品牌助推脱贫攻坚。支持成立"白沙仙婆岭种养专业合作社"，指导走上"产业富农、品牌兴农"之路。帮助村建设小型山兰米初加工厂一座，山兰米"青香谷"商标入选白沙县"十大特产"（图5-7），2014年山兰米价格提高了一倍，销售总量增加了四倍，合作社成立第一年销售额50万元，人均增收980元。同时还充分挖掘黎村传统农耕文化，支持创办的"啦奥门"山兰文化节活动，进入县级非物质文化遗产名录，2018年到村游客量增加了10倍，第一、第二、第三产业融合发展得到有效促进。中央电视台《新闻联播》为此做《海南：精准发力拓旅游扶贫新路》宣传报道。四是树立标杆提升自我发展动力。下力气编牢织密扶贫教育培训、民生保障和济困爱心三张"网"，2014～2020年组织培训村民3000多人次，培养致富带头人1人，鼓励毕业大学生和打工青年返乡5人，培育了一批懂技术、善经营、会管理、扎住根的新型生产经营主体，增强了贫困农户的自我发展动力。最终形成了政府投入改善基础设施建设、基层党建引领发展、科技助推产业提质增效、挖掘传统黎族农耕文化、旅游促进产业升级和融合、开拓山村扶贫新路的良好发展态势。2018年初拥处村顺利脱贫出列，2019年实现整村全部农户脱贫。通过拥处村的产业发展辐射带动，2021年白沙县山兰稻种植面积扩大至4000余亩，年产值1200万元以上。拥处村成为中国热带农业科学院科技支撑精准扶贫和乡村振兴融合发展"样板田"。

图5-6　拥处村种植的山兰稻

图5-7 拥处村的"青香谷"山兰米

2

第二篇
"四个面向"成效显著

2017年，习近平总书记致中国农业科学院建院60周年的贺信中指出，作为农业科研国家队，中国农业科学院要面向世界农业科技前沿、面向国家重大需求、面向现代农业建设主战场，加快建设世界一流学科和一流科研院所①。2020年，习近平总书记主持召开科学家座谈会时强调，希望广大科学家和科技工作者肩负起历史责任，坚持面向世界科技前沿、面向经济主战场、面向国家重大需求、面向人民生命健康，不断向科学技术广度和深度进军②。

　　面向世界热带农业科技前沿，产出了一批原创成果。例如，在天然橡胶方面，首次从橡胶树全基因组中克隆乙烯生物合成和信号转导7个基因家族的全部成员，初步揭示了乙烯调控橡胶生物合成机理；在香蕉方面，首次解析了香蕉两个重要转录因子互作调控果实形状和品质的分子机制，为香蕉等热带果树遗传改良提供了新思路；在椰子方面，完成海南高种椰子的全基因组测序，解密高矮种椰子自然分化发生在400万年前等科学问题，为培育椰子及棕榈作物优质新品种奠定了理论基础；在胡椒方面，发布胡椒染色体级别基因组图谱，揭示了胡椒最主要功能物质胡椒碱的生物合成分子机理，提升了热带作物基因组学研究水平。

　　面向国家重大需求，攻克了一批关键技术。例如，在天然橡胶上，采用自主选育品种和自研生产技术，试制出航空轮胎，航空轮胎专用天然橡胶自动化生产、机械化采胶等一批关键技术获得重大突破；围绕国家"糖罐子"基地建设，选育出宿根性极强的中糖1号和高抗黑穗病的中糖2号两个甘蔗新品种，构建了甘蔗轻简高效栽培技术体系，实现减肥减药25%以上，提高产量20%以上，充分彰显了热带农业科技在服务国家重大需求方面的责任与担当。

---

① 《习近平致中国农业科学院建院60周年的贺信》，http://jhsjk.people.cn/article/29303048 [2017-05-26]。

② 《习近平主持召开科学家座谈会并发表重要讲话》，http://jhsjk.people.cn/article/31858741 [2020-09-11]。

面向现代热带农业建设主战场，突破了瓶颈。组建了我国第一条电动胶刀生产线并实现量产，在我国和世界9个主要植胶国家进行推广应用，提高割胶效率25%以上；攻克了芒果座果率低、花期调控难的技术难题，构建的早、中、晚熟区域化技术模式达到国际领先水平；揭示了咖啡品种特征香气差异的化学物质基础及呈香机理，为打造咖啡区域品牌奠定了基础；甘蔗、木薯农机装备研发技术能力进一步提升，产品走出国门[①]。

面向人民生命健康，引领食药产业高质量发展。推动辣木、诺丽等热带农产品进入新资源食品，大力开展营养与健康科学研究及关键技术研发，开发了一批绿色、安全、营养、美味的新产品，为健康中国战略实施提供了重要科技支撑。首次建立了黎药资源种质圃，对500多种黎药植物进行迁地保护，同时形成"产、学、研一体"的黎药产业技术研究体系和发展模式，研制各类黎药新产品超30个[②]。

70余年来，我国热带农业科技发展迅猛，广大热带农业科技工作者深入学习和领会党中央对热带农业发展所提出的新思想、新理念，要站在世界热带农业科技前沿，实现热带农业科技的创新发展，从无到有，从零星化到链条化，从引进到输出，现已形成了以天然橡胶、木薯、香蕉产业为重点，多种产业为对象的全链条热带农业科技创新体系，涉及了种质收集、新品种选育、栽培技术、资源区划、植物保护、病虫害防控、机械化、农业经济、信息化以及产品加工综合利用等，支撑起热带农业实现跨越式高质量发展。独具中国特色的天然橡胶产业，提升全球粮食安全水平的木薯产业，服务人们日常生活的香蕉、荔枝、芒果等热带水果产业，提升人民幸福生活感的香辛饮料、花卉等特色作物产业迎来蓬勃发展，在保障天然橡胶和重要热带农产品安全供给、服务国家粮食安全全球整体观、助力国内国际双循环、保障农民收入持续稳定增长、打造全球热带农业标杆等方面发挥了重要的作用。

---

① 《我院 2017 年各项工作强势突破 亮点纷呈》，https://www.catas.cn/contents/5/120917.html [2019-07-01]。

② 《南国都市报："药王"戴好富：黎药宝库的"闯将"》，https://www.catas.cn/contents/8/ 122739.html[2019-07-01]。

第六章

热带作物种质资源

　　种子是农业的"芯片"，种质资源中蕴含的优质基因则是种子的"芯片"，热带作物种质资源是国家农业种质资源重要组成部分。2020年2月国务院办公厅发布了《关于加强农业种质资源保护与利用的意见》（国办发〔2019〕56号），明确指出："农业种质资源是保障国家粮食安全与重要农产品供给的战略性资源，是农业科技原始创新与现代种业发展的物质基础。"2021年中央一号文件提出，打好种业翻身仗。2021年5月，中共中央政治局委员、国务院副总理胡春华在海南省考察种业工作时强调，把种源安全摆在关系国家安全的战略高度，扎实做好种质资源普查、保护和利用，夯实打好种业翻身仗基础[①]。

第一节

热带作物种质资源发展历程

　　我国1954年开始橡胶种质资源考察收集，随后系统考察收集我国热带作物种质资源；1986年《国务院办公厅关于成立发展南亚热带作物指导小组的通知》（国办发〔1986〕35号）提出，"根据中央领导同志的指示，为统筹规划，协调指导，加速这些地区的南亚热带作物的开发、种植、加工、贮运和销售、出口等工作，决定成立发展南亚热带作物指导小组"，热带作物种质资源科技基础性工作进入新的发展阶段；"十五"（2001～2005年）开始，科技部、财政部共同实施了科技基础性工作专项，热带作物种质资源基础性工作纳入了相关专项，逐步走向标准化、规范化和现代化。我国热带作物种质资源发展历程主要分为以下五个发展阶段。

---

　　① 《胡春华在海南考察种业工作》，http://www.gov.cn/guowuyuan/2021-05-08/content_5605395.htm [2021-05-08]。

一、　工作起步期：20世纪50年代至60年代

为打破以美国为首的帝国主义对战略物资和重要工业原料天然橡胶的封锁禁运，1951年8月，中央人民政府政务院第100次政务会议通过了《关于扩大培植橡胶树的决定》，标志着我国以天然橡胶为基础的热带作物种质资源基础性工作拉开序幕。由林业部、中国科学院、华南垦殖局等先后组织全国有关高等院校和科研单位专家多次对海南、广东、广西、云南原有橡胶、野生产胶植物进行考察。1957年3月，中国科学院、农垦部等有关单位在广州市联合召开了华南热带资源开发科学讨论会，制订天然橡胶宜林地选择、生产布局和建立农场等开发规划，提出了中国热带、亚热带地区以橡胶为主的植物资源开发方案。初步筛选出优良种质直接推广应用，为天然橡胶产业的创建提供了第一代种植材料。

二、　全面发展期：20世纪70年代至90年代初

中国先后组织了"云南作物种质资源考察""海南岛作物种质资源考察""海南岛饲用植物资源考察""海南岛棉属资源考察""广西中棉考察""贵州主要优良野生禾草种质资源考察与搜集""滇西滇南牧草种质资源考察与搜集"等种质资源专题考察工作，系统考察收集我国热区热带作物种质资源。特别是"七五"期间，"海南岛作物种质资源考察"项目被列为国家重点攻关项目，华南热带作物科学研究院（现中国热带农业科学院）和中国农业科学院作物品种资源研究所（现中国农业科学院作物科学研究所）等14个单位近百名科研人员历时5年，考察了海南全部县（市），搜集各类作物种质资源4922份，查清了各种作物的种质资源，发掘了一批珍稀优特品种，抢救了一批濒危种质，发现了一些新种或新纪录，填补了植物种类的空白，丰富了中国资源宝库。同时，筛选出一批优良种质直接推广应用，为除橡胶外的热带作物产业发展提供了第一代品种支撑。

三、　扩展壮大期：20世纪90年代初至2000年

考察收集重点转向境外，实施了农业部引进国际先进农业科学技术计划，加强境外热带作物种质资源的考察收集，从90多个国家引进资源3万余份，引进新作物8

个；同时，制定了橡胶、香蕉、荔枝等几种主要作物的农艺性状评价方法，进行简单的植物学和农艺性状评价。通过引种试种和评价，筛选出一批优异种质和高产无性系，并大规模推广，使我国橡胶产量与世界主要植胶国处于同一水平上，也使我国主要热带作物实现了第二次更新换代。

四、 系统研发期：2001～2019 年

"十五"以来，通过实施国家科技基础性工作专项、科技基础条件平台建设专项和热带作物种质资源保护等项目，热带作物种质资源基础性工作纳入国家科技发展战略，进入系统研发阶段，在种质资源收集保存、鉴定评价、管理体系建设和种质创新利用上都实现了快速提升，走向标准化、规范化和现代化。

通过系统考察，基本探明橡胶、荔枝、芒果等主要热带作物地理分布和富集程度，查清了已收集资源的本底总量，发现了盾叶胡椒等新种 11 个，发现了黄皮、菠萝蜜等作物的近缘野生种 18 个；收集保存国内外热带作物种质资源总量达 4.7 万份，保存量位居世界第二。解决了我国热带作物资源储备不足、优异资源匮乏等问题，极大丰富了我国特色热带作物资源战略储备。进一步明确了橡胶树优异种质、香蕉野生种与农家品系、荔枝野生居群等 12 类重要热带作物种质资源遗传多样性，建立了有关这些物种自然分布、濒危状况和保护策略的数据库。依据建立的技术体系，全国协同完成了 68 种作物 4.3 万份种质资源的评价，获得 300 万项次种质数据，建设了热带作物种质资源共享信息平台，为 60 多万人次提供 40 多万项数据信息共享服务。向 20 多个国家提供了 20 多万份次的实物材料，筛选出热带作物优异种质 3000 多份，为新品种选育奠定了基础。

五、 发展关键时期：2020 年至今

2020 年，中央经济工作会议提出"要开展种源'卡脖子'技术攻关，立志打一场种业翻身仗"。目前热区各省区加强种质资源保护，夯实种业发展基础，开展种质资源收集鉴定评价，健全农业资源保护体系，构建现代生物育种创新体系，培育战略性新品种。例如，海南积极统筹全球动植物种质资源引进中转基地、国家热带农业科学中心等建设，国家精准设计育种中心、国家动植物基因库、热带农业生物代谢组分析中心、国家植物品种测试三亚中心等 19 个国家重大科技平台正在加快建

设。广东加快推进广东（深圳）现代生物育种创新中心、广东南亚热带种业创新中心等种业创新平台建设。

第二节

重要进展与作用

一、 收集总量丰富

热带作物种质资源收集保存极大丰富了我国热带作物种质资源战略储备，填补了国内部分作物种质空白。

20世纪80年代后期至2019年，我国实施了"948计划"[①]、国家科技基础性工作专项、科技基础条件平台建设专项和热带作物种质资源保护等项目，通过野外考察、国际合作交流、友人赠送等方式，基本探明国内橡胶树、荔枝、芒果、香草兰等主要热带作物地理分布和富集程度，发现尖峰岭胡椒、定安耳草等新种11个，广坝石斛兰、小果木等中国新记录种11个，弯花叉柱花、中华薹草等海南新记录种63个，新物种信息已收入《国际植物名称索引》，尤其是再次出现了1991年《中国植物红皮书》认定为我国唯一灭绝级植物的爪耳木。其中，对19个南海岛礁上植物的种类、分布、覆盖度、群落结构、植被类型等进行了全面调查，发现西沙群岛新分布植物172种，共记录维管植物626种105科391属，与前人研究相比，新增加了43%的种类。从90多个国家引进资源3万余份和新作物8个。其中，首次引进芒果近缘种13个、可可野生种（大花可可、双色可可、猴头可可）3个。

截至2019年收集国内外热带作物种质资源总量约4.7万份，极大丰富了中国热带作物种质资源战略储备，缓解了中国热带作物种质资源储备不足、优异资源匮乏等问题。其中，荔枝、龙眼、枇杷保存量位居世界第一，芒果保存量位居世界第二，腰果、可可、椰子保存量位居世界第三，木薯、菠萝保存量位居世界第四（表6-1）。

---

① 指1994年8月，经国务院批准，我国开始实施的引进国际先进农业科学技术计划。

表6-1　主要热带作物种质资源保存量排名（截至2020年）

作物名称	国家（地区）	主要研究机构	保存量/份
橡胶树	巴西	巴西农牧业研究院	29 000
	马来西亚	马来西亚橡胶研究院	24 780
	印度尼西亚	印度尼西亚橡胶研究院	7 788
木薯	哥伦比亚	国际热带农业中心	6 643
	巴西	巴西农牧业研究院	3 810
	印度	印度中央块茎作物研究所	1 216
	中国	中国热带农业科学院热带作物品种资源研究所	875
荔枝	中国	广东省农业科学院果树研究所	775
	美国	美国国家植物种质资源系统（国家种质圃 Hilo 分圃、国家种质圃 Miami 分圃）	86
	以色列	以色列农业研究中心	80
龙眼	中国	福建省农业科学院果树研究所	365
	越南	越南农业科学院果蔬研究所	103
	泰国	泰国清莱园艺研究中心 泰国清迈大学农业研究与发展中心	51
枇杷	中国	福建省农业科学院果树研究所	800
	日本	日本长崎果树试验场	197
	西班牙	瓦伦西亚农业研究所	123
芒果	印度	印度亚热带园艺作物研究所	745
	中国	中国热带农业科学院热带作物品种资源研究所	330
	美国	美国国家植物种质资源系统（国家种质圃 Miami 分圃）	312
菠萝	巴西	巴西农牧业研究院	848
	法国	法国农业国际合作研究发展中心	600
	美国	夏威夷菠萝研究所	162
	中国	中国热带农业科学院热带作物品种资源研究所	133
腰果	印度	印度腰果研究委员会	1 000
	巴西	巴西农牧业研究院	605
	中国	中国热带农业科学院热带作物品种资源研究所	453

续表

作物名称	国家（地区）	主要研究机构	保存量／份
	马来西亚	马来西亚可可局	2 263
可可	巴布亚新几内亚	巴布亚新几内亚可可和椰子研究所	1 200
	中国	中国热带农业科学院香料饮料研究所	500
	印度	印度大宗作物研究所	455
椰子	菲律宾	菲律宾三宝颜椰子研究中心	200 余
	中国	中国热带农业科学院椰子研究所	210

二、 保存体系完备

2019年，我国已建成了保存设施较完备、保存技术较先进的热带作物种质资源保存体系。在海南、广西、广东、云南建立了国家热带作物种质资源圃10个、国家种质资源热带作物中期保存库和国家热带牧草中期备份库各1座、农业农村部热带作物种质资源圃25个（表6-2），2020年保存量达3.95万份，占全国热带作物种质资源保存总量的90%。其中，中国热带农业科学院建有国家热带作物种质资源圃6个、农业农村部热带作物种质资源圃10个、国家种质资源热带作物中期保存库和国家热带牧草中期备份库各1座，2020年保存量达2.35万份，占全国热带作物种质资源建圃（库）的保存总量的59%。此外，在我国热区各省区也建有省级热带作物种质资源圃，如海南20个、广西12个、广东2个、云南6个、贵州3个。

表6-2 国家和农业农村部热带作物种质资源圃（库）保存情况（截至2020年）

种质圃名称	省区	保存种质	保存量／份	物种数
国家橡胶树种质资源圃	海南	橡胶树	6 185	5 个种 1 个变种
国家果树种质广州荔枝香蕉圃	广东	荔枝、香蕉	1 167	1 个种（荔枝）、芭蕉属三个组（真蕉组、南蕉组、美蕉组）
国家果树种质福州龙眼枇杷圃	福建	龙眼、枇杷	1 165	4 个种（龙眼）、12 个种（枇杷）
国家种质开远甘蔗圃	云南	甘蔗	3 846	6 个属 16 个种
国家热带香料饮料种质资源圃	海南	香草兰、可可等	1 800	15 个科 22 个属
国家热带果树种质资源圃	广东	芒果、菠萝等	1 500	23 个科 43 个属 61 个种

续表

种质圃名称	省区	保存种质	保存量/份	物种数
国家热带棕榈种质资源圃	海南	油棕、槟榔等	511	4个种
国家木薯种质资源圃	海南	木薯	875	2个种
农业农村部儋州热带牧草种质资源圃	海南	热带牧草	398	45个种
农业农村部儋州芒果种质资源圃	海南	芒果	330	8个种
农业农村部儋州热带药用植物种质资源圃	海南	南药	2 855	2 240个种
农业农村部儋州油棕种质资源圃	海南	油棕	318	2个种
农业农村部文昌椰子种质资源圃	海南	椰子	210	1个种
农业农村部乐东腰果种质资源圃	海南	腰果	453	1个种
农业农村部万宁胡椒种质资源圃	海南	胡椒	247	72个种
农业农村部海口菠萝蜜种质资源圃	海南	菠萝蜜	120	2个种
农业农村部广州番木瓜种质资源圃	广东	番木瓜	297	1个种
农业农村部广州黄皮种质资源圃	广东	黄皮	220	2个种
农业农村部湛江菠萝种质资源圃	广东	菠萝	133	1个种
农业农村部湛江剑麻种质资源圃	广东	剑麻	160	8个属
农业农村部南宁火龙果种质资源圃	广西	火龙果	423	1个种
农业农村部南宁番石榴种质资源圃	广西	番石榴	98	1个种
农业农村部景洪澳洲坚果种质资源圃	云南	澳洲坚果	3 324	1个种
农业农村部瑞丽咖啡种质资源圃	云南	咖啡	204	3个种
农业农村部景洪橡胶树种质资源圃	云南	橡胶树	698	5个种
农业农村部瑞丽石斛种质资源圃	云南	石斛	380	209个种
农业农村部元谋罗望子种质资源圃	云南	罗望子	132	1个种
国家种质资源热带作物中期保存库	海南	热带作物	1 600	35个科62个属
国家热带牧草中期备份库	海南	热带牧草	15 320	43个科328个属1 016个种

我国在热带作物资源保存技术研究方面也在不断深入。建立了热带作物种质资源保护和利用管理体系。田间种质保存技术、种子保存技术、试管苗常温和低温保存技术、器官组织超低温保存技术、基因保存技术、繁殖更新技术、变异监测检测技术等研究工作都取得了长足进展。制定了主要热带作物的种质资源圃管理、种质资源保存、种质繁殖技术规程，研发了橡胶、木薯等250种热带作物（植物）的组培离体保存技术，创新了荔枝、油棕等作物的花粉、胚性愈伤组织超低温保存等技术。

三、　评价技术体系完整

21世纪初，通过实施国家科技基础性工作专项、科技基础条件平台建设专项和热带作物种质资源保护等项目，热带作物种质资源基础性工作纳入国家科技发展战略，进入系统研发阶段。截至2019年，由中国热带农业科学院热带作物品种资源研究所牵头，联合热区23家单位、340名科技工作者形成全国热区协作网络，统一了主要热带作物种质资源评价技术体系，系统研制了产胶作物、热带粮食作物、热带果树、热带牧草、热带香辛饮料作物、热带药用植物、热带油料作物、热带花卉、热带纤维作物、热带特种蔬菜十大类68种主要热带作物种质资源描述规范、数据质量控制规范和数据标准204项，涵盖了植物学性状指标3572项，农艺性状指标1097项，品质性状指标1014项，抗性性状指标642项，其中55种165项规范属国际首次制定。例如，建立了胡椒属等DNA条形码序列组合"matK+ITS"技术、橡胶树抗寒性苗期预测等技术，鉴定准确率达90%。研究工作共出版28部专著，制定35项农业行业标准。构建了主要热带作物种质资源评价技术体系，促进了种质资源鉴定评价工作的系统化、标准化和现代化，为我国热带作物种质资源鉴定评价数据的信息化和共享交流提供了良好的支撑。

四、　推动种业创新和学科发展

截至2019年，利用统一评价体系，初步完成4.3万份热带作物种质资源基本信息、植物学、农艺性状、品质性状、抗逆性状等方面的鉴定评价，获得300万项次有价值的数据。例如，在国际上首次开展可可种质资源多酚含量和香气成分鉴定评价，首次构建了世界香型级可可与普通级可可香气成分数据库；筛选出了优异种质3000多份，如耐储的木薯种质QZ1木薯，抗逆、高产的腰果种质FL-30腰果，风味佳的红皮番荔枝种质，抗寒、抗旱的金菠萝，高产、高效的H.11648剑麻。筛选出优异种质直接用于生产或作为种质创新和育种材料，如利用海南本地高种椰子为父本、引进的马来西亚黄矮椰子为母本，成功培育出我国自行研究的唯一高产椰子品种文椰78F1；利用抗病亲本番麻和普通剑麻与H.11648剑麻杂交选育出较抗病的广西76416、东368、粤西114号、东16；以印度尼西亚大叶种胡椒和班尼约尔1号胡椒的杂交后代"印×班293"为父本，与班尼约尔1号胡椒进行回交，从杂交后代中选育出耐荫品种兴热1号；为橡胶树、木薯、胡椒、椰子、芒果、油棕等热带作物的全基因组测序提供核心种质材料；等等。植物新品种保护权也逐年增加，自2003年起，获植物新品权86个，其中，凤梨属7个、荔枝5个、龙眼1个、芒果1个、枇杷13个、香蕉23个、橡胶树13个、西番莲属5个、量天尺属1个、椰子2个、柱花草属3个、牛大力12个。

2010～2019年，通过种质资源大数据平台、优异种质和新品种展示基地、农业标准化示范园、科技交流国际平台等，利用网络媒体、资源展示、科技交流、科技培训、科学普及等手段，以共性化服务、个性化服务、追踪性服务、定制服务等服务模式，向全国科研院所、大专院校、政府部门、企业、生产单位、社会公众及热区国家提供热带作物种质资源信息、实物、技术共享服务。其中，通过信息平台向科研、教学、农业生产等用户提供信息共享达60多万人次、40多万项数据，为国家自然科学基金项目、"948计划"、公益性行业（农业）科研专项、国家科技支撑计划项目、国家科技基础性工作专项等提供了数据和信息；向福建、广东、广西、湖南、湖北、上海、山东等省区市科研和生产单位，以及泰国、哥伦比亚、越南、柬埔寨、老挝、缅甸、刚果（布）、莫桑比克等国家提供了20多万份次的资源实物材料；接待国内外专家、学生参观访问达32万人次。比如，通过资源或品种筛选与配套栽培技术推广，在四川攀枝花实现从无到有的跨越式发展，形成了我国"纬度最北、海拔最高、成熟最晚"芒果优势区，助推攀枝花芒果种植面积达65万亩；利用自主创新的木薯种质SC8013，培育出首个高抗朱砂叶螨、高产高淀粉新品种华南13号，华南13号成为服务"一带一路"沿线国家的粮饲兼用型主要品种，在柬埔寨、缅甸等东南亚国家累计推广面积1000万亩。

五、 基础前沿创新居世界领先和先进水平

在国家重点研发计划、国家自然科学基金等项目的支持下，主要热带作物种质资源鉴定评价也逐步由常规鉴定评价阶段上升到精准评价阶段，在优异基因发掘、分子鉴定、标记开发、高密度遗传图谱构建等方面取得突破性进展。利用简单重复序列（simple sequence repeat，SSR）、简单重复序列区间（inter-simple sequence repeat，ISSR）、扩增片段长度多态性（amplified fragment length polymorphism，AFLP）、随机扩增多态性DNA（randomly amplified polymorphic DNA，RAPD）、相

关序列扩增多态性（sequence-related amplified polymorphism，SRAP）等分子标记技术，开展橡胶树、木薯、芒果、荔枝、龙眼、火龙果、菠萝、菠萝蜜、面包果、澳洲坚果、腰果、椰子、可可、咖啡、柱花草、山蚂蝗、海雀稗、益智、槟榔、辣木、黄秋葵、剑麻等作物种质资源遗传多样性分析、指纹图谱构建、较低密度遗传图谱构建等研究。比如，橡胶树在大量鉴定数据基础上，结合SSR标记分析，通过分层聚类的方法构建了世界上首个橡胶树野生种质核心库。

截至2020年，随着测序成本的降低及组装技术的进步，橡胶树、木薯、胡椒、芒果、椰子、菠萝、香蕉、龙眼、荔枝、火龙果、西番莲、可可等已完成全基因组测序工作，番木瓜、澳洲坚果、咖啡、斑斓叶、香草兰即将完成或正在实施。全基因组测序的完成为热带作物品质、产量、抗逆等功能基因的挖掘提供了参考，也为重要农艺、品质性状的解析及演化机制的解析奠定了基础。同时，在基因组基础上，结合蛋白质组学、代谢组学等各种组学技术的应用，在重要性状形成与调控、遗传与改良等领域取得了一系列创新性成果，如通过香蕉B基因组的精细基因组图谱，揭示香蕉A、B基因组的分化特征，阐明多倍体香蕉A、B亚基因组之间同源交换与重组规律等重要科学问题。首次发现栽培木薯中特有及高度选择的基因类型，提出碳流分配及淀粉高效积累模型；首次鉴定出菠萝基因组中所有参与景天酸代谢途径的基因，阐明了景天酸光合作用基因是通过改变调控序列演化而来，是光合作用功能演化研究的重大突破。鉴定芒果漆酚合成、果皮颜色形成、脂肪代谢、糖代谢、萜类代谢等一系列相关的重要基因，已逐渐处于世界领先水平。首次提出荔枝"一个起源中心、两个独立驯化事件"假说，证明了我国云南是世界荔枝起源中心，解析了荔枝开花的调控机制，首次发现成熟期调控基因；首次提出中国也是胡椒属植物的起源中心或分化中心。目前这些重大研究成果相继在 *Nature Genetics*、*Nature Plants* 和 *Genome Biology* 等国际知名期刊发表，奠定了我国重要热带作物在世界热带作物基础前沿创新领域的国际领先地位。

第三节

未来发展方向与策略

一、 定向开展种质资源调查与补充性收集和引进

对海南、广东、广西、云南、福建、贵州和四川干热河谷地区的热带作物种质

资源分布和利用情况进行精准考察，通过长期定位监测，完善我国热带作物种质资源基础性数据。重点开展对野生近缘种、特殊性状种质、地方品种、新创制种质的系统调查和抢救性补充收集；以拉丁美洲、东南亚、非洲等作物起源中心为重点，建立种质资源定向引入长效机制，定向引进我国亟须具有突出目标性状的优异种质，提升我国热带作物种质资源数量和多样性。

二、 种质资源精准评价和发掘利用优异种质资源

建设种质资源表型评价基地与基因发掘平台，完善重要性状鉴定评价技术、规程和标准，开展种质资源植物学性状和农艺性状的规模化表型鉴定，筛选目标性状优良的种质资源。利用表型组学鉴定设施和不同生态区间鉴定条件，对初步筛选的优良种质资源进行多年多点的表型精准鉴定和综合评价，挖掘功能品质、抗逆、资源高效利用、适应精简作业等具有育种性状利用价值的种质资源。攻克基因型高通量精准鉴定技术，开展种质资源大规模基因型鉴定，构建全基因组指纹图谱，结合精准表型鉴定数据，发掘控制作物产量、品质、抗病、抗逆、养分高效利用等性状的基因及其有利等位基因，为种业发展和基础研究提供优异种质资源及其基因信息。

利用基因组、转录组、蛋白质组等组学原理与方法，研究热带作物种质资源的遗传多样性及其地理分布，阐明野生种、地方品种和现代育成品种进化规律；开展基于组学的种质资源分类研究，解决传统分类中长期没有解决的分类与起源进化难题，为种质资源保护和利用提供理论依据。针对产量、品质、抗病虫、抗逆、养分高效利用等重要性状，在全基因组水平上解析这些性状在长期驯化过程中形成和演化的遗传及分子基础，明确目标性状形成和演化的特征、规律、机理及趋势，为热带作物种质资源的收集、保存与利用提供理论指导。

三、 热带作物种质创新利用

完善现代分子生物技术和种质创新相结合的种质创新技术，构建高效常规和辅助育种技术体系，以早熟品种、特晚熟品种、高品质、抗病性强等育种目标为核心培育重大突破性品种，解决已有品种在抗逆性、丰产性、稳产性、品质等综合性状方面与美国、澳大利亚等发达国家选育品种存在较大差距的缺陷，提高我国自主产

权品种比例，站在种业制高点，支撑我国重要热带作物完成种植优势区域布局，支撑新品种实现更新换代。

四、 热带作物种质资源共享平台

完善热带作物种质资源数据标准，研发数据处理、分析与共享等关键技术；整合表型、基因型、地理环境等数据信息，在目前中国热带作物种质资源共享信息库的基础上扩容和完善，形成覆盖全国种质库（圃、保护点）的信息网络和服务系统；建立与国家农作物种质资源管理系统互联互通的热带作物种质资源数据库，推动种质资源保护单位将公共财政科技项目支持形成的种质资源成果及时汇交至平台。

第七章　热带作物产业发展

热带作物主要包括天然橡胶、木薯、油棕等工业原料，香蕉、荔枝、芒果、菠萝等热带水果，以及咖啡、可可、胡椒、桂皮、八角等香料饮料，是重要的国家战略资源和日常消费品。中华人民共和国成立以来，我国热带作物产业发展取得了显著成就，主要作物优势生产区域初步形成，相关产业体系不断完善，在保障国防与经济安全、树立大食物观、满足人民生活需求、发展非粮生物质能源以及促进乡村振兴、增加农民收入等方面发挥着重要作用。

第一节

天 然 橡 胶

天然橡胶因其优良的回弹性，良好的绝缘性，坚韧的耐磨性，隔气、隔水和耐曲折等性能，用途极为广阔，与石油、钢铁、煤炭并称为四大工业原料。中华人民共和国成立初期，橡胶树在我国只有零星种植，我国天然橡胶产量不足200吨。抗美援朝战争爆发后，美帝国主义把天然橡胶作为重要战略资源对我国实行封锁禁运。在此情况下，中央人民政府政务院第100次政务会议通过了《关于扩大培植橡胶树的决定》。天然橡胶产业的发展一直受到党和国家的高度重视，与国家战略紧密结合在一起。中华人民共和国的第一代橡胶科技工作者肩负起为国家研究和发展天然橡胶这个神圣的秘密使命，从祖国四面八方汇聚到华南的"热作两院"。同时，广东、广西、云南、福建各省区农垦部门也先后成立了橡胶育种站、热作研究所、试验站，形成了以"热作两院"为中心，华南五省区农垦部门科技力量为骨干，包括全国许多科研单位和高等院校参加的多学科、多专业专家学者的"全国橡胶科研协作组"，联合攻克天然橡胶北移种植生产技术问题，使我国天然橡胶科学技术获得迅速发展，创建了具有中国特色的天然橡胶科学技术体系，同时培养了一大批热带作物专业人才，为我国的天然橡胶科教事业谱写了一部艰苦创业的壮丽史诗。

一、 产业发展现状

（一）独特地位

天然橡胶具有良好的加工工艺性能，是航空航天、海洋、轨道交通、军用工业中最重要的、不可替代的原材料，是国家安全、经济建设和人民生活不可或缺的重要战略资源。据统计，目前世界上涉及天然橡胶的制品已达7万多种，广泛应用于国民经济和军工各个领域。发达国家天然橡胶消费量与钢铁消费量的比例为1～1.5：100。一辆载重汽车需要240千克天然橡胶，一架喷气式飞机需要600千克，一辆坦克需要800千克，大型运输机需使用3吨，一艘3.5万吨的军舰需要68吨。

天然橡胶是从含橡胶的植物中采收其胶乳加工而成的。世界上能产胶的植物有2000余种，其中重要的有大戟科的橡胶树、菊科的橡胶草和银色橡胶菊、杜仲科的杜仲等。由于橡胶树具有产量高、品质好、经济寿命长等特点，加上其具有栽培容易、采收方便、生产成本低等优点，而成为人工栽培最重要的产胶植物，其产量占世界天然橡胶总产量的98%以上。

（二）产业发展

1. 世界天然橡胶产业发展

2000～2020年，全球天然橡胶产量从676.20万吨增长到1294.50万吨，年均增长率为3.30%。在此期间，全球天然橡胶生产一直保持增长趋势，2019年全球经济低迷、2020年席卷全球的新冠疫情导致天然橡胶产量下降。虽然科特迪瓦、越南、柬埔寨等新兴产胶国天然橡胶产量一直保持强劲的增长趋势，但是其他一些主产国产量下降明显，导致全球产量下降。

2000～2020年，全球天然橡胶消费量从707.00万吨增长到1270.20万吨，年均增长率为2.97%。2000年之前，欧盟是全球天然橡胶的主要消费经济体，其次是美国、中国、日本和印度；2001年中国天然橡胶消费量超越美国，成为全球最大的天然橡胶消费国，至今中国天然橡胶消费量仍全球排名第一位。虽然泰国、印度、马来西亚、越南等国家天然橡胶消费量也在增长，但是与中国的差距还是相当大。

2011～2020年，天然橡胶供需基本平衡，从表7-1中可以看出，十年中仅2014年、2016年产量略小于消费量，其余年份均是产量大于消费量。2020年受席卷全球的新冠疫情影响，天然橡胶下游企业开工不足，劳动力流动受限，运输贸易通道受阻，全球天然橡胶消费量也有下降，消费量降为1270.20万吨。

表7-1　2011～2020年世界天然橡胶的生产与消费情况（单位：万吨）

类别	2011年	2012年	2013年	2014年	2015年	2016年	2017年	2018年	2019年	2020年
产量	1123.90	1165.80	1228.20	1214.00	1226.20	1259.80	1354.00	1390.50	1370.10	1294.50
消费量	1103.40	1104.60	1143.00	1219.20	1214.00	1268.50	1321.70	1376.70	1364.00	1270.20

资料来源：国际橡胶研究组织统计报告

2. 我国天然橡胶产业发展

我国最早在1904年开始，陆续从国外引进橡胶树种子和苗木，在云南、海南岛、雷州半岛、台湾岛等地种植。但在中华人民共和国成立前的40多年间，天然橡胶生产发展十分缓慢，到中华人民共和国成立前夕全国只有4.2万亩胶园，年产干胶不足200吨，产业体系不完善，天然橡胶科学技术近于空白。1950年，美国发动朝鲜战争，并对我国实行封锁禁运，妄图封锁截断急需的橡胶等战略物资来源。当时社会主义阵营中除我国和越南外，均无热带作物生产，而越南主要热带作物地区又尚未解放。因此，社会主义阵营国家都把发展天然橡胶的希望寄托在中国华南地区。斯大林提出中苏合作，在中国华南建立天然橡胶生产基地的建议。党中央同意这个建议，正式签订了中苏联合发展天然橡胶的协议，做出了建立华南橡胶生产基地的战略决策，派出专家在巴西考察天然橡胶种质资源，并引种至海南、云南（图7-1），育出巴西橡胶树花药培养树（图7-2），1952～1957年以最快的速度在广东（含海南）、

图7-1　中国热带农业科学院的"百年胶王"（海南省儋州市）

图7-2 第一批巴西橡胶树花药培养树

广西两省植胶500万亩，拉开了中国天然橡胶产业创建的序幕，中国逐步发展成为世界植胶大国。

到2020年，我国天然橡胶种植总面积1709.9万亩，居世界第三位，主要分布在海南、云南、广东三大植胶区。中国生产的天然橡胶初加工品种主要有标准胶和离心浓缩胶乳，还生产少量的烟胶片和胶清胶，其中标准胶又分为乳胶级标准胶和凝胶级标准胶。乳胶级标准胶以SCR5橡胶为主，占我国天然橡胶总产量的70%～80%；年产离心浓缩胶乳6万～8万吨，占我国天然橡胶总产量的10%。近年来，中国天然橡胶产量相对稳定，2020年产量位居世界第五位，消费量却持续增长，已经成为世界上第一大天然橡胶消费国，第一大天然橡胶进口国。2011～2020年中国天然橡胶产量、消费量、出口量和进口量数据变化情况见图7-3。

二、 科技发展现状

创建天然橡胶产业是我国热区有史以来最为成功的一次产业革命。通过广大植胶工作者和科技人员多年的艰苦努力，现在我国天然橡胶科教事业已形成了包括产

图7-3　2011～2020年中国天然橡胶产量、消费量、出口量和进口量数据

前、产中、产后学科基本配套的科技体系；在各个领域如抗性高产品种选育、抗逆栽培、割胶制度改革、产品加工等，均取得丰硕成果，达到世界领先或先进水平；通过技术的组装配套集成，取得了非常显著的经济效益和社会效益，为产业发展提供了坚实、可靠的技术支撑。

（一）热带北缘大规模植胶成功

橡胶树原产于亚马孙河流域，是热带雨林的乔木树种，生长发育需要高温、高湿、静风、光照充足和肥沃的土壤。世界天然橡胶生产国都在赤道附近的低海拔、低纬度地区种植橡胶树，视北纬15°以北、南纬10°以南的地区为"非传统植胶区"。我国种植的范围，从最南的海南省三亚市到最北的福建省云霄县和云南省瑞丽市，其纬度在18°～24°。由于纬度高，海拔高，常年有风、寒、旱等自然因素制约，加上土地相对贫瘠，对橡胶树生长产胶十分不利。我国的橡胶科技工作者和广大农垦职工，经过几十年的科学技术研究与生产实践，克服重重困难，探索总结出一整套适合我国华南地区自然条件的橡胶生产技术，成功地在海南、云南、广东等热带北缘地区植胶成功。1982年国家授予中国热带农业科学院等单位完成的"橡胶树在北纬18—24度大面积种植技术"国家发明奖一等奖（图7-4）。

近年来，中国热带农业科学院进一步深化橡胶树抗风、抗寒和抗旱技术研究，研发了胶园间种非胶乡土树种的防风减灾新模式、茎干包裹物理防寒技术。深入研究了橡胶树韧皮部水分平衡关系和抗旱生理基础，研发了围洞抗旱定植技术，生产中采用对季节性干旱胶园来说高效且经济的水肥一体化滴灌技术。截至2020年，中国热带农业科学院持续开展了我国植胶区土壤的长期监测，针对性研配了适用三大植胶区共10个配方的系列专用肥料，在示范区取得开割树增产干胶6%～12%、幼树生长速度加快6%～31%的效果。在三大植胶区32个县市，建立了52个病虫害监测站、132个固定观察点，通过监测进行预报，准确把握施药时机，防治效果提高30%，减少用药40%。加强生物防治技术研发，对筛选的天敌防治效果达85%～90%。

图7-4　"橡胶树在北纬18—24度大面积种植技术"国家发明奖一等奖证书

（二）实现种植材料良种化

橡胶树的生产周期长达40年以上，良种培育需要很长的时间。我国天然橡胶产业开发初期，为了解决良种问题，采取了引进与自选相结合的办法。中国热带农业科学院植胶工作者通过各种渠道从斯里兰卡、印度尼西亚、泰国、巴西和科特迪瓦等国引进橡胶树优良无性系，截至1995年共引回国外橡胶树品种208个。在全国建立21个适应性试验点，经过24次台风考验，8次强寒流侵袭及5～25年的系统鉴定，筛选出PR107、RRIM600、GT1、IAN873和RRIM712等5个高产、抗风或抗寒品种，确定了这些无性系的最适栽培立地条件和割胶制度。这些品种的平均产量，比未经选择实生树高出2.26倍。至1995年底，这些国外优良无性系在海南、云南和广东国有橡胶农场植胶面积达485万亩，占植胶总面积的88.3%；在民营胶园达到238万亩，占70%。这些优良品种的推广，为我国植胶业的良种化打下了坚实基础。1999年国家授予中国热带农业科学院等单位完成的"橡胶树优良无性系的引种、选育与大面积推广应用"国家科技进步奖一等奖（图7-5）。

图7-5 "橡胶树优良无性系的引种、选育与大面积推广应用"国家科技进步奖一等奖

截至2020年，在国外优良无性系基础上，利用优良抗逆亲本，中国热带农业科学院、云南省热带作物科学研究所等育种团队按照性状互补原则选配杂交组合，育成具有自主知识产权品种17个（表7-2），分品种建设橡胶园（图7-6和图7-7）。育成品种较国外品种具有更好的适应性，推广应用效果显著，目前应用面积达到600多万亩，改变了引进品种占主导地位的局面。热研917等品种还被引种至6个非洲、东南亚等地区"一带一路"热带国家，得到了国际同行的广泛认可。中国热带农业科学院橡胶研究所精心培育的2500株热研7-33-97组培苗于2022年6月10日抵达柬埔寨，由柬埔寨橡胶研究所负责在橡胶主产区特本克蒙省进行示范种植。

表7-2　育成的主栽品种

品种类型	抗风高产	抗寒高产	特高产
品种名称	热研7-20-59、文昌11、文昌217、海垦2、海垦6、文昌193、热研301、热研7-33-97、大丰95、文昌7-35-11	云研77-4、云研77-2、云研73-46、云研80-1983	热研8-79、热研918、热研88-13
适植区域	中、重风区	中、重寒区	轻风、轻寒区

图7-6　热研7-33-97橡胶园

　　种植材料方面，在传统裸根芽接桩苗基础上发展了小型全苗、大型全苗等，为产业提供了多样化苗木选择。在突破组织培养技术基础上，创新了自根苗工厂化繁育技术，在世界上首次实现规模化生产。该类型苗木消除了砧木对接穗的影响，实现了幼态复壮，主根明显，扎入土层深，抗风、抗寒和抗旱等能力也得到提升，未来有望成为新一代主体种植材料。

（三）创立中国特色割胶技术

　　通过科研与生产实践，广大植胶工作者总结出具有我国特色的割胶技术，提出了"管、养、割"相结合；坚持看物候，看天气情况，看橡胶树生长状况割胶的

图7-7　海南省白沙县珠碧江农场的橡胶园

"三看割胶"，以及胶杯、胶桶、胶刮、胶舌、树干、胶头（树干基部）清洁的"六清洁"割胶技术，从而获得持续、稳定的高产。于20世纪70年代初开始进行乙烯利低频刺激割胶制度研究。针对不同品种、割龄以及种植环境，割胶频率从传统的两天一刀改为三天一刀、四天一刀、五天一刀；改乙烯利单方为乙烯利复方，提高了单位面积产量，同时节省了割胶用工，提高了劳动生产率，增加了胶工收入。提出了产胶与排胶"动态平衡反馈调控"理论，阐明了乙烯利刺激的高效性和局限性，创造性地建立了一整套群体胶树调节生理平衡的保护性措施，保证了新割制推广的健康发展。同时研究创建了"减刀、浅割、增肥、产胶动态分析、全程连续递进、低浓度短周期、复方乙烯利割胶"等具有我国特色的刺激割胶技术体系，解决了刺激割胶的安全性、规范性、通用性和可持续性问题。开发的"增产素"和"乙烯灵"取得国家发明专利，并获得国家专利局（现国家知识产权局）"优秀专利奖"。植胶区应用这些研究成果，取得减轻劳动强度、增加产量、降低生产成本、提高劳动生产率的显著效果。例如，海南农垦1995年通过应用该成果，每亩单位面积产量从改制前的56千克提高到75千克，人均割株从374株增加到801株，胶工人均收入从1700元提高到5100元。1999年全垦区胶工人均割943株，人均年产干胶3.39吨。1992年国家授予广东农垦总局牵头的"中龄橡胶芽接树割胶制度改革与推广"国家科技进步奖二等奖，中国热带农业科学院牵头的"中国橡胶树主栽区割胶技术体系改进及应用"获2006年度国家科学技术进步奖二等奖。

在人工成本大幅上升的背景下，中国热带农业科学院加快低频短线割胶技术研发应用。通过气体刺激，缩短割线至5～8厘米或1/8割线，在提升产量水平基础上大幅减轻胶工劳动强度，对于进入更新阶段的老龄胶树，可最大限度挖掘其产胶潜力。在中幼龄胶树开展d6～d7超低频割胶，胶工承割株数增加到3000株左右，株产干胶虽然下降10.4%～24.0%，但干胶含量提高，人均干胶产量增加24.0%。该技术2014年开始示范推广，应用面积近30万亩，广东农垦下属农场推广率达到70%，对解决当前胶工短缺的生产困境，实现企业增效和职工增收，维护橡胶产业持续、健康发展起到了积极作用。

（四）解析橡胶树产排胶奥秘

橡胶树因其产量高、品质好、易采集和持续生产周期长，是天然橡胶几乎唯一的商业来源。橡胶树为何高产，生产上乙烯利处理为何能显著增加胶乳产出？这些都是产胶生物学研究上长期悬而未决的重大科学问题。中国热带农业科学院经过大量基因背景研究，提出了乙烯利刺激产胶新观点，发现在橡胶树进化过程中，与产胶密切相关的REF/SRPP基因家族发生了显著扩增，并且发生了乳管细胞特异性功能分化；证明了割胶等伤害显著促进乳管分化，通过伤害信号分子茉莉酸调节；发现次生乳管分化及其堵塞与产量高度相关，乳管伤口堵塞物由蛋白质性质的网状结构和橡胶粒子的聚集物组成，提出了"蛋白质网"交链模型。

（五）建立天然橡胶产品加工体系

中华人民共和国成立后，开展了天然橡胶初加工产品的研究试验。1973年，为使天然橡胶能进行科学分级及大规模提高生产效率，降低生产成本，我国开展标准橡胶的研制工作，即把片状胶的生产改为颗粒胶的生产，历时3年初步实现了生产工艺和设备连续化、机械化，使产品质量大幅度提高，一致性较好，并于1976年开始推广生产；研发的杂胶"三级造粒清洗"关键技术，解决了杂胶清洗难题，创造了我国独特的杂胶标准胶加工技术，打破了马来西亚天然橡胶加工技术与设备独霸非洲和泰国市场的局面，并在子午线轮胎专用橡胶的生产中推广应用。对于制胶厂废水，采用先厌氧发酵再经自然或人工氧化系统氧化的方法，对制胶厂的废水进行系统处理，达到国家规定的排放标准。到1987年，我国农垦系统的橡胶加工厂已全部将片状胶的生产改为标准胶的生产，年加工能力达到45万吨；并制定了既符合国际惯例，又适合我国国情的天然橡胶技术等级标准，使其走向标准化生产。我国逐步形成了农垦民营并进，适应生产发展和市场需要的天然橡胶制胶网络。中国热带农业科学院牵头的"天然橡胶新产品——国产标准胶的研制"在1978年获得全国科学大会奖，

"天然橡胶标准化加工技术研发集成及应用"获2008年度国家科学技术进步奖二等奖。

三、 产业发展面临问题和制约因素

1. 生产发展落后于需求增长，供给安全保障存在隐患

一方面，我国属于非传统橡胶种植区，风寒灾害常年多发，生产条件先天不足，适植区域和产业发展规模有限。目前国内宜胶地已基本开发完毕，达到产业规模极限。另一方面，随着国民经济快速发展，我国天然橡胶消费量快速增加，2001年我国成为天然橡胶最大消费国。从2017年开始，我国消费量已超过500万吨，占世界总量的40%以上。据天然橡胶生产国协会统计，2020年我国进口各类天然橡胶合计570万吨。国内天然橡胶产量占消费量的比重从2001年的35%下降到2021年的15%左右。虽然我国产能因价格低迷没有完全显现，但据估算，我国最高产能也仅约120万吨，远远低于消费需求，进口依赖性和对外依存度高。

2. 胶价连年持续低迷，产业比较效益不断下滑

2012年以来天然橡胶价格不断走低，近年持续低迷，国内全乳天然橡胶全年平均价格在1.0万元/吨徘徊。而人工费用和种植初加工生产成本不断攀升，胶价已连续多年在成本线以下艰难运行，产业比较效益持续下滑。价格长期低迷也导致胶农收入大幅下降，胶园管理水平下滑严重，大面积胶园弃割弃管，或改种热带水果、香辛饮料等其他热带作物。据农业农村部农垦局统计数据，2020年全国天然橡胶弃管面积达到220.3万亩，弃割面积43.5万亩，改种面积9.9万亩，分别占植胶总面积的12.88%、2.54%和0.58%，产业持续发展潜能下降。

3. 产业严重依赖手工作业，机械化、智能化程度低

天然橡胶生产管理机械化、智能化水平极低，种、管、收环节作业基本依赖人工。目前其他农业管理机械在胶园适用性不强，与地形、栽培模式不配套，制约了其推广应用。割胶作为天然橡胶生产的核心环节，占直接生产成本60%~70%，技术要求高、劳动强度大，作业环境较为恶劣，且需要凌晨割胶，倚赖全手工作业。割胶作业对年轻人的吸引力甚微，胶工外流转向严重，新胶工招收难度大，胶工老龄化趋势明显，目前全国胶工平均年龄高于45岁，有些60多岁的老胶工依然奋战在一线。随着农业劳动力总量减少，老一批胶工的逐步退休，新一批胶园的开割，割胶工短缺将成为常态，严重制约产业发展。

4. 产品合格不合用问题突出，高性能胶基本依赖进口

我国天然橡胶上、中、下游生产环节融合发展程度低，生产的天然橡胶主要以标准胶为主，其产品结构单一。此外，我国境内分布的橡胶加工厂多且分散，生产能力过剩，生产规模普遍偏小，原料胶市场也亟待规范。由于技术、设备、管理水平、工厂整体素质跟不上，不同加工厂之间的产品和同厂不同批次的产品质量波动大，一致性和稳定性较差，只能满足一般性的工业用途，无法满足航天航空、舰船等国防和轨道交通等高端民用领域用胶的质量和性能要求。长期以来，我国高端制品用胶几乎全部依赖进口，已成为我国天然橡胶产业可持续发展和国家安全的威胁之一。

5. 不确定因素加深，进口来源多元化难度大

我国进口来源主要集中于泰国、越南、马来西亚和印度尼西亚。虽然非洲天然橡胶产量有所增长，特别是科特迪瓦2020年产量达到93.10万吨，缅甸、柬埔寨、老挝等东南亚国家橡胶种植面积在扩大，技术水平在提高，但受限于国土面积和经济社会条件，生产格局预期2035年以前不会发生显著的变化，进口来源多元化难度大。而天然橡胶非生产期长，投资风险较高。多数热带国家经济落后，加上近年西方政治势力渗透影响，政局变动频繁，境外植胶的资产安全风险陡增。

四、 产业重点研发任务

（一）我国天然橡胶产业发展战略

1. 政策支持，加强产业扶持引导

在新的历史时期，党和国家进一步明确了天然橡胶的战略资源属性，提出了"巩固天然橡胶生产能力"的要求。未来要进一步按照"巩固、促进、提升、保障"方针，充分利用产业政策、财政资金引导提高产业自生能力，提升竞争力。加快天然橡胶资源立法工作，建立天然橡胶生产保护区划定分类管理标准，推动天然橡胶产业供给侧结构性改革，夯实产业发展基础，促进产业发展方式向量质并重方向转变。建立以政府为主导，运行市场化、多元化的技术推广和技术服务体系，增强天然橡胶科技成果的应用性和普及性，促进科技成果转化为现实生产力。

优化省市县镇的行业管理体系，发挥主导作用，做好区域内天然橡胶生产保护区建设，提高技术应用和产量保障水平。深化农垦体制改革，建立现代企业制度核

心，发挥垦区集团技术引领、市场头雁的作用。完善胶园产权制度，促进规模化生产，推进以土地和橡胶树经营权转让为核心的天然橡胶胶园产权制度改革，大力培育专业大户、家庭农场、专业合作社等新型经营主体，完善胶园承包责任制。

2. 创新驱动，提高产业现代化水平

在新的历史发展时期，创新是天然橡胶产业高质量发展的根本要求，也是我国发展天然橡胶事业的基本经验。在生产量和生产规模都难以有较大突破的情况下，消耗量却呈现日益递增的态势，更凸显我国天然橡胶产业科技发展的重要性与迫切性。以提高劳动生产率、增产增收为目标的科技扶胶战略成为必然选择。针对制约产业转型升级的关键技术环节和问题，加强创新研究，在品种选育、生态管理、胶乳采收、质量控制、胶乳初加工工艺、木材加工、机械化等方面着力突破，解决产量水平、品质保证、绿色发展等问题。因地制宜，研发和推广多样林下经济模式，通过长短结合、立体利用，提升胶园单位面积产出效益，此外，通过加强对天然橡胶应用的开发研究，研发生产多样化的天然橡胶产品和制品，拓宽天然橡胶的新用途，开展天然橡胶产业改造和升级，提高现代化水平，增强我国天然橡胶产品的国际竞争力。

3. 优化结构，走全产业链发展之路

构建从品种种苗、栽培抚管、土壤肥料、割胶采收、初加工的链条式体系。优化区域内初加工布局，支持初加工企业与橡胶专业合作社、种植大户等主体建立稳定的多种形式的合作关系，减少原料缺陷对产品质量的影响，形成良好的利益分配格局。建立覆盖全部加工企业的质量监测和服务体系，制定完善并严格执行产品质量标准，加强生产过程监管，建立行业诚信体系，提高产品质量，调整天然橡胶初级产品结构，适应下游生产需求，促进植胶区社会事业发展。

密切与深加工用胶企业的联系，延伸深加工产业链条，形成上下游衔接、从产地到产品的联动研发和生产技术体系，建立全产业链协同管理的发展模式。加强种植环节的资源控制和市场环节的销售及金融控制，拉长天然橡胶产业链长度。

转变天然橡胶产业发展方式，大力推进环境友好型、资源节约型生态胶园建设，发挥林业特性和生态有效性，开发碳汇，促进天然橡胶资源的优化配置，为乡村振兴提供多方位的支持。

4. "走出去"发展，统筹国际天然橡胶资源

支持我国的龙头企业"走出去"发展，以服务保障国家资源安全为核心，建立天然橡胶跨国产业链，提升企业的国际化经营能力和水平，通过健全支持政策体系和风险管理，全面提高统筹利用国际国内两个市场、两种资源能力，增强国际影响力和话语权。深入拓展对外开放广度和深度，以加工和贸易为重点，通过贴息、信

用保证等金融手段支持，逐步扩大境外天然橡胶初加工产能布局，发展天然橡胶贸易，提升天然橡胶资源的获取和掌控能力，推进我国天然橡胶产业的国际化。

（二）天然橡胶技术创新方向

1. 发展育种技术，推动品种选育

通过各种渠道，收集丰富种质资源，开展优良亲本选择和创制。挖掘优异基因，开发高产、速生、抗逆、抗病等功能性生理和分子标记，完善鉴定评价技术体系。结合传统育种，通过分子设计、转基因等，促进定向聚合，创制抗逆、高产、速生新品种。此外，加强耐刺激、宜间种、易采收、高品质、抗病虫的品种选育工作。推动良种良法适地种植，充分发挥良种优势。优化育苗和大田定植技术，重点开展大型全苗研发，发展完善主栽品种体胚发生技术，繁育自根幼态无性系，加快砧穗组合型品种研究，培育砧穗互促型品种。

2. 创新栽培模式，提升生产效率

加强抗逆高产栽培技术的研发与集成，发展与现代生产相适应的胶园轻简化栽培管理技术，包括开垦、定植等。改进并完善胶园轻简施肥技术，包括专用肥及配套施用设备。研发胶园土壤有机质提升、水土保持、土壤改良等技术。高效仍是采胶技术发展的重点，研释天然橡胶主要代谢途径、胶乳形成与再生等，研发高效采胶新技术。研发应用新型产量刺激剂、死皮康复剂，保障产量水平。

病虫害防控贯彻以防为主，防控结合，加强重要病虫害发生规律、机制研究，及时准确研判，精准防控。继续开展病虫害生物防治、理化诱控、生态调控等研发集成，减少农药使用量。开展飞防研究，加强胶园病虫害统防统治。

3. 深化生态研究，强化生态功能

生态是天然橡胶产业发展的重要方向。加强胶林生态系统服务功能研究，开展植胶环境效应评估，探索碳汇交易。开展胶园分类经营，提高持续生产能力，保障面积和产能。充分考虑当地资源状况、市场需求，集成形式多样的林下复合种养循环模式，提升非胶产值。拓展胶园林木生产功能，改进橡胶木材处理技术，开发中高档木材产品，减少对天然林的依赖，充分发挥胶园生态效益和经济效益。

4. 突破机械化、智能化，改变生产方式

机械化、智能化是天然橡胶产业发展的重点。建立胶园环境、生长、产胶及病虫害信息采集系统，融合人工智能，开展智能化管理决策。开展橡胶树信息感知、定位与控制，完善割胶机械的动力传导和切割仿形结构，推动采胶劳动机械化、智

能化。加强适应丘陵山地小型多用机械的研发应用,推进胶园生产管理如施肥、除草、病虫防治机械化,强化农机、农艺、工艺配套,提升胶园现代化水平。

5. 提升产品性能,强化战略属性

未来的天然橡胶生产既要高产和高效,同时也要充分重视对性能品质的调控。研究天然橡胶质量形成与调控,明确品种、农艺、初加工工艺与性能间的关系。优化胶乳收获、运输和初加工的流程和处理工艺。建立初加工企业质量监控体系,提升产品一致性和稳定性。针对终端应用需求,进一步拓展产品用途,研发高承载、耐疲劳等高性能产品,实现高端制品用胶国产化。

第二节

甘　蔗

甘蔗已经被列为国家重要农产品保护,关乎国家安全稳定,在国民经济中占有十分重要的地位。《国务院关于进一步促进广西经济社会发展的若干意见》(国发〔2009〕42号)强调:稳定和合理调控甘蔗种植面积,完善制糖企业与蔗农利益共享、风险共担机制。加强甘蔗良种研发、繁育和推广,支持主产县(市、区)改善生产条件,稳步推进甘蔗生产机械化,提高单产水平和含糖率。2012年中央一号文件《中共中央 国务院关于加快推进农业科技创新持续增强农产品供给保障能力的若干意见》发布,提出"着力解决水稻机插和玉米、油菜、甘蔗、棉花机收等突出难题,大力发展设施农业、畜牧水产养殖等机械装备,探索农业全程机械化生产模式","适时启动玉米、大豆、油菜籽、棉花、食糖等临时收储,健全粮棉油糖等农产品储备制度"。此后围绕甘蔗产业机械化、食糖临时收储等主题在后续的中央一号文件中分别进行了强调。2017年中央一号文件《中共中央 国务院关于深入推进农业供给侧结构性改革 加快培育农业农村发展新动能的若干意见》更是明确提出巩固主产区糖料生产。2017年4月10日,国务院印发《关于建立粮食生产功能区和重要农产品生产保护区的指导意见》(国发〔2017〕24号),以广西、云南为重点,划定糖料蔗生产保护区1500万亩。2021年1月,《中共中央 国务院关于全面推进乡村振兴加快农业农村现代化的意见》发布,要确保粮、棉、油、糖、肉等供给安全。

一、　产业发展现状

（一）全球甘蔗产业发展现状

甘蔗是世界第一大糖料作物和重要能源作物，甘蔗糖约占世界食糖总产量的70%，甘蔗酒精占全球酒精总产量的40%。甘蔗是全球产量最大的经济作物，七大洲除南极洲所处气候酷寒甘蔗无法种植外，其余均有种植，主要集中在北美洲、南美洲、亚洲，占世界种植面积的90%以上。目前全球有100多个国家和地区种植甘蔗，巴西、印度、中国、泰国、巴基斯坦、墨西哥、古巴、哥伦比亚、菲律宾、阿根廷等10个国家甘蔗种植面积占全球甘蔗种植面积的80%。

2020年世界甘蔗收获面积39 700万亩，甘蔗总产量约18.70亿吨。甘蔗的消费主要是作为食糖加工的原料，2020/2021榨季世界总产糖量为1.79亿吨，食糖消费为1.81亿吨，全球食糖供给呈现短缺。我国已成为继巴西、印度之后的食糖第三大生产国、仅次于印度的第二大消费国和第一大进口国。表7-3列举了2011～2020年全球及主要甘蔗生产国收获面积数据，表7-4列举了2011～2020年全球及主要甘蔗生产国产量数据。

表7-3　2011～2020年全球及主要甘蔗生产国收获面积（单位：万亩）

区域	2011年	2012年	2013年	2014年	2015年	2016年	2017年	2018年	2019年	2020年
全球	38 263	38 981	40 304	40 602	39 892	40 001	39 469	39 875	40 378	39 700
巴西	14 402	14 558	15 293	15 630	15 167	15 336	15 284	15 036	15 139	15 021
印度	7 417	7 560	7 500	7 485	7 605	7 425	6 654	7 106	7 592	7 185
泰国	1 889	1 923	1 982	2 030	2 101	2 150	2 105	2 685	2 753	2 752
中国	2 596	2 705	2 737	2 653	2 228	2 117	2 069	2 122	2 099	2 052
巴基斯坦	1 482	1 586	1 759	1 711	1 697	1 826	2 013	1 653	1 560	1 748
墨西哥	1 071	1 103	1 174	1 143	1 138	1 172	1 158	1 179	1 194	1 166
阿根廷	458	540	555	564	578	576	635	685	709	752
印度尼西亚	653	664	706	709	684	671	630	623	620	631
菲律宾	660	650	656	648	632	615	656	656	569	599

表7-4 2011～2020年全球及主要甘蔗生产国产量数据（单位：亿吨）

区域	2011年	2012年	2013年	2014年	2015年	2016年	2017年	2018年	2019年	2020年
全球	17.90	18.27	19.02	18.85	18.75	18.81	18.36	19.35	19.55	18.70
巴西	7.34	7.21	7.68	7.36	7.50	7.69	7.59	7.48	7.53	7.57
印度	3.42	3.61	3.41	3.52	3.62	3.48	3.06	3.80	4.05	3.71
中国	1.15	1.24	1.29	1.26	1.08	1.04	1.05	1.09	1.10	1.09
巴基斯坦	0.55	0.58	0.67	0.63	0.65	0.75	0.83	0.67	0.66	0.81
泰国	0.96	0.98	1.00	1.04	0.94	0.94	0.93	1.35	1.31	0.75
墨西哥	0.50	0.51	0.61	0.57	0.55	0.56	0.57	0.57	0.59	0.54
美国	0.27	0.29	0.28	0.28	0.29	0.29	0.30	0.31	0.29	0.33
澳大利亚	0.25	0.26	0.27	0.31	0.32	0.34	0.37	0.34	0.32	0.30
印度尼西亚	0.24	0.26	0.28	0.27	0.27	0.28	0.28	0.30	0.29	0.29
危地马拉	0.21	0.24	0.27	0.33	0.34	0.34	0.26	0.28	0.27	0.28

全球甘蔗收获面积及总产量均呈现波动上涨趋势，未来随着世界经济的发展和人民生活水平提高，食糖的需求量将进一步增加，但由于甘蔗土地资源的刚性约束，未来甘蔗的种植区域将更加优势化。从世界食糖消费市场来看，与食糖生产的高度集中相对照，消费的区域分布也呈现一定的集中性，但集中程度明显低于生产区域。

（二）国内甘蔗产业现状

甘蔗在我国农业经济中占举足轻重的地位，其产量与产值仅次于粮食、棉花、油料位居第四位。主要分布在广西、云南、广东、海南等省区，是老百姓巩固拓展脱贫攻坚成果同乡村振兴有效衔接的重要支柱产业，甘蔗产业的兴衰关系着3000多万蔗农的生计。甘蔗是我国最主要的食糖来源，占全国食糖总产量的85%以上，实现了食糖70%左右的自给率，为保障国家食糖安全做出了重要贡献。甘蔗是我国稳边疆、保增收、促开放的重要产业，也关系到加工业和地方经济的持续健康发展。

2020年，我国甘蔗种植面积2052万亩，甘蔗产量1.09亿吨，主要来自广西。2020/2021榨季，全国甘蔗糖产量913.4万吨，其中广西产量为628.79万吨；销售甘蔗糖556.39万吨，其中广西销量为371.14万吨。与世界水平相比，我国人均食糖消费量水平远低于全球人均食糖消费平均水平，仅及世界人均消费食糖量的1/3，以

0.5%～1%的趋势缓步增长。

从未来趋势看，随着我国食糖工业的崛起以及国内食糖生产增长空间受到制约的条件下，要满足国内快速增长的食糖消费需求必须更多地依赖国际市场，食糖进口规模将有明显上升趋势。国际食糖贸易形势仍在不断变化，食糖进口关税一直是发达国家食糖贸易的合法保护政策，唯有提高本国食糖生产的竞争力，才能在多变的严峻形势中不断巩固与发展。

二、 产业发展制约因素

（一）自然条件因素

我国甘蔗种植立地条件差，多为红、黄壤旱坡地、沙洲地等贫瘠土壤，基础设施建设滞后，平均有效灌溉率低于20%，而发达国家蔗田灌溉率一般在50%～80%；我国蔗区地处亚热带，气候条件总体与世界主要产蔗国相近，但极端天气状况频发，雨量分布不均，春旱、秋旱现象普遍，对甘蔗发芽成苗和生长影响严重，旱、寒、风灾害严重，异常气候变化仍是甘蔗种植中的较大的不确定性因素。

（二）技术因素

1. 品种抗性不强，适宜机械化生产品种缺乏

我国甘蔗品种审（鉴）定对品种的抗病性重视不够，多数品种不抗黑穗病、梢腐病、褐条病、花叶病、黄叶病、宿根矮化病等病害；抗旱、抗寒品种也缺乏；所有品种都不具备抗虫性，而蔗区又存在病虫害及自然灾害频发的现象，甘蔗产业存在品种安全性隐患。另外，我国现有自育的甘蔗品种大多是杂交组合选育出来的，选育过程中基本上未考虑到机械作业对品种特性的要求，因此很多品种不能适应机械化作业。

2. 水肥管理不合理

我国蔗田普遍存在超量施肥、偏施氮肥的问题，平均施肥量为世界水平的3倍，造成肥料利用率低、生产成本居高不下，仅肥料投入就占甘蔗生产成本的40%，同

时过多施用氮肥引起土壤酸化、地力退化和环境污染；我国蔗田灌溉方式落后，水资源利用率低于50%，甘蔗宿根年限短，仅为2～3年，而国外可达5～6年。

3. 病虫危害严重

甘蔗是采用蔗茎进行无性繁殖的多年生作物，我国甘蔗产区多年来，轮作区域少，长期连作种植，导致甘蔗病虫害日趋积累而加重；加之我国蔗区春、夏、秋、冬四季均有种植，为很多病害的传播提供了良好的条件。所以，我国的甘蔗病害生理小种复杂，虫害世代重叠，为害十分严重。据调查，我国主产蔗区黑穗病和花叶病发病率在20%以上，甘蔗螟虫为害率高达30%，地下害虫为害使大片蔗田无法宿根，另外，化学农药的不合理施用对环境安全构成严重威胁。

4. 甘蔗机械化生产水平发展滞后

甘蔗种植生产整个过程包括有整地、播种、田间管理、灌溉、病虫害防治、收获、收获后管理等多个环节。目前，整地环节已经基本采用机械作业，但是在播种（种植）和收获环节，机械化水平仍然极低，特别是在劳动强度最大的收获环节，由于机收蔗破头率、田间损耗率、含杂率高，蔗农和糖厂不愿意接受，大量使用人工作业。2020年，主产区耕种收综合机械化率达60%，比全国主要农作物机械化率低10个百分点，其中耕整机械化率达90%，种植机械化率达55%，收获机械化率不足15%。

5. 加工设备陈旧，工艺落后，产品单一

我国95%的制糖企业，一直沿用亚硫酸法制糖工艺，生产的白糖质量差，价格比先进的碳酸法或石灰法工艺生产的精制白糖低200元/吨。甘蔗提汁设备落后，自动化程度低，澳大利亚日处理2.4万吨甘蔗的工厂定员120人，而我国日处理0.5万吨甘蔗的工厂员工在1500人以上。

6. 甘蔗副产品综合利用率低

由于存在蔗叶（稍）收集运输低效、蔗渣组分分离效率低、糖蜜发酵废液治理难度大、蔗渣发酵酒精成本高、产品价格低、滤泥高值化利用研究不足等特点，我国制糖企业对制糖生产过程中产生的甘蔗渣、废糖蜜、滤泥等甘蔗副产品的综合利用率仍然较低，副产品创造的收入只占总收入的10%左右。制糖行业产品结构单一、产品加工深度不够，综合利用少。除生产白砂糖等糖品外，副产品只有酒精、纸、酵母、味精等，其他的药用酵母、麦角固醇、光合菌肥、高级饮料糖等处于起步阶段，尚未形成规模化生产，经济效益还未能显现。

（三）社会经济因素

1. 集约化水平低、甘蔗糖业基础竞争力趋弱

我国糖料主产区地处桂、滇等欠发达地区，人多地少矛盾突出，耕地分散、细碎，属于分散经营的小农模式。甘蔗生产规模小，组织化程度低，现代甘蔗产业化发展模式尚未形成。规模小决定了我国糖料基础竞争力与巴西等产糖大国存在巨大差异，生产成本高、效率低。在劳动力、土地和农用物资（以下简称农资）成本快速增长的推动下，加之甘蔗种植日益向立地条件较差的土地转移，我国主产区与其他产糖国每吨甘蔗生产者价格差距不断拉大，甘蔗基础竞争力趋弱。而巴西、泰国和澳大利亚由于资源禀赋好、种植规模大、机械化程度高，加上产销一体化模式，2021年甘蔗糖生产成本仅为1950～2350元/吨、2080～2310元/吨和1900～2100元/吨，不到我国的一半。

2. 生产成本上升，种蔗比较效益低

近年来，随着我国经济的高速发展，土地租金、人工成本、投入品和机械作业等机会成本大幅度提高，甘蔗综合生产成本持续上涨。以广西为例，2011～2021年，每亩甘蔗生产成本从1198元增长到2517元，增幅达110%；其中人工成本从每亩526元增长到1237元，增幅达135%；成本利润率下降了22个百分点，种植大户、规模化种植公司租地经营普遍生存困难。主产蔗区新兴产业和特色产业与糖料蔗相互争地、抢地现象明显，柑橘、香蕉和葡萄等热带水果以及蚕桑等特色经济作物由于比较效益高，出现侵占糖料蔗生产基地现象。

3. 食糖进口压力大，制糖企业经营困难

近年来，国外低成本糖大量进口和走私糖对我国食糖产业造成重大冲击，我国食糖国际竞争力不断下降，产业安全严峻。据统计，2021年配额内进口糖价格为3500元/吨，配额外为4711元/吨，远低于主产区（广西）食糖完税成本5500元/吨的水平，和巴西、泰国等主产糖国相比，我国吨糖成本高出1倍以上。大量低价进口糖使国内食糖价格长期低迷，多数制糖企业处于亏损经营状态。

4. 糖市大起大落，阻碍甘蔗产业稳定发展

糖是世界农产品贸易中最受保护、价格最不稳定的敏感商品之一，各国政府均制定了一套行之有效的政策，保护其本国糖业发展。我国蔗糖业必须加强甘蔗产业经济和产业政策研究，为政府提供一整套的有关甘蔗产业的关税保护、配额生产、税收和金融支持、存储机制等政策建议，以促进糖业的健康发展。

三、我国甘蔗科技发展的现状

（一）甘蔗遗传育种

目前，我国收集、保存、评价了3500多份甘蔗种质资源，培育了200多个甘蔗杂交品种。创制了一大批含有甘蔗属野生种血缘并具有优异抗性和高产、强宿根性状的创新性亲本；获得了一批产量高、含糖量高、宿根性好、抗逆性强的杂交后代；构建了甘蔗育种亲本SSR指纹图谱数据库；研制开发了"100K甘蔗SNP芯片"；创建了多个目标基因共表达的基因工程技术及基因编辑技术，创制了一批高产、高糖、高抗及钾高效利用的转基因材料；利用割手密SES208花药培养植株AP85-441进行了全基因组测序，破译了甘蔗割手密基因组并解析了甘蔗割手密种的系列生物学问题。甘蔗目标性状选育技术取得突破性进展，形成了我国育种程序，明显提高了选择效率。甘蔗育种目标呈现多元化，育成一批糖能兼用型、果用型、饲用型品种和育种中间材料。国产甘蔗新品种选育和应用实现了质的突破。搭建了以脱毒种苗为核心的甘蔗良种繁育技术体系，建有健康种苗繁育基地（图7-8），选育出一批优良甘蔗新品种，包括桂糖、福农、粤糖、云蔗、中糖、中蔗、热甘等一系列新品种，为甘蔗品种的更新换代提供了新的良种，目前生产上自育品种占有率达到70%。

图7-8　国家甘蔗健康种苗繁育基地

（二）甘蔗栽培与耕作

我国建立了合理的耕作和栽培制度，创新建立了多种轮间套种的模式，如甘蔗与菠萝、水稻轮作，甘蔗间套种大豆、西瓜、马铃薯、花生、辣椒等。甘蔗良种繁育关键技术研发与应用成功解决了品种退化问题。初步建立了甘蔗养分、水分管理体系，提高了养分和水分的利用率，合理利用养分和水分管理，初步实现化肥、农药双减的目标。节本增效关键技术的研发和利用，提高了甘蔗的生产效率，农机农艺融合技术模式的创建，促进了甘蔗耕、种、管、收全程机械化的进程。

（三）甘蔗病虫害防控

以我国不同生态蔗区为划分单元，采用性诱剂测报、杀虫灯等手段，结合田间预测预报，摸清了甘蔗主要害虫如条螟、二点螟、蔗根土天牛、金龟子等的发生规律和危害特性；研发了甘蔗脱毒种苗技术并得到广泛应用，有效减轻花叶病、宿根矮化病等病害发生。同时集成性诱剂迷向、赤眼蜂防治、无人机飞防、浸种剂和缓释长效低风险新型农药及药肥等关键技术，筛选出了一批甘蔗不敏感的除草剂，已初步形成甘蔗病虫草害绿色防控技术模式。

（四）甘蔗生产机械化

甘蔗生产机械化主要包括整地机械化、种植机械化、宿根蔗田间管理机械化、中耕管理机械化和收获机械化等几部分。目前，我国在甘蔗整地、种植、田间管理、收获机械关键技术与装备研发方面取得了突破性进展，建立完善了甘蔗农机农艺融合技术体系，研发提出了适应我国的大、中、小规模甘蔗生产全程机械化模式，为提升甘蔗生产机械化水平提供了技术支撑。

（五）甘蔗副产品综合利用

甘蔗副产物包括蔗渣、糖蜜、滤泥、蔗稍和蔗叶。蔗渣作为一种纤维性原料，具有产量大而集中、容易收集的特点，其利用方式也多种多样，可用作锅炉燃料，制浆造纸，制备全降解地膜，制造人造板，制造燃料酒精，制造饲料，制造化学制品（羧甲基纤维素、木糖、木糖醇、糠醛、糠氯酸、木质素），制造活性炭，生产食用菌，制备生物材料如纳米纤维等。利用糖蜜可以生产酒精、朗姆酒、饲料、酵母、甘油、味精、柠檬酸、赖氨酸、醋酸、丙酸和丁酸等产品。滤泥经过处理后可作有机肥料，也可以从滤泥中提取制备高级脂肪醇、甘蔗蜡等高附加值产品。蔗稍和蔗叶可直接用作牛、羊的优质粗饲料，也可调制青贮饲料。

四、 产业重点研发任务

（一）建立高效、集约的现代甘蔗生产体系

高效、集约的现代甘蔗生产体系的建立主要从稳定面积、提高单位面积产量和促进"四化"三个环节着手。

1. 加大糖料生产扶持力度，稳定面积，确保糖料生产能力稳步提升

一是继续加大优势区域糖料基地的建设范围和支持力度，加快以增强水利设施和道路设施为主要内容的农田基础设施建设，高度重视提灌取水防旱，加大对糖料农田水利基础设施建设的投资，加大坡改梯、吨糖田建设、小水窖建设、蔗田道路建设投入力度，增强抵御自然灾害能力，保障甘蔗生产稳定发展，促进甘蔗单位面积产量大幅提升；二是加大种蔗直接补贴、良种补贴、农资补贴、产糖大县补贴支持力度，完善食糖生产扶持政策体系；三是建立以甘蔗生产保险为主的蔗糖产业风险保障机制。根据加大农业保险保费补贴的有关精神，积极探索完善糖料农业保险体系的较优模式，将影响甘蔗生产的干旱、霜冻、洪涝灾害等重大灾害，纳入保险范围，构建糖料基地生产的风险防御体系。

2. 依靠科技创新提高单位面积产量，实现甘蔗产业升级

在紧密围绕高产、增糖新品种选育，高效良种繁育，病虫害绿色防控，农机农艺融合，信息化工程等新技术研发的同时，集成已有技术，创新整装技术尽快在全国蔗区进行示范推广，不断提高甘蔗生产的科技水平。

3. 建立健全产业发展的长效机制，促进甘蔗产业"四化"发展

全面推进糖料种植良种化、机械化、水利化和规模化的同步协调发展，通过科技力量提高单位面积产量和含糖量，最终实现传统农业和加工业向现代产业的转变和升级。

（二）建立富有竞争力的食糖工业体系

通过精深、多样化纵深发展、综合利用、清洁发展和整合，建立富有竞争力的食糖工业体系。

1. 推动我国食糖工业精深化发展

通过实施食糖精深加工重大工程，推进食糖精深加工，积极研发和生产精制糖、

功能糖、药用糖等高附加值新产品，延伸制糖产业链，推动食糖工业精深化发展。

2. 推动我国食糖产业纵深化发展

探索甘蔗产业多样性发展新路径，积极探索甘蔗产业向生物化工、生物质能源、饮料等相关领域纵深发展，开拓甘蔗产业发展新路径，不断提高产业效益和抗风险能力。

3. 推进糖业节能和清洁生产，提升重点企业规模化经营

支持企业加快淘汰落后、低效、高耗能设备，采用先进适用技术和大型高效设备，提升制糖装备技术水平，提高制糖生产各工序与生产全过程自动化和信息化水平，实现在线监测监控。完善污水治理和水循环技术，实施制糖行业清洁生产技术推行方案，全行业建立清洁生产审核数据库。推进以经济手段鼓励和引导我国制糖企业之间的兼并和重组，提高产业集中度；通过提高单个企业的生产加工规模来降低食糖生产成本，提高生产效率。

4. 立足循环经济和生态农业，深化制糖副产品综合利用

立足生态农业，不仅追求经济效益，还关注综合效益，追求现代农业的可持续发展。比如，通过多种方式的蔗叶还田增加土壤肥力；通过蔗—牛—菇循环经济产业链提高了蔗梢的利用率，又将有机肥料还原到土壤里，增加了土壤的持久力；进一步推动制糖副产品的深度利用，推进蔗渣、糖蜜、滤泥、废水向生物基化工和其他产业转化，构筑制糖、造纸、酒精、酵母、生物肥、生物质发电等多条蔗糖循环经济产业链，在保持或增强土壤肥力的基础上提高蔗渣、糖蜜、滤泥的使用率，提高循环经济水平。

（三）建立强有力的甘蔗与食糖科技支撑体系

通过整合资源、机制创新、加强推广等各个环节建立强有力的甘蔗与食糖科技支撑体系。

1. 整合资源，聚焦农技服务中的焦点问题

将国家扶持与地方扶持相结合，使资金向重点难点问题集中，支持科研院所、高等院校科研人员与企业合作建立并共享育种和种植管理技术平台，研发和引进适应不同区域的糖料品种和先进种植管理技术，助推我国糖料良种育繁推一体化，加快品种改良速度，提高种植管理技术。加快农机农艺融合技术体系构建，研发适合我国糖料种植条件的大中小型全程机械化种植模式，并进行示范和推广。切实加强病虫害监控、统防统治工作，提高糖料抵御自然灾害的能力。

2. 机制创新，构建糖料产业技术社会化服务新模式

鼓励科研单位与技术服务公司联合形成育繁推、产学研联合体，并和主产区地方政府、糖厂联合，通过体制机制的创新，构建技术社会化服务的新模式，促进整装技术的规模化应用，解决我国糖料单位面积产量偏低和种植效益差的现实问题。

3. 多元支撑，打造糖料产业科技力量

通过多元化的科技支持计划构筑产业长久发展的未来支撑，同时加强甘蔗研发的科技人才培养，充分发挥产业技术体系整合资源、服务产业的功能。

第三节

剑　麻

剑麻叶片内含丰富的纤维，纤维细胞呈长形，细胞腔大而长，壁厚，具有纤维长、色泽洁白、质地坚韧、富有弹性、拉力强的特点，能制出耐摩擦、耐酸碱、耐腐蚀和不易打滑的众多产品。利用剑麻叶片研制开发出的产品已有10多个系列，上百个品种。剑麻纤维，因其具有制作特种军工用品的军事用途，成为国家重要的战略物资；同时其经海水浸泡不易腐烂、吸湿性强、吸油快放油也快、不易产生静电等特点使其广泛应用于渔业、航海、工矿、运输、油田等领域。例如，海军舰艇的缆绳、飞机汽车的轮胎内层、起重机吊绳钢索等。

一、产业发展现状

（一）全球剑麻产业现状

剑麻原产于中美洲热带、亚热带干旱半荒漠地区，物种的起源中心位于墨西哥尤卡坦平原。剑麻有400多年的栽培历史，广泛分布于世界热区，主要生产国有巴西、坦桑尼亚、肯尼亚、马达加斯加、中国、墨西哥、海地、摩洛哥、莫桑比克、几内亚、委内瑞拉等。表7-5列举了2011～2020年全球及主要生产国剑麻收获面积数据，表7-6列举了2011～2020年全球及主要生产国剑麻产量数据。从表7-5、表7-6中可以看出，近十年全球剑麻产业呈现下降趋势，收获面积、产量年均下降率分

别为6.49%、6.28%，主要原因是第一大生产国巴西收获面积、产量大幅度下降，但其余主产国收获面积变化均不大。

表7-5　2011～2020年全球及主要生产国剑麻收获面积数据（单位：万亩）

区域	2011年	2012年	2013年	2014年	2015年	2016年	2017年	2018年	2019年	2020年
全球	677.74	629.25	482.66	465.29	536.63	549.11	362.77	370.92	365.93	370.64
巴西	428.59	373.02	265.11	234.80	296.62	298.66	127.29	143.11	148.74	148.52
坦桑尼亚	84.15	87.08	52.94	62.15	73.28	87.95	74.69	80.94	65.45	70.69
肯尼亚	43.88	41.80	38.97	38.01	37.83	38.21	38.54	37.18	36.63	37.45
海地	25.83	27.01	31.75	35.43	32.46	31.81	33.23	32.50	32.52	32.75
中国	34.39	36.10	35.93	36.21	36.90	35.10	32.54	20.14	25.00	23.70
马达加斯加	20.99	20.95	20.91	21.23	21.29	21.2	21.17	20.94	20.93	20.91
墨西哥	13.44	16.62	11.21	10.55	10.83	10.89	9.69	10.23	12.06	12.11
摩洛哥	6.08	6.08	6.12	6.62	6.93	6.56	6.7	6.73	6.66	6.7
莫桑比克	3.45	3.23	3.23	3.23	3.15	3.07	3.16	3.18	3.18	3.17
几内亚	2.85	3.00	3.00	2.92	2.99	3.04	3.05	3.08	3.12	3.08

表7-6　2011～2020年全球及主要生产国剑麻产量数据（单位：万吨）

区域	2011年	2012年	2013年	2014年	2015年	2016年	2017年	2018年	2019年	2020年
全球	47.54	31.92	34.32	35.72	41.14	41.60	28.23	27.48	28.29	26.52
巴西	28.38	8.91	15.06	13.80	18.36	18.09	7.96	8.29	8.68	8.61
中国	8.17	10.49	9.02	11.22	11.58	11.96	9.28	8.17	9.04	6.93
坦桑尼亚	2.48	2.57	3.49	3.73	3.92	4.23	3.65	4.06	3.33	3.64
肯尼亚	2.76	2.79	2.54	2.32	2.17	2.34	2.28	2.26	2.29	2.28
马达加斯加	1.74	1.74	1.75	1.77	1.77	1.77	1.77	1.75	1.76	1.76
墨西哥	1.89	3.42	0.39	0.61	1.17	1.24	1.28	0.9	1.2	1.31
海地	0.95	1.00	1.17	1.30	1.19	1.17	1.22	1.19	1.19	1.20
摩洛哥	0.16	0.16	0.17	0.17	0.16	0.16	0.16	0.16	0.16	0.16
委内瑞拉	0.51	0.32	0.24	0.31	0.33	0.14	0.14	0.18	0.16	0.16

（二）国内剑麻产业现状

国内剑麻分布在广西、广东、海南，其中广西2020年收获面积19.7万亩，占全国收获面积的83.12%；广东收获面积3.1万亩，占全国收获面积的13.08%；海南收获面积仅0.9万亩，占全国收获面积的3.80%。全国2020年剑麻产量6.93万吨，其中广西6.35万吨，占全国产量的91.63%；广东0.41万吨，占全国产量的5.92%；海南产量0.17万吨，占全国产量的2.45%。

我国剑麻主要栽培品种是H.11648，2020年单位面积产量达到2923公斤/亩，超过世界平均水平的4倍多。我国剑麻加工企业主要分布在广西的南宁，广东的佛山、东莞、湛江、清远，江苏的淮安、南通、无锡，以及山东滨州、临沂等地。据调查，加工企业已形成超过7万吨剑麻纤维的加工能力，主要产品有白棕绳、剑麻纱条、剑麻地毯、剑麻抛光布、门口垫、絮垫、工艺品、墙纸、剑麻钢丝绳芯和化工品等20个系列500多个规格品种。形成的主要品牌有：广西剑麻集团有限公司的"桂垦"、"剑王"和"东剑"；广东省东方剑麻集团有限公司的"太阳"和"东成"；等等。

二、 重要技术创新与产业贡献

（一）种质资源

国内剑麻种质创新与育种工作富有成效。一是系统收集和保存种质资源并建立数据库。广泛收集国内外剑麻种质资源，建立剑麻种质资源圃，对种质的特征、特性进行长期定点跟踪观测，建立剑麻种质资源数据库。率先制定了剑麻种质资源鉴定与评价技术标准，实现了剑麻种质资源的数据采集与鉴定评价规范化。通过系统鉴定评价筛选出一批丰产、抗病性强、抗逆的优异种质，支撑种质资源的创新与利用。二是种质创新取得较大进展。制定了品种试验和品种审定技术标准，实现剑麻品种培育规范化。通过大田选种培育出长周期优良品种"桂麻1号"，通过有性杂交和回交培育出抗病新品种"热麻1号"；建立了剑麻植株再生体系和遗传转化体系，为构建剑麻分子育种技术体系奠定了坚实基础。三是形成了种苗繁育技术标准，推动种苗繁育标准化，提高麻园建设质量。研制出剑麻种苗钻心快速繁殖法，有效促进良种推广应用。制定《剑麻种苗》和《剑麻种苗繁育技术规程》行业标准并宣贯实施，通过建立剑麻良种苗木繁育基地，进行优质种苗繁育示范，推动国内剑麻种苗繁育标准化，集成抗性种苗繁育技术并推广应用，保障剑麻种植业健康发展。

（二）田间管理

1. 建立高产栽培模式，单位面积产量达世界最高水平

摸清了斑马纹病和茎腐病的发生与流行规律，总结出防治两病的技术措施。找出了剑麻H.11648的营养诊断指标，建立了剑麻营养诊断指导施肥技术。建立了改平整地种植为深松整地起高畦种植、改小苗定植为培育大壮嫩苗定植、改偏施氮肥为重施有机肥配合氮磷钾平衡施用、改只注重头三年田管为全周期抚管、改强度割叶制度为割养结合的合理割叶制度、预防剑麻斑马纹病和茎腐病的"五改一防"高产栽培模式，形成了轻简化栽培技术和剑麻病虫害预测预报技术，同时也探索了剑麻间作示范（图7-9）。

图7-9 剑麻园间种假花生栽培模式

2. 建立标准化生产技术体系

制定《剑麻栽培技术规程》《剑麻种苗》《剑麻种苗繁育技术规程》《标准化剑麻园建设规范》《剑麻叶片》《剑麻纤维加工技术规程》等系列技术标准，从种苗繁育、麻园建设、麻园管理、叶片收获和加工等技术环节界定生产操作规范，形成比较完善的剑麻标准化生产技术体系。

3. 构建绿色生产与资源循环利用模式

国内剑麻生产除大田种植和叶片收获外，其他生产环节均可实现机械化操作，区域聚集和集约化程度高。除剑麻纤维外，占叶片95%的叶汁和麻渣等副产物，通过叶渣青贮作饲料和发酵作肥料或研制生物有机肥、废水发酵产麻膏或发酵生产沼气和还田作肥料等多种利用途径，促进资源高效利用和生态环保。

（三）产品加工

1. 加工技术日趋成熟，综合开发能力强

中国是剑麻纤维进口大国，市场贸易活跃，国内剑麻产品生产规模大，目前剑麻纤维制品已有20个系列500多个规格品种，加工技术涵盖了国内外俏销的花色品种，可按照市场需求承接不同的订单生产，已经成为世界剑麻制品加工中心，综合开发力强，发展优势明显。

2. 具有知名的品牌，产业化经营程度高

国内剑麻纤维原料生产主要集中在两个大型国有企业（广西剑麻集团有限公司和广东省东方剑麻集团有限公司），两公司拥有国内剑麻纤维生产总量的70%以上，加工能力占国内40%以上，实行生产、加工、销售一体化经营模式，拥有一批知名品牌和出口免检产品，"太阳"和"剑王"系列产品由于信誉好畅销国内外，已形成比较固定的销售网络，公司与原料生产基地根据制品市场变化建立了价格联动机制，保障种植基地原料价格的相对稳定，有效引导国内剑麻产业的发展。

三、 产业重点研发任务

（一）加强种质资源收集保存与鉴定评价

加强剑麻及其近缘属种的种质资源调查、收集保存工作，研究资源特性和鉴定评价标准，通过资源精准鉴定与评价发掘优异种质。

（二）创新育种技术，加快培育抗性多用途剑麻品种

创新种质创制技术和高效育种方法，突破远缘杂交育种技术，创制优良育种材料；深入挖掘高纤维率、高皂素含量、抗病虫、抗逆等优异性状功能基因，通过遗传转化创制优异基因型材料；研究品种测试与鉴定评价技术标准，加快优异材料的鉴定评价和新品种的培育。

（三）加强优质种苗繁育，强化技术示范与培训

通过大田选种筛选抗病性优良单株，加大抗性种苗培育力度，提高种植材料质

量；建立和保护抗性苗原种基地，研究抗性苗原种繁殖技术；加强种苗标准的宣贯实施，通过种苗培育示范与培训，宣贯抗性良种良苗及繁育技术。

（四）加快剑麻轻简高效生产技术的集成

开展剑麻栽培生理基础研究，探明剑麻节水、水肥调控机制、营养需求特点和剑麻新发重大病害的病原组成；研究培肥地力、提高土壤可持续生产能力的方法；研发新型栽培模式，集成化肥、农药减施增效的轻简高效绿色生产技术。

（五）加强剑麻精深加工和生物质高效利用

推进剑麻纤维精深加工工艺和产品研发，聚焦国家对新材料、新能源和塑料污染治理的战略需求，开发轻型绝缘材料、轻型耐磨隔热衬里、包装膜、农用纤维膜等特色环保产品；开展利用乱纤维和麻渣生产非织造包装材料、燃料乙醇等技术研发；研究剑麻皂素的微生物提取技术，开发贵重药物，加速剑麻液汁高效利用。

（六）研制剑麻收获机械装备，完善剑麻机械化生产工艺

研究机械收割的仿形切割技术，研制、筛选并改造适于剑麻叶片收获的机械装备；研究剑麻生产全程机械化的工艺与技术配套，集成农机农艺融合的剑麻高效生产模式。

第四节

热 带 水 果

热带水果种类繁多，风味独特、品种多样、营养丰富，在满足市场多样化消费需求、保障新鲜水果周年供应等方面，具有其他水果难以替代的重要作用。在海南国际旅游岛建设中，国家赋予海南国家热带现代农业基地的定位，充分发挥海南热带农业资源优势，大力发展热带现代农业，使海南成为全国热带水果基地。热带水果的种类、货架期等综合权重占全国水果的70%，"果盘子"虽小，装的是事关民生的大事。

一、 产业发展现状

目前，热带果树主要分布于赤道两边南北回归线23°26′之间及其附近的热带亚热带地区。在热带美洲有记载的有1000多种，亚洲约有500多种，印度次大陆约有300种，非洲有1200多种，分属于35科，107属。常见的种类仅100种左右。

（一）世界热带水果产业发展现状

世界热带水果以香蕉、荔枝、龙眼、芒果、菠萝为主，种植面积、产量均占全部热带水果种类的90%以上。据联合国粮食及农业组织统计，2020年全球热带水果总收获面积为24 607.24万亩，总产量为24 989.2万吨。

全球共有约130个国家（地区）种植香蕉，2020年全球香蕉收获面积7805.27万亩，产量为11 983.37万吨。印度是世界上香蕉收获面积最大的国家，2020年收获面积为1386万亩，第二是巴西，收获面积为682.51万亩，第三是坦桑尼亚，收获面积为485.08万亩。从产量上来说，印度也是世界上产量最高的国家，2020年产量为3306.2万吨，第二是中国，产量为1151.30万吨，第三是印度尼西亚，产量为818.28万吨。

荔枝起源于中国，至今已有2300多年的栽培历史，在全球热带多个国家及地区均有分布，2020年全球荔枝种植面积约为1070万亩，产量为330万吨。中国荔枝产量位居第一，2020年中国荔枝种植面积为722.3万亩，产量为238万吨；印度紧随其后，2020年种植面积为147万亩，产量为72万吨；再是越南，2020年种植面积为125万亩，产量为35万吨。

龙眼主要分布在东南亚国家，中国、泰国、越南3个国家的种植面积和产量均占全球的90%以上。2020年全球龙眼种植面积约为820万亩，产量约为330万吨。通过产期调节技术，世界龙眼能做到周年上市。中国龙眼的种植面积和产量均排在全球第一位，2020年种植面积为413.70万亩，产量为183.50万吨；第二是泰国，2020年龙眼种植面积为280万亩，产量为120万吨；第三是越南，2020年龙眼种植面积为120万亩，产量为60万吨。

全世界有超过100个国家栽培芒果，亚洲是芒果种植面积最大和产量最高的地区，占世界芒果总产量的75%左右，其次是美洲，产量约占世界总产量的15%。印度是全球芒果种植面积、产量最大的国家，2020年芒果种植面积为3475.5万亩，产量为2038.6万吨；第二是中国，2020年种植面积为515.10万亩，产量为331.20万吨；第三是泰国，2020年种植面积为510万亩，产量为313万吨。

菠萝主要种植于全球南北纬30°之内，目前有90多个国家或地区商业化种植，

2020年全球菠萝收获面积达到1616.8万亩，总产量达到2781.64万吨。亚洲和非洲是世界菠萝主产区，亚洲收获面积占世界的37.82%，非洲收获面积占世界的38.86%。2020年菠萝收获面积最大的国家是尼日利亚，为277.22万亩；第二是印度，为159万亩；第三是泰国，为102.99万亩。从产量上来说，2020年菲律宾菠萝产量最大，达270.26万吨；第二是哥斯达黎加，为262.41万吨；第三是巴西，为245.57万吨。

（二）国内热带水果产业发展现状

1. 热带水果主要种类、品种结构及分布

中国是世界热带水果生产大国之一，热带水果产业也是我国热带高效农业的重要组成部分，在我国热区特别是老少边穷地区农民增收、助力乡村振兴和丰富百姓"果盘子"等方面发挥了重要作用。我国热带水果主要有香蕉、菠萝、龙眼、荔枝、芒果、火龙果等，2011～2021年大部分热带水果发展稳定，其中芒果和火龙果增速较快，至2020年底，全国芒果总种植面积已经超过香蕉。当然，随着人们对热带水果多样性需求的增加，其他特色小宗水果如番荔枝、菠萝蜜、人心果、杨桃、番木瓜、番石榴、黄皮、莲雾、牛油果、红毛丹、山竹等产业近年来也有较快的发展。

中国热带水果主要分布在海南、广东、广西、云南、福建、湖南南部及四川、贵州南端的干热河谷地区，其中广东、广西热带水果种植面积占全国60%以上，其次是福建、云南和海南，五省热带水果生产总种植面积占全国比重为90%以上。

2. 产业发展现状

近年来，随着我国种植技术水平的提高，热带水果种植面积稳中有升。主要热带水果（香蕉、荔枝、龙眼、菠萝、芒果和火龙果）的收获面积从2011年的2272.67万亩增加到2020年的2340.40万亩，年均增长率为0.33%；产量从2011年的1600.34万吨增加到2020年的2241.30万吨，年均增长率为3.81%。图7-10列举了2011～2020年主要热带水果的收获面积、产量。

我国是世界香蕉生产和消费大国，主要生产区域有广东、广西、福建、台湾、云南和海南，贵州、四川、重庆也有少量栽培。香蕉种类有齐尾、仙人蕉、威廉斯、大种高把、高脚顿地雷、矮脚顿地雷、广东香蕉1号、广东香蕉2号等。据不完全统计，中国直接或间接从事香蕉产业的人员在200万人以上。近些年中国香蕉人均消费量增速远远高于世界水平，但与世界人均水平相比仍然存在较大差距，2020年中国香蕉人均消费水平不足世界人均水平的65%，中国香蕉消费市场还有很大潜力。

图7-10　2011～2020年主要热带水果的收获面积、产量

中国荔枝商业栽培历史悠久，主要集中在海南、广东、广西、福建、四川和云南等6个省区。全国形成了海南特早熟，粤桂西南部早熟，粤桂中部中熟，粤东闽南晚熟及重庆、四川泸州特晚熟五大优势区，均衡上市、相互衔接、差异化发展的区域格局基本形成；从品种结构看，"白糖罂""妃子笑""桂味""糯米糍""鸡嘴荔"等优质品种占比超过40%，产品品质和单位面积产量水平稳步提高。广东荔枝收获面积为310.00万亩，产量为135.10万吨，面积和产量均约占全国五成以上。

中国是世界芒果的主产国之一，大规模商业化种植芒果始于20世纪60年代，产区集中在海南、广东雷州半岛的早熟产区，广西百色、云南南部及西南部的中熟产区和四川、云南金沙江干热河谷流域的晚熟产区，近年来，中国芒果种植面积、产量均有较大幅度的增长，广西、云南已经成为全国最大的两个芒果产区。

中国南方是龙眼的原产地，现在龙眼广泛分布在广东、广西、云南、四川、福建和海南，现已形成海南—粤西南—桂南早熟龙眼优势带，桂中—粤中—闽南中熟龙眼优势带，闽东、闽中—攀西、泸州等晚熟龙眼优势带。主栽品种以储良、石硖为主，其他的品种还有大乌圆、蜀冠、广眼、福眼等。广东龙眼种植面积、收获面积均占全国的三分之一以上，产量占全国的一半以上。

中国种植菠萝的历史悠久，主要分布在广东、广西、海南、云南、福建等省区。近年来，中国菠萝产业发展比较稳定，种植面积在100万亩左右，产量在180万吨左右，主要栽培品种为巴厘，台农系列呈现逐年增长趋势。广东是中国菠萝种植第一大省，徐闻是"中国菠萝之乡"，有"菠萝的海"美誉，全县种植面积达35万亩，年产量约70万吨，徐闻菠萝产量占全国的30%以上。

二、 科技发展现状与趋势

（一）热带果树重要资源及新品种选育

1. 种质资源的收集与保存

我国热带果树资源在20世纪中叶基本上是通过商人或我国华侨零零散散从国外带到中国。20世纪末农业部开始实施引种计划，成立了"948"专项，专门从事国外种质资源的引进和试种，经过多年的努力，我国相关科教单位、企业或华人华侨分别从国外引进热带果树种质资源累计不少于3000份。重点在广东和海南布局了国家级热带果树种质资源圃，如分布于广州的农业农村部广州香蕉种质资源圃、农业农村部广州荔枝种质资源圃、农业农村部广州黄皮种质资源圃，位于湛江的国家热带果树种质资源圃、农业农村部湛江菠萝种质资源圃，位于儋州的农业农村部儋州芒果种质资源圃、牛油果种质资源圃等，包含国内自有资源，共收集热带果树种质资源总和超过5000份，使我国种质资源保存量实现从无到有，并跃居国际前列。

利用这些平台，相关科研院所大力开展种质资源的评价和新品种选育等研究工作，形成了以"广州—湛江—儋州"为核心的热带果树种质资源收集、保存和创新利用中心，建成了集热带果树新品种创制、种苗繁育、配套栽培技术研发与示范推广于一体的育繁推一体化产业孵化基地，从源头上支撑了我国热带果树产业的健康可持续发展。

2. 新品种选育

我国热带果树的育种滞后发达国家至少50年，目前，产业上主栽的品种多数为对国（境）外引进的品种或资源加以试种选育而成，具有自主知识产权或获得植物新品种权保护的新品种较少，占比不到主栽品种总数的1%。针对这个问题，近年来，在国家相关部门的大力支持下，在建立热带果树"广州—湛江—儋州"核心种质资源收集保存基地的基础上，创建了国家热带果树品种改良中心等省部级新品种创新平台，为新品种选育和创新打下了重要平台基础。在热区科研院所及相关企业的大力努力下，通过引进试种、实生选育等传统方式，培育了适合不同地区、不同生态气候的各类热带果树新品种，培育的各类热带果树品种总数超过500个，其中产业上的主推品种有200多个。

当前，选育的香蕉种类繁多，包括巴西蕉（图7-11）、威廉斯8818、桂蕉系列、南天黄、宝岛蕉等，是世界香蕉出口市场的主力军。为抵抗枯萎病，国家香蕉产业技术体系和业界先后培育出热粉1号（图7-12）、南天黄、宝岛蕉、中蕉系列、桂蕉

9号和农科1号等抗枯萎病品种,同时在各产地进行推广种植。

图7-11　巴西蕉

图7-12　热粉1号香蕉

　　我国选育出的芒果品种有20多个,支撑了2001～2020年我国芒果产业的快速发展,如热农1号、热农2号、台农1号、金煌芒、白象牙、红象牙、红芒6号、凯特芒、椰香芒、桂热芒82号、桂热芒10号、紫花芒、贵妃芒、粤西1号、肯特芒、爱文芒、圣心芒、吉尔芒、玉文芒、海顿芒、台农2号、金穗芒、吕宋芒等,支撑了我国早、中、晚熟芒果产业的发展。近年来,中国热带农业科学院在国际上首次突破了人工杂交育种技术的瓶颈,选育了大批具有自主知识产权的芒果杂交后代优异株系,其中热农系列和热品系列新品种有望在"十四五"期间和将来能得到推广应用(图7-13和图7-14)。

图7-13　热农1号芒果

图7-14　热品16号芒果

筛选出金菠萝、金香菠萝、台农11号、台农16号、台农17号、台农21号、台农22号、维多利亚菠萝和珍珠菠萝等9个菠萝品种在广东、广西、海南、云南等产区示范推广。

（二）技术创新

中华人民共和国成立后，我国热带果树研究始于20世纪50年代末60年代初，初期主要从事我国热带果树地方品种的调查与收集工作。20世纪70年代到80年代才相继开展了对果树的综合栽培技术如种苗繁育、树体管理、水肥管理、植物保护、采后处理等方面的研究。目前，我国热区相关科研院所专门从事热带果树研究的人员有近千人或更多，其中中国热带农业科学院专门从事热带果树研究的科研人员达200多人，居全国之首。长期以来，我国对一些大宗的热带果树如香蕉、芒果、荔枝、龙眼、菠萝等的研究较为系统和深入，研究内容包括育种技术、种苗繁育、综合栽培、采后处理、加工以及产业经济等，几乎覆盖全产业链。

在基础研究方面，香蕉、芒果、菠萝、荔枝、百香果、红毛丹全基因组序列先后均由我国首次全球发布。探明了主要热带果树的成花机理、果实发育和品质形成机理。集成了重要热带果树新品种配套栽培、产期调节与品质调控、病虫害综合防治和养分管理等集约化生产技术。

在中国热带农业科学院的主导下，独创芒果早、中、晚熟区域性生产关键技术，与良种良法配套，建立鲜果周年生产技术体系，单位面积产量提高2～4倍，使芒果鲜果供应期从5月至8月变成1月至12月，使我国成为世界上唯一实现芒果鲜果周年供应的国家，在资源评价、产期调节技术等方面达国际领先水平。

在重要病害防控方面，研究了香蕉枯萎病"五位一体"综合防控技术，形成了以"蕉园土壤病原菌含量快速检测为指导、土壤调理培肥为基础、抗（耐）病品种选育应用为核心、有益微生物添加为补充、少耕免耕栽培为配套的'五位一体'香蕉枯萎病综合防控技术体系"，可使重病区（发病率30%以上）枯萎病发生率降低至10%以下，中度和轻度感病区（发病率10%以下）枯萎病发生率降低至5%以下，香蕉枯萎病综合防控技术在我国香蕉主产区的推广应用可以有效缓解枯萎病严重蔓延的现状，实现了香蕉枯萎病"有病无害""可防可控"，促进了香蕉产业可持续发展。

在产业下游，研究了重要热带水果如香蕉、芒果、菠萝、荔枝等的采后褐变、衰老生理机制，在采后乙烯生成、传导、调控，以及采后病害鉴定、发病机制和生物保鲜等方面的研究成果处于国际先进水平。建立了重要热带水果的保鲜体系，集成冷链物流和商品化处理配套技术，减少采后损失30%～50%，为改变我国热带水果采后处理落后、果实劣变快、货架期短、商品性差等问题提供了技术支撑。在果树废弃物综合利用方面，研发了香蕉茎秆、菠萝叶收获和纤维提取技术及相关装备，研发了相关加工产品。

在机械化、信息化方面，研制出高效的施肥机、喷药机、除草机等农机具以及水肥一体化等田间管理物联网系统，极大地减少了人工成本，提高了生产效率。构建了热带果树产业信息网、数据共享平台和产业动态预警系统，分析了我国热带果树产业国际贸易竞争力现状及其影响因素，并提出了国内外市场定位和政策建议。

在标准体系建设方面，建立了育种、栽培、贮运、加工、产品等全产业链标准体系，包括国家标准、农业行业标准、地方标准以及企业标准，如《热带作物种质资源描述规范》《热带作物品种试验技术规程》《热带作物品种审定规范》《植物品种特异性、一致性和稳定性测试指南》《种苗繁育技术规范》《栽培技术规程》《病虫害防治技术规范》等。

这些科技成果大大推进了我国热带果树的产业化发展进程，为我国热带果树产业可持续发展，缩短与发达国家产业技术水平的差距，提高产品竞争力打下了良好基础。

三、 产业重点研发任务

（一）重点科技攻关，研发配套技术

紧紧围绕国家需求，积极融入国家现代农业产业科技创新中心的建设，针对国内热带果树产业存在的问题，开展系统和深入的研究，加快成果转化。一是针对资源缺乏、品种单一等问题，继续引进国外优良或特异种质资源，提高国内种质资源圃保存种质的数量和质量，为新品种创制打下源头基础。二是加强热带水果种业的自主创新，以传统育种技术为主，结合分子标记辅助育种技术提高育种效率，研发热带水果细胞再生技术体系，开拓基因编辑育种，培育适应性广、营养丰富、品质优、产量高、抗病虫性强的具有自主知识产权的优良品种。三是深入开展养分综合管理、高效栽培、产期调节、病虫害安全高效防控等研究、应用与示范。发展综合加工产业化技术，加强新产品研发，延伸产业链，提高附加值。四是降低劳动力成本，研发农机农艺配套、信息化智能化技术，加快实现农业现代化进程。

（二）建立新"三品一标"热带水果标准体系

随着我国热带水果产业的不断扩大，包含"品种培优"、"品质提升"、"品牌打造"和"标准化生产"的新"三品一标"是下一步我国热带水果产业的发展方向。应按市场需求，进一步完善现有热带果树全产业链标准体系，紧紧围绕"减肥减药、提质增效"和发展绿色有机产品目标，加强实用和可操作性强的地方及企业标准体系的构建，提高果品整体品质及市场竞争力。进一步建立质量识别标志制度和产地保护制度，创建特色品牌，并狠抓品牌营销，建立多元化、高效快捷、安全的产品营销渠道网络体系。

第五节

热带香辛饮料作物

热带香辛饮料作物是热带香辛料作物与热带饮料作物的统称。热带香辛料作物主要有胡椒、香草兰、肉桂、八角、草果、斑斓叶、依兰、丁香、肉豆蔻、众香、香茅等，热带饮料作物主要有咖啡、可可、大叶种茶、苦丁茶、可拉、瓜拉纳等，本节热带香辛饮料作物主要研究胡椒、香草兰、咖啡、可可等。胡椒具有独特而不可替代的芳香和辛辣调味特性；咖啡、可可与茶并称世界三大饮料，在服务人民生命健康方面具有广阔前景；香草兰广泛用于食品、饮料、化妆品、医药等领域，在满足人类高端消费需求上不可或缺。

一、胡椒

胡椒为胡椒科胡椒属植物，原产于印度西海岸西高止山脉的热带雨林，是世界古老而闻名的香料，有"天堂的种子"之美誉，广泛应用于食品、医药、化妆品、军工等领域。胡椒种子富含挥发油、胡椒碱等物质，是人们喜爱的调味品。胡椒在食品领域可作抗氧化剂、防腐剂和保鲜剂；在医药领域可作健胃剂、解热剂和支气管黏膜刺激剂，治疗消化不良、寒痰、咳嗽、肠炎、支气管炎、感冒和风湿病；在化妆品领域可作皮肤渗透剂、抗菌剂和pH调节剂；在军事领域可作催泪弹、抗惊厥和镇静剂。

（一）产业发展现状

1.国际产业发展情况

全世界有40多个国家种植胡椒，2020年种植面积约为910万亩，总产量达70万吨。主要生产国有印度尼西亚、印度、越南、斯里兰卡、巴西、中国、马来西亚、马达加斯加、埃塞俄比亚、加纳等。表7-7列举了2011～2020年全球及主要生产国胡椒收获面积，表7-8列举了2011～2020年全球及主要生产国胡椒产量。从表7-7和表7-8中可以看出，全球胡椒收获面积、产量均呈上升趋势，主要是因为部分主产国收获面积、产量大幅度上升。

表7-7 2011～2020年全球及主要生产国胡椒收获面积（单位：万亩）

区域	2011年	2012年	2013年	2014年	2015年	2016年	2017年	2018年	2019年	2020年
全球	812.10	837.84	717.74	724.84	765.63	809.39	849.14	868.72	885.04	909.18
印度尼西亚	268.50	267.90	257.85	244.05	251.39	272.09	279.45	280.94	282.06	297.33
印度	276.00	300.00	187.50	186.00	193.50	193.50	198.00	201.00	207.00	205.50
越南	67.61	72.78	76.50	87.79	101.76	122.69	140.26	161.09	166.61	169.32
斯里兰卡	54.65	57.68	59.24	59.48	60.82	59.27	64.48	65.26	67.90	72.41
巴西	31.63	29.14	27.71	28.61	33.16	38.75	42.95	51.45	52.98	56.02
中国	28.21	28.65	28.70	26.99	29.53	28.81	30.94	30.06	30.80	31.10
马来西亚	16.70	16.25	14.75	24.03	24.50	25.15	25.63	10.76	10.95	12.03
马达加斯加	13.62	13.45	13.51	12.15	18.85	16.41	14.71	13.41	11.99	12.00
埃塞俄比亚	10.50	10.20	9.00	10.12	10.58	10.50	10.88	10.66	10.68	10.74
加纳	7.66	7.50	7.91	8.04	8.44	8.13	8.20	8.26	8.20	8.22

表7-8 2011～2020年全球及主要生产国胡椒产量（单位：万吨）

区域	2011年	2012年	2013年	2014年	2015年	2016年	2017年	2018年	2019年	2020年
全球	41.95	41.43	43.49	46.14	51.11	54.93	63.98	71.38	73.10	71.43
越南	11.20	12.03	12.50	15.18	17.68	21.64	25.26	26.27	26.49	27.02
巴西	4.46	4.33	4.23	4.23	5.17	5.44	7.91	10.16	10.94	11.47
印度尼西亚	8.71	8.78	9.10	8.74	8.15	8.63	8.80	8.89	8.89	8.90
印度	5.20	4.10	5.30	5.10	6.50	5.50	7.20	6.60	6.60	6.60
斯里兰卡	2.58	2.50	2.67	2.78	3.12	3.21	3.51	4.83	4.14	4.36

续表

区域	2011 年	2012 年	2013 年	2014 年	2015 年	2016 年	2017 年	2018 年	2019 年	2020 年
中国	3.62	3.93	4.30	4.12	3.75	3.96	4.38	4.54	4.78	4.20
马来西亚	2.56	2.60	2.65	2.75	2.83	2.92	3.04	3.23	3.39	3.08
墨西哥	0.35	0.30	0.32	0.33	0.36	0.52	0.80	0.91	0.94	1.04
马达加斯加	0.48	0.48	0.49	0.45	0.69	0.62	0.56	0.50	0.45	0.45
埃塞俄比亚	0.31	0.38	0.38	0.41	0.43	0.46	0.43	0.44	0.45	0.44

2. 国内产业发展现状

我国胡椒为境外引进作物，主要种植在海南、云南南部等少数民族聚居的边疆地区，产业发展在"固边兴疆""村富民强"中发挥独特作用。2021年，我国胡椒收获面积在30万亩左右，居世界第6位。在海南，海口、文昌、琼海和万宁已经成为我国胡椒优势产区，培育出"琼海胡椒""大坡胡椒""昌农胡椒""兴隆胡椒"等特色农产品品牌，享誉国内外，琼海被誉为"中国胡椒之乡"。在云南，红河哈尼族彝族自治州绿春县举全县之力推进胡椒产业发展，高峰期全县有3镇4乡种植胡椒，种植面积从数千亩发展到6万多亩，成为我国黑胡椒的重要生产基地。

经过60多年科技创新，我国建立了胡椒全产业链生产关键技术，在胡椒种质资源收集保存、鉴定评价与利用，胡椒标准化生产技术体系建立与应用，胡椒生态高值加工关键技术研究与集成应用等研究领域取得了突出成果，并结合国家"一带一路"倡议，将先进的生产技术反哺到柬埔寨等澜湄国家，助力热带香辛饮料作物产业飘香澜湄，成为"丰收澜湄"的典型案例，该产业深受政府的关注、百姓的信赖。

（二）科技发展现状与趋势

1. 种质资源与遗传育种

1）建立种质资源圃，选育出"热引1号"胡椒新品种

为突破制约胡椒产业发展的这一"卡脖子"难题，中国热带农业科学院香料饮料研究所对胡椒种质资源进行抢救性收集保护，截至2020年，陆续从20多个国家收集胡椒种质资源72个种217份，使我国成为仅次于印度的第二大胡椒资源保存国；同时对我国野生胡椒种质资源进行了全面普查，共收集资源200余份，发现了我国胡椒属新物种盾叶胡椒、尖峰岭胡椒和水晶胡椒。2012年建立农业农村部万宁胡椒种质资源圃，并开展系统性的种质资源鉴定评价与创新利用研究，为新品种选育提供资源、数据和技术支撑。

为选育适合我国气候特点的胡椒新品种，我国胡椒研究团队以印度尼西亚大叶种胡椒的自然群体为材料，利用系统选育技术，选育出具有产量高、长势旺等特点的"热引1号"胡椒新品种，于2013年通过全国热带作物品种审定委员会审定（热品审2013005），成为支撑我国胡椒产业发展的当家品种，良种良苗覆盖率在90%以上（图7-15和图7-16）。另外，我国胡椒研究团队还以前期鉴定的高抗种质"黄花胡椒"和胡椒主栽品种"热引1号"为亲本，构建杂交F_1代，以"热引1号"胡椒为父本，通过持续回交累计构建BC_1群体500多株，为高抗优质新品种的选育提供材料。

图7-15 "热引1号"胡椒园

图7-16 "热引1号"胡椒果

2）率先发布胡椒染色体级别精细基因组，加快分子育种进程为解密胡椒"辣"味机制，提高胡椒高产、优质、抗逆新品种分子育种水平，我国胡椒研究团队结合PacBio三代测序、10X Genomics、基于直接标记和染色的BioNano单分子光学图谱和Hi-C染色体交互捕获四种测序技术，首次完成我国主栽品种"热引1号"胡椒精细基因组图谱绘制，通过比较基因组、基因表达、序列进化分析，为被子植物的起源与演化提供了重要证据，揭示了功能物质胡椒碱生物合成的特异性，为胡椒功能基因组研究和品种选育提供了基因数据和理论参考（图7-17）。

2. 栽培与农业生态

1）制定标准化生产技术体系

胡椒作为热区百姓增收致富、固边兴边的优势作物，20世纪60年代"丰产"是百姓增收关切的焦点。我国胡椒引进之初亩产白胡椒仅为30公斤/亩，我国胡椒研究团队

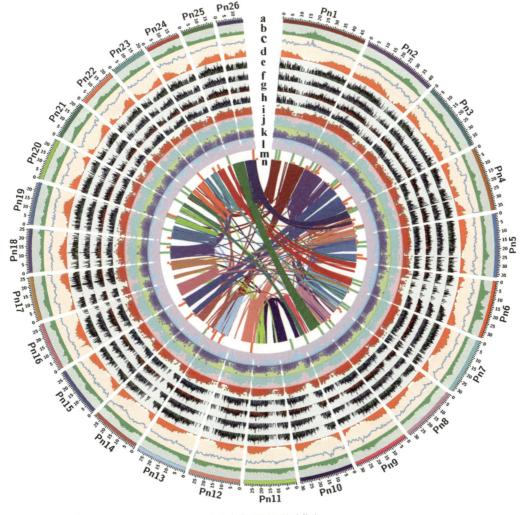

（a）胡椒基因组基础信息

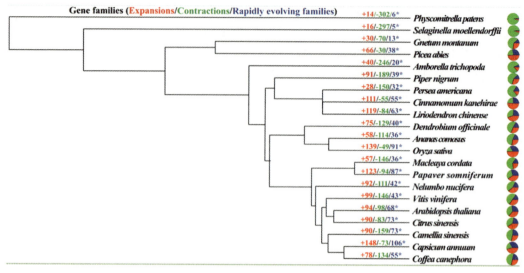

（b）与胡椒碱合成相关的基因家族扩张分析

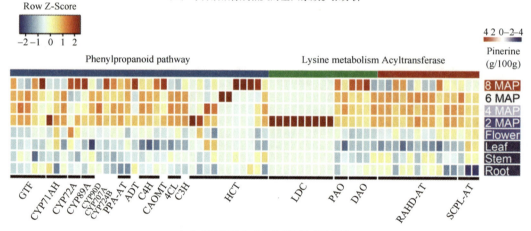

（c）与胡椒碱合成相关基因的表达模式

图7-17　胡椒基因组测序及分析

在摸清胡椒基本特性基础上，研制胡椒优良种苗标准，研发配套繁育技术，优良种苗率从不足10%提高到90%以上；揭示了胡椒光合特性及养分周年需求规律，研发了高产树形培育、叶片营养诊断施肥、落叶增产和抗风栽培等丰产栽培技术，试验地亩产高达600公斤，生产上平均亩产已超过150公斤，在海南、云南等地进行示范推广，实现了胡椒"从零星种植到规模化生产"的跨越式发展，使我国成为胡椒生产大国。

2）揭示连作障碍形成主因

连作障碍是世界胡椒种植的难题，是限制世界胡椒产业持续发展和我国胡椒稳产增产的瓶颈。我国胡椒研究团队率先研究发现土壤pH降低、微生物多样性下降和根系分泌物自毒作用是胡椒连作障碍形成的三大主因。利用"热引1号"胡椒品种的耐荫特性，创新性提出通过间作消减连作障碍新思路，从热带主要经济林木中筛选出槟榔与胡椒间作模式，攻克间作槟榔消减连作障碍及增产增效配套技术，为解决胡椒连作障碍提供了技术新方案，平均亩产增加40%，在克服连作障碍的同时实现了增产增效，槟榔/胡椒间作高效种植技术入选农业农村部"十三五"主推技术。

3）研发绿色高效栽培技术

我国胡椒研究团队从"特色热带农业绿色发展"主题出发，开展优质绿色高效栽培、养分高效利用、连作生物障碍消减、绿色新型肥料创制等应用基础和应用技术研究，配套研发胡椒轻简化高效栽培、调花促果调控技术等新技术8项，研制小型施肥机、宽窄行机械施肥等装备3台套，化肥农药减施50%以上，劳动力成本降低30%以上，为胡椒"两减一增"（减化肥，减农药，增加有机肥）绿色高效农业发展提供了技术支撑（图7-18）。

（a）宽窄行机械施肥

（b）水肥一体化技术

（c）胡椒/槟榔间作技术

（d）胡椒遮荫控花技术

图7-18 胡椒绿色高效技术

3. 主要病害

1）准确鉴定胡椒瘟病病原物，揭示其病害成灾机制

胡椒瘟病是一种传播迅速、毁灭性强的世界性病害，曾在海南暴发流行，导致胡椒种植面积锐减20%以上。20世纪六七十年代，我国胡椒研究团队建立了"以'治水'为主，农药处理为辅"的胡椒瘟病防治技术。随后，胡椒研究团队通过全面调研，以数据证实胡椒瘟病是危害当前胡椒生产的首要病害，将病原物精准鉴定为辣椒疫霉，解决了病原种类长期争议，明确病原菌游动孢子发育过程及所需环境条件，探明病害周年发生流行规律及关键影响因素，揭示病害成灾机制，为胡椒瘟病检测监测、农业防治等关键技术建立和优化奠定理论基础（图7-19）。

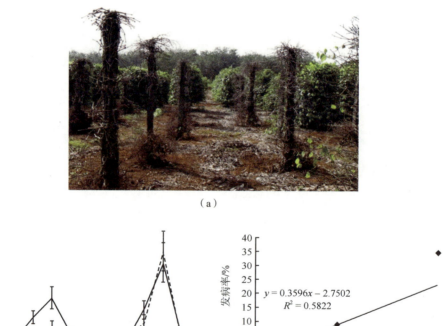

图7-19　胡椒瘟病田间危害及发生规律

在前期研究基础上，国内首次筛选出胡椒瘟病高效生防芽孢杆菌3株，自主分离筛选出根际细菌1株、内生细菌2株，鉴定后命名为枯草芽孢杆菌VD18R19

（*Bacillus subtilis* VD18R19）和枯草芽孢杆菌Z（*Bacillus subtilis* Z）、多粘类芽孢杆菌S（*Paenibacillus polymyxa* S），均具有良好的抑制胡椒瘟病菌效果，对游动孢子萌发率的抑制效果均可达99.58%；完成代表菌株（VD18R19）全基因组测序，鉴定主要抑菌物质2种，预测抑菌物质编码基因簇5个，初步揭示其抑菌机制。同时，明确生防菌在胡椒根际定殖的微观形态、空间分布和数量变化，探明胡椒根系分泌物对生防菌趋化性、运动能力和生物膜形成的影响，首次揭示胡椒根系对生防芽孢杆菌的招募机制；研制生防菌剂3种。

此外，首次从34种热带特色植物资源中筛选出圆滑番荔枝、假连翘、锡兰肉桂等高效抑制胡椒瘟病菌的活性植物11种，分离鉴定出松香酸、棕榈酰胺等抑菌活性物质4种，探明棕榈酰胺在超微结构变化、内源保护酶活性等方面对胡椒瘟病菌的影响，揭示活性物质抑菌机理（图7-20）；研制植物源农药制剂2种。

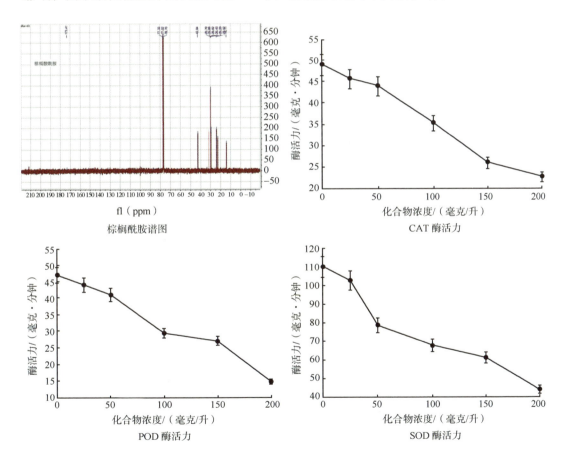

棕榈酰胺谱图

CAT 酶活力

POD 酶活力

SOD 酶活力

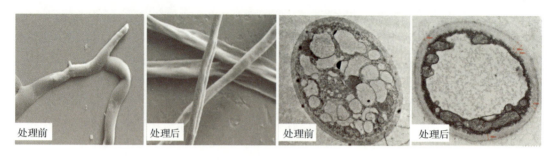

| 处理前 | 处理后 | 处理前 | 处理后 |

图7-20　棕榈酰胺对胡椒瘟病菌内源保护酶活性和超微结构的影响

2）推广胡椒瘟病绿色防控关键技术

制定胡椒瘟病调查分级方法，制定胡椒瘟病监测技术标准。结合当前栽培和管理模式，优化集成以"防风、排水"为核心的胡椒瘟病农业防治技术，首次系统评价了胡椒瘟病菌对26种市售杀菌剂的敏感性，筛选出生物农药2种、低毒化学农药6种，其半最大效应浓度可低至0.21微克/毫升，建立了生物防治和低毒高效化学防治技术。同时，基于单项关键技术，结合病害发生特点和流行规律，集成建立"以农业防治为主、生物和化学防治为辅"的胡椒瘟病绿色综合防控技术。以海南省农业科技110香料饮料服务站为平台，截至2020年，在中国海南、云南和柬埔寨桔井的胡椒主要种植区累计举办技术培训、咨询、指导等活动76场次，服务农技人员和农户5000余人次，技术推广应用达20万亩以上，胡椒瘟病发生率控制在1%以下，化学农药用量减少25%以上，达到防灾降损、减药增效、生态环保等效果，促进了我国胡椒产业稳定发展（图7-21）。

4. 加工和装备技术

1）研发清洁初加工关键技术和配套设备

针对传统"泡水作坊"加工存在的污染严重、资源利用率低、加工效率和效益低等难题，基于胡椒无限花序导致的同一果穗上果实成熟度不一致的特点，首创以机械脱粒分级、快速果皮熟化、机械脱皮脱胶、风味保存干燥为核心的果皮熟化连续脱皮脱胶白胡椒加工技术与工艺；创新80℃、2～3分钟热处理增色、快速干燥的黑胡椒加工技术与工艺；创新100℃处理3分钟、0.1%维生素C护色、10%盐水抑菌稳色的青胡椒加工技术与工艺；创新100℃处理10分钟灭酶护色、60℃热风与微波真空组合干燥的脱水青胡椒加工技术与工艺。实现污水零排放，资源利用率提高30%，产品质量达到行业一级品标准，引领了胡椒初加工技术与工艺的行业科技进步。

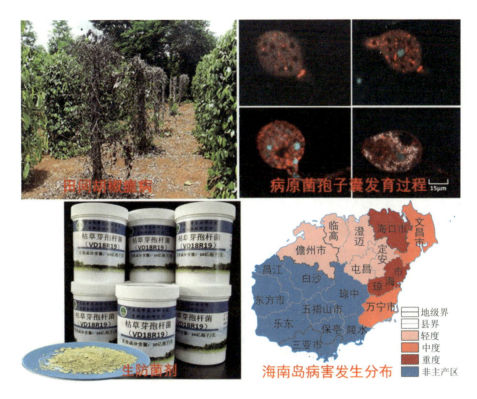

田间胡椒瘟病
病原菌孢子囊发育过程
生防菌剂
海南岛病害发生分布

图7-21　胡椒瘟病绿色综合防控技术研究与应用

　　同时，率先创制80～100℃、2～10分钟智能化调控的杀青脱粒设备；创制固定辊与相向旋转辊挤压剪切的梗粒分离设备；创制90℃、4～8分钟果皮果肉均匀软化的快速熟化设备；创制柔性旋转搅拌、同向异速摩擦与湍流驱动果皮、果仁分离的脱皮脱胶设备。脱皮率≥98%，脱胶率≥80%，破损率≤5%，生产效率显著提高，实现了胡椒产品智能化高效加工（图7-22）。

　　2）突破精深加工技术瓶颈

　　为提高资源利用率，减少环境污染，创建120℃油脂12分钟杀青、护色、灭菌、生香制备调味酱的鲜果全利用技术与工艺，该技术鲜果不需脱粒、脱皮和干燥，可提高资源利用率15%以上，省工80%以上，节水75%以上，提高产品附加值5倍以上。为实现胡椒油树脂、胡椒碱的高效提取分离，研发了活性成分组合提取分离技术，胡椒经压片后粉碎超临界萃取和分子蒸馏除杂，分离的轻组分中胡椒精油含量大于70%，重组分中胡椒碱含量大于50%，胡椒油树脂与食用油混合纯化胡椒碱，用食用酒精及变性酒精纯化得高纯胡椒碱，纯度在97%以上；复合凝聚法对胡椒精油进行稳态化，胡椒精油最高载量可达83.51%，胡椒精油微胶囊100℃高温下释放2小时后仍有70%的保留，效益提高了600倍，推动了产业提质增效、绿色可持续发展。

（a）传统白胡椒加工　　　　　　　　（b）现代白胡椒生产线

图7-22　白胡椒传统与现代生产技术对比

3）研发系列精深加工产品，提升产品附加值，产品标准、加工技术与配套设备集成应用，构建标准化加工技术体系

基于"热引1号"胡椒的高胡椒碱含量和香气协调等品质特点，创制了青胡椒、调味酱、调味油、复合调味料、香水、香氛等新产品16种，丰富了产品种类，提高了附加值，提升了综合加工效益（图7-23）。将生态高值加工技术与装备进行集成应用，在海南、河北等地建设生产线10条，实现标准与技术的规模化应用，为胡椒工厂化加工起到良好带动作用。

（三）产业重点研发任务

1. 新种创制与高通量种苗繁育技术

种质资源是选育优良品种、发展生物技术、推动农业生产的物质基础，需要持续推进胡椒种质资源的引进、收集保存、鉴定评价和创新利用工作。在收集到的国内外优良品种/资源的基础上，构建杂交群体，从杂交F_1代群体中快速筛选性状优良的单株，开展品种区域试验，培育新品种；开展胡椒核心种质资源优异性状的全基因组关联分析，鉴定优异性状关联基因，解析胡椒高抗优质性状的分子机理，为胡椒生物育种提供基因资源。优化胡椒优良种苗高通量组培繁育及遗传转化技术体系，推广应用胡椒抗逆种间嫁接技术，加快胡椒良种良苗产业化。

图7-23 部分货架产品

A为胡椒复合调味料；B为脱水青胡椒、黑胡椒和白胡椒；C为胡椒调味酱；D、E为胡椒香氛；F、G、H为黑胡椒、冻干青胡椒和白胡椒

2. 高效栽培技术

解析胡椒连作障碍形成机理，研发针对性调控技术，克服连作障碍；开展机械化栽培技术与设备研发，解决传统深翻施肥劳动强度大、生产落实不到位、整体产量下降的问题，大幅降低劳动力投入强度和成本，实现节本增效；对胡椒园不同复合栽培模式开展经济、生态等综合评价，优化复合栽培种植密度、修枝整形、水肥管理、病虫害防控等技术，推广复合栽培以进一步提高综合经济效益。

3. 病虫害绿色防控技术

在明确胡椒瘟病、胡椒细菌性叶斑病等重要病虫害生物学特性的基础上，研究

"病原物—胡椒—害虫"之间的互作关系，揭示主要病虫害致病成灾机制；分析病虫害流行与降雨、气温等气象因子的关系，并对病虫害发生流行进行预测，建立胡椒病虫害监测预报体系；重点开展农业生态调控、生物农药研制及应用、高效低毒低残留化学农药的复配及应用等绿色防控技术研究，为胡椒病虫害绿色防控提供理论依据。

4. 高效加工技术

优化技术装备工艺，将脱皮工艺与机械化生产紧密结合，开发智能化脱皮设备、清洁能源干燥生产线、水循环利用系统，彻底改变我国胡椒初加工的落后状况，开展胡椒功能性物质鉴定分离提取与应用工艺研究，研发高附加值精深加工产品，扩大胡椒在食品、医药、化妆品、军工等领域的广泛应用，真正实现绿色加工、生态环保、提质增效。

二、 香草兰

香草兰又名香荚兰，为兰科香草兰属植物，是名贵的天然香料植物，其豆荚经发酵生香加工后可产生250多种香气成分，主要成香物质有香草醛、香草酸等，香气独特，留香持久，经济价值高，广泛用于制作各种糕点、冰淇淋、巧克力、高档香烟、名酒、特级茶叶以及高档香水、护肤品、香精、芳香型神经系统兴奋剂和补肾药等，被誉为"天然食品香料之王"。

（一）产业发展现状

1. 国际发展现状

香草兰广泛分布于热带亚热带国家和地区，主要在南北纬25°以内、海拔700米以下地带，主产国有马达加斯加、印度尼西亚、中国、巴布亚新几内亚和墨西哥等。2020年马达加斯加香草兰收获面积、产量全球排名第一，分别占全球收获面积、产量的78.44%、39.07%。香草兰是马达加斯加第一大出口商品，2020年出口额5.1亿美元，占马达加斯加出口总额的26.28%，主要出口到美国、法国、德国、荷兰、加拿大等国家。2011～2020年全球及主要生产国香草兰收获面积、产量数据如表7-9所示。

表 7-9　2011～2020 年全球及主要生产国香草兰收获面积、产量数据

区域	数据	2011 年	2012 年	2013 年	2014 年	2015 年	2016 年	2017 年	2018 年	2019 年	2020 年
全球	收获面积 / 万亩	141.00	147.20	142.84	142.46	137.30	138.10	139.22	144.47	145.25	143.12
	产量 / 吨	8602	8052	7600	7081	7218	7300	7266	7297	7342	7614
马达加斯加	收获面积 / 万亩	103.17	106.73	108.55	114.48	105.88	106.76	109.04	113.38	114.39	112.27
	产量 / 吨	2791	2929	3021	3139	2922	2944	3002	2956	2967	2975
印度尼西亚	收获面积 / 万亩	25.38	29.85	24.90	20.40	20.40	21.90	20.90	21.07	21.29	21.09
	产量 / 吨	3500	3100	2600	2000	2000	2200	2067	2089	2119	2306
中国	收获面积 / 万亩	6.69	4.80	3.90	1.83	5.40	3.71	3.65	4.25	3.87	3.92
	产量 / 吨	799	432	335	286	566	396	416	459	424	433
巴布亚新几内亚	收获面积 / 万亩	2.07	2.10	2.36	2.68	2.80	2.61	2.70	2.70	2.67	2.69
	产量 / 吨	385	400	437	484	505	475	488	497	498	495
墨西哥	收获面积 / 万亩	1.64	1.67	1.45	1.40	1.42	1.47	1.44	1.30	1.29	1.55
	产量 / 吨	362	390	463	420	482	513	515	495	522	589

2.国内产业发展现状

香草兰作为特色热带香料作物,主要在海南、云南、广东和福建等地种植,但是最佳种植区域是海南和云南的西双版纳。2011~2020年,收获面积、产量总体呈现下降趋势,2020年收获面积3.92万亩,产量为433吨,十年间年均下降率分别为5.77%、6.58%。中国香草兰消费需求高,主要从巴布亚新几内亚、马达加斯加进口,特别是化妆品行业比较发达的广东、上海、福建等省市,进口需求高,2021年,仅广东省进口量就达7546千克,进口额692.73万元,进口品种是未磨的香草兰豆荚。

(二)科技发展现状与趋势

1.种质资源

香草兰属野生近缘种有110种左右,大多数分布在美洲、亚洲东南部和南太平洋岛国。果荚含有芳香成分的有35种左右,大都起源于美洲大陆,多处于野生状况,还未进行选育和人工规模化种植。科学家们利用各种途径收集到23种112份种质,绘制了香草兰基因组草图,并利用基因分型测序法(genotyping-by-sequencing,GBS)获得5082个单核苷酸多态性,这是迄今为止最大的香草兰基因组数据集,也是该属中基于基因组的多样性分析的首次应用,在分析香草兰种间和种内多样性方面具有实用性。

国内发现的香草兰属野生种质资源有4种,分布在台湾、福建南部、广东、海南、广西、贵州和云南,分别是台湾香草兰、深圳香草兰、南方香草兰和大香草兰,不同品种开花不一样(图7-24和图7-25)。据中国热带农业科学院香料饮料研究所科研人员调研,在海南保亭和五指山部分地区也有香草兰属植物分布。

图7-24　香草兰

（a）黄绿色

（b）橙黄色

（c）紫色

（d）白色

图7-25　香草兰种质资源多样性

2. 遗传育种

国外培育香草兰抗逆新品种的研究多处于种质资源的收集保存与鉴定评价方面。目前，有研究建立了墨西哥香草兰的遗传转化体系，并将GUS报告基因转入再生的香草兰植株中，也有研究建立了成熟的墨西哥香草兰组织培养再生体系。

中国热带农业科学院香料饮料研究所开展了墨西哥香草兰、大花香草兰及帝皇香草兰3个种间的正反杂交育种研究，平均结实率可达78%，部分杂交果荚的长度和宽度与母本自交果荚有显著差异，是潜在的香草兰育种新种质，为培育抗性品种奠定了基础；联合国际科研机构、高等院校开展香草兰种子种苗繁育技术，优化香草兰果荚灭菌消毒、种子萌发培养基以及原球茎增殖生根等关键技术，成功实现香草兰种子快速萌发成苗，种子萌发率达82%以上，时间缩短至60天以内。在此研究基础上，利用6-BA、NAA等植物激素成功诱导丛生芽，提高育苗繁育效率20倍以上；优化植物激素配比，促使香草兰种苗快速生根，提高移栽存活率达到90%以上，为香草兰健康种苗工厂化繁育奠定技术基础。

3. 高效栽培技术研究

在香草兰主产国，种植模式主要为次生林下粗放栽培，常用的荫蔽树种有木麻黄、麻风树、甜荚树、龙血树等，根系覆盖物主要采用杂草、枯枝落叶、椰壳。日常管理中不施肥，产量较低（图7-26）。国外有大学与研究中心开展了温室内种植香草兰技术研究，种植2.5年后开花结果，每平方米豆荚产量可达0.5千克，但该技术并未推广应用。

（a）甜荚树下种植香草兰（塞舌尔）　　　　　（b）次生林下种植香草兰

图7-26　主产国粗放式栽培

我国香草兰种植主要采用人工设施荫棚栽培和林下复合栽培种植模式（图7-27）。人工设施荫棚条件下，定植1.5年后，部分开花结果，开花结果率达到20%～28%，植后2.5年全面开花结果，生产期商品豆荚单位面积产量在630千克/公顷以上。另外，研发了林下复合种植香草兰技术，明确了适宜的林下种植模式、种植密度、水肥管理、荫蔽度调节等关键技术，为促进香草兰产业在国内大发展及技术"走出去"夯实了技术支持。

（a）人工设施荫棚种植香草兰　　　　　　（b）槟榔林下复合种植

图7-27　国内集约化栽培

然而，香草兰连续种植，易出现以植株生长受抑和土传病害高发为主要表现的连作障碍，该问题是制约包括我国在内的全球香草兰产业绿色可持续发展的瓶颈问题。中国热带农业科学院香料饮料研究所香草兰研究团队经过10余年的科技攻关，探明了土传病原菌富集，根际有益菌芽孢杆菌、慢生根瘤菌等丢失，微生物菌群失衡是导致香草兰连作生物障碍的重要因素，并明确决定植株健康的关键微生物类群，靶向筛选到高产抑菌促生物质的功能菌株，组装了调控健康生长的高效功能菌群，破解了香草兰连续种植易发病的难题（图7-28）。

4. 香气成分提取与精深加工

生香加工是影响香草兰商品豆荚品质的关键步骤，决定其香气成分含量、色泽等。不同国家香草兰的加工方法略有不同，但原理基本相同，均经过四道基本工序：杀青—酶促—干燥—陈化生香。香气成分提取方面，常用的提取技术有溶媒提取技术、超声微波协同萃取技术、超临界CO_2萃取技术、固相微萃取技术、生物酶法提取技术、柱层析技术等。

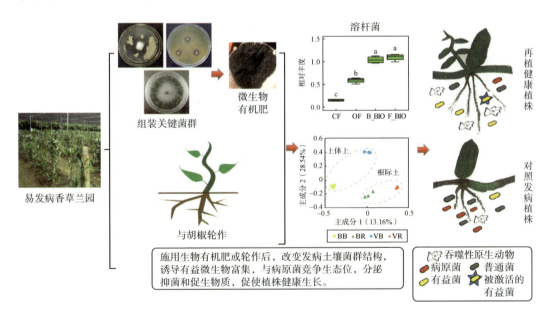

图7-28　施用生物有机肥结合轮作提升香草兰植株健康的土壤微生物机制

中国热带农业科学院香料饮料研究所研发了单元式热空气发酵生香、复合配香、有效成分萃取分离与定向纯化等加工技术，填补了国内香草兰加工技术研究多项空白。针对传统干燥技术出现加热不均匀、断荚、产品质量差等问题，研发红外加热干燥香荚兰豆荚技术，实现香荚兰高温发酵生香，替代传统加热方式，极大地增加了干燥均匀度，提高了产品质量稳定性和香气醇度。在此基础上，综合利用组学技术解析了香草兰发酵生香机理，发现了4条香兰素生成新途径，明确了定植于香草兰豆荚上的芽孢杆菌参与香兰素生成，揭示关键香气成分合成的微生物调控机理，修正了前人认为内源葡萄糖苷酶决定香草兰豆荚品质的学术假说，提出了"香草兰内源葡萄糖苷酶与关键微生物所产酶系共同影响豆荚品质"的分段联合作用机理；筛选到高产β-D-葡萄糖苷酶的菌株，发现并命名新种香兰素芽孢杆菌（*Bacillus vanillea* sp. nov.），构建芽孢杆菌复合菌系，优化发酵豆荚特征菌群，结合单元式热空气发酵技术，香兰素产量达3.58%，是国际报道最高水平的2倍，破解了豆荚发酵生香不稳定的难题，引领香草兰生产进入微生物调控时代（图7-29）。

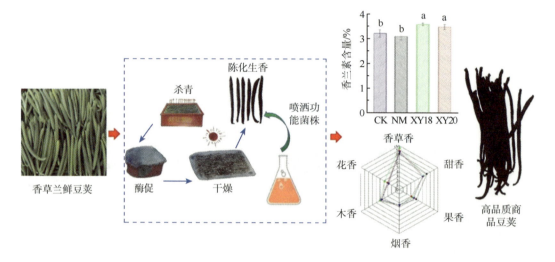

图7-29　干燥末期喷洒高产β-D-葡萄糖苷酶菌株辅助陈化生香以提升豆荚品质

（三）产业重点研发任务

1. 强化品种选育和高效育苗技术

依托全球动植物种质资源引进中转基地，丰富香草兰种质资源，选育或培育出高产、抗逆的优良品种；加快香草兰优良种苗繁育技术研究，建立优良种苗生产技术标准，完善良种良苗良法质量管理技术。

2. 研发推广林下复合种植及"南种北移"轻简化种植技术

围绕节本提质增效，加快复合种植、气候非适宜区温室内种植等技术研发，建立热带特色农林生态样板，打造"热作北进"示范窗口，扩大丰富我国香草兰种植区域和面积，为培育长效富民产业和助力乡村产业振兴提供借鉴。

3. 深入开展精深加工技术研究

利用现代分析手段，解析香草兰芳香成分及其反应途径，结合主要芳香成分深度开展独特芳香休闲食品、天然日化品及功能产品研发；以香草兰精油、香草兰油树脂、香草兰香薰为重点产品，全力打造精品品牌，提升产品附加值和市场影响力。

4. 构建国际联合研究平台

围绕国家"一带一路"及海南自由贸易港建设，充分利用国内国外两种资源、两种市场，将我国先进的香草兰全产业链生产技术及装备推广到主产国，与主产国开展科技交流与合作，推动国际香草兰产业健康持续发展，提升中国香草兰在国际上的影响力。

5. 完善标准化技术体系

加强产业技术标准研制工作，建立一套种质评价、种苗质量、种植规范、产品质量检测等全产业链的中国香草兰产业技术标准体系，保障优质产品生产，确保香草兰产品及其制品的质量安全，充分发挥标准的技术支撑和引领作用。

三、 咖啡

咖啡富含淀粉、脂类、蛋白质、糖类、咖啡因、芳香物质和天然解毒物等多种成分，在饮料、食品和医药工业上均具有广泛的用途。全世界超过15亿人饮用咖啡。饮用咖啡具有提神醒脑、解除疲劳、减肥解酒、利尿排毒、预防阿尔茨海默病、延缓衰老、防止口臭、预防抑郁症等作用。

（一）产业发展现状

1. 国际产业发展现状

世界咖啡主要分布在拉丁美洲、亚洲以及非洲等热带地区。2020年全球咖啡收获面积16 564.55万亩，咖啡豆产量1068.82万吨，巴西、印度尼西亚、埃塞俄比亚、哥伦比亚、科特迪瓦、越南、墨西哥、乌干达、印度、秘鲁、洪都拉斯、危地马拉等为主要生产国家。2011～2020年全球及主要生产国咖啡收获面积见表7-10，产量见表7-11。

表7-10 2011～2020年全球及主要生产国咖啡收获面积（单位：万亩）

区域	2011年	2012年	2013年	2014年	2015年	2016年	2017年	2018年	2019年	2020年
全球	14 894.11	15 422.85	15 735.91	15 573.79	16 158.29	16 143.18	15 485.38	15 942.06	16 587.25	16 564.55
巴西	3 223.16	3 180.12	3 128.28	2 996.74	2 966.57	2 994.91	2 703.63	2 795.95	2 737.92	2 847.36
印度尼西亚	1 939.50	1 850.85	1 862.55	1 845.75	1 845.00	1 842.77	1 857.90	1 879.24	1 859.63	1 896.50
埃塞俄比亚	773.82	792.86	807.70	842.64	980.87	1 050.71	1 088.94	1 147.29	1 137.78	1 284.89
哥伦比亚	1 085.88	1 044.03	1 157.59	1 193.34	1 201.68	1 167.54	1 355.93	1 315.71	1 280.55	1 267.12
科特迪瓦	244.81	1 099.50	1 034.64	1 149.50	1 432.19	1 245.25	354.23	620.65	1 099.47	1 134.67
越南	815.80	858.90	872.07	883.56	890.70	896.40	907.77	928.32	936.15	956.34
墨西哥	1 032.31	1 043.03	1 050.18	1 048.96	997.33	968.46	957.90	944.70	943.95	954.01
乌干达	475.62	475.38	580.89	566.29	648.00	651.42	798.64	766.75	854.14	804.56
印度	540.73	553.03	564.46	571.96	634.91	651.65	674.04	682.08	689.84	689.60
秘鲁	550.64	555.95	599.28	542.51	568.78	575.96	636.19	648.61	657.27	603.33

表7-11　2011～2020年全球及主要生产国咖啡产量数据（单位：万吨）

区域	2011年	2012年	2013年	2014年	2015年	2016年	2017年	2018年	2019年	2020年
全球	838.71	881.65	888.66	876.38	884.77	935.69	931.36	1036.84	1002.92	1068.82
巴西	270.05	303.75	296.45	280.41	264.75	302.45	268.45	355.27	301.17	370.02
越南	127.65	126.05	132.67	140.65	145.30	146.08	154.24	161.63	168.68	176.35
哥伦比亚	46.85	46.20	65.32	72.84	82.78	81.82	85.16	81.34	88.51	83.34
印度尼西亚	63.86	69.12	67.58	64.39	63.94	63.93	71.80	75.61	74.17	77.34
埃塞俄比亚	37.68	27.55	39.20	42.00	45.70	46.91	44.92	49.46	48.26	58.48
秘鲁	33.15	32.02	25.62	22.20	25.19	27.78	33.73	36.96	36.33	37.67
洪都拉斯	28.43	34.34	28.07	28.22	33.27	36.65	47.76	47.88	47.25	36.46
印度	30.20	31.40	31.82	30.45	32.70	34.80	31.20	31.60	31.95	29.80
乌干达	19.14	18.61	22.29	22.01	22.91	24.31	30.21	28.42	31.26	29.07
危地马拉	26.54	27.24	24.87	22.77	22.57	23.61	22.40	24.04	21.64	22.50

2. 国内产业发展现状

咖啡传入中国的历史并不长，1884年由英国商人从菲律宾引入我国的台湾种植；1892年法国传教士田德能将咖啡引入云南大理白族自治州宾川县朱苦拉村，1908年华侨从马来西亚、印度尼西亚将咖啡引入海南，1952年兴隆诞生了中华人民共和国第一家咖啡厂——兴隆华侨农场咖啡厂，1957年华南热带作物科学研究院兴隆试验站建立，开始系统从事咖啡科技创新研究，支持海南兴隆华侨农场规模化种植咖啡，从此开创了我国咖啡早期引种栽培新纪元。之后，华南热带作物科学研究院兴隆试验站在海南、云南、四川、广东、广西、福建、浙江等地大规模示范推广种植咖啡。

咖啡作为舶来品，经过几十年的发展，已形成了云南小粒种咖啡优势产区和海南中粒种咖啡优势产区。我国咖啡主要分布在海南、云南、四川、台湾等地区，2020年全国种植面积149.10万亩，产量11.41万吨。2020年我国人均咖啡消费量为9杯/年，而日本为280杯/年，美国为329杯/年，韩国为367杯/年，我国人均消费量远低于发达国家人均咖啡消费量平均值。与全球平均2%的增速相比中国的咖啡消费正在以每年15%的惊人速度增长。2020年中国咖啡市场规模突破3000亿元，预计2025年可以达到10 000亿元。中国已成为全球重要的咖啡生产、贸易和消费大国之一。

随着产业的发展，"兴隆咖啡"和"福山咖啡"分别于2007年和2009年获国家质量监督检验检疫总局批准为地理标志产品，2010年"保山小粒咖啡"获国家质量监督检验检疫总局批准为地理标志产品。2020年"兴隆咖啡""保山小粒咖啡""普洱咖啡"入选中国首批100个受欧盟保护地理标志产品，大大提升了产品国际影响力，更好地促进了中国咖啡地理标志产品"走出去"。2021年中国热带农业科学院成为国际标准化组织咖啡分技术委员会TC34/SC15的正式成员，今后将代表中国更多地参与咖啡国际标准化相关工作，进一步提升中国咖啡的国际影响力。

（二）科技发展现状与趋势

1. 种质资源收集评价与创新利用

中国咖啡种质资源收集保存起始于20世纪50年代，截至2020年，引进、收集和保存的咖啡种质资源5个种800余份，在海南万宁和云南瑞丽、保山等地建有咖啡种质资源圃，为咖啡种质资源多样性保护提供了栖息地。

为了挖掘咖啡种质优良性状，实现对种质资源的创新利用，中国热带农业科学院香料饮料研究所、云南省德宏热带农业科学研究所对收集到的资源开展抗锈性评价，鉴定出一批免疫型和抗病型种质，卡蒂姆的抗锈性明显强于其他品种。近年来，中国热带农业科学院香料饮料研究所通过系统鉴定评价，筛选出具有高产、优质等优异性状的种质资源20余份；基于分子标记构建了159份核心资源DNA指纹图谱，并筛选出鉴别中粒种和小粒种的特异性引物SSR124195；通过全基因测序，发现15 367 960个单核苷酸多态性，筛选出34个与风味相关的生物过程和途径的候选基因，为咖啡种质保存、交流、开发利用及遗传育种研究奠定了基础。

我国于1957年开始咖啡选育种工作，中国热带农业科学院香料饮料研究所选育出的8个高产无性系，产量为2.03～3.56吨/公顷，产量比生产上普遍栽培的实生树高4～5倍，达世界先进水平；热研1号、热研2号2个品种通过全国热带作物品种审定委员会审定，热研3号、热研4号通过海南省农作物品种审定委员会认定，热研5号和大丰1号通过海南省林木品种审定委员会认定。云南省德宏热带农业科学研究所选育出了卡蒂姆CIFC7963（F6）、德热132、德热155、德热199-1、德热296、德热48-1等优良品种，其中卡蒂姆CIFC7963、德热132、德热3号等品种通过全国热带作物品种审定委员会审定，S288、德热063、德热48-1、德热38、德热296通过云南园艺植物新品种注册登记（图7-30）。在种苗高通量繁育方面，中国热带农业科学院香料饮料研究所在前期咖啡嫁接技术的基础上，研发了二次剪砧嫁接育苗技术，可有效提高嫁接成活率，近年与热带农业和高等教育研究中心合作成功研发了咖啡间歇浸没式体胚发生体系，为我国咖啡优良品种种苗大规模繁育与推广应用提供技术支撑。

（a）热研 1 号　　　　　　　　　　　　　（b）热研 5 号

（c）德热 132　　　　　　　　　　　　　（d）德热 296

（e）热研 3 号种植基地　　　　　　　（f）卡蒂姆 CIFC7963 种植基地

图 7-30　咖啡优良品种及种植基地

2. 高效栽培与生态种植

咖啡对水、肥反应较为敏感，可通过叶片营养诊断指导施肥。研究发现 $N：P_2O_5：K_2O$ 的最佳匹配比例为 $1：0.5：1$。研究发现田间秸秆覆盖+滴灌是较为理想的水分制度。采用水肥一体化技术，可以有效提高肥料利用率，降低人工成本。2020年中国热带农业科学院香料饮料研究所筛选出在常规施肥基础上减量50%的施肥技术，产投比2.67，利润超过1200元/亩，节约肥料和人工成本，且不降低咖啡豆的品质，是经济有效的施肥处理技术。

根据栽培种咖啡品种特性和生长习性，整形修剪方式分为单干型和多干型两种。土壤肥沃、田间管理精细的咖啡园和易萌发二级分枝的咖啡品种采用单干整形，土壤贫瘠、田间管理粗放的咖啡园和二级分枝较少的咖啡品种多采用多干整形。研发了芽接换种改造低产园技术，可使芽接后咖啡园产量达到芽接前咖啡园产量的2～3倍，增产显著。

咖啡复合栽培有利于改善咖啡园内小气候环境，改善土壤肥力，减轻病害虫和寒害，可明显改善咖啡生豆的外观形状，提高咖啡饮料的质量，同时还可以提高土地的综合经济效益。目前，咖啡生产中多采用咖啡+椰子、咖啡+槟榔、咖啡+橡胶、咖啡+橡胶+茶叶、咖啡+香蕉、咖啡+澳洲坚果、咖啡+龙眼等立体复合栽培模式；研发出种间嫁接中粒种的生产技术，连作障碍消减效果明显，植株长势旺盛（图7-31）。

（a）多干整形　　　　　　　　　　　　　（b）芽接换种改造低产园

（c）咖啡+澳洲坚果　　　　　　　　　　　（d）咖啡+槟榔

图7-31　咖啡绿色高效技术

3. 病虫害综合防治

国内咖啡生产上主要病虫害种类有咖啡锈病、咖啡褐斑病、咖啡炭疽病、天牛、咖啡黑枝小蠹等，尤其以"一病两虫"（咖啡锈病、咖啡灭字虎天牛、咖啡黑枝小蠹）危害最为严重。2019年以来，国内有少量咖啡果小蠹为害的报道。

咖啡锈病是严重影响咖啡产量的首要病害。国内学者对锈病病原菌的分离鉴定、生理小种鉴定，以及分布为害、发生规律和防治技术等进行了研究，中国热带农业科学院已研发了咖啡锈菌的LAMP（loop-mediated isothermal amplification，环介导等温扩增）分子监测技术，检测灵敏度比传统PCR（polymerase chain reaction，聚合酶链式反应）检测技术至少灵敏100倍。

咖啡灭字虎天牛为害部位多在树干基部。国内学者研究表明种植荫蔽树能有效地降低咖啡灭字虎天牛对咖啡的危害，生产上建议荫蔽度为35%～40%；通过合理密植、适度荫蔽、单干和多干整形相结合的修整法，可以较为有效地控制害虫，降低防虫成本，提高咖啡经济效益。

咖啡黑枝小蠹主要为害中粒种咖啡。中国热带农业科学院香料饮料研究所系统研究了咖啡黑枝小蠹的生物学习性、为害特点、发生规律，筛选出针对中粒种咖啡黑枝小蠹防治效果较好的药剂种类，并制定出一套以农业防治为基础，协调物理防治和化学防治的咖啡黑枝小蠹综合防控措施。

咖啡果小蠹是世界咖啡生产中危害最严重的害虫。中国热带农业科学院香料饮料研究所咖啡研究团队于2019年6月首次发现咖啡果小蠹为害咖啡植株，随后科研团队在咖啡主产区开展咖啡果小蠹监测与快速分子鉴定技术研究，研发出特异性SS-COI引物对、鉴定试剂盒和快速鉴定方法，成功分离出一株高致死性的生防微生物球孢白僵菌，为后续开展生物防治技术提供了基础材料（图7-32）。

（a）咖啡锈病危害症状　　　　　　　　（b）咖啡灭字虎天牛

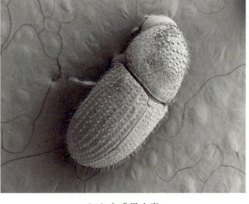

（c）咖啡黑枝小蠹　　　　　　　　　　（d）咖啡果小蠹

图7-32　咖啡主要病虫害

4. 加工及配套设备研发

针对咖啡加工机械化程度低、劳动强度大、耗水量大、生产效率低，以及产品风味品质批次稳定性差、附加值不高及综合利用率低等难题，系统开展咖啡风味特征及品质形成机制研究、咖啡初加工技术升级改造与配套设备研制、咖啡精深加工关键技术研究，以及咖啡加工技术与装备集成应用。明确了我国主栽咖啡品种成熟过程中风味组分的变化规律，揭示了不同品种咖啡特征香气差异的化学物质基础，解析了咖啡豆干燥过程中风味品质变化机制；研究提出了咖啡鲜果微水脱皮脱胶分级技术、生物酶法脱胶辅助机械脱壳技术、低温热泵快速干燥技术、太阳能发酵增温和干燥技术、数字化提质烘焙增香技术、速溶咖啡智能制造生产技术、风味冻干咖啡加工技术、咖啡果皮可溶性膳食纤维提取技术等关键技术8项，其中咖啡鲜果微水脱皮脱胶分级技术和速溶咖啡智能制造生产技术属国际首创，联合企业进行应用推广，行业使用率达80%以上；研制了咖啡鲜果脱皮筛选机、脱胶清洗发酵一体机等设备6台/套；研发出特制兴隆咖啡、福山咖啡、后谷咖啡、蓝珀咖啡等50余种规格产品，研发的系列产品比初级产品产值提高3～5倍，丰富了咖啡产品种类，提高了产品科技含量和市场竞争力，相关产品荣获"中国国际高新技术成果交易会优秀产品""海南省名牌产品"等荣誉称号（图7-33）。

（三）咖啡优势产业布局及科技攻关方向

根据咖啡生物学特性及区域气候特点，在现有基础上，进一步做大、做强、做优海南和云南两大优势区域，明晰其科技攻关方向。

（a）微水脱皮脱胶中试生产

（b）热风干燥中试生产

（c）数字化烘焙中试生产

（d）萃取中试生产（速溶咖啡）

（e）真空冷冻干燥中试生产

（f）"兴科"牌兴隆咖啡产品

（g）福山咖啡产品

（h）"太阳河"牌兴隆咖啡产品

（i）后谷咖啡产品

图7-33 咖啡加工中试生产线及部分货架产品

　　海南优势区以澄迈、万宁、琼中、白沙种植区为优势种植区域，配套建设良种良苗标准化、专业化、规模化繁育基地和咖啡标准化生产示范园。重点突破良种选育及良种良苗规模化繁育、专用配方肥、绿色高效栽培、"两病一虫"绿色防控、产品产地初加工及质量控制、新型特色咖啡饮品研发等共性关键科技问题；集成产地初加工技术、精深加工技术、副产物综合利用技术，提高咖啡加工技术水平和产品质量；打造咖啡主题公园、咖啡特色小镇、共享农庄或田园综合体等新业态；充分发挥中央支持海南自由贸易港建设的优势打造国际咖啡贸易中心，形成产供销一体化产业链。

　　云南优势区推行标准化生产，建设精品咖啡种植示范园，引导咖啡种植小农户提高标准化程度，提高精品豆产量；开展品质优良、抗病性和产量表现良好的咖啡品种选育，促进品种更新换代；开展咖啡机械化采摘设备研发，推广缓控肥和减肥减药技术；从种植、加工两大关键环节入手，建立和完善生产标准体系，着力提高产品质量，推进质量认证和可追溯体系建设；培育新型经营主体，改造提升云南国际咖啡交易中心，使之成为立足云南、服务亚洲和面向全球的第三个交易中心，以建立交易和市场准入标准体系（含进出口标准体系）为核心，力争大宗贸易必须通过交易中心进行交易。

四、可可

可可为锦葵目梧桐科可可属多年生热带经济作物，原产于南美洲亚马孙河流域的热带雨林，又称巧克力树，是制作巧克力、功能饮料、糖果、糕点等的重要原料，被誉为"巧克力之母"。

（一）产业发展现状

1. 国际产业发展现状

种植可可的国家有60多个，直接从业者有4000多万人，已成为东南亚、非洲、中南美洲等热带地区国家农业经济的重要组成部分。2011～2020年全球可可收获面积、产量呈现稳定增长趋势，收获面积年均增长率为2.06%，产量年均增长率为2.49%，2020年全球可可收获面积达18 473.75万亩，产量达575.70万吨。2020年科特迪瓦可可收获面积、产量均居全球第一位，收获面积、产量均占全球的38%以上。2011～2020年全球及主要可可生产国收获面积如表7-12所示，产量数据如表7-13所示。

可可是国际贸易比较活跃的农产品，全球进口可可类产品的国家有100多个，特别是美国及欧洲的发达国家，荷兰、德国可可豆的进口量全球排名位居前列，分别超过全球进口量的1/4、1/10。

2. 国内可可产业发展现状

我国可可引种历史相对较短，1922年首次由东南亚引入我国台湾种植。1954年归国华侨从东南亚带可可种子回海南兴隆，种植在房前屋后。1956年，华南垦殖局多次从东南亚进口可可果和可可种子，分期分批分配给海南垦殖分局、华南热带林业科学研究所（中国热带农业科学院的前身）等单位育苗试种。1960年，华南热带作物科学研究院兴隆试验站（即现中国热带农业科学院香料饮料研究所）开始引种试种、系统观察，对可可的生物学特性及适应性进行长期系统的观测研究，研发出丰产栽培、植保和加工等系列技术，开始了海南规模化种植可可的历史。

表7-12　2011～2020年全球及主要可可生产国收获面积数据（单位：万亩）

区域	2011年	2012年	2013年	2014年	2015年	2016年	2017年	2018年	2019年	2020年
全球	15 380.96	15 470.93	15 266.48	15 866.94	16 439.36	16 050.57	17 617.54	17 886.82	18 150.82	18 473.75
科特迪瓦	4 027.68	4 119.12	4 097.12	4 626.75	5 187.24	4 753.12	6 053.20	6 538.66	7 100.48	7 162.31
印度尼西亚	2 598.90	2 779.35	2 610.90	2 591.10	2 563.93	2 552.03	2 487.63	2 416.52	2 388.84	2 373.61
加纳	2 400.45	2 400.45	2 400.45	2 525.65	2 525.65	2 525.65	2 801.47	2 560.72	2 243.05	2 175.67
尼日利亚	1 861.99	1 899.52	1 859.63	1 716.99	1 585.34	1 573.42	1 731.98	1 834.27	1 908.57	1 892.11
喀麦隆	1 005.00	1 005.00	1 005.00	1 071.39	1 151.33	781.42	899.77	909.97	1 012.68	1 041.81
巴西	1 020.73	1 026.50	1 033.91	1 056.18	1 054.26	1 080.08	886.22	865.79	872.85	882.75
厄瓜多尔	599.20	585.26	603.65	558.96	648.14	681.39	700.99	752.93	788.15	791.02
哥伦比亚	148.81	226.72	232.73	200.01	205.14	211.71	156.22	158.61	176.73	282.56
多米尼加	229.83	226.41	226.41	226.41	226.41	226.41	226.41	229.83	226.41	259.43
秘鲁	126.26	126.00	146.49	159.95	180.56	188.37	220.96	240.63	255.03	256.43

表7-13 2011～2020年全球及主要可可生产国产量数据（单位：万吨）

区域	2011年	2012年	2013年	2014年	2015年	2016年	2017年	2018年	2019年	2020年
全球	461.48	461.38	448.63	474.19	481.75	464.40	525.91	551.59	561.52	575.70
科特迪瓦	151.13	148.59	144.90	163.78	179.60	163.40	203.40	211.32	223.50	220.00
加纳	70.00	87.93	83.55	85.87	85.87	85.87	96.93	90.47	81.17	80.00
印度尼西亚	71.22	74.05	72.09	72.84	59.33	65.68	59.07	76.73	77.42	73.95
尼日利亚	39.10	38.30	36.70	32.99	30.21	29.80	32.50	34.00	34.84	34.02
厄瓜多尔	22.42	13.33	12.84	15.62	18.02	17.76	20.60	23.52	28.37	32.79
喀麦隆	24.00	26.89	27.50	26.92	31.00	21.10	24.62	24.99	28.00	29.00
巴西	24.85	25.32	25.62	27.38	27.83	21.39	23.58	23.93	25.95	26.97
塞拉利昂	1.80	1.80	1.49	1.71	1.20	4.77	4.89	5.02	1.46	19.32
秘鲁	5.65	6.25	7.12	8.17	9.26	10.79	12.18	13.47	14.18	16.03
多米尼加	5.43	7.22	6.80	6.99	7.55	8.12	8.66	8.60	7.61	7.77

1987～1989年，由我国农业部主持，中国热带农业科学院和中国农业科学院共同承担了"七五"国家重点科技攻关项目"主要农作物品种资源研究"。其中，华南热带作物科学研究院兴隆实验站（2002年更名为中国热带农业科学院香料饮料研究所）完成了海南岛可可种质资源的收集保存与鉴定评价，共收集保存可可种质资源15份，摸清了引种历史、资源种类、分布和主要性状。20世纪八九十年代，结合椰子林下复合种植模式，先后在海南岛东南部地区推广种植近2万亩；然而，由于当时市场需求与加工没有及时跟上，导致可可种植面积逐渐萎缩。目前，海南可可种植区逐渐稳定分布在万宁、琼海、乐东、东方、保亭等地（图7-34），面积5000多亩，种植品种主要为热引4号。

图7-34　可可园

海南岛处于适宜可可种植的最北缘地区，是我国唯一适合可可规模化种植的地区，特定的种植环境造就了具有独特品质与风味的可可豆。2019～2021年中国热带农业科学院香料饮料研究所连续举办的中国首届、第二届、第三届可可文化节对所收集保存的可可资源及开发利用研究进展向社会大众进行了科普介绍及宣传，引发国内外市场对我国可可产业的强烈关注。2020年，海南生产的优质可可豆首次出口到比利时等欧盟国家，品质得到国内外巧克力业界的青睐，并引起了世界第一大、第二大可可豆生产国科特迪瓦和加纳的高度关注。2021年，"皮尔·马可里尼"品牌以海南可可豆为原料，全球首发中国·海南"二次方巧克力"系列，引发市场强烈反响，海南可可豆的巧克力在欧洲市场销售火爆，提升了海南可可豆在国内外市场的知名度，市场上海南可可豆供不应求。

（二）科技发展现状与趋势

1. 种质资源收集保存与创新利用

中国可可产业历经60多年的发展历程，收集保存有500多份可可种质资源，资源保存量位居亚太地区第三位，建立了可可种质资源圃，2019年，联合热带农业和高等教育研究中心建立了"中国热带农业科学院哥斯达黎加热带饮料作物种质资源保护利用实验室"，为国际可可种质资源多样性保护提供了栖息地。同时，完成了中国可可DUS测试①指南的研制，可可作物正式纳入《中华人民共和国农业植物品种保护名录（第十一批）》，为可可种质资源保护与新品种保护提供依据。选育出我国第一个具有自主知识产权的热引4号可可新品种，该品种可可豆单位面积产量可达1600千克/公顷，是世界平均单位面积产量的3.5倍。2017年，研究成果"可可种质资源收集保存、鉴定评价与利用"获海南省科学技术进步奖二等奖。

2. 配套种苗繁育与复合种植技术研发与推广

采用与经济作物等遮荫树间作模式种植可可，可提高生物多样性，增强土壤碳固定能力，增加土地肥力和抗旱性，控制杂草和病虫害。同时，随着种植年限的增加，农林复合的可可园土壤有机碳（soil organic carbon，SOC）、P、Ca、Mg等养分含量显著提高，30年龄可可园SOC储量可达到森林碳储量的85%。加纳、印度尼西亚和巴布亚新几内亚等世界可可主产国普遍采用椰子间作可可种植模式。我国可可主要分布在海南、云南和台湾等地，有密植单作种植、槟榔林下复合种植等模式（图7-35）。

（a）密植单作种植　　　　　　　　　　（b）槟榔林下复合种植

图7-35　国内可可种植模式

---

①　即植物新品种测试，是对申请保护的植物新品种进行特异性（distinctness）、一致性（uniformity）和稳定性（stability）的栽培鉴定试验或室内分析测试的过程。

中国热带农业科学院香料饮料研究所在"海南岛可可枝梢生长及开花结果特性研究""可可引种试种研究""乐东县胡椒、咖啡、可可生产农业区划"等成果的基础上，形成"可可栽培技术研究"成果，总结了修枝整形、施肥管理、保护栽培、病虫害防治、产品初加工等一整套技术，获2004年海南省科学技术进步奖三等奖。针对热引4号等可可品种特性，配套研发种苗嫁接繁育技术和成龄树嫁接换种技术；结合海南省百万亩椰林工程，在椰子林下推广种植可可，提高了单位土地面积经济效益，生态、社会、经济效益显著。

3. 主要病虫害及防控

病害是影响可可产业发展的重要因素，保守估计全球每年因病害造成的产量损失达20%，世界上可可主要病害有可可黑果病、可可丛枝病、可可肿枝病等。可可黑果病是世界范围内分布最广的可可病害，直接影响可可豆的收成。可可黑果病的病原菌为疫霉菌，主要在西非传播，现已证实感染该病的种植区域有喀麦隆、科特迪瓦、加纳、尼日利亚、多哥、圣多美和普林西比等。目前，危害我国可可的病害不明显，种植园中极少出现病害。

目前国内外报道中危害可可较为严重的害虫有盲蝽类害虫、可可豆荚螟、小蠹虫以及蚜虫等。可可盲蝽可造成25%～30%的损失，可可豆荚螟可造成17%的损失。不同国家和地区主要害虫有所不同，如东南亚地区为害较为严重的是角盲蝽属和泡盾盲蝽属，为害我国可可的重要害虫是茶角盲蝽，主要分布在海南、云南等地，该虫在海南一年发生10～12代，世代重叠，且无越冬现象。中国热带农业科学院香料饮料研究所通过多年研究，摸清了茶角盲蝽的发生规律，确定了最佳防治时期与方法，为可可主要虫害防控提供了科学依据与方法。

4. 加工与产品研发

中国热带农业科学院香料饮料研究所通过多年系统研究，攻克产地初加工和高值化加工关键技术，建立了可可初加工生产线、产品中试生产线以及质量安全控制可追溯体系，为产品标准化、规模化生产提供了技术支撑。先后研发了低温干燥与烘烤生香、科学赋香与固相、超细精磨、风味强化、风味产品配制等技术，攻克了香料饮料作物产品营养与风味高值利用关键技术难题，解决了风味稳定性和协调性差的难题，使产品风味和质量得到了明显改善，获授权国家发明专利"一种可可果酒及其制备方法""一种巧克力风味酒饮料及其制作方法""一种香草风味巧克力及其制作方法""一种糯米香茶风味巧克力及其制作方法""一种可可果酱及其制作方法""一种咖啡风味巧克力及其制作方法"，研发出可可粉、可可酱、黑巧克力、白巧克力、风味巧克力、花式巧克力、可可椰奶、可可咖啡、可可糖果、可可糕点等可可系列产品，建立了可可初加工及系列产品中试生产线4条及产品质量控制与安全可追溯体系，制定了加工技术操作规程2套和技术质量标准3项，为可可系列产品加工规范化和质量稳定化提供成熟配套的技术支撑（图7-36和图7-37）。构建了可可初加工技术研发→可可豆加工技术改进→原料营养与风味分析→加工关键技术研究→系列产品研发→中试与示范生产线的建立→产品品质控制与产品标准的制定→品牌创建与市场开拓→可可等香料饮料示范基地推广建设等一系列技术体系。2015年，科研成果"可可系列产品研发、中试与示范"获海南省科技成果转化奖二等奖。

（a） （b）

图7-36 巧克力中试生产线

图7-37 可可系列科技产品

（三）产业重点研发任务

1. 优良资源引进、品种培育及配套繁育技术研发

种质资源作为维持其产业健康发展的源头，深入地开展收集保存、鉴定评价研

究是提升可可种质保护、创新与利用的关键。首先要加强可可种质资源的考察收集与引种研究工作。可可属内有22个种，在我国目前仅有可可用于栽培，此外尚有大花可可、双色可可、猴头可可等野生资源具有开发应用前景。

推进可可品种选育培优，选育品质好、产量高、抗逆性状好的品种。加强定向培育，选育果肉可食率高的、观赏性强的等多元化用途品种，促进可可产业向优质豆生产、水果、园艺观赏等方向发展。

2. 标准化生产技术研究与集成应用

针对当前可可生产中存在的管理粗放、生产技术不配套等问题，研发、集成、综合丰产稳产技术并进行推广应用，包括复合栽培技术、整形修剪技术、病虫害防控技术、产地轻简化初加工技术，提升产品品质，推进标准化生产。结合椰子林下种植可可，计划将可可种植面积发展到100万亩，年产可可豆10万吨，基本满足国内市场80%的可可豆需求。

3. 精深加工及系列产品研发

国际上可可加工以可可制品的二次精深加工为主，主要生产可可液块、可可脂、巧克力等产品。目前我国海南可可产业处于商业化种植推广阶段，围绕特色资源，制订精深加工发展计划，考虑市场对产品的需求进一步提升产品品质，研发更加优质的海南原产地的可可制品，提高可可的可追溯性，以海南可可豆为原料，研发具有产地特有味道和香气的巧克力。

4. 综合开发利用与品牌建设

深度挖掘可可起源、传播、功能开发等文化内涵，推动可可产业与特色旅游、民族风情文化等产业新业态融合发展，引导可可旅游消费产品设计、生产与营销。以塑造"海南可可"公用品牌为核心，打造地理标志产品，积极构建"公共品牌＋区域品牌＋企业品牌"品牌体系，不断提升品牌价值和国际认可度。通过打造集可可生产、休闲旅游、体验为一体的"可可特色小镇"，助力乡村振兴和地方特色经济的发展。

5. 加快集成优势技术"走出去"，服务世界可可产业发展

加强与"一带一路"热带国家及热带农业和高等教育研究中心等国际可可研究机构合作，联合开展可可作物种质资源的保护与利用，选育产业急需的突破性新品种，研发生产中亟待破解的栽培、病虫害防控与加工等瓶颈技术，形成优势技术积累，支撑世界可可主产国产业技术升级。

第六节

热 带 花 卉

热带花卉是指生长在赤道两侧南北回归线之间的观赏植物。热带花卉作为高效特色农业的重要组成部分，在整个花卉行业中地位显著。全国将近70%的室内盆栽观叶花卉、80%以上的切叶花卉属热带花卉，如热带兰、红掌、观赏凤梨等高档花卉是年销花的主打产品。此外，还有大量热带观赏苗木广泛用于城市绿化和农田林网建设。花卉产业被誉为"美丽产业""富民产业"，是服务美丽中国、生态文明建设等国家战略的重要载体之一，迫切需要从战略层面谋划好未来发展思路，着力破解发展中面临的难题，促进热带花卉产业健康发展。

一、 热带花卉简介

热带花卉是热带特色高效农业、现代设施农业、观光和休闲农业的重要组成部分。从概念上讲，热带花卉有狭义和广义之分。狭义的热带花卉，仅指在热带气候带区域内自然分布的观赏植物，如热带兰、观赏凤梨、红掌、三角梅、绿萝等盆花植物；散尾葵、鱼尾葵、富贵竹、巴西铁等切叶、切枝植物；凤凰木、大王棕、龙血树等观赏苗木。但由于植物的可塑性，一些亚热带花卉在热带地区也表现出良好的适应性，如菊花、紫薇、木槿、红花檵木、构树等，这些植物种类可以包含在广义的热带花卉范畴。本节所述的热带花卉是广义上的概念。

二、 产业概况

（一）产业地位

热带花卉产业科技含量高、产业链条长，不仅具有观赏价值，还有食用价值、药用价值、生态价值和工业价值，发展热带花卉产业对调整产业结构、实现提质增效，扩大社会就业、促进乡村振兴具有重要作用，是绿色富民产业。2019年中央一号文件提出，因地制宜发展多样性特色农业，倡导"一村一品"、"一县一业"。积极发展果菜茶、食用菌、杂粮杂豆、薯类、中药材、特色养殖、林特花卉苗木等产业[①]。

作为中国全域热区省份，海南发展热带花卉具有得天独厚的优势。习近平总书记2013年视察海南时，曾到亚龙湾兰德玫瑰风情产业园考察，他强调，要把中央制定的强农惠农富农政策贯彻落实好，使热带特色农业真正成为优势产业和海南经济的一张王牌，不断开创"三农"工作新局面[②]。《海南省推进热带花卉产业发展实施方案》（琼府办〔2017〕150号）印发，提出十大工作措施和到2025年全省花卉种植面积达到50万亩、产值达到140亿元、销售额达100亿元的目标。为完成此目标，《海南省人民政府办公厅关于下达2018年花香海南大行动种植任务的通知》（琼府办函〔2018〕110号）发布，全省掀起花卉种植热潮。2019年12月，海南省人民政府办公厅印发《海南省花卉苗木产业发展规划（2019—2035）》。这一系列举措，极大地推动了海南省花卉产业的发展，更是为建设"国家生态文明试验区"和自由贸易港、实现"三大愿景"奠定了良好的基础。

（二）产业布局

进入21世纪以来，我国花卉产业稳步发展，形成了以云南、广东等省为主的鲜切花产区，以广东、福建、云南等省为主的盆栽植物产区，以四川、湖南等省为主的观赏苗木产区，以广东、福建、四川等省为主的盆景产区，以上海、云南、广东等省（市）为主的花卉种苗产区，以辽宁、云南、福建等省为主的花卉种球产区。

海南花卉产业起步较晚，且受地域条件限制，生产规模相对较小。近年来，海南热带花卉产业取得了长足的进步，形成了以海口为中心的高档盆栽、鲜切叶、观赏苗木生产集聚区（含文昌），以三亚为中心的兰花、观赏苗木生产集聚区，以儋州为中心的文心兰、红掌、绿化苗木生产集聚区，以五指山为中心的观赏凤梨、兰花生产集聚区，以及乐东金钱树和绿化苗木生产集聚区，东方菊花、兰花和盆栽集聚区，定安鲜切叶生产集聚区。

（三）生产现状

经过四十多年的快速发展，我国成为世界最大的花卉生产中心、最旺盛的花卉

---

① 《重磅！2019年中央一号文件全文来了》，https://baijiahao.baidu.com/s?id=1625902536484630675&wfr=spider&for=pc[2022-07-11]。

② 《习近平在海南考察：加快国际旅游岛建设 谱写美丽中国海南篇》，http://jhsjk.people.cn/article/21093668[2022-07-11]。

消费国和最大的花卉进出口贸易国，2020年底，全国花卉种植面积2300万亩。从类别上看，鲜切花种类日渐丰富，新品种不断增加，以温带花卉为主，销售渠道更加多样化。热带鲜切花主要有热带兰、红掌等，尤其以鲜切叶最具代表性。观叶型小盆花市场占有率持续增大，蝴蝶兰仍是引领年宵盆栽花卉消费的"当家花旦"。蝴蝶兰全国总产量约1亿株，产地主要集中在广东、山东、江苏、浙江、上海、河南、福建等地，种苗生产以广东和福建两地为主。蝴蝶兰品种以"大辣椒"为主，占60%左右，但近年来生产量逐年压缩，中花型和小花型的品种越来越受欢迎。红掌全国总产量约5000万盆，主要分布在天津、广东、山东、四川、湖北等地，价格相对稳定，主要品种有"特伦萨""火焰""阿拉巴马""骄阳""红国王"等。观赏凤梨全国总产量在2000万盆以上，主要产区在广东、山东和四川，主要品种有"平头红""新红星""火炬""丹尼斯"等（图7-38～图7-43）。

图7-38　观赏凤梨

图7-39　部分三角梅品种

图7-40　部分姜科植物品种

图7-41　部分朱槿品种

图7-42　部分睡莲品种

图7-43   部分鹤蕉品种

2020年，海南省花卉种植面积25.6万亩，花卉产业总产值约60.2亿元。省内有花卉企业896家，其中年营业额在500万元以上或种植面积在45亩以上的中型企业203家，约占23%。并涌现出了一批产值超千万元的大型龙头企业，如海南省桂林洋热带农业公园有限公司、海南柏盈兰花产业开发有限公司、东方上彩现代农业有限公司、海南大信园林股份有限公司、三亚兰德国际玫瑰谷发展有限公司等。

（四）花卉文化

1. 中国花卉文化起源

我国花卉栽培的最早历史已不可考证，但在文字出现之前，花卉就随着农业生产的发展而逐步被人们所利用。例如，在河姆渡文化遗址中，就发现了6000多年前的菱角、芡实遗物和荷花花粉化石，古人逐水而居，已开始欣赏荷花的美丽并以水生植物的果实作为饮食的补充。

2. 热带国家的代表性花卉

全球大多数国家选择了代表性花卉用以表达该国的民族精神、美好愿望等，部分热带国家的代表性花卉详见表7-14。

表7-14 部分热带国家代表性花卉

国家	代表性花卉	拉丁名	备注
埃塞俄比亚	马蹄莲	*Zantedeschia aethiopica*	
安提瓜和巴布达	龙舌兰	*Agave americana*	
巴巴多斯	金凤花	*Caesalpinia pulcherrima*	
巴哈马	黄钟花	*Tecoma stans*	原产地之一
巴基斯坦	素馨花	*Jasminum grandiflorum*	
巴西	金风铃	*Handroanthus chrysotrichus*	
玻利维亚	金嘴蝎尾蕉	*Heliconia rostrata*	
伯利兹	午夜兰花	—	
多米尼加	卡里布木	*Poitea carinalis*	
厄瓜多尔	玫瑰	*Rosa rugosa*	
厄立特里亚	非洲菊	*Gerbera jamesonii*	
菲律宾	茉莉花	*Jasminum sambac*	
斐济	水屋美丁花	*Medinilla waterhousei*	特有珍稀花卉
哥伦比亚	特里亚纳卡特兰	*Cattleya trianae*	花色与国旗色相同
哥斯达黎加	斯金内里哥丽兰	*Guarianthe skinneri*	特有珍稀物种
格林纳达	三角梅	*Bougainvillea glabra*	
古巴	姜花	*Hedychium coronarium*	
圭亚那	亚马逊王莲	*Victoria amazonica*	
洪都拉斯	迪格比亚喙丽兰	*Rhyncholaelia digbyana*	特有珍稀花卉
基里巴斯	白鸡蛋花	*Plumeria alba*	
几内亚	德加隆斑鸠菊	*Vernonia djalonensis*	特有珍稀花卉
加蓬	凤凰木	*Delonix regia*	
柬埔寨	隆都花	*Mitrella mesnyi*	
喀麦隆	非洲桂樱	*Laurocerasus africana*	特有珍稀花卉

续表

国家	代表性花卉	拉丁名	备注
老挝	红鸡蛋花	*Plumeria rubra*	
马尔代夫	玫瑰	*Rosa rugosa*	
马来西亚	朱槿	*Hibiscus rosa-sinensis*	
秘鲁	三色魔力花	*Cantua buxifolia*	
缅甸	大果紫檀	*Pterocarpus macrocarpus*	
南非	帝王花	*Protea cynaroides*	特有珍稀花卉
萨尔瓦多	巨丝兰	*Yucca gigantea*	
斯里兰卡	蓝睡莲	*Nymphaea coerulea*	
苏丹	朱槿	*Hibiscus rosa-sinensis*	
索马里	帝王花	*Protea cynaroides*	
泰国	腊肠树	*Cassia fistula*	
瓦努阿图	木槿	*Hibiscus rosa-sinensis*	
危地马拉	白花修女兰	*Lycaste virginalis*	
委内瑞拉	三角梅	*Bougainvillea glabra*	
文莱	灌木五桠果	*Dillenia suffruticosa*	
新加坡	卓锦万代兰	—	
牙买加	神圣愈疮木	*Guaiacum sanctum*	
印度	荷花	*Nelumbo nucifera*	
印度尼西亚	茉莉花	*Jasminum sambac*	
越南	荷花	*Nelumbo nucifera*	
赞比亚	三角梅	*Bougainvillea glabra*	

3. 我国热区省份代表性花卉

我国幅员辽阔、历史悠久，各地根据不同的文化习俗、历史沿革等也确定了各自的省花、区花、市花，多考虑当地原产的特色物种或选择栽培历史较长且较为著名的花卉。例如，海南的三角梅，福建的水仙，贵州和江西的杜鹃等，中国热带、亚热带地区代表性花卉见表7-15。

表7-15 中国热带、亚热带地区代表性花卉

地区	代表性花卉
海南	三角梅
广东	木棉
福建	水仙
广西	桂花
云南	云南山茶
贵州	杜鹃
四川	木芙蓉
江西	杜鹃
湖南	荷花
台湾	蝴蝶兰

4. 花卉的"语言"

在我国，花卉很早就被赋予了特定的含义或象征，人们通常用花卉来表达感情。比如，蝴蝶兰表达的是"幸福向你飞来"、石斛兰是"父亲之花"、红掌表示"大展宏图"、观赏凤梨表示"鸿运当头"、三角梅表示"坚忍不拔"等。

三、 产业发展趋势与潜力

（一）需求分析

1. 是实施乡村振兴战略的需要

开展乡村绿化美化是实施乡村振兴战略、推进农村人居环境整治和建设美丽中国的重要内容，事关全面建成小康社会和农村生态文明建设。热带花卉产业已成为特色高效农业的重要组成部分和海南部分地区"三农"经济的支柱产业，助力农民增收致富，并形成"公司+基地+农户""合作社+基地+农户"等产业化经营形式。

2. 是落实国家绿色发展战略的需要

花卉业占地面积小、科技含量高、经济效益好，符合以低能耗、低排放、低

污染为基础的低碳经济要求，具有显著的经济、社会和生态效益。随着我国城乡居民开始进入享受型、精神型消费的黄金期，人们将有更强意愿和更强能力增加对花卉产品的消费。推动花卉产业发展是改善生态环境、创新绿色经济发展模式的必然需要。

3. 是服务新型城镇化发展、带动农民增收的需要

新型城镇化要求从以往过度追求城镇化速度转向着力提高城镇化质量，无论是广大人民群众还是各级党委和政府，都对完善城镇生态功能、建设生态宜居城镇给予了前所未有的重视。花卉是大自然赋予人类的物质和精神产品，是我国几千年传统文化的重要载体，是极佳的精神消费品。加快促进花卉产业发展，一方面，可以为城镇提供更多更好的绿化美化材料，扩大生态资源总量，提升城镇绿化美化水平；另一方面，可以创造大量的就业岗位，促进农民和城镇居民增收，对推动我国新型城镇化建设具有重要作用。

（二）发展潜力

全球花卉产业得到进一步优化，花卉产业已初步形成制种、种苗、成品、加工、拍卖等环节相互独立、多方协同的现代产业链体系，标准化、现代化和精品化成为发展主流。同时，在全球一体化背景下，资金、品种、技术交流日益频繁，国际花卉生产中心持续向成本低、资源广、自然条件更适宜的发展中国家转移，中国有望成为全球最具潜力的花卉生产国和消费国，有利于热带花卉产业做大做强。

"一带一路"的互联互通和货物贸易使得热带花卉的运输和出口更加畅通、便利。目前，民众的花卉消费意识不断增强，热带花卉正处于历史最好的发展时期，在全国经济社会发展更加繁荣、人民收入不断提高的背景下，国内市场对热带花卉消费能力的拉动作用也将越来越大。

四、 产业发展制约因素

（一）缺乏统一的产业发展规划布局

合理的产业规划布局是促进产业健康发展的关键。2020年，国家林业和草原局委托编写了《全国花卉业发展规划（2021—2035年）》，云南、江西、福建、广东、海南等也出台了自己的花卉产业发展规划，但这些规划只是着眼于区域、省域的花

卉产业发展，缺少热带花卉产业发展的统一规划和布局。

（二）标准化生产水平较低

我国花卉标准化生产水平普遍较低，生产管理粗放，产品质量良莠不齐。此外，由于对国际花卉贸易要求的技术信息缺乏了解，我国花卉出口贸易遭遇"绿色壁垒"，如美国规定进口的盆景生产只准用泥炭、火山岩等介质，使我国用天然泥土栽培的盆景出口受到很大的影响。热带花卉生产标准化也成为我国热带花卉产业面临的重要问题。

（三）物流服务支撑体系不健全

当前，我国的花卉物流业与发达国家相比依然存在较大差距，主要表现在：一是税收负担重，公路运输收费高，运营成本居高不下；二是装备技术落后，采后处理、包装、仓储、运输等手段简单粗放；三是标准化、信息化程度低，花卉从产前、产中到产后，均没有形成统一标准；四是花卉专业化物流企业缺乏。这些问题极大地制约了我国花卉物流产业的发展，尤其是在热带、亚热带地区，物流问题更为突出。

（四）科技创新能力有待提高

我国热带花卉产业起步较晚，科技水平虽然近些年取得了很大进步，但相对于发达国家而言仍然处于较低水平。花卉选育种研究严重滞后，已成为制约中国花卉业持续发展的瓶颈。目前，中国市场上流行的花卉品种大多是直接从国外引进，进行短期的试种研究即大规模推广，品种适应性及配套生产技术都不十分成熟，大大增加了投资风险。中国热区野生花卉资源极其丰富，但只有极少数的野生花卉经驯化栽培被利用，而利用野生资源进行种质创新的研究才刚刚起步。

（五）产学研结合度不高

目前，我国热带花卉科研与产业的结合度不高，主要体现在两个方面：一是部分研究者与企业的联系较少，对产业的发展趋势、新品种和新技术需求、生产问题不了解，导致所进行的研究与实际需求不相符。二是不少企业缺乏与研究机构或研究人员合作的积极性，自己根据经验解决生产中遇到的问题，导致问题解决效率低下甚至无法解决问题。此外，热带花卉科研与技术人才的培养，满足不了研究和产业的需求，影响了热带花卉产业的高质量发展。

（六）研发资金投入不足

花卉与大宗作物相比受重视的程度远远不够，各方面的资金投入较少，包括财政资金、金融投资和社会资本等。一方面，从事热带花卉研究的科教单位大多难以获得充足、稳定的资金支持，不少团队为了申请项目不断改变研究方向，导致科技创新积累不够。另一方面，作为产业发展主体的企业参与研发的力度也不够，大多数热带花卉企业均处在谋生存阶段，对科技创新不够重视，投入研发的资金较少甚至没有。研发投入不足，导致科技支撑产业发展乏力。

五、 科技发展现状与趋势

（一）科技发展现状

近年来，海南省委省政府对热带花卉科技创新工作高度重视，给予了政策、资金等方面的大力支持，科技创新成效显著。截至2020年，中国热带农业科学院热带观赏植物产业技术创新团队长期致力于热带花卉新品种、新技术研究和成果转化工作，并取得了可喜成绩，共收集、保存热带花卉种质资源86科、390属、4200多个种/品种，建成图文数据库。对海南野生兰进行了系统考察，发表新种5个、中国新记录种5个、海南新记录属5个、海南新记录种43个。对热带兰、红掌、三角梅等重要资源进行了系统评价，开展了种质创新和规模化育种，创制新种质6000多份，国际登录新杂交种46个，审（认）定品种12个，申报植物新品种权处于实审或公示阶段41项。向企业转让自育品种10个，实现了海南热带花卉自主知识产权品种商品化转移零的突破。攻克制约生产发展的技术难题，创建了高效的种苗繁育与栽培技术体系，促进产业升级。开展了石斛兰等花期调控技术研究，研制出专用调节剂，推广应用效果良好。成功驯化野生花卉8种，集成野生兰花驯化栽培技术体系，建立了海南本土花卉的开发利用模式。针对产业关注的重要观赏性状和抗性性状开展基础性研究工作，为阐明观赏性状形成机理、缩短传统育种周期、开展分子育种奠定了坚实的基础。研究成果获国家科学技术进步奖二等奖1项、省部级奖励10项。

（二）发展趋势

花卉产业被誉为"朝阳产业""黄金产业"，正在全世界蓬勃发展。从国际上看，花卉生产潜力巨大，消费需求旺盛。全球花卉产值继续保持8%～10%的增长势头。

随着发达国家土地、劳动力等生产成本的增加，以及全球金融危机的影响，花卉生产正在由欧美等发达国家和地区向劳动力和土地等成本相对较低的发展中国家转移，而欧美等花卉产业发达国家和地区不断向种子、种苗、种球和新品种研发等高附加值的产业前端集中。我国是世界花卉产业转移的重点国家之一，而海南、广东、福建已成为我国部分热带花卉产品的主产区，产业效益日渐凸显，海南已经形成了海口蝴蝶兰、东方菊花、东方石斛兰、乐东金钱树等品牌。

六、产业重点研发任务

（一）加强热带花卉种质资源收集保护

加强热带花卉种质资源的保护，尤其要加强中国特有的，具有较强抗旱、耐热和抗病能力的花卉种质资源保护，同时注重合理收集和引进国外新优奇特观赏植物种质资源，如兰科、天南星科、竹芋科、紫茉莉科、朱顶红属资源等。建立国家和省区市级热带花卉种质资源保存库，建立活体保存、离体保存、超低温保存等完善的保存体系，遏制种质资源的流失。建设国家热带花卉种质资源动态监测体系，定期更新及提供可供利用的种质资源信息。

（二）构建热带花卉品种创新体系

构建以常规技术与高新技术、自主创新与引进吸收、国家级与省区市级科研教学机构相结合的热带花卉新品种选育科技创新体系；构建以企业为主体、产学研相结合的育繁推一体化体系，促进科技成果向现实生产力转化；建立以热带花卉种质资源保护为重点的公共财政扶持机制，形成政策与资金扶持并举，促进花卉品种创新。重点开展乡土观赏植物优良品种选育与应用、国内外名优新花卉品种的引种与推广、传统名花品种改良与质量提升、优势商品花卉品种选育和标准化栽培、花卉新品种测试与审（认）定、花卉重要功能基因挖掘与现代育种技术平台建设等。

（三）健全热带花卉技术研发与推广体系

建立以产业需求为导向、产学研相结合合为基础的热带花卉技术研发体系；重点研发热带花卉繁育、种子种苗生产及配套生产关键技术；以企业为载体和平台，以推广花卉主导品种和主推技术为目标，以实施主体培训为手段，提高花卉新品种转化率和花农对科技的吸纳能力，促进花卉知识、技术、信息、服务进村入户；把花农的培训纳入农民培训的整体规划，委托花卉协会、农业技术推广站定期举办实用技能培训，特别是要大力开展深入田间地头的具体培训。

（四）完善热带花卉基地和生产经营体系

推动热带花卉产业集群化发展，建立多层次花卉生产经营协调发展体系。发挥热带花卉龙头企业的带动作用，培育一批经济效益高、辐射带动能力强、发展势头和产品市场前景好的企业。加快建设区域和企业花卉品牌体系，支持品牌营销推广。鼓励地方政府和龙头企业争创驰（著）名商标、申请地理标志产品等，加大企业品牌和产品品牌创建力度，支持现代花卉生产企业注册具有自主知识产权的品种和技术。由主要依靠引进品种向以具有自主知识产权的品种为主转变。

（五）完善热带花卉市场和流通体系

建设区域性、全国性、国际性的花卉产品市场，形成完整、高效的热带花卉市场体系；构建现代花卉物流配送网络，形成高效、快捷的花卉物流体系。以大型城市和城市群为中心，支持发展各种形式的花卉零售经营服务网点和网络销售，积极发展花卉电商平台、直播平台等新型渠道。利用现代信息技术，对花卉的保鲜、包装、检疫、海关、运输、结算等服务环节实现一体化和一条龙服务。

（六）打造热带花卉花文化体系

挖掘、丰富和发展热带花卉的人格化寓意及思想内涵，赋予其时代精神，开发与花卉相关的文化产品，积极利用中国花卉博览会、世界园艺博览会、中国国际花卉园艺展览会等全国性、国际性大型展会，办好各类热带花卉花市、花会、花节等展示活动，促进城乡经济发展，丰富文化生活，引导热带花卉消费。

第七节

热带药用植物

热带药用植物也称为南药，是指主产于我国热带、亚热带地区的中药材，为中药产业的重要组成部分，具有品种繁多、经济产值总量大、区域性强等鲜明的产业特色。几千年来，中医药在治病救人中发挥了独特的作用。正是这一古老而独特的东方医学技术，护佑着中华民族不断繁衍生息。即便在医疗科技高度发达的今天，在非典、新冠等突发疫情面前，中医药也彰显着其独特优势和价值，发挥着重要作用。南药是国家战略资源，是中医药事业和中药产业发展的物质基础，在保障人民生命健康安全中发挥了重要作用，是健康中国战略的重要支撑。

一、产业概况

（一）发展历程

我国是南药最大的进口国和消费国，为了保障国内用药安全和南药资源的可持续发展，自20世纪50年代，我国学者开展了大规模南药引种和野生驯化的研究工作。1969年，商业部等六部委联合发文《关于发展南药生产问题的意见》，"南药"一词逐渐频繁出现在有关的文献资料以及中药材生产的文件中。此后国家有关部委曾召开了4届全国南药会议，研讨国产南药和进口南药生产相关计划。1975年商业部、农林部等发布《关于发展南药生产十年规划的意见》，南药生产逐渐受到重视，开始商业化种植，南药引种栽培得到了很好的发展，为我国医药事业的发展做出了巨大的贡献。1985年组织了国家"七五"热带药用植物资源普查，不断从非洲、中南美洲、南亚和东南亚等地引进大量热带药用植物，在我国热区进行引种驯化、鉴定评价和新品种选育，建设了多个重要的南药繁育场、试验基地与南药研发平台。

21世纪后，随着需求大幅增长，尤其是近年来大健康产业的快速发展，南药产业进入大规模发展时期。海南、广东、广西、贵州、云南、福建等南药主产区种植的主要南药品种达100多个，种植面积超过2100万亩，产值1000多亿元。超过100万亩的有肉桂、草果、槟榔（图7-44～图7-46）等；超过30万亩的有白木香、三七、砂仁（图7-47和图7-50）、益智（图7-51）、牛大力（图7-52）等10多种，其中20多个南药药材基地先后通过了国家食品药品监督管理总局[①]的中药材生产质量管理规范认证。南药在热区农业总产值中占有较大的比重，尤其是在经济相对落后的省份，南药种植业发挥着极为重要的作用，是农民收入的主要来源之一，也是乡村振兴的重要抓手。

---

① 2018年3月，根据第十三届全国人民代表大会第一次会议审议通过的《国务院机构改革方案》，组建国家市场监督管理总局，不再保留国家食品药品监督管理总局。

图7-44　肉桂

图7-45　草果

图7-46　槟榔

图7-47　白木香

图7-48　三七

图7-49　海南砂仁

图7-50　阳春砂仁

图7-51 益智

图7-52 牛大力

（二）生产现状

1. 南药资源分布情况

据估计全球约有30万种高等植物，其中热带药用植物约10 000多种，主要产于全球热带和亚热带地区，以东南亚、热带美洲、热带非洲，以及我国热带、南亚热带地区为主；目前，全球南药资源主要以野生分布为主，我国是南药的主产区和传统种植区，产量和面积均占全世界的90%以上，但资源量不是最多，而东南亚、热带美洲和热带非洲的热带药用植物种质资源数量较大，还有大量野生资源待收集、鉴定、开发。除了我国以外，许多国家和地区都没有专门的药材种质资源收集保存基地，仅有少数植物园和大学收集部分野生药用植物资源保存，而绝大多数药用优异种质资源没有得到系统的收集和保存。我国从20世纪50年代开始在海南、广东、广西、云南等热区开展南药种质资源保存，其中，农业农村部儋州热带药用植物种质资源圃保存南药种质3000多种，4000多份；广西壮族自治区药用植物园保存药用植物种质5600多种；中国医学科学院药用植物研究所海南分所收集保存南药种质约1600种；西双版纳南药园保存药用植物种质1500多种；中国科学院西双版纳热带植物园收集药用植物种质500种。

2. 南药种植情况

1）南药整体种植情况

南药绝大多数分布于越南、泰国、马来西亚等东南亚国家和我国华南地区。我国南药分布于海南、广东、广西、台湾、福建、云南与西藏南部热带山地，约5000种，具有品种繁多、经济产值总量大、区域性强等鲜明的产业特色。近年来，南药生产快速发展，种类不断增加，种植面积、总产量、总产值和效益明显提高，已成为热区农业增效、农民增收的重要支柱产业之一。据统计资料、文献记录和实地调查，目前我国南药种植面积超过2100万亩（表7-16），已建立70多个南药规范化生产示范基地。

表7-16　主产区主要南药品种及种植面积

省区	主要南药	种植面积 / 万亩
海南	槟榔、益智、砂仁、牛大力、草豆蔻、高良姜、山奈、莪术、姜黄、胆木、裸花紫珠、降香、白木香、鸦胆子、鸡蛋花、灵芝	200
广东	化橘红、广陈皮、阳春砂、巴戟天、何首乌、广藿香、广佛手、沉香、肉桂、益智、高良姜	320
广西	肉桂、八角、杜仲、厚朴、黄柏、罗汉果、穿心莲、鸡骨草、莪术、葛根、广豆根、广佛手、鸡血藤、金银花、田七、山药、猫豆、千斤拔、沙姜、砂仁、天冬、郁金、绞股蓝、泽泻、板蓝根	680
云南	草果、三七、砂仁、石斛、诃子、血竭、薏苡仁、肾茶、美登木、催吐萝芙木、灯盏花、爪哇白豆蔻、滇重楼、滇龙胆、滇黄精、胡椒、南板蓝根、葛根、天门冬、白及	800
福建	仙草、太子参、金线莲、马蓝、泽泻、莲子、山麦冬、薏苡仁、巴戟天、砂仁、草珊瑚、黄栀子、山药、厚朴、灵芝、雷公藤、穿心莲、三叶青、铁皮石斛、多花黄精、七叶一枝花、郁金、葛根、白术、南方红豆杉	110

2）重点南药生产状况

20世纪80年代前，南药在我国以零星种植为主。1975年开始商业化种植。21世纪后，随着需求大幅增长，南药产业进入大规模发展时期（表7-17）。

表7-17　重点南药及种植面积

名称	种植面积 / 万亩	产量
肉桂	400	35 万吨
草果	350	3.9 万吨
槟榔	160	23 万吨
白木香	80	17.6 万吨
三七	60	2.6 万吨
砂仁	50	2.5 万吨

续表

名称	种植面积/万亩	产量
益智	40	1.3 万吨
牛大力	35	10.5 万吨
罗汉果	20	10 亿个
巴戟天	13	6 万吨
仙草	13	6.3 万吨
艾纳香	10	10 万吨
陈皮	9	15 万吨
化橘红	8	0.43 万吨

3. 南药分区域产业情况

截至2020年，海南南药种植面积约200万亩，种植的主要南药品种达30多种，年产值约180亿元，占农业总产值24.8%。槟榔种植面积最大，为162万亩，益智为25万亩，草豆蔻为12万亩，种植面积超过1万亩的有牛大力、裸花紫珠、高良姜、海巴戟。槟榔、益智等海南特色南药在全国药材市场具有主导地位，牛大力、忧遁草、丁香、海南砂仁、肉豆蔻等药食同源或药香两用资源丰富而独具特色，极具开发潜力。

截至2020年，广东规模化种植的南药种类达60余种，种植面积共约320万亩，年产量约115万吨，总产值约160亿元。其中阳春砂、巴戟天、广藿香、广陈皮、广佛手、化橘红、何首乌、沉香已被列为《广东省岭南中药材保护条例》首批受保护品种。广东省有多个百年以上的老字号知名企业，如广州陈李济药厂已达400余年。2017年，广东省发布企业排行榜，共有26家药企入选，包括中药行业较为知名的广州医药集团有限公司、康美药业股份有限公司、华润三九医药股份有限公司等。全国有17个中药材专业市场，仅广东省就有2个。在中成药生产领域，广东省已经形成了一批名优中药品种，如华佗再造丸、复方丹参片、板蓝根冲剂、三九胃泰冲剂等，不少都是年销售额超亿元的产品。单是独具岭南特色的凉茶产值就超过200亿元。

截至2020年，广西全区中药材种植面积近680万亩，年产值超过110亿元。被誉为"中国南方药都"的玉林市，2020年其中药材市场年交易量位列全国前三，助力区内壮、瑶、苗医药迅速发展。有中成药生产企业122家，中西药制剂生产企业96家，中药饮片生产企业58家，有经国家认可的中药材市场1家。

云南省中药材种植规模居全国第一，特色品种众多，药材质量较优，有一定的品牌效应，2020年种植面积达10万亩以上的有17种药材，建成了滇东南三七、滇东北天麻、滇西北高山药材、滇中民族药道地药材和滇西南南药特色药材五大中药材种植基地。2020年，云南省中药材种植（养殖）和产品加工实现主营业务收入超1000亿元，其中，中成药、中药饮片、提取物、健康产品等规模以上中药材加工制造业实现营业收入约480亿元，三七、灯盏花产业已形成种植、加工、研发、生产的全产业链布局，对全省中药产业发展的示范带动作用十分突出，三七产业已实现标准化、规范化种植，开发了饮片、制剂、健康产品等门类较为齐全的后端产品，实现农业产值约60亿元。

截至2020年，福建南药种植面积约107万亩，种植产值达20多亿元，福建省已涌现出一批拥有自主知识产权且具有较大规模的现代化中药生产企业，漳州片仔癀药业股份有限公司、厦门中药厂有限公司进入全国中药产业50强；金陵药业股份有限公司、福建同春药业股份有限公司等6家企业在证券交易所成功上市。9个医药产品获福建省名牌产品称号。

（三）加工现状

整体来看，大多南药都具有很好的开发价值和应用前景，可很好地服务于人类大健康事业。但目前相关产品的加工和研发没有完全拓展开，产品种类单一，工艺技术含量低，很多南药的加工还处于初加工阶段。槟榔是海南第二大热带经济作物，但目前海南并没有十分完善的加工产业链，而是成为湖南槟榔加工业的原料基地。海南槟榔深加工业与湖南相比差距悬殊，深加工发展滞后，造成槟榔产品的利用价值与产值较低。另外，目前加工规模多以小作坊为主，缺乏龙头企业，缺乏统一的加工和质量标准，加工出来的产品质量参差不齐。此外，有很多药食同源的南药资源由于暂时未在《按照传统既是食品又是中药材的物质目录》中，在开发保健食品等大健康产品过程中因无政策而碰壁。2018年，海南省科技厅印发《海南省沉香产业发展规划（2018—2025年）》，规划将海南省建设成为世界优质沉香原料基地、全国最大的精深加工生产基地和贸易中心。但因为目前沉香不在《按照传统既是食品又是中药材的物质目录》中，所以企业在开发沉香酒、沉香茶等保健品时受到限制，从而在一定程度上限制了整个沉香产业的发展。

（四）贸易现状

我国南药主产区均有各具特色的道地药材，品质优良、疗效可靠、质量安全可控，并在全国中药材市场中占有较大的市场份额。2020年中药材及饮片出口的前十大品种中南药主要有肉桂、石斛，肉桂出口量86 549吨，同比增加49.19%，出口额

29 285万美元，同比增加80.68%，肉桂出口额占我国中药材出口总额20%左右，继续保持中药材出口第一大品种的地位，是目前我国唯一出口额超2亿美元的大宗中药材品种。近年来益智的市场价格在稳步上升，其市场处于供求偏紧状态。此外还有砂仁、巴戟天、胖大海、乳香、艾纳香、裸花紫珠、草豆蔻、草果、牛大力、姜黄、血竭、加纳籽、肉豆蔻等特色南药在国际贸易中活跃。

（五）南药文化

南药文化是我国传统医药文化的一个组成部分，其内容涉及我国各个传统医药体系，已经成为南药防病治病的传统医药知识及其临床实践与经验的精密复合体，包括了南药的语言名称、药用历史、产地分布、文化记事、传播路径及加工炮制、临床应用与药理药效等方方面面。南药是我国民族医药的重要来源，我国南方各省区分布着大量的少数民族，部分少数民族如云南傣族、广西壮族等有自己的文字，其中医药文化能够很好地通过书籍传承，而大部分少数民族只有自己的语言，而无文字记载，其医药学知识通过师徒、父子、母女口口相传。现在亟须收集和整理相关的药用动植物知识，出版相关书籍来对其文化和传承进行保护。例如，中国科学技术出版社出版的《黎族药志》和《海南黎族民间验方集》收集记载了632多种黎族药用植物和7776首验方，对黎族医药的传承和保护起到了很好的作用。几千年来，中国传统医学十分重视饮食调养与健康长寿的辩证关系，因而药膳学是中医学的重要组成部分，形成了独特的饮食文化。中国自古就有采集植物作为医药用品来驱疫避秽的做法。上古时代把这些有香物质作为敬神明、祭祀、清净身心和丧葬之用，后来逐渐用于饮食、装饰和美容上，形成了香料文化；酒与药的结合产生了全新的酒品——保健酒，其主要特点是在酿造过程中加入药材，有保健强身的作用，从而形成了独特的酒文化；另外，在渔猎文化、服饰文化及宗教文化的形成中，南药都发挥了重要作用。南药在我国，乃至在整个中华文化圈的生活中都有着重要影响。我国南方地区和东南亚地区的传统草药以及当地居民用于治疗疾病和应用于生活的植物、动物和矿物，经过不断的实践与交流，形成了现在的南药文化。

二、　产业发展趋势与潜力

党的十八届五中全会将建设"健康中国"上升为国家战略。2016年，中共中央、国务院印发了《"健康中国2030"规划纲要》，对"健康中国"建设做出具体部署。

2019年10月20日《中共中央 国务院关于促进中医药传承创新发展的意见》发布，提出"彰显中医药在疾病治疗中的优势"，"强化中医药在疾病预防中的作用"①。这充分体现了党中央对全国人民群众健康的高度重视。《海南省健康产业发展规划（2019—2025年）》中详细描述了海南省对健康产业的各阶段、各区域、各领域的未来发展目标，明确提出：加强槟榔、益智、砂仁、巴戟、牛大力、裸花紫珠、诺丽、胆木等南药和芳香药资源开发，发展南药特色保健食品、健康食品。随着国家、地方政府越来越重视南药产业的发展以及国人保健意识的增强，南药产业迎来了新一轮大发展的良好机遇。中医药健康产业作为大健康产业的重要组成部分，以其深厚的历史底蕴和广泛的民间基础，有着极为广阔的发展前景和巨大的市场潜力。南药产业链延伸是南药产业逐步发展壮大的过程，从单一原料生产向"种、研、销"多渠道转变，并建立了南药种植示范基地及产品加工厂，以优质南药资源，形成"种、研、产、销"全产业链体系，是今后南药发展的重要方向。

目前应大力发展南药药材种植业、培育南药产业龙头企业、建设南药专业化市场、布局南药仓储物流业、加强产业技术研究、制定南药产业标准体系来提高南药产业发展后劲，构建有效的南药产业组织化形式。随着南药产业的不断发展，涌现出一批骨干南药种植企业和制药企业，加工规模不断扩大。另外，在加强创新药物研制的同时，选择有市场前景的品种，以高新科技为依托，通过二次开发，优化组方，改进剂型，采用先进技术完善提取工艺，提高质量标准，攻克技术壁垒，开拓市场，在较短的时期内将其做大做强，形成有自主知识产权的、高效益的、能持续发展且有强大竞争力的新品种，是跨越式发展南药产业的重要途径。依靠固有南药产业链基础，不断利用高新技术，将南药与日常生活卫生保健紧密结合，不断完善与延长南药产业链，将成为现代南药产业链发展趋势之一。

三、 产业发展制约因素

（一）资源供需失衡

南药种类多，但实现产业化利用的品种数量有限，许多南药的优良种质、用药经验等有待深入挖掘，实现产业化利用，服务大众健康。在中药工业和经济利益的

---

① 《中共中央 国务院关于促进中医药传承创新发展的意见》，https://baijiahao.baidu.com/s?id=1648454160974934345&wfr=spider&for=pc[2022-07-11]。

驱动下，野生中药资源过度、无序开采，加上城镇化、工业化进程的不断推进和生态环境被不断破坏，南药原产地生境严重恶化，造成部分药用植物濒临灭绝，资源枯竭，优良品种资源逐步退化、减少等问题，无法满足生产的需求。南药产业具有鲜明的产业特色，即品种繁多、经济产值总量大、区域性强等特点，但我国一些南药品种依赖进口的现状仍未发生根本性转变，如槟榔、诃子、白豆蔻、胖大海等大宗南药品种仍依赖于进口，进口药国产化之路仍旧艰辛。

（二）技术推广与服务体系不健全

多数省份的政府和相关部门对南药发展的重要性和基础性地位认识不足，重视不够。没有把南药的发展提上重要议事日程，制定具体的扶持政策和措施。在资源保护与利用、优质南药的引种、种子种苗供给、规范化生产，以及采收与初加工等各个环节，缺乏政策引导和扶持。南药实用种植技术、科技成果推广普及渠道不通畅，不能为药农、生产企业提供及时、有效的技术服务；面向药材种植专业户和药农的实用药材种植技术资料极为欠缺，科研单位对药材种植县（乡）长期、定向的技术指导与培训机制尚未建立起来；信息网络不完善，政策、科技、市场等信息不能及时传递到生产第一线；助力南药生产的社会服务机构较少，从业人员的专业技能与素质有待进一步提高。

（三）优良种质资源滞后产业发展需求

南药栽培历史悠久，但目前还没有建立完善的南药品种审（认）定机构、良种繁育基地和形成严格的制种技术，种子种苗缺乏统一的质量标准和权威的检测机构，且大部分南药存在只种不选、种质资源混杂、品种退化严重等问题，导致药材产量不高、品质下降。在南药生产质量管理规范建设中过多地强调道地大宗品种的大田栽培技术和病虫害防治，而优良种质保护与优良品种培育基本处于空白状态，品种选育工作严重滞后。此外，生境恶化引起植物体生理生化特性发生改变，药效物质含量及其组成结构发生了显著变化，药材质量发生显著变化，原料紧缺和药材质量下降等问题已成为严重制约南药产业可持续发展的瓶颈。

（四）资源精深加工程度严重不足

目前，国家尚未对南药研究给予专项经费支持，只有少数研究内容分散在一些其他科研项目中。已有的基础研究项目数量少、投入低，涵盖南药品种极为有限，很多机理性问题尚未探明。药用植物引种驯化技术体系、种质资源创新体系和南药良种繁育体系尚未建立，南药规范化生产技术、产品质量安全检测等产业化关键技术研究较少，科研工作的滞后，严重制约着南药产业的发展。目前对南药研发利用不够，道地南药精深加工还处在起步探索阶段。现有的中药制剂生产企业消耗大宗药材的能力不高，道地药材品种的附加值低，无法实现药材产值的最大化。

四、南药产业重点研发任务

（一）摸清资源本底

加强南药道地药材的资源调查，建立野生中药材基因库、种质资源库，防止良种品质退化。建立野生中药资源存量检测预警预报系统和野生中药材限采区，控制采集量和采集度。建立野生中药材自然保护区，保护野生中药材资源生态环境，保护珍稀道地中药材，防止濒危、珍稀品种的灭绝。

（二）加大产业扶持力度

培育中药材种植企业、中药材专业合作社、种植大户等各类市场主体，引导成立中药材行业协会，发挥行业自律、行业监管作用。研究制定和完善有利于中药材发展的扶持政策措施，从项目、资金和优惠政策的角度，给予必要的倾斜，促进产业发展。

（三）挖掘并创新利用优质种源

加强南药的"道地性"研究。对药用植物资源中的"道地性"进行多学科的专题研究，将其当作一种系统工程，挖掘优质种源。针对特有珍稀大宗药材与重要资源规划建设国家中药材规范化种植基地，进一步扩大优势中药材生产质量管理规范种植基地的面积。积极推行"公司＋合作社＋基地＋农户"的产业化模式，引导企业和合作组织通过订单、返利等形式，建立中药材生产基地，联结企业、基地和农户，共同推动生产，开发产品、抢占市场。

（四）实现多学科联合攻关

谋划成立热区各省中药材产业技术体系，加强南药创新平台的建设。加快引进中药材研究领域的人才，重点开展中药材生产的关键技术研究，对种植地生长环境进行全面检测评估，加强中药材新品种选育（种子选育）、栽培、采收、加工、炮制、贮藏流通等工作，建立质量控制标准体系，保证中药材的安全、有效、稳定及质量可控，打造南药品牌，开发出以道地药材为原料的具有自主知识产权的商品。

（五）加强产业融合发展

南药产品研发应围绕国家战略目标和热区地方农业农村经济发展目标，依托热区道地南药的品种、品质和品量优势，通过政府引导、政策指引、市场导向、创新推动、社会参与，集成各方力量，统筹安排、有效配置，实现热区中药资源的高度集聚和优化整合，全力打造有较强竞争优势的南药产品。结合热区特色药用植物资源产业化布局，把中医药文化、中药种植园区与旅游业发展结合起来，利用优越的中药和山水资源，规划建设一批中医药旅游景点，发展中医药观光游、养生游、体验游等中医药与旅游业融合模式。

第八节

热带作物节本增效技术

近些年我国热带农业发展取得了巨大成就，实现大部分热带农产品品种多元、供给充足、丰年有余。但是我国热带农产品在国际市场普遍缺乏竞争力，迫切需要在科学技术的指导下，节约农业生产成本，提高经济效益。习近平强调，现代高效农业是农民致富的好路子。要沿着这个路子走下去，让农业经营有效益，让农业成为有奔头的产业[①]。节本增效在中央一号文件中多次被提到，2005年《中共中央 国务院关于进一步加强农村工作提高农业综合生产能力若干政策的意见》、2012年《中共中央 国务院关于加快推进农业科技创新持续增强农产品供给保障能力的若干意见》、2017年《中共中央 国务院关于深入推进农业供给侧结构性改革 加快培育农业农村发展新动能的若干意见》均提出要促进农业"节本增效"。2018年《中共中央 国务院关于实施乡村振兴战略的意见》中指出，"着力节本增

---

① 《习近平在江苏调研：主动把握和积极适应经济发展新常态》，http://jhsjk.people.cn/article/26207159[2022-07-11]。

效，提高我国农产品国际竞争力"，"帮助小农户节本增效"①。节本增效技术在推进农业绿色发展、巩固脱贫攻坚成果、实现乡村振兴中发挥了至关重要的作用。

一、 节本增效技术助力热区农业发展

中国热带农业发展面临的挑战主要有自主创新的优良品种不足；主要热带农产品产业化、规模化程度不高；中国热区多山地丘陵，适用的农机装备类型少，缺乏轻简化、便利化、信息化、智能化的高科技设施和设备，机械化水平较低。

一直以来，科学技术武装热带农业以提高热带农业生产力都是热带农业发展的主流趋势。伴随着以中国热带农业科学院为代表的热带农业科教机构的成长与发展，中国热带农业科技发展也取得了很大的成效，在育种栽培、病虫害防控、加工工艺与装备等方面已有较强的科技储备，一批重大技术如精准施肥与绿色防控等处于世界领先水平。近年来，节本增效技术，如土地资源综合利用与土壤质量定向培育技术、精准农业技术、循环农业技术、设施农业技术、农副产品综合利用技术等逐渐成为热带农业研究热点，促进了热带农业科学有序发展，已成为热带农业生产追求的目标。以下介绍几种热区常用的节本增效技术。

（一）林下种养

林下种养隶属于立体农业，即在经济林下，利用光、热、水、肥、气等资源以及各种农作物在生育过程中的时间差和空间差，在地面、地下同时或交互进行生产，通过合理组装，粗细配套，组成各种类型的多功能、多层次、多途径的高产优质生产系统，来获得最大经济效益。比如，蕉园养鸡，鸡的排泄物可增加蕉园的肥力，实现肥料减施。林下种养具有集约经营土地，充分挖掘自然资源潜力，提高人工辅助能的利用率和利用效率，减少有害物质残留，提高农业和生态环境质量，增强农业后劲，提高土地生产力等特点。

根据不同的地势区域，可开展不同的林下种养模式，如海南屯昌全县域生态循环农业。科研人员结合屯昌地域特点，依托屯昌黑猪、文昌鸡等优势产业，按照结构优化、布局合理、产业融合、功能多元的要求，以农牧、林牧相结合的模式发展物质循环利用模式，如"猪—沼—果""猪—沼—瓜菜""猪—沼—热带作物"等；以林下种养相结合的模式，发展"橡胶（槟榔、马占相思、荔枝等）林下养家畜（禽）—粪便就地还

---

① 《中共中央 国务院关于实施乡村振兴战略的意见》，http://www.gov.cn/zhengce/2018-02/04/content_5263807.htm[2022-07-11]。

田"等立体农业（图7-53和图7-54），从而达到节本增效的目的，助力乡村振兴。

图7-53　橡胶林下种草养牛

图7-54　橡胶林下养鸡

（二）林下种植

林下种植属立体农业，可充分挖掘土地、光能、水源、热量等自然资源的潜力，提高人工辅助能的利用率和利用效率，缓解人地矛盾，缓解粮食与经济作物、蔬菜、果树、饲料等相互争地的矛盾，提高资源利用率，可充分利用空间和时间，通过间作、套作、混作等立体种植模式，较大幅度提高单位面积的物质产量，从而缓解食物供需矛盾；同时，提高化肥、农药等人工辅助能的利用率，缓解残留化肥、农药等对土壤环境、水环境的压力，坚持环境与发展"双赢"，建立经济与环境融合观。目前，热区林下种植茶叶、三七及益智产业研究与推广已取得显著成效（图7-55～图7-57）。

图7-55　橡胶林下种植茶叶

图7-56　林下种植三七

图7-57　橡胶林下种植益智

　　三七为五加科人参属植物，在我国已有400多年的栽培历史，是一种名贵药材，具有化瘀止血、消肿止痛等功效，对治疗心脑血管疾病有显著疗效。云南是三七的主产地和原产地。近年来，三七质量和安全性日益受到人们的重视。针对我国三七传统种植存在的片面追求高产导致品质低劣、农药化肥过量使用导致残留大、土壤中有害物质富集导致连作障碍等问题，云南农业大学利用三七生物学特性与松树林下生境相耦合，将三七回归至松树林下种植，重点集成松林腐殖质改土培肥技术、生物多样性病害生态防控技术、物理避雨防病技术、生物防治技术、病虫鼠害物理防控技术等，成功建立了三七林下有机种植技术体系，无须施用农药、化肥。截至2020年，该节本增效技术在云南澜沧已示范推广22 100余亩，采用"课堂+田间实践+家庭实操作业"的方式开展技术培训，累计培训农技人员、农户2830余人。企业对林下有机三七需求量大，但目前的种植面积远不能满足。2020年，企业以2000元/公斤（干重）的价格收购林下三七，价格远超市面价200元/公斤（干重），贫困户人均年增收26 000多元，有力促进了当地农民脱贫增收，为乡村振兴提供了技术保障。

　　益智是我国重点发展的"四大南药"之一，也是海南的特色药用植物。益智曾在海南特色产业扶贫和国家脱贫攻坚战中发挥重要作用，如今对于当地乡村振兴也具有重要的战略地位。针对益智生产中存在的种苗规模化繁育水平和产业的综合效益低等问题，中国热带农业科学院研发了一种橡胶林下繁育益智种苗的方法，即在成龄橡胶林下开展益智种苗繁育，不仅可以提高橡胶林地的土地利用率，抑制杂草滋生，还能降低益智育苗成本，提高经济效益，是全面提升橡胶和益智种苗繁育产业效益的有效措施，为益智种苗规模化繁育提供了技术支撑。通过所—地合作在昌江县七叉镇和王下乡建立了两个橡胶林下标准化种植南药益智示范基地，共计示范推广面积600亩，辐射带动面积1500亩，受益农户180户，每亩增收800～1000元；通过所-企合作为琼中县三江源生态农林有限公司繁育益智种苗100万株，并指导公司开展健康种苗繁育和基地建设。所-地、所-企合作成效显著，推动了益智产业可持续发展。

（三）蔬菜规模化生产人机智能协作技术

蔬菜规模化生产人机智能协作技术以现代化农机农艺融合、人类经验与机器智能协作为主线，以智能化管理技术为支撑，通过天空地立体化监测传感网络、农业大脑和智能作业集群研发，针对不同品种、不同生产模式、不同生产区域条件等应用场景进行科学组配和集成应用，集中实现蔬菜规模化生产全生长周期的人机智能协作管理，大幅降低水、肥、药及人力投入，提高蔬菜产量和品质，提升蔬菜生产效率和资源利用率，改善产区周边生态环境，全面提高蔬菜生产规模化、智能化、科学化管理水平，促进产业的绿色高效可持续发展。

（四）化肥农药减施技术

针对热带作物植株高大、生长年限长、生境复杂、病虫多发重发、土壤保水保肥差、盲目施肥施药、施用技术落后、技术集成度低、肥药利用率低等特点和问题，在明确热带作物化肥推荐施肥量和病虫害防治指标的基础上，创新性研发了一批基于热带作物化肥农药减施的新型肥药产品和关键技术，以作物为主线，优势产区为单元，关键技术为核心。例如，"热带果树化肥农药减施增效技术集成研究与示范"项目，主要开展了香蕉、荔枝和芒果三大热带果树养分需求及平衡施肥研究、病虫害预测预报研究和化肥农药减施增效技术的研究及示范；研发了适合三大热带果树的化肥农药产品及施用器械；集成优化了生草、绿肥、枝叶还田和配方高效施肥等化肥减施增效技术以及香蕉蕾苞注射技术、荔枝"两虫两病"防控技术等农药减施增效技术；构建了香蕉"五位一体"、中晚熟荔枝以及早中晚熟芒果的化肥农药减施增效综合技术模式，并进行示范应用。

二、 热带作物节本增效技术未来攻关方向

（一）总体目标

围绕节本增效在热带农业中的实际作用，着力提升技术的集成性、适用性、经

济性，优化热带作物区域布局，大力推广优良种质，推进秸秆还田、水肥一体化和绿色防控等减肥减药技术，推进农机农艺融合，构建热带作物全程机械化种植技术模式，建立政产学研推用多方主体横向联动、纵向贯通、立体协同的工作机制，实现集成熟化、示范展示、推广应用无缝连接，为促进热带农业乡村振兴和高效发展提供有力的技术支撑。

（二）主要方向

针对热带农业种植生产现状，以市场需求为导向，以提高热带农业生产率为目标，以保护耕地和提高农产品质量为出发点，以解决技术短板和传统技术改良为基础，创新优化和集成配套与热带农业相适应的节本增效技术，推动热带农业可持续发展。

1. 秸秆还田应大力推进

围绕热带作物土壤酸化、有机质含量偏低等突出问题，研发热带作物残体还田技术，研发枝条、茎叶残体高效堆肥技术（含高效菌剂），并研究利用残体堆肥或以残体为原料生产专用生物有机肥及其高效施用技术，实现热带作物残体的循环利用和减少化肥投入。

2. 开展热带作物良种选育和推广

围绕提高战略性产品的基本供给保障能力、增强优势产品的市场竞争力，优化产业结构、转变发展方式，促进我国热带作物产业的持续健康发展。充分挖掘天然橡胶增产潜力，提高橡胶园管理水平，加快低产残次橡胶园的更新改造，加快良种推广速度。继续引进和选育一批木薯优良品种，加大优良品种和丰产栽培技术的推广力度，切实提高单位面积产量水平。加大油棕新品种引进选育力度，尽快培育一批适合高纬度地区大规模种植优良品种。以香蕉、荔枝和芒果为重点，深入推进优势产业带建设，优化结构，提高良种覆盖率。

3. 推进热带作物水肥一体化技术

根据生产实际和农民需求，加大香蕉、芒果等热带水果和设施蔬菜水肥一体化关键技术和配套产品研发力度。按照实施水肥一体化对土肥水管理、作物栽培、病虫害防治、农业机械等的新要求，开展技术集成研究，形成新的农业种植制度。进一步加强土壤墒情监测，掌握土壤水分供应和作物缺水状况，科学制定灌溉制度，全面推进测墒灌溉。制定用于水肥一体化技术的水溶性肥料标准，规范和引导水溶肥料行业发展。开展水溶肥料、灌溉设备、监测仪器等相关水肥一体化新设备、新产品的试验示范，为大规模推广提供依据。抓紧研发微灌用肥料，提高其水溶性，优化肥料配方，降低生产成本。配套土壤墒情监测设备，实现实时自动、方便快速。

在井灌、渠灌、丘陵山区、设施温室等不同应用环境下，研发使用方便、防堵性好的水肥一体化设施设备。

4. 推进热带作物种植全程机械化

针对热带作物生产机械化难点多、实现难度大等问题，将推进种植区域宜机化改造，根据田间机耕道路、平整度、耕作层厚度等宜机化指标，结合热区实际，探索制定高标准农田和丘陵山区种植区域宜机标准。选择基础条件较好的作物，布局建立试验示范基地，开展生产机械化农机农艺技术融合研究，突破小品种作物机械化"瓶颈"，提升特色优势产业竞争力。推进农机农艺融合，制定和完善特色作物机械化生产的种植模式和作业规范。推动组建热带作物机械化创新联盟，推进热带作物机械化技术装备研发与推广进程。

习近平总书记提出"坚持以'粮头食尾''农头工尾'为抓手，延伸粮食产业链、提升价值链、打造供应链"[①]。每年的中央一号文件，均会触及农产品加工问题。中共中央、国务院印发的《乡村振兴战略规划（2018—2022年）》提出：实施农产品加工业提升行动。农业农村部印发《全国乡村产业发展规划（2020—2025年）》明确提出"提升农产品加工业"。2021年中央一号文件《中共中央 国务院关于全面推进乡村振兴加快农业农村现代化的意见》强调，"立足县域布局特色农产品产地初加工和精深加工"。热带作物品精深加工技术是实现热带作物产业现代化的重要手段，是国家破解热区"三农"问题的"金钥匙"，是实施热区乡村振兴战略的重要抓手，是推进"一带一路"建设的重要纽带。

第一节

天然橡胶原料加工

一、 地位与作用

加工是天然橡胶获得使用价值的唯一途径。加工赋予了天然橡胶独特的综合性能，人类合成技术至今无法替代，并由此决定了天然橡胶在很多工业装备（包括武器装备）中具有不可替代性，使其成为重要的国家战略物资。天然橡胶加工技术水

---

① 《上下同心再出发——习近平总书记同出席2019年全国两会人大代表、政协委员共商国是纪实》，http://jhsjk.people.cn/article/30976860[2022-06-28]。

平既决定了原胶产品品质，又会影响应用装备的重要性能。应对国内自给率远低于安全水平且仍在逐年下降的局面，加快发展天然橡胶加工技术，用科技实力赢得国际话语权，是我国摆脱资源束缚性安全隐患的重要战略考量。

（一）天然橡胶是国民经济发展不可替代的工业原料

天然橡胶作为四大工业原料的重要组成部分，在国民经济中广泛应用。2020年，我国天然橡胶消费量600万吨，占橡胶消费总量的比例是40%。其中，轮胎类消费450万吨，占比75%；乳胶制品消费约66万吨（对应的浓缩胶乳约101.7万吨），占比11%；传送带和密封圈等消费约36万吨，占比6%；橡胶零部件消费约18万吨，占比3%；胶鞋胶带消费约18万吨，占比约3%；其他约12万吨，占比2%（表8-1）。

表8-1　2020年我国天然橡胶在国民经济中的应用情况

序号	用途		用量/万吨	小计/万吨	占比
1	轮胎[a]	重型卡车（以下简称重卡）和客车轮胎[b]	360	450	75.0%
		轿车轮胎[c]	90		
2	乳胶制品	发泡海绵	33	66	11.0%
		手套、避孕套等	26		
		其他杂制品	7		
3	传送带和密封圈		36	36	6.0%
4	橡胶零部件		18	18	3.0%
5	胶鞋胶带		18	18	3.0%
6	其他		12	12	2.0%
合计				600	100%

资料来源：天然橡胶生产国联合会、国际橡胶研究院、中国热带农业科学院农产品加工研究所

a：天然橡胶是轮胎侧面部位综合性能最优越的载重弹性材料，所有轮胎都使用

b：天然橡胶是重卡轮胎胎面最优越的载重弹性材料，重卡轮胎体胶、胎面胶、胎侧胶和带束胶都使用天然橡胶，每条轮胎中天然橡胶占全部橡胶含量的70%～80%

c：轿车轮胎胎侧胶和带束胶都使用天然橡胶，每条轮胎中天然橡胶占全部橡胶含量的20%～30%

近四十年来，我国每年消费的橡胶材料中，合成橡胶和天然橡胶的比例一直稳定在6∶4状态。多年来，合成橡胶一直无法以更高比例替代天然橡胶，是因为天然橡胶具有合成橡胶无法比拟的独特综合性能。天然橡胶在国民经济中的不可替代性体现在各个具体应用领域。

1. 轮胎

没有天然橡胶的轿车轮胎的安全隐患将成倍增大。轿车轮胎的胎侧胶由顺丁橡胶和天然橡胶按约1∶1比例混合制成，这是近一百年来，全球轮胎工业共同形成的配方架构。天然橡胶以高弹性、高强度和耐疲劳特性，在胎侧胶中发挥防止轮胎形变作用；如果不使用天然橡胶，轮胎在使用过程中将发生持续性形变，容易爆胎。我国轿车轮胎工业如果不使用天然橡胶，将完全失去市场竞争力。目前，我国轿车轮胎每年消费天然橡胶约占天然橡胶消费总量的15%；每条轮胎的橡胶材料中，天然橡胶用量一般为20%～30%，合成橡胶用量一般为70%～80%。

没有天然橡胶就无法生产出合格的重卡和客车轮胎。在重卡和客车轮胎中，胎体、胎侧、胎面都需要使用天然橡胶，尤其是胎面（含三角件），合成橡胶难以抵抗高承载和山地复杂路面对轮胎的磨损和撕裂，容易出现掉块和爆胎。如果不使用天然橡胶，将无法生产出合格的重卡和客车轮胎产品。目前，我国重卡和客车轮胎每年消费天然橡胶约占天然橡胶消费总量的60%；每条轮胎的橡胶材料中，天然橡胶用量一般为70%～80%，合成橡胶用量一般为20%～30%。

2. 避孕套

目前，全球90%以上的避孕套以天然橡胶为原料，不到10%的避孕套采用聚氨酯等合成材料。后者的主要问题是伸长率和爆破体积无法与天然橡胶相比，产品在使用过程中容易破裂和漏精。因此，天然橡胶在避孕套行业不可替代。

3. 手套和胶鞋

目前，所有的耐高压手套都使用天然橡胶，所有的绝缘胶鞋都使用天然橡胶。因为在耐高压电击穿和耐穿刺方面，合成材料远不及天然橡胶。

4. 传送带

因天然橡胶具有合成橡胶无法比拟的抗撕裂强度，因此，应用于矿山输送带可以显著提高产品使用寿命。

在日本等发达国家，天然橡胶还被广泛应用于房屋减震、桥梁减震、汽车减震、轨道减震等领域。从全球范围看，天然橡胶的应用潜力挖掘远远不够。

（二）天然橡胶对许多武器装备核心性能产生重要影响

天然橡胶在海、陆、空的武器装备中广泛应用，且对多数武器装备核心性能产生重要影响。天然橡胶是军用飞机轮胎胎面胶不可替代的材料，军用飞机轮胎特别是舰载机轮胎胎面胶如果不使用天然橡胶，在落地瞬间极易炸胎导致飞机坠毁；天然橡胶是军用直升机旋翼减震器的重要减震材料，模拟实验表明，使用高性能天然橡胶，直升机旋翼连续运行时间可达1200小时以上，使用普通橡胶仅50小时左右旋翼轴承就可能发生断裂；天然橡胶是坦克履带运动关系的重要载重减震材料，模拟实验表明，使用高性能天然橡胶，坦克履带可连续行驶1000公里以上，而使用普通橡胶，仅可连续行驶500公里左右；等等。天然橡胶对武器装备的核心性能和综合战斗力产生重要影响，综合性能不可替代。

当前，我国军工领域所用天然橡胶完全依赖进口，进口渠道和产品品质的不稳定趋势越来越明显，推进军工用胶国产化任务紧迫。

（三）目前人类科技无法超越天然橡胶的独特性能

天然橡胶之所以在许多工业领域处于不可替代位置，主要是因为它具有独特的拉伸结晶特性，即当遇到外力时，瞬间形成结晶，对抗外力破坏；当外力撤销时，结晶瞬时溶解，恢复弹性。人类试图采用合成替代天然橡胶的研究工作始于20世纪80年代，但至今无法实现超越天然橡胶的独特性能。1985年，美国国防储备物质政策办公室委托阿克伦大学斯密特斯科学服务研究所进行研究（美国轮胎和橡胶研究最权威的独立测试和咨询实验室），结论是：在轿车轮胎领域，合成橡胶可以完全替代天然橡胶，但要牺牲性能；而在航空轮胎、装甲轮胎等特种工程轮胎领域，天然橡胶不可替代。20世纪90年代，法国、日本等国家开始研究天然橡胶的人工合成和结构仿制；2005年开始，我国以中国科学院长春应用化学研究所为代表的科研机构开始研究天然橡胶的人工合成。得到的结果均与美国结论相同，即天然橡胶具有不可替代性。从公开发表的论文看，截至目前，人类合成橡胶的拉伸结晶性能最高能达到天然橡胶的约5%水平，如图8-1所示。正是这种独特的拉伸结晶行为，赋予天然橡胶独特的高强度、高弹性、耐切割、耐疲劳性能。

（四）我国天然橡胶自给率长期低于安全自给线

天然橡胶是国家战略物资，是四大工业原料的重要组成部分，是工业发展的重要支撑材料。随着我国社会经济发展，我国每年消费的天然橡胶总量一直处于增长态势，2001年以来一直稳居世界第一。2020年，我国天然橡胶消费量达600万吨，但产量仅69万吨，自给率仅11.5%，远低于25%的安全自给线，特别在军工领域，全部依赖进口。这既严重制约行业国际话语权，又对国民经济发展和国防事业带来战略隐患。

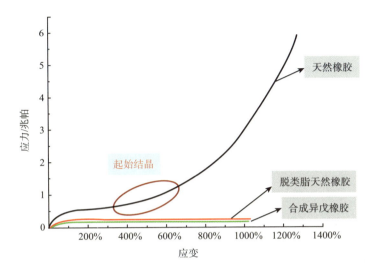

图8-1　不同橡胶在拉伸模式下的应力-应变曲线（合成橡胶拉伸结晶只有5%）

二、重要技术创新与产业贡献

我国的天然橡胶加工技术创新工作开始于20世纪50年代。凭借以中国热带农业科学院为主的科研院所的七十余年的持续努力，我国天然橡胶加工技术取得重大突破。

（一）从无到有构建国际领先的天然橡胶加工技术体系

1. 构建天然橡胶烟胶片加工技术体系

我国大面积种植天然橡胶树始于1951年，为满足于1957年起橡胶树大面积开割后天然胶乳加工的需要，1954年当时的华南特种林业研究所下设橡胶化工部开始研究天然胶乳加工，从无到有建立了片状胶、膏化法浓缩胶乳、离心法浓缩胶乳的加工工艺、设备制造安装和性能检验方法。1955年在海南联昌试验站建立了我国第一座半机械化的烟胶片加工试验工厂，为橡胶树大面积开割时期到来后，各农场兴建加工厂提供了依据和经验。1955年在西联农场建立了我国第一座膏化法浓缩胶乳加工厂，1960年引进胶乳离心机设备并开始生产离心法浓缩胶乳。各项技术成果在全国范围迅速推广应用，使我国天然橡胶加工从传统手工作坊式进入工厂化加工模式。

2. 构建符合我国国情的标准胶加工技术体系

进入20世纪60年代末，针对传统烟胶片工艺存在的产品一致性差、生产效率低等问题，发展标准胶技术是当时国家天然橡胶加工业的重大课题，但技术被马来西亚等天然橡胶主产国垄断。我国于1969年开始研究标准胶的生产，按照中国热带农业科学院农产品加工研究所制订的"天然橡胶新产品——国产标准橡胶的研制"项目计划，由三个单位牵头按三种技术方案开展标准胶的研制：华南热带作物学院热带作物产品加工系负责剪切造粒法研究，中国热带农业科学院农产品加工研究所负责锤磨造粒法研究，海南省农垦总局南田农场联合藤桥机械厂负责挤压造粒法研究。1971年，三种技术方案的初步结果都获得成功，其中锤磨造粒法在当时具有明显的优越性，适合农场的实际生产需要，从而在生产上迅速推广应用。随着设备制造技术的改进，目前剪切造粒法也已广泛应用于标准胶生产。

经过近20年的努力，以中国热带农业科学院农产品加工研究所为代表的橡胶加工技术团队建立了我国自主、完备的标准胶工艺、装备和标准体系，其间，先后设计建成我国第一座标准胶加工厂，研制成功标准胶连续干燥与打包技术生产线，研制成功我国第一条杂胶标准胶连续化生产线，并于20世纪90年代初向尼日利亚、泰国出口成套生产设备，标志着我国标准胶加工技术进入国际先进行列。

3. 构建天然橡胶改性技术体系

天然橡胶具有优异的综合性能，但在某些特殊性能，如耐热性、密封性、耐油性等方面却明显亚于某些类型的合成橡胶。为了改善其特定性能，需要对天然橡胶进行化学改性和物理改性。从20世纪90年代开始，以中国热带农业科学院农产品加工研究所为代表的橡胶加工技术团队先后开发出黏土天然橡胶、环氧化天然橡胶、氯化天然橡胶、天甲橡胶、脱蛋白天然橡胶、恒黏天然橡胶、子午线轮胎专用胶、预硫化胶乳等一大批改性天然橡胶产品，取得了多项原创性成果，从而拓宽了天然橡胶的应用领域。其中，中国热带农业科学院农产品加工研究所研发的胶乳法氯化天然橡胶不采用有毒的四氯化碳溶剂，直接在天然胶乳中通入氯气进行改性，于21世纪初建立了示范性生产线，产品制成船舶漆进行涂船试验，通过了1年的航海验证，生产技术达到国际领先水平。

4. 推动我国标准胶大型化生态化生产

进入21世纪，针对我国天然橡胶加工厂存在的规模小、污染重、效益低、产品质量一致性差、产业竞争力弱等问题，中国热带农业科学院农产品加工研究所提出了大型化、标准化产业发展战略，研发、设计大型化加工工艺和设备，推动了我国天然橡胶加工技术优化升级和产业结构优化重组，提升了整体产业市场竞争力：产品合格率提高5%，干胶制成率提高3%，劳动生产率提高100%～300%。此外，随着天然橡胶主产区——海南国际旅游岛的建设，以及国内外相关环保政策及标准日益严格，天然橡胶加工过程中所产生的污染问题已成为制约整个产业发展的潜在瓶颈。中国热带农业科学院农产品加工研究所提出并研发了天然橡胶低碳加工技术，其中"微生物凝固技术""挤出膨胀造粒脱水技术""连续化微波干燥技术""废气、废液处理新技术"等系列核心技术已进入中试阶段。

（二）应对新形势推动我国高性能特种天然橡胶走进世界第一方阵

2010年，南海局势紧张影响天然橡胶进口渠道的稳定性，构成国防安全隐患。针对该局面，中央高度重视，多次指示尽快实现国产化。中国热带农业科学院与国内有关单位组队开展技术攻关，从全农业因素到加工工艺参数系统研究天然橡胶特种性能形成理论，即天然橡胶拉伸结晶行为调控理论，于2013年取得理论突破。按照新的理论，并根据国防及高端装备需求，中国热带农业科学院研制了高频减振、航空轮胎、高承载减振等三类特种胶。

从国内情况看：据从各军工企业、研发机构和有关部委了解的情况判断，中国热带农业科学院是目前我国唯一掌握国防装备专用天然橡胶加工核心技术的机构。

从国外情况看：美国和日本的国防装备专用天然橡胶加工企业主要布局在东南亚，近年来布局网点均有增多趋势。综合判断，目前中国热带农业科学院掌握的国防装备特种天然橡胶加工核心技术与日本、美国同处该领域的世界第一方阵。有关成果正在促进我国装备水平提升。

三、　未来发展方向与策略

（一）加快构建高质量的国防装备供胶技术体系

目前我国国防装备专用天然橡胶全部依赖进口，对我国防带来安全隐患。第一，从产品来源上看，主要从马来西亚和泰国进口，南海局势多变，供货渠道极易被他国切断；第二，从进口方式上看，我国全部依赖第三方企业按非军方渠道采购，产品质量无从保障，极不利于国防装备性能提升；第三，从产品本身来看，我国军方主要进口马来西亚1号烟胶片，该产品并不代表特种天然橡胶的先进技术，相反，烟胶片在我国20世纪80年代就已经被淘汰，因为生产烟胶片需要消耗大量木材并产生大量烟雾造成环境污染，2020年以来，马来西亚开始减少生产烟胶片——已经导致我国部分军工配套科研机构"找不到"马来西亚1号烟胶片，进而影响国防装备研发进程。尽管目前中国热带农业科学院已经掌握高性能特种天然橡胶生产技术，但由于天然橡胶是工业原料，不是终端产品，因此其国产化工作是项系统工程，需要全链条协同创新，且任务非常紧迫。重点是要加强全链条协同创新体系、国产化技术体系和产品保供体系建设工作。

（二）加快推进高端民用天然橡胶自主化应用

天然橡胶广泛应用于民用飞机轮胎、重卡轮胎、高端减震等领域，其性能直接影响上述装备水平和稳定性。近年来，中国热带农业科学院已在上述领域开展研究并取得突破：成功试制国产大飞机C919航空轮胎，已通过高铁减振空气弹簧的初步验证。下一步，需积极开展应用推广，尽快实现高端民用天然橡胶自主化应用。

（三）加快构建天然橡胶大科学装置

受地域局限，我国天然橡胶种植面积维持在1800万亩已经是极限了，产量提升空间很有限，但消费量将随着科技和工业发展不断上升，自给率不断下降是必然趋势。从现实情况看，我们只有通过科技引领产生行业国际影响力，以此提高国际贸易规则参与度，进而赢取国际贸易话语权，才能有效解决这个问题。我们要重点加强天然橡胶高性能加工技术创新及其配套产业科技体系建设，加强天然橡胶专用科学装置设计和大科学工程建设，形成世界天然橡胶科技中心。

第二节
热带农产品精深加工

一、 地位与作用

农产品加工业具有鲜明的"农头工尾""粮头食尾"跨界产业属性，是农业现代化的重要标志。热带农产品加工科技承载了助推热带农业增值增效和国内热区乡村振兴，以及引领世界热区现代农业发展、服务国家"一带一路"倡议的重大使命。

（一）从技术层面看，热带农产品加工是促进热带农产品增值增效的重要手段

一方面，热区高温高湿的气候条件，造成热带农产品产后损耗率一直偏高，如热带水果的产后平均损耗率在30%以上，热带香料作物的产后平均损耗率在20%以上，发展产地加工技术是热带农产品减损增效的重要途径。另一方面，许多热带农产品不经加工无法直接食用，如腰果、咖啡、香草兰、澳洲坚果等，发展深加工技术是许多热带农产品实现规模化、产业化和品牌化发展的基本出路。再一方面，热带农产品种类丰富、特色显著，是食品级特色功能组分的重要宝库，发展热带农产品精深加工技术，是热带农业实现增值增效的重要出路。

（二）从当前局势看，热带农产品加工是实施热区乡村振兴战略的重要抓手

我国热区多为少数民族聚集区、边疆地区，产业基础设施相对薄弱，如何防止规模性返贫是实现全面乡村振兴的必要条件。热区乡村振兴，产业振兴是基础，热区乡村的发展必然要有兴旺发达的产业支撑，只有在热区乡村实现因地制宜、突出特点、发挥优势，形成既有市场竞争力又能可持续发展的现代热带农业产业体系，热区乡村才能有活力，经济才能大发展。热带农产品加工业是热带农业产业化的龙头，只有大力发展热带农产品加工业，才能带动热带农业产业的快速发展。通过热带农产品加工业的规模化、产业化发展倒逼热带农业向工业化、专业化、规模化、组织化等现代热带农业方向发展，形成区域规模经济优势，吸收农村剩余劳动力就地就业，解决农民向非农产业的转移就业问题，促进农民增收致富，推进乡村振兴。

（三）从全球层面来看，热带农产品加工是推进"一带一路"倡议的重要纽带

中国热区虽小，但世界热区大，分布着138个热带国家和地区，热带农业是这些国家产出与收入的主体构成，加强热带农业合作对"一带一路"热带国家民生改善与经济发展有着特别重要的意义。"一带一路"倡议的提出，开启了我国热带农业对外合作的新篇章，热带农产品加工业作为热带农业产业链条承上启下的关键环节，是实现热带农产品社会平均利润率的核心，在"一带一路"倡议下将发挥越来越重要的纽带作用。"一带一路"热带国家多为次发达国家、发展中国家、不发达国家，大都农业生产技术落后、劳动生产率和机械化水平低，尤其是热带农产品加工技术

落后。中国在热带农产品加工领域已积累了很多先进适用的技术，已基本形成了热带农产品加工技术体系，同"一带一路"热带国家开展热带农产品加工领域的合作具有很大潜力。

（四）从"四个面向"来看，热带农产品加工是促进居民生命健康的重要一环

我国热区是少数民族的主要集中区，社会经济发展相对落后，居民营养健康问题在提升人民生活幸福感中尤为突出；世界热区国家人口约38亿，接近世界总人口的一半，大部分极度不发达国家和极端贫苦人口都集中在热区，居民营养缺乏形势严峻，儿童低体重、生长迟缓、贫血等问题十分突出，通过提升农产品加工技术科技含量，可最大限度地满足消费者对农产品加工品营养健康的需求，保证营养食品有效供给，可有效缓解热区居民营养健康问题。未来，通过现代精准营养加工，打造全链条精准营养产品生产和精准应用，可实现消费者对膳食营养的精准需求，以达到维持机体健康、有效预防和控制疾病发生发展的目的，这对提升世界热区居民营养健康水平具有重要作用。

二、 重要技术创新与产业贡献

我国的热带农产品加工业起步于20世纪80年代，经过40多年的发展，以中国热带农业科学院为首的相关科研单位在我国热带农产品加工领域科技创新研究取得了明显成就，形成了具有系统性的理论和技术创新研究体系，研发了系列具有自主知识产权的加工关键技术、配套装备以及特色商品，初步建立起我国特色热带农产品加工技术体系和质量标准体系。一系列技术、标准、装备的集成与再创新，在特色热带农产品加工领域广泛应用，对促进我国热带作物产业技术升级做出了重要贡献。

（一）构建了相对系统的热带特色食品品质营养基础数据库

针对热带水果、香料、药食同源等食品资源品质营养基础数据缺失的问题，近年来，以中国热带农业科学院农产品加工研究所为代表的单位在不断收集、整理、归纳、总结热带特色食品品质营养基础数据，目前已发布了热带水果品质与营养数据库、热带香料风味与功效数据库和热带药膳食品活性指纹图谱，涵盖近40种热带作物。这些基础数据为热带农产品商品化流通和指导加工提供了有效的数据支撑。

（二）建立了脱皮、脱胶、脱壳等预处理技术体系

热带农产品多数要经过脱皮、脱胶、脱壳等预处理后才能进行加工食用，然而长期以来，我国在该方面的技术处于空白和落后水平。中国热带农业科学院从20世纪90年代开始，致力于研究特色热带作物产品脱皮、脱胶、脱壳原理与应用技术，取得了重要突破，包括胡椒鲜果直接脱皮新技术、咖啡湿法脱皮脱胶新技术、腰果脱壳脱皮新工艺等三项关键技术，支撑了胡椒、咖啡、腰果等产业初加工技术的升级发展。

（三）建立了热带农产品微生物利用理论和应用技术

突破了香草兰高温干法发酵生香新技术、椰子水发酵生产细菌纤维素技术，并将其应用于香草兰加工与椰子废水综合利用领域，推动了香草兰和椰子产业发展；针对热带果蔬，基于微生物发酵技术，创新研发了热带水果高活性发酵技术，筛选多种适合果蔬发酵的植物乳杆菌、干酪乳杆菌、酿酒酵母等高活性菌株，生产富含营养素的发酵果汁、发酵果醋、发酵果酒等热带果蔬饮料产品，提升了发酵果汁的益生作用，增加了发酵果醋、发酵果酒的风味，改善了产品品质。

（四）建立了热带农产品营养物质挖掘利用技术体系

突破了热带农产品中多酚、多糖、蛋白等营养物质的挖掘利用技术，支撑了热带农产品由传统加工食品向营养健康食品转型升级。例如，系统挖掘了荔枝、龙眼等热带特色水果的主要活性组分并揭示其健康效应机制，突破营养导向的精准加工关键技术，包括物理场辅助–酶降解提取与发酵乳杆菌可控降解的活性多糖提取技术、酸水解和微生物酵解释放结合酚的多酚提取技术等活性成分高效分离及改性增效制备技术，精准设计针对不同人群和应用场景的健康产品。

（五）建立了热带植物精油高效提取与加工技术体系

热带地区具有丰富的芳香植物资源，通过加工提取获得植物精油是延长芳香植物产业链的重要措施。中国热带农业科学院农产品加工研究所建立了"与密度相关联"的精油提取技术理论、技术和装备体系，并应用于沉香、高良姜、胡椒等50多种香料作物的精油提取，大幅提升精油的得率和核心组分含量，有效保障了产品品质；突破了精油微胶囊、脂质体、乳液等运载加工技术，有效解决了精油易挥发性、耐环境稳定性较差等问题，实现精油在加工产品中的控制释放；基于热带植物精油的功能特性，开发了其在食品饮料增香、防腐保鲜、美白护肤等领域的产品应用，有效提升了整体加工技术水平和产品竞争力。

三、 未来发展方向与策略

（一）加强热带特色食品营养基础研究

经济和技术的快速发展使营养健康的饮食理念逐渐深入人心，在农产品加工领域，功能营养产品逐渐发展。当前，迫切需要开展中国人群膳食需求、健康调控机理与精准营养理论研究；同时，要加强热带农产品营养基础数据的系统收集，了解热带农产品中功能营养特点，解决当前热带农产品基础营养数据缺乏的问题，为热带农产品向营养健康食品升级提供基础支撑。

（二）推进热带农产品精细化加工技术发展

以提高农产品加工机械化、自动化水平（即推进加工工艺与加工装备融合），促进农产品多元化加工利用，推动热带农产品加工业转型升级为目标，加快热带农产品中功能组分和特色组分挖掘利用关键技术研究，加强热带农产品营养健康功能评价，让科技引领热带农产品向高端特色的食品工业、制药工业、饲料工业、纺织工业和化妆品行业拓展延伸，精细化梯次利用科技，推动热带农产品增值和热带农业增效。

（三）加快推进热带农产品产地加工设施建设

开展农产品产地初加工实用技术和设备设施研发和推广工作，丰富热带农产品产地初加工技术规程，完善相关技术手册，加大技术和设施在热带农产品产地的推广和普及力度，推进热带农产品产后损耗率降低。

第三节

农副产物综合加工

一、 地位与作用

农副产物是农产品采后加工生产过程中产生的废弃物。一些农副产物富含纤维素、淀粉、蛋白质以及天然小分子化合物，如生物碱、氨基酸、甾体化合物、萜烯类化合物等。这些小分子化合物因具有较高的生物活性而具有重要的经济价值，可以通过适宜的技术手段有效地提取、分离、纯化原料中的活性物质、高附加值组分或通过发酵、精深加工等，开发高附加值产品，减少资源浪费，提升经济效益。

（一）农副产物加工可减少农业资源污染，促进美丽乡村建设

党的十九大报告中提出"坚持人与自然和谐共生"，农产品加工业必须树立和践行"绿水青山就是金山银山"的理念[①]，坚持节约资源和保护环境的基本国策。热带农副产物的低值化使用，加工废弃物的随意排放等，造成了资源浪费、效益流失、收入减少、环境污染，影响了农村生态安全和可持续发展。大力提升农副产物综合利用水平，对增加农产品有效供给，引导农业转方式调结构，促进农业增值增效，建设美丽乡村等都具有重要的意义。对农业副产物的综合利用，能有效提高农业资源利用率，推动农业走资源节约、环境友好的发展道路，这是发展现代农业的必然要求，是实现农业农村经济可持续发展的必然趋势。

（二）农副产物加工可提升资源利用率，促进农业绿色发展

中共中央办公厅、国务院办公厅印发的《关于创新体制机制推进农业绿色发展的意见》提出，开展尾菜、农产品加工副产物资源化利用，推进农业绿色发展。要高效利用农业资源，把农产品及加工副产物、剩余物"吃干榨尽"。采取先进的提取、分离与制备技术，集中建立副产物收集、运输、处理渠道及综合利用技术体系，研制一批新技术、新产品、新设备。开展果蔬皮渣等副产物梯次加工和全值高值利用，化害为利，变废为宝，开发新能源、新材料、新产品等，不断挖掘农产品加工潜力，提升增值空间。坚持资源化、减量化、可循环发展方向，促进综合利用。

（三）农副产物加工可延伸产业链，促进低碳农业发展

"十四五"是我国农业现代化向农业绿色高质量进发的开端期，也是2030年碳达峰的关键期、窗口期。2021年9月，《中共中央 国务院关于完整准确全面贯彻新发展理念做好碳达峰碳中和工作的意见》印发，提出加快推进农业绿色发展，促进农业固碳增效。低碳农业是创新农业发展模式的战略制高点，是新形势下转变农业发

---

① 《习近平：决胜全面建成小康社会 夺取新时代中国特色社会主义伟大胜利——在中国共产党第十九次全国代表大会上的报告》，http://www.gov.cn/zhuanti/2017-10/27/content_5234876.htm[2022-06-29]。

展方式、实现农业可持续发展的必然选择。农业废弃物综合利用，推动了农业低碳循环发展，在"绿水青山就是金山银山"发展理念的引领下，提高农副产物综合利用率，可促进农业从粗放型增长向集约高效型经营转型，从要素依赖的高消耗模式向全要素生产率提升的低损耗模式转变，推进农业绿色低碳发展，推动减污降碳协同增效，让农业为推动"双碳"目标任务做出贡献。

二、 重要技术创新与产业贡献

（一）副产物的材料化加工

农副产物富含丰富的功能组分，如菠萝叶、香蕉叶富含纤维素，利用现代提取工艺技术对菠萝叶、香蕉叶纤维进行提取，获得具有抗菌等功能的植物纤维，开发植物纤维及其加工制品，如菠萝纤维衣服、防臭袜子等，既获得了高品质加工产品，又提高了副产物的经济价值。

（二）副产物的肥料化加工

农副产物含有丰富矿质元素和有机质，农副产物还田后，具有良好的改土、培肥效果，能改变过度依赖化肥导致的土壤肥力逐年下降的问题。农业副产物还田还具有较好的自然适应性和经济效益、更轻简的利用方式，是农副产物资源化利用的现实途径。目前副产物肥料化主要包括堆腐还田，蔬菜废弃物与其他农业废弃物混合进行堆沤；基料化应用后的产物经过无害化处理可作为有机肥，如农业副产物栽培食用菌，食用菌采收后剩余的菌糠可作为有机肥还田，实现循环利用。

（三）副产物的饲料化加工

我国热带地区农作物田间废弃物主要包括香蕉茎叶、甘蔗叶、菠萝叶1000万吨。此类农业废弃物，经过适当的技术处理，便可作为动物饲料。利用菠萝渣、芒果皮等农产品加工废弃物，通过乳酸菌、枯草芽孢杆菌等发酵，生产发酵饲料，能提升动物的免疫力；将青绿田间废弃物切碎后，在密封条件下，通过厌氧乳酸菌的发酵作用得到的青贮饲料，易消化吸收，可长期保存，解决了家畜越冬期间青饲料不足的问题；将青绿田间废弃物切碎后，加入木霉、黑曲霉、酵母菌、乳酸菌、放线菌等，通过厌氧发酵，获得营养丰富、易消化吸收的微贮饲料。

（四）副产物的能源化加工

农业废弃物能源化利用开发包括气体类（沼气、生物质燃气、生物质氢等）、液体类（燃料乙醇、生物柴油等）及固体类（固体燃料、颗粒燃料），现阶段农业废弃物能源化利用在发电、气体燃料、沼气和固体燃料方面已经产业化。热区农副产物能源化主要是利用木薯生产燃料乙醇，我国广东、海南、广西适合种植木薯，其淀粉含量高，酒精产量高，具有良好的资源优势和成本优势。

三、 未来发展方向与策略

（一）农副产物功能价值挖掘

基于副产物特性，充分挖掘农副产物食用、药用等价值，开展全方位功能价值评价和功能组分分离提取研究，变废为宝、提升价值链，提高农业综合效益。

（二）农业废弃物综合利用

研究农村养殖、种植、加工等农业废弃物协同处理技术、装备和模式，构建农业废弃物就地减量、就地处理、就地消纳的综合利用技术模式体系；集成建立适应不同区域特色的农业废弃物利用模式。研发畜禽粪污处理和还田利用关键技术；研发肥料化、饲料化、燃料化、基料化、原料化等多途径的秸秆综合利用关键技术；研发农业废弃物综合利用的环境健康风险评估与防控技术。

（三）开展多功能多元化加工

挖掘粮油、果蔬、畜禽、水产等加工副产物潜在功能价值。研发米糠油、胚芽油、膳食纤维、多糖、多肽、有机钙等食品或食品配料，研发饲料、肥料、基料及果胶、精油、色素等新材料、新产品。

第九章　热带作物机械化

　　2018年9月25日，习近平总书记在北大荒建三江国家农业科技园区考察调研时强调，"要把发展农业科技放在更加突出的位置，大力推进农业机械化、智能化，给农业现代化插上科技的翅膀"[①]。2019年，李克强对全国春季农业生产暨农业机械化转型升级工作会议作出重要批示：加快农业机械化和农机装备产业转型升级[②]。历年中央一号文件均对发展农业机械化进行了部署，2021年中央一号文件《中共中央 国务院关于全面推进乡村振兴加快农业农村现代化的意见》提出：提高农机装备自主研制能力，支持高端智能、丘陵山区农机装备研发制造，加大购置补贴力度，开展农机作业补贴。农业机械化是减轻农民劳动强度，解放农村劳动力，加快农村富余劳动力向二、三产业转移，为农业增效、农民增收的有效途径。

第一节
热带经济作物机械化

一、地位与作用

　　我国商业化种植热带经济作物200多种，包括甘蔗、天然橡胶、香蕉、荔枝、龙眼、芒果、菠萝、胡椒、椰子、槟榔、咖啡、可可、剑麻、腰果等，在我国经济

---

　　① 《人民日报：为农业插上科技翅膀》，http://opinion.people.com.cn/n1/2019/0325/c1003-30992467.html[2022-06-29]。

　　② 《李克强对全国春季农业生产暨农业机械化转型升级工作会议作出重要批示》，http://www.qstheory.cn/yaowen/2019-03/16/c_1124243179.htm[2022-06-29]。

发展和国防建设中占重要地位。

热带经济作物机械化的发展受到社会经济发展和自然条件的双重制约。多年来，热区农村经济基础比较薄弱、农业生产规模小、政府投入不足和丘陵山地地区不适宜开展大型机械化作业等因素导致了热带经济作物机械化发展缓慢，综合机械化水平仅20%～30%。到2019年底，全国农作物耕种收综合机械化率超过了70%，小麦、水稻、玉米三大粮食作物生产基本实现机械化，热带经济作物机械化水平远远低于全国平均水平，已成为我国农业机械化发展的最大短板之一。《国务院关于加快推进农业机械化和农机装备产业转型升级的指导意见》（国发〔2018〕42号）提出，到2025年，全国农作物耕种收综合机械化率达到75%，丘陵山区县（市、区）农作物耕种收综合机械化率达到55%的目标。由于热作区多丘陵山地，且地域多样性、作物多样性、差异性大，在种植机械、管理机械、收获机械和秸秆处理机械等领域全方位落后于全国平均水平，"无机可用，无好机用"是热作生产机械化基本现状。大力发展热带经济作物机械化迫在眉睫。

世界热带经济作物产品及其加工品不断进入我国消费市场、进口规模不断扩大，如天然橡胶、剑麻等进口已占消费总量的70%以上，由于我国热带经济作物生产整体机械化水平低，过多依赖人工作业使热带作物产品成本高、无法与进口产品竞争，许多热带作物产业受到实质性的冲击。加快发展热带经济作物机械化，提高生产力，降低成本，促进热带经济作物产业转型升级，提高热带经济作物农产品附加值，是实现热带经济作物持续健康发展的重要途径。

二、重要技术创新与产业贡献

19世纪中期，热带经济作物机械化研究始于英国和法国，初期主要研究热带经济作物产品的产地加工装备。目前有美国、澳大利亚、日本还在进行甘蔗机械的持续研究，马来西亚、泰国、巴西等少数几个发展中国家在研究天然橡胶、咖啡等热带作物机械。

20世纪50年代，天然橡胶等战略物资短缺，为了实现自给，我国开始大面积种植橡胶和剑麻。为了满足当时热带作物产品加工的需要，以中国热带农业科学院为首的热区相关科研机构开始开展天然橡胶、甘蔗、菠萝、香蕉、剑麻等热带作物的机械化关键技术与装备的研究，拉开了我国热带作物机械化科技创新的大幕。几十年来，经过中国热带农业科学院和相关科研单位的不懈努力，热带作物机械行业发展经历了从无到有、从小到大、从弱到强的过程，取得了丰硕的成果，有效支撑了热带农业发展。如今已生产出了30多种橡胶初加工机械、20多种剑麻加工机械及其他机械，在热带经济作物机械的研究、开发和制造方面打下了坚实的基础，拥有了一批精通技术和管理、熟悉行业情况、经验丰富的机械人才。

（一）初步构建天然橡胶机械化体系

自20世纪60年代起，中国热带农业科学院的科技人员开展了一系列橡胶生产机械化技术与装备研发，从20世纪60年代的挖根机、清山机、搂根机、推土机和WD80挖穴机等机具，到近年来的无人驾驶遥控自走胶园除草机、2KFH-1型胶林深开沟施肥机（图9-1）、高扬程橡胶喷粉机（图9-2）等大中小胶园系列生产机械，再到"橡丰牌"4GXJ-I型电动胶刀（图9-3）。累计研发及推广天然橡胶技术装备30余种，从无到有，从简单工具到智能装备，初步构建了天然橡胶生产机械化体系，突破了种植、除草、压青、施肥、植保、采胶等人工作业效率低、成本高的技术难题，引领天然橡胶生产从传统人工作业向标准化、机械化、规模化转变，促进了天然橡胶产业转型升级。

图9-1　2KFH-1型胶林深开沟施肥机

图9-2　高扬程橡胶喷粉机

图9-3　"橡丰牌"4GXJ-I型电动胶刀

（二）初步构建甘蔗机械化体系

甘蔗是重要的糖料作物，占我国产糖量的85%以上，中国热带农业科学院于20世纪90年代起开展甘蔗生产机械化研究，经过多年发展，针对产业需求，开发了2CZY系列甘蔗种植机（图9-4）、1GYF系列甘蔗叶粉碎还田机、1SG 系列深松旋耕联合作业机、1SL 系列凿式节能深松机、1KG系列等行距开沟机、3ZSP系列甘蔗中耕施肥培土机、甘蔗喷药机（图9-5）、1SS系列螺旋式石灰喷施机等系列机具，与洛阳辰汉农业装备科技股份有限公司、雷州雷宝机械有限公司等企业合作，开展甘蔗机收及其智能化技术研究与推广应用（图9-6），初步构建了甘蔗生产全程机械化体

图9-4　2CZY-2型预切式甘蔗种植机

图9-5　甘蔗喷药机

图9-6 甘蔗收获机

系，弥补了甘蔗机械化薄弱环节的短板问题。攻克了一批制约甘蔗产业发展的农机化关键技术，甘蔗保护性耕作技术、深施肥技术的核心装备达国际先进水平，装备结合智能化信息技术，在广西、广东、海南等热区进行大面积推广应用，对我国热带糖料作物生产发展发挥了重要作用。

（三）初步构建热带水果机械化体系

我国热区水果品种资源丰富，分布地域广阔。荔枝、龙眼、香蕉、菠萝、芒果、木瓜等栽培历史悠久、品种丰富、发展迅速，在国内水果市场占有举足轻重的地位。以中国热带农业科学院为首的热区科研单位、高校、企业等于20世纪90年代针对热带水果产业劳动强度大、生产效率低、劳动力紧缺且"无机可用"的问题，开展了热区果园适用的动力底盘、多功能作业平台、种植机械、田间管理机械、修剪机械、植保、采摘收获等技术与装备的研发工作，初步构建了菠萝"耕、种、管、收"全程机械化技术体系（图9-7和图9-8），荔枝、龙眼、香蕉、芒果等果园管理机械化体系，为热区果园提供了种植管理模式改革契机和产业升级驱动力，加速了我国水果产业结构调整与转型升级，树立了热区果园规范化、标准化、现代化发展方向。

图9-7　菠萝种植机器　　　　　　　　图9-8　菠萝收获机

（四）初步构建热带香辛饮料机械化体系

我国胡椒、咖啡、肉桂、八角、香草兰、可可等热带香辛饮料作物产业从无到有，经过 60 多年的发展，已取得阶段性成果。我国从事热带香辛饮料作物科学研究的主要有中国热带农业科学院和热区各省级农科院。近年来，热区劳动力缺乏，成本增加，限制了热带香辛饮料作物产业发展，以中国热带农业科学院为首的热区科研单位与高校逐步开展咖啡、胡椒、可可、香草兰等热带香辛饮料作物机械化技术研发，通过农机农艺融合，结合热区立地条件，研发了病害防治机械化技术、丰产栽培配套机械化技术、产品加工工艺流程及配套机械化技术，制定、修订本行业生产技术规程与产品标准，初步构建了关键环节机械化体系。胡椒、咖啡、可可、香草兰等热带香辛饮料作物的多项科研成果居世界领先水平，并在生产上广泛推广应用并取得较好的社会经济效益，为我国热带香辛饮料作物行业、热区经济发展及热带农业产业结构调整做出了重要贡献。

（五）初步构建热带经济作物废弃物综合利用机械化体系

贯彻党中央"农业废弃物资源化利用"等有关决策部署，开展热带农业废弃物资源化利用工作，是解决热区农村环境脏乱差、建设美丽宜居乡村的关键环节，也是应对经济新常态、促投资稳增长的积极举措。我国热带和南亚热带具备良好的光、热、湿等自然气候条件，农作物种类丰富，也产生了大量的农业废弃物。根据国家推进农业废弃物资源化利用要求和热作产业发展需求，中国热带农业科学院研发了菠萝叶纤维提取和精细化处理技术，甘蔗、菠萝等叶渣生产饲料、沼肥技术，甘蔗、菠萝、香蕉等茎叶粉碎还田技术，形成了热作废弃物材料化、饲料化、能源化、肥料化、基质化等热带作物田间废弃物综合利用技术体系和生产模式。其中，菠萝叶纤维提取、叶渣饲料化利用等技术为热带农业废弃物资源化利用树立了典范，对延长菠萝产业链、保护生态环境、农业增效和可持续发展、农民增收具有显著影响。

（六）农产品加工装备提高热作产业附加值

20世纪90年代起，中国热带农业科学院基于国际市场对热带作物初加工装备迫切需求，开始了咖啡加工装备、椰子加工生产装备、胡椒加工装备、澳洲坚果加工装备、油棕加工装备等研究与推广工作，通过科技支撑热作产业延长产业链，提高热带农产品附加值，开发了咖啡、胡椒、澳洲坚果等系列技术装备，其中，咖啡初加工生产线替代了国外进口，被麦斯威尔和雀巢咖啡公司选用，多项初加工技术及配套装备作为援外技术与装备，截至2021年底累计500多台/套出口至南美洲。

三、 未来发展方向和策略

热带经济作物机械化是热带农业现代化的核心内容，运用先进适用机械装备，能够改善热带农业生产经营条件，不断提高热带农业的生产技术水平、经济效益和生态效益。热带作物机械的运用，对有效利用土地资源、抗御自然灾害、推广现代热带农业技术、促进热带农业集约经营、提高热带农业劳动生产率、降低热带作物产品成本、减轻热区农民劳动强度和缩小工农差别，都有着重要的作用。而随着工业化、城镇化的加速推进，热区农村劳动力向二、三产业转移，以及已经出现的地区性、集聚性、结构性热带农业劳动力短缺，热带经济作物机械对热带农业劳动力的替代成为现实需要。

近年来，在政府农机购置补贴的推动下，农业机械化获得较快发展，全国农作物耕种综合机械化水平由2008年的45.8%增长至2019年的超过70%。但热带经济作物机械化一直是农业机械化的短板，效率和效益有待提升。新时代新形势，推动热带经济作物机械化高质量发展应从以下几个方面开展。

（一）加大政策和资金扶持力度

热区各级政府应加强对热带作物机械化重要性的认识，特别是要重视热带作物机械化主要存在的小型化特征，加快制定推进热带作物机械化相关政策和措施，特别是结合《中华人民共和国国民经济和社会发展第十四个五年规划和2035年远景目标纲要》的要求，制订具体的中长期发展规划，如热带作物机械装备产业技术创新、智能制造和绿色制造等方面的政策资金补贴以及保险等。积极引导不同经济成分的组织和热区农民加大对热带作物机械的资金投入，争取银信部门的信贷支持，形成以政府资金为引导、农民和集体经济组织投资为主体、社会资金投入为补充的良性投资机制。在严格规范实施购机补贴政策的同时，应区分粮食作物与热带经济作物、山地丘陵与平原地区，因地制宜地合理确定适宜热区的补贴机具品目，侧重于补贴当地产业发展所急需的农机具，降低热带农业机械设施的购买成本，减轻热区农户的资金压力，最大限度地发挥政策的拉动效应。尽快地出台农机燃油补贴政策，农村信用合作社要按有关政策规定，积极发放农户小额贷款和联保贷款，解决热区农户购机贷款担保难的问题。

（二）推进主要热带经济作物种植园宜机化

中国热区基本上地处革命老区、少数民族自治地区、陆地边境地区和欠发达地区，热带作物机具推广速度缓慢、机械作业效率不高等都与热区的经济发展速度慢、热带农业基础设施薄弱有着直接的关系。应对热区的乡村公路、机耕道、水渠网络、田土改造和山塘沟坝等进行重点建设和完善，为加速发展热带作物机械化提供必要条件。围绕全程机械化基础条件和发展潜力，按照国家重要热带农产品生产保护区的要求，进一步优化我国热带作物发展的区域布局。根据不同热带作物生产实际，制定适宜不同种植区的地块标准、机耕道标准、灌溉与排水渠系标准等宜机化标准，有效引导农业企业、新型经营主体实施土地流转，鼓励农户通过互换并地实现连片耕种，发展适度规模经营，加快推进建设一批可满足全程机械化作业的热带作物种植园或生产基地。

（三）推进热带经济作物生产过程机械化

加大热带作物装备科技创新投入力度，支持产学研推用协同攻关。继续加强橡胶机械化割胶、甘蔗机收、剑麻机收等"卡脖子"技术研发及应用；针对热作区多丘陵山地的复杂地形，突破传统轮式拖拉机的使用限制，研制履带底盘的自走式农机动力平台，满足热带作物果实采收、田间转运、修枝剪形、喷施农药或水肥的管理作业设备开发的要求；针对甘蔗、王草等，研究杆状种茎防损夹持输送技术、高速精确切种技术、种肥交互分布技术、漏种自动检测技术等，研制热带种茎作物联合种植机；针对香蕉、菠萝等草本作物，研究种苗取苗技术、无损送苗技术、自动扶苗定植技术，研制大种苗种植机或移栽机、草本水果低损智能采收机械；针对槟榔等超高木本热带作物果实收获，研究林间高空机械采摘技术、送果技术，研制自走式高空果实采收设备；针对南繁育种和热区冬季瓜菜生产，开展机械化技术装备研发；推广普及热带作物种植园土地耕整、植保、中耕除草、施肥及农田废弃物高效处理技术装备。开展跨学科的联合攻关，加快选育、推广宜机化的热带作物品种，示范推广宜机化种植、管理技术模式，推进耕、种、收、秸秆处理各环节作业机具协同配套，建立全程机械化生产模式，促使良种、良法、良机配套，为机械化生产创造条件。

（四）推进生产服务社会化

引导热带作物种植户、种植园、农业企业组建机械化服务合作组织，提升生产全过程机械、设备共享服务能力。加强对热带作物机械化服务合作组织的业务指导和金融支持，开通大型农机装备跨区作业绿色通道，培育种、管、收等社会化专业性服务组织，发展"全程机械化+综合农事服务"等社会化服务新模式、新业态。加强对服务组织规范化建设的指导，引导服务组织完善管理制度，健全运行机制，拓展服务范围，提高服务质量。

（五）推进服务"一带一路"倡议

结合国家热带农业科学中心的定位，支持热带作物机械化领域的基础和应用基础研究、重大装备研发，充实、完善"中心"的学科体系和研究布局，引领全球热带作物机械化的学科发展，面向世界热区开展热作农机化科技合作，服务国家"一带一路"倡议。支持热带经济作物机械产品进入东盟、非洲和拉美市场，促进热作生产国家相关产业与我国的对接，科技支撑中国热带农业"走出去"。

第二节
热带粮油作物机械化

一、 地位与作用

中国热区种植热带作物200多种，其中，粮油作物包括热区特种水稻，特种玉米，木薯等薯芋类，菠萝蜜、尖蜜拉、面包果等木本粮食作物，油棕，椰子，油茶等，在我国经济发展和国防建设中占重要地位。热带粮油作物机械化的发展受到社会经济发展和自然条件的双重制约。由于热区各省区经济发展水平和地理状况的不同，部分省区山多耕地少，坡地梯田多，平坝少，社会经济薄弱，农田基础设施差。多年来，热区农村经济基础比较薄弱、农业生产规模小、政府投入不足和丘陵山地地区不适宜开展大型机械化作业等因素导致了热带粮油作物机械化发展缓慢，综合机械化水平仅20%～30%。

热带粮油作物机械化是提高热带农业生产力的重要途径，我国的经济发展迅速，但是总体上呈现出区域发展不平衡、城乡发展不平衡的特点。热区农村农业生产青壮年劳动力短缺成为常态化，粮油作物经济效益较低，特别是热区山区，由于热带作物机械化水平较低，体力劳动繁重，很多人都放弃了农业生产，这也让我国的热带农业生产力出现流失。借助大量的热带作物机械，如犁地机、播种机、灌溉设施以及收割机等，可以实现热带粮油作物生产效率的大幅提升。

热带粮油作物机械化是实现乡村振兴的关键手段，发展是时代永恒的主题，党的十九大报告提出"坚持农业农村优先发展"[1]，其目的就是统筹城乡发展，协调理顺两者关系，最终补齐农业现代化这个"四化同步"短板，实现中国式农业农村现代化。2021年中央一号文件《中共中央 国务院关于全面推进乡村振兴加快农业农村现代化的意见》提出，要坚持把解决好"三农"问题作为全党工作重中之重，把全面推进乡村振兴作为实现中华民族伟大复兴的一项重大任务，举全党全社会之力加快农业农村现代化，让广大农民过上更加美好的生活。作为热区农村先进生产力的重要体现和热带农业现代化的重要标志，热带粮油作物机械化在新时代乡村振兴战略实施中将发挥着越来越重要的作用，热带作物机械化助力乡村振兴战略实施大有可为。

二、　重要技术创新与产业贡献

19世纪中期，热带粮油作物机械化研究始于英国和法国，初期主要研究热带粮食作物的产地加工装备。目前有美国、澳大利亚、日本等世界发达国家基本实现水稻、玉米等粮食作物耕、种、管、收、产后加工等全产业链机械化，热区油料作物机械化技术主要集中在产后加工。发展中国家马来西亚、泰国、巴西、古巴等仍在

---

[1] 《习近平：决胜全面建成小康社会 夺取新时代中国特色社会主义伟大胜利——在中国共产党第十九次全国代表大会上的报告》，http://www.gov.cn/zhuanti/2017-10/27/content_5234876.htm [2022-06-29]。

研究木薯、油棕等热带作物机械。

2000年后，为了满足木薯、油棕、椰子等热区粮油作物转型升级需要，以中国热带农业科学院为首的热区相关科研机构开始进行木薯、油棕、水稻、玉米等热带作物的机械化关键技术与装备的研究，拉开了我国热带作物机械化科技二次创新的大幕。几十年来，经过中国热带农业科学院和相关科研单位的不懈努力，热带粮油作物机械行业发展经历了从无到有、从小到大、从弱到强的过程，取得了丰硕的成果，有效支撑了热带粮油作物发展。

（一）初步构建木薯等薯芋类粮食作物机械化体系

为突破世界热区粮食作物木薯生产机械化发展难点，中国热带农业科学院2000年初开始启动木薯生产机械化系统研究，研究范围涵盖木薯耕整地、种植、管理、秸秆处理、收获、初加工等全程机械化。通过农机农艺融合，开创性地研制了木薯宽窄双行起垄种植及配套全程机械化技术，开发了配套木薯"耕、种、管、收"全程机械化技术及装备20余种，研制了国内首台套木薯联合收获技术装备（图9-9和图9-10），实现了木薯生产节本增收40%以上，让木薯种植"有利可图"，为中国发展现代木薯产业提供了机械化解决方案，该技术于2021年列入农业农村部主推技术，并在东南亚、非洲等地区多个"一带一路"热带国家应用。在产后加工方面，中国热带农业科学院联合热区相关企业开展了薯芋类淀粉、干片等加工技术装备研究，为提高热区薯芋类粮食作物产品附加值提供了技术支撑。

图9-9　2CM-2宽窄双行起垄式木薯种植机　　图9-10　4UML-130振动链式薯类收获机

（二）农产品加工装备提高热带油料作物产业附加值

20世纪90年代起，中国热带农业科学院基于国际市场对热带作物初加工装备的迫切需求，开始了椰子加工生产装备、胡椒加工装备、澳洲坚果加工装备、油棕加工装备等研究与推广工作，通过科技支撑热作产业延长产业链，提高热作农产品附加值，开发了椰子、油棕等系列技术装备。其中，椰子加工装备的椰奶加工工艺与配套设备，攻克了利用椰子果肉制造椰子汁饮料的工艺，加工的椰奶香味浓郁，首次使用D添加剂解决了浓缩椰奶的分层问题，使保存期达到1年，提高了产品质量，既可作为食品工业原料，又可直接或稀释食用，主要设备包括6C-170型椰肉插丝机和6Z-30型椰丝榨奶机，配套了生产甜炼椰奶、椰蓉、椰油、椰子粉等产品的设备。该技术为推动中国椰子汁饮料事业发展做出了原创性的贡献。油棕加工方面，2008年起开始从事小型化棕榈油提取加工工艺及技术装备研究，已围绕小型化设备提取加工棕榈油技术开展了一系列研究，在油棕杀酵、脱果、捣碎、榨油、澄清、干燥等各个工艺环节都进行了设备研发，各个设备已经经过初步试验、改进，总体形成了体系较为完善的棕榈油提取加工技术与配套设备，建立了小型化设备提取棕榈油示范点，全套设备运行良好，已初步具备提取棕榈油的基础。对棕榈油提取加工工艺技术进行了研究和试验，掌握了完整的棕榈油提取加工工艺，初提的棕榈油经质检部门检测，总体符合国家标准的要求。研制完成小型螺旋式油棕果榨油机、小型油棕果杀酵罐、小型油棕果脱果机、小型油棕果捣碎机、小型棕榈油澄油干燥机等。

（三）中国制造服务"一带一路"热带国家农业发展

中国热带农业科学院努力践行服务国家"一带一路"倡议，与柬埔寨、印度尼西亚、老挝、塞拉利昂、加纳、埃塞俄比亚等十多个国家或相关企业合作，建立国际联合生产机械化示范基地、研发中心，共同开展热作粮油机械装备在当地的推广应用。截至2020年，中国热作农机在"一带一路"热带国家进行技术转移示范与推广应用，累计推广木薯等粮食作物生产装备200多台套，支撑当地农业发展，彰显中国制造国际影响力。

三、　未来发展方向和策略

农业高质量发展是经济高质量发展的重要内容，热区主要作物热带粮油作物发展是缓解农业资源环境压力、满足人民群众不断升级的消费需求、应对激烈国际竞争的客观需要。热带粮油作物产业是我国农业的重要组成部分，要以推进热带农业供给侧结构性改革为主线，坚持质量兴农、绿色兴农、效益优先，加快转变热带农业生产方式和农业转型升级，推动热带粮油作物等农业高质量发展。加快推进热带农业和热区农村现代化应从以下几个方面做好。

（一）加强组织领导

热带粮油作物是我国粮油作物重要组成部分，事关国家粮油安全。热区各级农业农村部门要把发展热带粮油作物机械化纳入农业农村发展规划，列入重要议事日程，农机化与科技、种植业、种业、农田建设等有关方面密切协作，建立协调机制，加强重大事项的协调配合，组织试验鉴定、技术推广、安全监理和农业技术推广服务等系统的力量，合力推进热带作物机械化发展。要积极支持行业学会、协会、创新联盟发挥作用，开展热带作物机械化团体标准制修订、质量监测、信息交流、技术培训和国际合作等方面的工作，服务热带作物机械化发展和热作产业转型升级。

（二）加快热带粮油作物产品加工机械化技术升级

加强对特种稻、特种玉米、木薯、油棕、椰子、油茶等热带粮油作物农产品初加工机械的大型化、标准化、自动化、智能化技术升级，大幅减少现有加工装备或生产线的人工依赖，降低生产成本、提高经济效益、保证产品质量。热区各级科技部门要切实了解当地粮油作物农产品初加工业发展所需装备的缺口，积极组织科技攻关，破解一批技术装备瓶颈问题，研发一批农产品加工设备、无损检测技术装备、预处理技术装备和包装分级装备，全面提升热带农产品加工装备技术水平和加工业发展水平，促进热带农业增效。热区各级农机化主管部门要加大对热作加工机械的补贴力度，探索批量少或新机型补贴绿色通道，将本地急需的加工机械设备纳入本省农机购置补贴范围，有效满足补贴需要，不断提高农产品初加工的机械化水平。

（三）加快热带粮油作物生产关键环节机械化

相较北方粮油作物基本实现耕种管收等全程机械化，热区粮油作物机械化水平极低。加大热带粮油作物装备科技创新投入力度，支持产学研推用协同攻关。继续加强种植、收获生产关键环节"卡脖子"技术研发及应用；研制大种苗木本粮食作物种植机或移栽机；针对椰子、油棕等超高木本热带油料作物果实收获，研究林间高空机械采摘技术、送果技术，研制自走式高空果实采收设备；以解决椰子、油棕、澳洲坚果、油茶等热带木本油料作物关键环节机械化，热区花生、油莎豆等草本油料作物全程机械化装备技术的关键性重大科技问题为主线，通过农机农艺融合，建立一批热区油料作物机械化技术示范基地，开展相关装备技术集成与应用示范，全面构建椰子、油棕、澳洲坚果等热带木本油料作物，热区花生、油莎豆等草本油料作物机械化技术模式，推动形成可复制推广整装技术，提升行业科技自主创新能力，充分发挥科研基地在科技创新、成果应用示范中的先导作用，促进热区油料作物生产机械化实现跨越式发展。

（四）推进科技创新

发挥热带亚热带作物机械化创新联盟和国家热带作物产业技术体系的作用，围绕农机农艺融合、关键薄弱环节机械化，开展技术装备研发和示范推广。瞄准生产重大需求，及时提出热作农机装备技术创新建议，争取科技、财政部门立项支持，推动重点研发计划等各类科技专项加大对热带作物机械化关键技术装备研发支持力度，增强新技术新装备的供给能力。积极支持引导，加强热带作物机械化科技人才培养，夯实创新平台，推动建立以市场为导向、产学研深度融合的热带作物机械化创新链，加快科技创新和成果应用。

（五）加强示范引导

充分发挥热作垦区、国家和省级现代农业产业园、相关机械化示范县的作用，开展先进适用热带作物机械、适宜机械化品种、高效轻简生产管理、采后加工等技术的示范集成。通过项目支持、政府购买服务等方式，充分调动热作机械装备企业、种植企业、农机合作社和科研院校、社会团体参与技术推广的积极性，创新体验式、参与式推广方式，提升示范推广效果，加快热带作物机械化新技术新装备的推广应用。及时总结好经验好做法，充分应用各种新媒体手段快速宣传推广，为加快提升机械化水平、促进热作产业高质量发展，营造良好社会氛围。

第三节
热带农业机械的智能化

一、 地位与作用

智能农机是综合运用信息技术、网络技术、控制技术、机械技术和行业技术而发展起来的、具有一种或多种感知性能并能进行逻辑运算以执行相关功能的先进农业机械。智能农机是推动形成以物联网、移动互联网、大数据、云计算等为支撑和手段的现代智慧农业的物质基础。智能农机通常包括五个要素，即感知、连接、数据、分析、控制，其中，传感器、控制器是关键。智能农机采用中央处理器芯片和传感器，对其应用的农业环境进行信息感知、数据收集和检测、分析，以对作业功能进行精准控制，同时与操作系统或操作人员进行信息交互。与传统的农机相比，智能农机具有以下特点。

第一，精准智能。通常精准农业由定位系统、土地信息采集系统、遥感监测系统、农业专家系统、智能农机系统、环境监测系统等多个智能系统构成。智能农机系统在精准农业方面起到节约生产资料、调动生产潜力、改善环境条件的作用，以获取最大的经济和生态效益。

第二，自动高效。智能农机均配备自动控制系统，能自动地进行系列的复合式控制，取代了多种依赖人为的操作，既降低了操作人员的工作强度，又提高了工作效率。

第三，安全可靠。智能农机配备的各种传感器可以实时监控农机自身的状况、作业状态和作业环境，并根据采集的信息及时调整工作状态，规避一些不良的工作环境，时刻确保自身正常的工作状态。因此，智能农机比传统农机更加安全、可靠。

第四，多能通用。智能农机的中央处理器芯片功能强大，执行功能、执行策略的软件程序修改容易，只需调整环境参数、判别要素和执行顺序，便可以应用于不同的作业对象、作业环境或执行不同的功能。智能控制设备体积较小，容易移植到不同的机械上，显著提升农机的实用性和使用效率。

二、 重要技术创新与产业贡献

国外智能农机研发起步较早，我国起步相对较晚。在国家的高度重视下，目前我国在智能耕整、智能播施、智能灌溉、智能植保、智能收获等环节，已经取得一些突破，部分技术正开始实际应用在农业生产中。在热带农业机械的智能化领域，我国起步则更晚些，"十三五"以来才列入相关研究计划，涉及智能种植、田间管理、智能收获等，并取得了一些进展。

在智能种植方面，中国热带农业科学院农业机械研究所针对木薯种植机的漏播问题，设计了实时切种式木薯种植机漏播监测系统。该系统包括硬件系统（主要由检测端、车载端和电源模块组成）、软件系统（主要由漏播监测主程序、无线模块收发程序组成）。系统工作时，木薯种茎下落过程经过安装于切种刀辊下方的光幕传感器感应区域，传感器输出信号经整流输出为电平跳变信号，传输到STC89C52RC控制器，根据传感器获取前后相邻木薯种茎的落种时间间隔，与单片机内部定时器的理论落种时间间隔进行比较分析，以此判定有无漏播，单片机输出电平信号控制漏播标记装置，实施标记。西北农林科技大学针对不同种类甘蔗表面多样性和复杂性等因素导致甘蔗图像的茎节难以识别问题，提出一种基于机器视觉且适合各种类型甘蔗的茎节识别方法，甘蔗茎节完整识别率达到92%，约80%的茎节的定位精度小于16个像素，95%的茎节的定位精度小于32个像素，所提方法在不同的图像背景下，都能够成功地对不同类型的甘蔗进行茎节识别，并且定位精度高。江南大学和中国热带农业科学院农业机械研究所联合团队为实现甘蔗单芽段蔗种的防伤芽与自动切割，设计了一种基于机器视觉的甘蔗切种装备。该装备利用橡胶滚轮夹持并输送甘蔗，由相机采集甘蔗图像并识别茎节，通过对茎节处的位置进行偏移，获得切割点的位置；上位机通过TCP（transmission control protocol，传输控制协议）通信将切割点位置发送给PLC（power line communication，电力线通信），PLC通过控制切割部件和橡胶滚轮部件完成切割点的定位及切割动作，切割点距茎节的距离可调节。试验表明装备对切割点的定位精度可达8毫米，伤芽率为0，可满足单芽段优质蔗种的农艺需求。

在田间管理方面，中国热带农业科学院农业机械研究所为解决现有木薯茎秆粉碎还田机粉碎质量不稳定的问题，设计一种基于木薯茎秆粉碎还田机的刀片离地间隙智能控制系统。该系统安装了带姿态传感器的仿形检测机构，在木薯茎秆粉碎还田机地轮支撑杆处加装控制液压缸，在STM32单片机收到姿态传感器实时数据后控制液压缸伸缩，以获得满足最优粉碎刀片离地间隙范围要求。

在智能收获方面，中国热带农业科学院农业机械研究所为解决现有4UML-130型振动链式木薯类收获机挖掘深度不稳定造成木薯破损、漏收率大和能耗大的问题，设计了一套木薯挖掘深度智能控制系统。该系统包括仿形机构、挖掘深度检测机构、液压系统和控制系统，运用积分分离式模糊PID[①]算法实时调节挖掘深度，有效实现了挖掘深度精准控制在±0.5厘米。中国热带农业科学院农业机械研究所为解决甘蔗联合收获机切割器的入土控制问题，设计了一种甘蔗收获机入土切割智能监控系统。系统包括车载终端、深度相机、扭矩传感器、温度传感器、位移传感器、旋转编码器、微控制器、仿形检测机构和执行机构等，对甘蔗收获机入土切割深度、刀具磨损情况、甘蔗破头率、刀具转速、车辆行驶速度、发动机油液温度六个参数进行实时监测，同时甘蔗收获机刀具可随地表起伏变化自动调整入土切割高度。中国热带农业科学院农业机械研究所同时开发了基于机器视觉的甘蔗收获机含杂率智能监测

---

① PID就是比例（proportional）、积分（integral）、微分（derivative），PID算法是一种常见的"保持稳定"控制算法。

系统研究，采用机器视觉识别技术，开发甘蔗图像采集视觉系统，分析其图像采集、图像识别、颜色特征提取的过程，利用Matlab开发含杂率在线监测软件，实现图像采集与处理，并通过建立含杂率量化模型判断甘蔗机械化收获质量。北部湾大学针对甘蔗机械化收割时甘蔗头破损率大的问题，通过将圆盘形甘蔗断头和甘蔗断尾方式改变为直锯齿方式，利用压力传感器测距技术对甘蔗断头位置定位，数据经单片机处理识别，选择出合适的断头速度和合适的断尾位置，降低了甘蔗头破损率，避免了甘蔗断尾时产生的浪费。广西大学针对甘蔗收获机在收获过程中智能化水平较低、依靠人工操作很容易对甘蔗收获机的运行状态产生误判从而造成物流通道堵塞、能源浪费、收割效率低的问题，提出一种基于主成分分析（principal component analysis，PCA）、遗传算法（genetic algorithm，GA）和支持向量机（support vector machine，SVM）的状态识别模型，对甘蔗收获机运行状态的识别准确率为93.75%，具有最高准确识别率和最快建模速度。海南天然橡胶产业集团股份有限公司与北京理工华汇智能科技有限公司联合开发了智能割胶机器，可通过导航定位技术，实现复杂环境下精准的导航和定位；通过图像识别技术，实现对捕捉图像的快速准确识别。盛元康能（北京）科技发展有限公司开发了固定式全自动智能控制橡胶割胶机，固定在树上的割胶机的智能控制系统发出信号，带动固定在进给运动滑块上的刀架机构、割胶刀和测距传感器做直线运动，实现割胶刀在橡胶树上螺旋线运动自下向上割皮；执行装置运动到适合的割皮位置时，通过限位传感器采集的信号，反馈给智能控制系统，由智能控制系统发出信号，驱动带丝杠的进给驱动装置反向运转，带动刀架机构、割胶刀进行退刀到起始位置，一个割皮工作循环完成。

综上所述，目前国内各主要研究团队对热带农业机械的智能化密切关注，并进行了一定的共性技术探索和起步研究，也取得了一些实用性的初步成果，这些工作有利于缩短热带作物机械智能化领域与全国同行的发展差距，并为今后的系统发展指明了技术路径和经验借鉴。但从单项的智能化技术成果转化为固化在热作农机装备产品上的属性，必定增加不菲的制造成本、明显提高使用的技术要求和维护成本，这个过程需要由装备制造企业和装备使用方也就是市场主体来决定。

三、 未来发展方向与策略

德国、美国等发达国家农机正在向更大型、更高效方向发展。目前德国最大型的除草机安装了多达30个车轮，一个小时可以达到除草300亩的效率，相比于传统农机，其耕作效率和成本大大降低。而大型高效率农机装备普遍应用加上低廉的耕地成本、对农民的职业补贴是德国等发达国家农产品价格低廉的主要原因。日本、韩国等国家农机正在向精巧化和精准化发展。日本已开始将人工智能技术用到农机上，未来物联网、机器人与人工智能等数字科技将逐渐革新日本的农机装备。

由于中国土地比较分散，智能农机的发展、应用受到一定程度的制约，但随着国家加强高标准农田的建设，农机装备使用条件大为改善。中国的智能农机发展方向既不同于德国、美国方向，因为我们的土地条件和分散经营模式决定我们不可能采用大规模或超大规模的农机装备；也不同于日本、韩国方向，因为我们的农产品有价格天花板，不可能普遍采用价值高昂的农业机器人来大幅拉高农产品生产成本。

按照中国"智慧农业"的构建需求，中国的智能农机也需有中国特色。热带农业机械的智能化应着力推动农机导航、农机作业管理和远程数据通信管理等技术系统集成应用；围绕热带作物种植园农田精细平整、精准播种、精准施肥、精准施药、智能收获，创制智能化作业机具与装备，提升精准作业技术水平；加快主要热带作物"耕、种、管、收"全程作业农机装备的研发进程，为智能化提供物质基础；大力推广基于北斗卫星导航系统和5G的自动驾驶、远程监控、智能控制等技术在大型联合作业机具上的应用；加快热带农产品初加工的机械化、自动化、智能化装备应用。

第十章　粮油作物产业发展

　　热带粮油是对热区谷类、薯类、豆类和油料及其加工成品和半成品的统称，是热带粮油安全和有效供给的组成部分。热带粮油作物是指用于提供制作热带粮油原料的作物。热带粮油作物分为热带粮食作物和油料作物，其中热带粮食作物主要包括特种稻、特种玉米、木薯、甘薯、芋头及菠萝蜜、面包果和尖蜜拉等木本粮食作物；热带油料作物主要包括椰子、油棕、油茶、热区花生及油菜等。《中共中央 国务院关于全面推进乡村振兴加快农业农村现代化的意见》强调"确保粮、棉、油、糖、肉等供给安全"及"促进木本粮油和林下经济发展"，通过"打造国家热带农业科学中心"，"加快建设南繁硅谷，加强制种基地和良种繁育体系建设"，用科技支撑高效热带农业的可持续发展，达到巩固脱贫攻坚成果及促进乡村振兴的目的。

第一节
特　种　稻

　　特种稻是具有特定遗传性状和特殊用途的稻谷，主要包括色稻、香稻、专用稻以及一些地方特色稻种。特种稻作为水稻产业的一部分，其营养价值、健康功能和生产效益均优于普通水稻，对于保障粮食安全，促进农民增收，提高人们健康水平，调整农业产业结构及推进乡村振兴都具有十分重要的意义。

一、特种稻产业发展成效

（一）产业成效

中国特种稻种植历史悠久，分布广，品种多、资源丰富。其中黑米、红米、紫米等色稻主要分布在广西、广东、云南和海南等地区，香稻遍及大江南北，山兰稻主要分布在海南。

特种稻开发的产品正逐步畅销于市场，产生了较大的经济效益和社会效益。特种稻除了能做成米饭、粥、汤圆、粽子等食用外，还能进行深加工开发成一系列产品如米酒、粉丝、面包、蛋糕、酸奶、饮料等，还有的特种稻具有独特的营养保健功能，可以加工开发成各类保健品。当前，人们膳食结构中特种稻所占的份额越来越多，多种多样的特种稻米正在逐步挤占传统的稻米市场，特别是中国的香米、黑米在中东、欧洲、俄罗斯、新加坡、韩国、日本等地广受市场青睐，销量很大，价格较高，具有广阔的市场前景。近年来，随着市场经济的发展，特种稻产业逐步走向成熟，进入新的历史发展时期，其中开发利用最广泛的是色稻、香稻等，已初步形成种植、收购、加工、销售一体化的产业模式。

（二）技术成效

中国特种稻技术研究和开发晚于常规稻，但取得了较大发展。在特种稻种质创新上，通过诱变剂处理和离体培养的方法加快了种质创新，这对培育高产类型特种稻具有实际意义。特种稻的育种技术，早期主要是对现有品种资源进行收集与改良并采用杂交、辐照、花培等育种手段选育特种稻，同时也开展了对国外特种稻的引种和驯化工作，如引种泰国香稻、驯化成矮秆品种。现代特种稻育种以集色、香、味和营养于一身和高产优质多抗的品种为育种目标，采用引种、杂交育种、突变育种、辐射育种、组织培养及与转基因等现代生物技术相结合对原有特种稻资源进行改良，以达到矮化、高产的目标，至今在全国范围内育成了一大批色稻、香稻、功能稻等特种稻新品种。特种稻米加工技术方面，形成了色米、香米、配方米、营养强化米、米制食品等一系列的加工工艺和技术。

二、 特种稻研究进展

我国在农业古书籍《齐民要术》和《本草纲目》中就有香稻和黑稻的记载，历史上我国各地都有一些著名的特种稻。20世纪50年代，为了解决人民吃饱饭的问题，我国的水稻育种目标以高产为主，根本谈不上特种稻的选育。改革开放后，我国特种稻的研究有了较大发展，国内主要稻米生产省份十分重视特种稻的研究与开发利用，分别在特种稻品种资源收集、种质创新与新品种选育、栽培技术、特种稻米的品质分析、精深加工及其综合开发利用等方面取得了可喜的研究成果。

我国特种稻种质资源从"七五"开始收集，据初步统计，已经完成编目，繁种入库的名特优稻种资源我国就有5000余份，水稻品种资源有9.30%属名特优的特种稻，编目入库的中国地方稻种中特种稻品种所占比例超过四分之一，约十分之一是黑米、紫米、红米、香米、软米、酒米、绿米等具有特殊性状的特种稻种质。

特种稻种质资源创新利用研究和新品种选育起步较晚，但发展较快。至今以丰富的特种稻种质资源为基础，创新了黑米、红米、软米、巨胚米、甜米等一系列特种稻新种质，并且在全国范围内育成了一大批色稻、香稻、专用稻等特种稻新品种，如上农黑糯、上农香粳、黑优粘、苏御糯、紫香糯、黑珍米、龙锦1号等。随后，新育成的特种稻品种在产量和品质上有明显提高，新品种选育速度加快，类型相对增多，并且由色、香、味、专用等表型特殊性状逐步向具有功能成分的功能性特种稻发展。在品种审定方面，广东省从2009年开始增设特种稻组，从而加快了特种稻新品种的选育和审定进度。

在特种稻栽培技术方面，湖南省农业科学院在实践工作中摸索出了配套栽培技术，包括特种稻有机生产集成技术、双季特种稻鸭共育关键技术、特种稻"M"形施肥技术等。其他专家也对不同特种稻品种和种植区域进行了相关栽培技术研究，总结出了有针对性和实用性的优质高产栽培技术。

在特种稻的品质分析与产品开发方面，专家除了对特种稻进行了外观品质、蛋白质含量、氨基酸含量等常规品质进行测定外，还开展特种稻色素提取研究，并与其他食品搭配，开发出了新型特种稻米食品。此外，特种稻米的微量元素、食疗成分与作用分析研究以及功能基因的分子标记技术也引起了专家学者的重视，其对特种稻品质性状遗传规律展开了研究，并取得了一定的进展。随着市场经济的飞速发展，特种稻米经过深加工开发出了一系列产品，主要包括普通食用的单一品种或配方米、快餐食品；深加工食品如米粉、糕点、冷饮以及各类保健食品等。

但总的来看，我国特种稻的研究基础比较薄弱，还有许多问题需要深入探索研究。比如，在生产上应用的特种稻品种一般株型不理想，产量低，抗病性差或品质较差；特种稻种质资源遗传分析评价，特种稻米营养素、功能因子、食味特性、加工特性等分析评价，以及产品监测检验分析评价等技术还落后，制约着特种稻产业技术水平的升级，影响着产业规模发展和效益提高。

三、 特种稻产业发展任务

（一）特种稻产业链

特种稻产业链共包括种植前、种植、收储、初加工、深加工、流通、消费等七个环节（图10-1）。

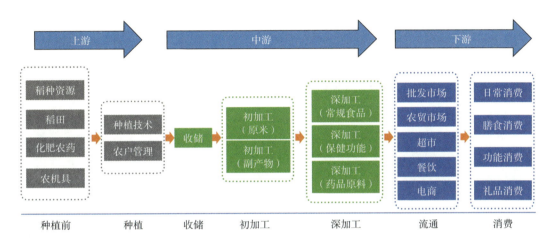

图10-1　特种稻产业链图

（二）产业发展模式

在特种稻产业发展上，科研单位、专业合作社（农户）、企业紧密合作，建立"科研单位+专业合作社（农户）+企业"的模式。科研单位提供优良特种稻品种及田间生产技术指导，协助策划特种稻的包装营销；专业合作社建设形成一定规模的特种稻生产基地，带动周边农户统一规范特种稻种植技术，确保特种稻达到相关标准，生产合格的特种稻；企业负责特种稻的加工、包装设计、品牌建设和市场营销等。

（三）重点发展领域

1. 加强品种选育及推广，提高产量及品质

在特种稻品种应用推广上，根据产量、品质、抗性、用途和市场进行权衡选择，

建立健全推荐淘汰机制，加强特种稻品种的选育工作。参与国家、省、市级的水稻品种区域试验，或开展特种稻的品种区域试验，促进特种稻的推广普及。特种稻的生产与市场对接，加快品种更新换代，努力向优质专用方向发展，充分挖掘特种稻种质资源潜力，加速特种稻产业化的进程。

2. 发挥区域优势，优化生产布局

围绕区域优势进行调整，发挥以地理气候资源优势为主的特种稻产业，按市场的需求和当地的气候及生产特点，规划好特种稻的种植开发，明确目标，配套其专业技术。充分发挥地区特种稻龙头企业的示范带动作用，把分散农户组织起来，确立农户的主体地位，实现经营一体化，提高农户科技意识和市场意识，实现特种稻产业化和专业化。

3. 强化加工转化，延长产业链

特种稻的加工有着很好的经济效益，有必要围绕特种稻深加工增值进行调整，大力发展特种稻种植，促进深加工和附加值。在常规食品方面，进一步优化特种稻食品生产工艺，提高品质；在保健功能食品方面，利用特种稻的功效成分，大力研究开发出集功能、营养、保健于一身的新特种稻食品；在药品方面，利用现代分离提取纯化技术，提取高纯度特种稻中的功能因子，为生物药品提供原料。此外，目前国内外已有一些特种稻走向市场，但是由于缺乏宣传，销售受到局限，如何将现在流通于市场的特种稻延伸到餐桌，需要国家政府部门的引导和政策支持，生产销售部门积极配合，提高产量、降低成本，使消费者更容易接受。

第二节

特 种 玉 米

特种玉米是指普通玉米以外的经济价值更高或具有特殊用途的玉米品种或类型。特种玉米因为营养丰富、风味和适口独特，所以极受消费者的认可和喜爱。目前应用较多的特种玉米主要有甜玉米、糯玉米、高油玉米、优质蛋白玉米、笋玉米、爆裂玉米及青饲青贮玉米等。近年来，特种玉米生产在调整种植业结构、促进粮食生产能力、加快农业产业化进程、提高农业效益和农民收入、改善人们饮食结构等方面发挥了重要的作用。

一、 产业发展概况

（一）发展历程

世界特种玉米种植主要分布在美国、加拿大、欧洲、日本、中国等，中国特种玉米主要分布在广东、广西等南方热带地区和新疆、内蒙古、吉林、四川、云南等地区。同时，由于特种玉米具有生产周期短、市场价格高、种植的经济效益比较高的特点，中国特种玉米生产和消费市场发展极快。

（二）产业科技发展

1. 特种玉米种质资源收集、创新与品种改良

中国特种玉米发展较快，种质资源也非常丰富，尤其是在糯玉米的研究上，中国目前处于世界领先水平。糯玉米起源于中国，在云南、贵州、广西一带保存有大量的地方农家种，种质资源丰富。《全国玉米种质资源目录》中收集的糯玉米种质有900多份，且有较明显的3种生态区分布，不同生态区种质各具特色。不同类型及特色的种质资源为中国糯玉米种质的改良创新和利用，杂种优势类群划分以及新品种的选育提供了宝贵的种质基础。

甜玉米原产于美洲，1963年才引进中国，20世纪80年代开始在生产上大面积种植和推广、应用。在政策推动及育种领域专家的长期努力下，广东甜玉米育种技术一直处于国内领先水平。截至目前，通过广东审定的甜玉米品种超过100余份，此外北京、上海、海南、福建、山东等地也选育出具有地方特色的甜玉米品种。

近年来，随着中国科技水平提升、政府对科技创新的关注以及供给侧结构性改革等相关政策的实施，不仅开展育种研究的科研机构和企业增多，而且科研环境得到改善，自主创新能力不断增强，在育种的广度和深度上有了极大提升，科技成果层出不穷。尤其在科研育种方面，优势明显。全国有300多个科研院校、种子企业投入到特种玉米新品种选育中，选育和审定的品种数量显著增加，品质提高，种类增多。

2. 特种玉米的品质分析与产品开发

特种玉米具有其各自的遗传基础，各种籽粒类型都是由各自内在的基因所控制，因此在品质成分含量、营养成分含量、籽粒结构等方面差异很大，糖分、淀粉、蛋白质、脂肪等含量的不同使特种玉米表现出各具特色的籽粒结构、营养成分、加

工品质及食用风味。各种特种玉米品种的育成、生产和与之相配套的加工业的发展，使特种玉米综合利用的前景越来越广阔。目前较多的特种玉米产品有鲜食甜玉米、优质饲料玉米、笋玉米、高油玉米、爆裂玉米等。其利用途径主要有：①鲜穗直接上市，可生食、煮食、蒸食、烤食等；②鲜穗经速冻冷藏保鲜，全年供应市场；③加工成粒状、糊状罐头（玉米羹）；④制成各种快餐、汤菜；⑤制酒、果茶饮料、冰淇淋等。

二、 产业发展潜力

近几年由于农业产业结构的调整，南方平原玉米开始发展。中国热带地区发展特种玉米产业具有良好的基础和空间。另外，中国国内特种玉米的消费市场还处于刚刚起步的阶段，随着人们认识的加深和生活水平的提高，以甜玉米、糯玉米鲜穗为主的特种玉米和各种玉米罐头的消费量将会逐渐增加。

三、 产业发展任务

（一）产业发展需求分析

发展鲜食玉米要以选育高产优质、抗病、广适、适口性好、风味独特的杂交甜、糯玉米新品种为突破口。为此，需从育种基础研究抓起，重视种质资源的挖掘、整理和利用，同时大力引进国外优良品系及杂交种，创建具有广泛遗传基础的选系群体。在育种技术方法上要借鉴普通玉米育种的先进经验及技术手段，还要根据居民消费水平和习惯，明确育种目标，制定鲜食玉米品种标准。注意协调商品品质、营养品质、加工品质与产量和农艺性状的关系。根据不同的市场定位、鲜果穗上市时间、籽粒或整穗加工方式，鲜食甜、糯玉米育种要求选育多样化的品种外观、色泽、籽粒大小与形状等，从而满足市场的多样化需求。

（二）特种玉米产业链

特种玉米产业链共包括种植前、种植管理、收储运、初加工、深加工、流通、消费等七个环节（图10-2）。

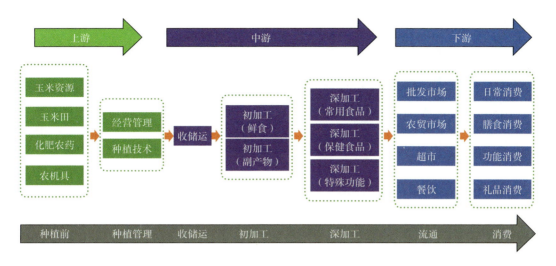

图10-2 特种玉米产业链图

（三）特种玉米产业发展技术路线

根据特种玉米产业发展现状及需求分析，明确特种玉米产业发展目标，制定特种玉米产业发展技术路线图（图10-3），其中包括产业链的关键环节。

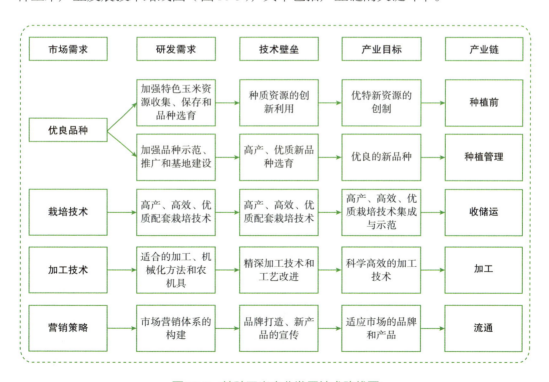

图10-3 特种玉米产业发展技术路线图

四、 产业发展制约因素

（一）农业基础设施依然薄弱

目前，全国以农田水利为重点的农业基础设施依旧欠完善，部分老化失修甚至缺位，能够进行有效灌溉的农田主要集中分布在平原、坝区或市郊等地势相对平坦、集中连片的区域，而特种玉米则长期处于雨养种植、"靠天吃饭"乃至"刀耕火种"或不能"旱浇涝排"的落后生产经营状态。

（二）农业资源生境质量依旧堪忧

特种玉米产区，一方面，囿于产区多为山区半山区和旱区半旱区的固有属性，土壤贫瘠、基础地力及保水保肥能力较差；另一方面，基于作物（高秆、高产）与品种（杂交种）自身高耗肥水的基本特性以及相对较强的耐肥性等，往往极易导致农业化学品的过量施用，在带来农产品质量安全风险的同时，进一步加剧了土壤和地表地下水环境的恶化，阻碍产业绿色高质量发展。

（三）绿色科技亟须突破创新

当前，玉米是我国各大主要农作物中杂种优势利用或应用最为广泛、面积最大、品种最多的重要作物，但普遍存在品性差、科技含量与生产效率较低的状况。同时，在产后环节，我国特种玉米产品尤其是特种玉米的加工能力不足。玉米产品加工，尤其是鲜食、青贮型特种玉米初加工和精深加工能力、水平与发达国家相比还有较大差距。

五、 重点研发任务

（一）大力开发特种玉米，提高经济效益

农业供给侧结构性改革为特种玉米产业的发展提供了良好的机遇。在保证粮食安全供给的前提下，适当调减粮食生产，相应增加经济作物的生产，大力开发特种

玉米，既可充分利用土地资源，提高经济效益，也可增加食物种类，改善人民的饮食结构，促进农产品向商品化、产业化和高品质、高效益方向发展，增加附加值，创造更多的利润，这是中国经济发展的必然趋势，对加快农业产业化进程具有重要的意义。

（二）进行深加工，满足不同消费需要

中国巨大的消费群体为特种玉米开发提供了广阔的市场前景。随着生活水平的不断提高和膳食结构的改善，人们对食品质量和品质的要求越来越高。特种玉米以其独特的营养成分及多元化的利用价值，逐渐为人们所接受，市场对特种玉米的需求逐年扩大。以甜、糯玉米为鲜食和罐头原料，以高淀粉玉米为工业原料，以青贮玉米为畜牧养殖业的饲料等市场前景十分广阔。

（三）增加科研投入，实现"种、养、加"相结合

加强科研投入力度，为特种玉米的发展提供技术保障。特种玉米品种及其配套的栽培技术是产业化开发推广的基础条件，加强特用新品种的选育，筛选适合中国不同地区种植的特种玉米新品种，构建配套的高产栽培技术体系，并在专业技术人员的指导下，进行产业化开发与推广。根据各区域的土地、气候、栽培技术等特点，制订发展规划，筛选优良新品种，科学耕作制度，提高复种指数，积极引导农民走"粮、经、饲"和"种、养、加"相结合的特种玉米发展道路。

（四）适应市场需求，走"生产—加工—销售"产业化发展之路

发展特种玉米，做好市场调研，把握市场变化的新形势，进行多行业间的分工与合作，建立"以企业为龙头，龙头建基地，基地带农户，产加销一条龙"的特种玉米产业化体系，形成"科研—企业—农户"产业链。走特种玉米的有序生产和良性循环发展之路，实现产业化、规模化、商品化，提高特种玉米的高附加值，使生产者、经营者和加工者共同受益。通过机制创新，研究开发不同类型的深加工系列产品，走"育、繁、推、加、销"一体化的路子，加快特种玉米产业化建设步伐。

（五）在"一带一路"中发挥重要作用

从农业发展需求来看，玉米是目前全球总产量最大的粮食作物，是中国以及非

洲、东南亚等国家和地区的主粮之一，在经济发展中都发挥着重要作用。特种玉米与普通玉米相比，具有生长周期短、种植效益高、节水节肥等优点，是促进农民增收、种植业结构调整的新兴产业，在"一带一路"农业建设中大有潜力。中国与南亚、东南亚国家所处地理位置相近，在饮食习惯上也有相似之处。糯玉米是东南亚国家消费者易接受的食品，在东南亚国家推广开发难度小，潜力大。越南、韩国、泰国、老挝、缅甸、斯里兰卡等国家均有糯玉米种植，且作为蔬菜食用。因此，大力推动特种玉米在"一带一路"热带国家的产业化发展对我国推进"一带一路"建设具有良好的促进作用。

第三节
热带薯芋类作物

　　热带地区薯芋类作物主要包括木薯、甘薯和芋头等，是宜粮、宜菜、宜饲和宜做工业原料的粮食作物。其中木薯是世界第六大粮食作物，是世界热区十余亿人口的主要食粮；甘薯也是非洲、亚洲部分国家和地区的主食，此外还可制作粉丝、糕点、果酱等食品，在工业上，可用来提取淀粉，广泛用于纺织、造纸、医药等方面；芋头在国内主要是季节性食用蔬菜，用于烹饪各种菜肴和食品，在南太平洋岛国是当地主要的膳食碳水化合物来源，在印度、巴西、菲律宾等国家，均是主要的食材。热带薯芋类作物具有不与粮争地、不与地争肥的特点，在全球粮食安全中占有重要地位。

一、薯芋类作物产业发展成效

（一）木薯

　　全球共有100多个国家种植木薯，2020年木薯收获面积为42 364.89万亩，总产量为30 266.25万吨。尼日利亚、刚果（金）、泰国是全球木薯三强，收获面积、产量均居全球前三位，其收获面积分别占全球的27.40%、17.83%、5.05%；产量分别占全球的19.82%、13.55%、9.58%。2020年中国的木薯收获面积393.30万亩，世界排名第17位，产量为244.80万吨，世界排名第15位。

中国木薯种植主要集中分布在广西、广东、云南和海南等11个省区，绝大部分鲜薯用于淀粉、变性淀粉以及乙醇等产品的加工生产，截至2020年底，全国已经有木薯淀粉和酒精加工厂200多家，年产淀粉以及变性淀粉50万吨，木薯乙醇25万吨，木薯种植业年产值30多亿元，木薯加工业产值70多亿元，形成了年总产值达100亿元的朝阳产业。

（二）甘薯

甘薯是世界第七大粮食作物，分布在全球的热带和温带地区南部，主要种植在亚洲、非洲的发展中国家，其次为拉丁美洲，欧洲面积极少。2020年全球甘薯收获面积为11 100.71万亩，总产量为8948.78万吨；甘薯总产量前5名的国家依次是中国、马拉维、坦桑尼亚、尼日利亚和安哥拉，产量分别占全球产量的54.97%、7.73%、4.96%、4.32%、1.93%；甘薯收获面积前5位的国家依次是中国、尼日利亚、坦桑尼亚、乌干达和马拉维，收获面积分别占全球收获面积的30.40%、20.42%、8.27%、4.95%、4.10%。

中国是世界上甘薯收获面积、产量最大的国家，经多年实践，考虑到气候条件、甘薯生态型、行政区划、栽培面积、种植习惯等，现在一般将甘薯种植区划为三大区，即北方春夏薯区、长江中下游流域夏薯区和南方薯区。主要种植有鲜食、食用加工、工业原料和饲用品种。按照薯肉的颜色可分为红心甘薯、白心甘薯、黄心甘薯、紫心甘薯等。中国甘薯2020年收获面积为3374.84万亩，总产量为4919.56万吨。鲜薯食用比重约占30%，淀粉及其他产品加工比重约占55%，饲料、留种及损耗约占15%。

（三）芋头

芋头是热带地区广泛栽培的作物，2020年全球芋头收获面积为2714.23万亩，总产量为1283.87万吨；全世界有1000多个芋头品种，芋头对环境适应性强，易于间作套种，经济效益较高。芋头在太平洋群岛的栽培强度和饮食贡献率最高，在非洲西部种植面积和生产量最大，大量芋头种植于加勒比地区和几乎所有亚洲的湿润和半湿润地区。非洲和亚洲是全球上芋头产量最多、收获面积最大的地区，2020年总产量前5位的国家依次是尼日利亚、埃塞俄比亚、中国、喀麦隆、加纳，2020年这5个国家产量全球占比分别为24.97%、18.13%、14.99%、14.14%、9.75%。2020年收获面积前 5 位的国家依次是尼日利亚、喀麦隆、加纳、中国、埃塞俄比亚，收获面积全球占比分别为 44.55%、13.04%、10.59%、5.54%、5.11%。

2020 年中国芋头种植面积为 150.49 万亩，产量为 192.49 万吨。中国芋头主要产于广东、广西、福建、湖南、江西、四川等地，以魁芋、多子芋品种较多。中国作为芋头的生产大国之一，芋头的出口总量和出口总额都远高于芋头的进口总量和进口总额。2020 年中国芋头出口数量为 68 746 吨，同比下降 5.4%，主要出口到日本、越南、阿联酋、沙特阿拉伯、美国等国家；中国芋头进口数量为 430.8 吨，同比增长 14.2%，进口主要来自印度尼西亚和越南。

二、 薯芋类产业研究进展

（一）木薯

1. 生物组学研究

完成木薯全基因组测序，创建野生种与栽培种的染色体级基因组精细图谱，提出光合产物运输的模式以及块根中碳流分配和淀粉高效积累模型；揭示基因组快速进化可能是木薯高杂合性形成的重要驱动力。研制第二代简化重测序群体基因型分析技术；整合基因组学和蛋白质组学等技术和组学大数据，揭示高光效高淀粉积累、高类胡萝卜素和耐采后生理腐烂等重要育种目标性状形成与调控机理，为选育高生物量饲用木薯种质提供理论基础。利用代谢组学研究木薯叶片次生代谢产物，为筛选叶片高花青素和高黄酮蚕用木薯提供理论依据。以上各项成果均处于国内领先水平，部分达到国际先进水平。

2. 资源与育种

截至 2020 年，国家木薯种质资源圃引进国外特异种质资源 300 份，使国家木薯种质资源圃的资源保存总量达 3000 多份，资源保存量提升 3 倍，国内排名第一，世界排名第三。利用国家木薯种质资源圃的资源开展传统与分子育种研究，形成杂交选育种规程，育成华南系列国审木薯品种 19 个、桂热系列木薯品种 11 个、桂木薯系列品种 8 个等高产、优质、抗采后生理腐烂的粮饲和加工用木薯品种共 54 个，其中华南 5 号木薯品种入选"中国农业科技十年发展成就展 2003—2012"（图 10-4）。

图10-4 华南5号木薯品种

3. 丰产栽培技术体系

①研发组织培养和嫩茎枝快繁相结合的复合快繁技术；②建立木薯N：P_2O_5：K_2O=2～4：1：2～4的最佳平衡施肥配比以及木薯早施、近施、浅施和穴施的施肥四大原则；③实施种植香根草等高绿篱、覆盖地膜、提早种植、合理密植等水土流失综合防控技术；④研发木薯免耕化学除草技术。

4. 加工工艺改进及副产物利用

广西农垦明阳生化有限公司改进湿法多元变性工艺技术路线，提升变性淀粉原料品质，首创国内超大反应生产体系，降低生产成本10%，开发食用木薯变性淀粉产品8个，产值提升104.1%；集成国内首条小型轻简化食用木薯粉加工生产线，研发木薯粉系列特色食品128种，产值提升435.7%；拓展木薯全株饲料化和茎叶副产物利用新途径，使木薯副产物综合利用率提高到85%以上，加快木薯粮饲化利用进程，促进产业提质增效。

（二）甘薯

1. 资源与育种

国际马铃薯研究中心收集保存甘薯种质资源7000多份。中国国家种质徐州甘薯试管苗库保存收集2000余份，其中包括野生、濒危、珍稀和有重要价值的甘薯资源300余份。截至2020年底，国家种质广州甘薯圃保存甘薯资源2000余份，包括农家品种、育成品种、遗传材料、育成品系、国外引进品种和近缘野生种等。通过定向组合杂交、放任授粉和集团杂交方法选育甘薯品种，2010～2021年全国育成甘薯新品种476个。

2. 分子生物学研究

用覆盖甘薯不同连锁群的7对SSR（simple sequence repeats，简单序列重复）引物，构建202个主要甘薯品种的SSR指纹图谱，作为甘薯品种鉴定依据。构建徐薯18和甘薯徐781的高密度分子连锁图谱，开发出与甘薯产量、淀粉含量及茎线虫病抗性相关的QTL（quantitative trait locus，数量性状基因定位）/分子标记32个，部分标记已应用于甘薯育种材料的筛选和鉴定。以徐薯18、广薯87为材料，利用第二代高通量Solexa和454测序技术开展甘薯转录组测序研究及通过单倍型解析甘薯基因组的六倍化历程。

3. 植物营养和病虫害研究

甘薯施用铵态氮肥有利于高产和高效。施钾不但可以提高甘薯功能叶的实际光化学效率和光合速率以及光合势，增加生物产量，还可显著提高块根膨大速率和块根产量。鉴定确立中国甘薯病毒的种类，测定10种甘薯病毒全基因组序列，鉴定甘薯病毒的分子变异和株系类型，建立一套甘薯主要病毒的血清学和分子生物学检测方法，包括SPVD（sweet potato virus diseases，甘薯病毒病害）的多重RT-PCR（reverse transcription-polymerase chain reaction，反转录–聚合酶链式扩增）和SPLV（sweet potato latent virus，甘薯潜隐病毒）的ACP-ELISA（acid phosphatase-enzyme linked immunosorbent assay，酸性磷酸酶的酶联免疫法）检测技术。研发甘薯蚁象综合防治技术，防治效果达90%以上。

4. 栽培和加工研究

揭示甘薯不同节位根系发育与产量之间的关系，为标准化栽插提供理论支撑。明确地膜覆盖增产机理、干物质积累和分配规律、主栽品种的氮磷钾配合效果。建立甘薯高效乙醇转化技术体系，实现高黏度发酵、高浓度发酵、快速发酵三大技术突破，节能40%，节水70%。

（三）芋头

1. 特色优质芋头新品种选育

江苏省农业科学院等单位，对当地优质芋头特色地方农家品种进行提纯和筛选，育成了一批芋头新品种，如苏优芋1号、苏芋2号、苏芋3号、苏菜芋2号、扬芋1

号、扬芋2号、泰芋1号和泰芋2号等。

2. 特色优质芋头脱毒快繁体系建立

集成芋头脱毒种芋的三级繁殖体系，如建立靖江香沙芋脱毒快繁体系，年培育靖江香沙芋脱毒组培苗3万株，繁殖脱毒核心种芋60万个，生产脱毒原种芋15万千克，脱毒种芋在生产上较大面积示范应用，取得了很好的效果。

3. 芋头轻简规模化新型栽培模式构建

中国芋头主要栽培类型为水芋、水旱兼用芋、旱芋；种植模式又分为单一种植和田间套种，单一种植包括地膜覆盖机械化栽培及水田轻简化高效栽培模式。田间套种包括芋头套种马铃薯模式、芋头—马铃薯—萝卜模式、冬菜—芋头—单晚种植模式、地膜芋头—秋大白菜模式、芋头—玉米—草莓模式、芋头—毛豆套种模式及罗汉果—芋头间作高效栽培模式等，使得芋头产量和效益明显增加，取得良好效果。

三、　薯芋类产业重点研发任务

（一）构建资源表型组和基因型精准评价体系，发掘优良骨干亲本和关键基因

种质资源是筛选、培育优良新品种的素材和基因源，是木薯、甘薯和芋头产业可持续发展的重要物质基础；通过表型组和基因型精准评价种质资源，发掘优异骨干亲本和关键的基因资源，为木薯、甘薯和芋头生物育种提供基础材料。

（二）提升生物育种水平，选育突破性新品种

利用关键基因，对木薯、甘薯和芋头进行基因编辑、全基因组选择育种是新品种高效快速改良的关键性措施。在原有遗传转化体系基础上，确定重要代谢途径的关键基因，锚定基因编辑位点，定向改良特定经济农艺性状；在全基因组水平寻找木薯、甘薯和芋头主要育种目标性状的遗传标记，研发简单、低成本的快速早代检测技术，实现从亲本选择、多重杂交组合遗传重组到后代精确选择，选育突破性新品种。

（三）建设规范化种苗繁育基地，确保健康种苗有效供应

按照一级繁种、二级繁种、三级繁种的层次建立良种良苗繁育生产基地，层层规范监管，保障良种种苗健康，数量充足。选择具备一定规模、管理经营水平较高的专业合作社建立甘薯和芋头的种薯与种芋贮藏及健康脱毒种苗繁育基地，加强良种良苗繁育体系规范化建设。

（四）研究栽培、植物营养、病虫害、储藏等技术与加强示范推广

研究木薯、甘薯和芋头光合产物积累分配特征与块根产量和品质的关系，注重研发轻简化标准化栽培和边际土地利用综合技术；加强优质、高产、低耗栽培技术研究与推广，积极指导种植户提高土壤肥力水平，建立生产示范培训基地。挖掘主要虫害相关抗性基因或生长发育靶标基因，筛选环境友好型的化学或生物农药。建立主要病毒快速检测、抗性鉴定和危害预警体系。研究主要病害和新发病害的致病成因和品种抗性机理。有针对性地构建鲜薯贮藏环境控制标准与模型，降低贮藏期间的损失率。

（五）提高产业机械化水平

实现农机农艺的结合。实现作垄、栽插、施肥、采收、捡薯、运输等生产环节全程机械化。研制适应丘陵山区的小型化低成本农机。根据农机大小、作业效率、种植环境等，实现机械化形式上的多样性。

（六）研制保鲜技术，研发食品加工、功能成分和化工产品

研制薯芋类优良品质的保鲜技术，以强化保鲜加工环节在产业链中的耦合和增值为目标，集成既能保持优质薯类原有风味，又能适应产品规模化的保鲜加工新技术；尽量少加工、多保留营养活性物质，生产符合消费者饮食习惯的优质加工产品，提高产业综合效益。研究深加工食品制造新工艺，注重开展保健新产品加工工艺研究；开展主要成分药用保健功效研究；拓宽和深化淀粉和乙醇发酵等食用和化工产品，提出工艺及技术的改进方案。

（七）科企合作，培育龙头企业，构建开放新格局

目前国内几家大型淀粉厂和酒精能源企业都与当地的木薯、甘薯和芋头科研机构有密切合作。但还需要给予小型企业新品种的支持和新技术的指导，鼓励其自给

自足，向着能够根据实际情况"自主选育品种＋种植原料＋加工原料"为一体的龙头企业方向迈进。

（八）立足全球竞争大格局，搭建薯类种业国际合作交流平台

加强国际交流和合作，通过国际合作、种质共享等方式获得优异的抗性基因型，进而与本土优良品种杂交获得目标品种。推进国家间、区域间的薯类产业双边和多边合作建立国外薯类原料生产基地。开拓国外薯类产业化战略，以补充我国的加工原料，满足国内薯类产品的需求。

第四节
热带木本粮食作物

中国木本粮食种类繁多、资源丰富，生产利用历史悠久，是人类生活中主要的食物来源之一，特别在饥荒年代，其是解决温饱的重要物质基础。我国北方以板栗、红枣、核桃和柿子为代表的木本粮食作物和南方热区以菠萝蜜、尖蜜拉和面包果为代表的木本粮食作物，是国家粮食安全战略的有力补充。成熟的菠萝蜜、尖蜜拉可作为鲜食水果满足"果盘子"的需求，果肉含糖量高，且富含蛋白质及钙、磷、铁等矿物质元素，晾干后耐储存，常作为干粮，轻便又富有营养；种子粒大量多、淀粉含量高，年亩产约250千克，达到主要粮食作物亩产淀粉量的一半以上，煮后味如板栗，种子磨粉可以烘烤做面包。面包果果实富含淀粉、蛋白质、糖类、维生素，还含有丰富的钙、铁、锌、镁等矿物质元素，口感风味胜似面包，因此而得名，果实除食用外，也可用来制作饼干，果实磨粉在主产国当面粉用。菠萝蜜、尖蜜拉和面包果食用方法多样，还可加工成多种食品，热量与大米、面条相近，是南方特色杂粮，常被称为热区"树上粮仓""铁杆庄稼"，是用途广泛的热带木本粮食资源。

一、 产业发展成效

在世界热区，菠萝蜜是备受推崇的重要粮食作物，多次解决了印度、孟加拉国、斯里兰卡、越南等主产国粮食短缺的危机。特别是2020年受新冠疫情影响以来，孟

加拉人则称菠萝蜜为"国果",斯里兰卡人亲切地将菠萝蜜树称为"大米树",彰显其在粮食危机时的重要性。面包果在南太平洋岛国的萨摩亚、斐济,中南美洲以及牙买加、非洲西部等地区广泛种植,结果树年平均产量为400公斤/亩,被认为是最有潜力解决世界热带地区饥荒的粮食作物之一。

中国热带木本粮食作物主要分布于海南、广东、广西和云南等省区,分布较为广泛,截至2020年底产业规模不断扩大,总种植面积超过50万亩,年农业总产值50亿元以上。其中,菠萝蜜生产发展迅速,特别是马来西亚1号菠萝蜜栽种18个月便可挂果,盛产期亩产量可达3000公斤以上,充分体现了该品种生长快、效益高等优点,目前已成为海南菠萝蜜主栽品种。2007年前后,广东茂名等地区菠萝蜜产业也开始发展,建立了多个菠萝蜜种植示范基地,主栽品种为常有菠萝蜜和泰国四季菠萝蜜等。近年来,菠萝蜜种植面积以每年15%左右的速度增长,并在海南、广东、广西、云南等优势产区建成多个规模化种植基地,实现了种苗繁育及栽培管理标准化;海南南国食品实业有限公司、海南春光食品有限公司、海南农垦南金农场有限公司、海南兴科热带作物工程技术有限公司等企业研发出菠萝蜜系列加工产品,提高了产品附加值,并带动前端种植经济效益。面包果为近年来新兴特色作物产业,中国热带农业科学院香料饮料研究所首次选育出适应区域种植的优良品种(品系),盛产期年亩产量可达1000公斤,是国外平均产量的2倍多;配套研发了种苗繁育技术,首次在我国实现商业化种植,经济效益高,产品供不应求。

发展热带木本粮食产业有以下优势:一是该作物不占用耕地,能够种植在大量的边际土地上,山区、农村房屋四周等都可种植,种植方式灵活多样,有利于优化生态环境,践行"绿水青山就是金山银山"的绿色发展理念,是点燃乡村振兴新的经济增长点;二是产品营养丰富,具有抗氧化、提高免疫力等功能特性,符合人们对健康食品的需求,有利于改善国民食物结构,为居民提供优质、健康及功能性产品;三是该作物是热带岛屿岛礁农业重要粮食资源之一,目前国家正开发建设海南省三沙市,种植潜力大,有望为我国岛屿岛礁农业开发、国家战略安全奠定资源基础。

二、 研究进展

(一)良种繁育技术

国外马来西亚、泰国、印度尼西亚、澳大利亚和印度等主产国自主选育出多个菠萝蜜优良品种，如马来西亚的J-30、J-31和NS1，泰国的Chompa Gob、Dang Rasimi和Leung Bang，印度尼西亚的Bali Beauty、Tabouey和澳大利亚的Cheena、Balck Old等。2007年印度泰米尔纳德农业大学研发出菠萝蜜品种PLR（J）2。在面包果方面，南太平洋岛国萨摩亚、汤加、库克群岛和斐济等国选育出Afara、Hamoa、Puou、Buco Ni Viti、UtoWa、Balekana Ni等面包果优良品种。

中国学者对国内菠萝蜜资源进行调查研究，收集保存了一批优异资源。中国热带农业科学院香料饮料研究所建有菠萝蜜种质资源圃、国家热带植物种质资源库木本粮食种质资源分库等资源平台，制定了菠萝蜜新品种DUS测试指南、品种审定规范和品种试验技术规程等农业行业标准。选育的优良品种主要包括，广东省茂名市水果科学研究所的常有菠萝蜜、高州华丰无公害果场的四季菠萝蜜、广东海洋大学"海大1号""海大2号""海大3号"菠萝蜜等优良品种，海南省农业科学院琼引1号（图10-5），中国热带农业科学院香料饮料研究所的香蜜17号（图10-6）等菠萝蜜品种，为该产业可持续发展提供了品种支持。在尖蜜拉和面包果方面，筛选出一批优良品种（系），包括海南省农业科学院"多异1号"尖蜜拉、中国热带农业科学院香料饮料研究所XYS-1面包果（图10-7）等，为该产业发展增加了新的名优种类。研发出菠萝蜜、尖蜜拉和面包果嫁接、扦插与组织培养等繁殖技术方法。在菠萝蜜方面，熟化了菠萝蜜嫁接繁育技术，突破了菠萝蜜一叶一芽绿枝扦插繁育技术，制定了农业行业标准《木菠萝种苗》，为我国菠萝蜜种苗标准化生产、育繁推一体化提供了成熟配套的技术支撑。

图10-5　琼引1号菠萝蜜　　　　图10-6　香蜜17号菠萝蜜

图10-7　XYS-1面包果

（二）栽培及病虫害防控方面

国内外在栽培模式、修剪、促花、疏果、采收等方面研究提出了科学的管理措施，在果树间作、营养特性和施肥技术方面也取得进展。中国热带农业科学院香料饮料研究所科研团队研究高产果园土壤、叶片养分特征，制定出叶片营养诊断技术；开展有机无机肥配施对木本粮食作物促生增产的相关研究，揭示了增施有机肥驱动有益生物互作网络实现土壤生态系统功能调控的作用机制，并制定了农业行业标准《菠萝蜜栽培技术管理规程》，为今后规模化标准化种植、节本增效栽培奠定理论基础和技术支撑。

经调查研究，危害我国菠萝蜜、面包果和尖蜜拉的主要病害包括蒂腐病、花果软腐病等；主要虫害包括榕八星天牛、黄翅绢野螟等。危害严重时，果实受害率达30%～40%。国内专家针对病虫害发生规律和流行趋势，定期监测及时发现并清除病虫源，研究制定农业行业标准《热带作物主要病虫害防治技术规程 木菠萝》，为主要病虫害标准化防控、丰产稳产提供了成熟配套的技术支撑。

（三）深加工及全组分利用方面

国内每年10%左右的菠萝蜜产量经企业加工消费，由简易包装加工，逐步转向鲜果制品果干、果脯、果酱、果酒及饮料精深加工。目前市场已有果干、脆片、菠萝蜜糖、薄饼、果酒、饮料等加工产品，主要集中在海南、广东食品加工企业。中国热带农业科学院香料饮料研究所在菠萝蜜产品技术研发方面，获授权发明专利《一种菠萝蜜果酱及其制作方法》等10项，并开发了冻干菠萝蜜、菠萝蜜饼干、起泡酒等系列产品；在菠萝蜜果肉多糖、种子淀粉和面包果淀粉的结构、加工特性与功能活性评价等方面开展研究并取得重要进展，发表影响因子高于5.0的SCI（science citation index，科学引文索引）论文12篇（单篇影响因子最高12.563），其中一区Top期刊论文10篇，填补了国内外菠萝蜜、面包果在多糖和淀粉研究领域多项空白，其中菠萝蜜多糖调节肠道微生物和种子淀粉的消化特性与结构的相互关系处于国际前沿研究，为下一步深度开发利用营养健康产品奠定了理论基础。

《菠萝蜜高效生产技术》《菠萝蜜栽培技术》《菠萝蜜种植与加工技术》《菠萝蜜面包果　尖蜜拉栽培与加工》《菠萝蜜高产栽培技术》《面包果品种资源与栽培利用》等著作，全面系统地总结了菠萝蜜、面包果、尖蜜拉栽培管理与加工技术等，实用操作性强，对指导中国热带木本粮食作物产业化发展具有重要意义。科技成果"菠萝蜜产业化配套加工关键技术及系列新产品研发"荣获海南省科学技术奖进步二等奖，为当前菠萝蜜规范化生产、标准化加工提供最新成熟配套技术支撑，对促进热区农业增效具有重要意义，对我国乃至世界热区菠萝蜜产业起到辐射带动作用。

三、　热带木本粮食产业重点研发任务

（一）适宜发展，科学规划布局

热带地区水热资源丰富，区域特色鲜明，适宜种植热带木本粮食作物。农业主管部门应立足地区资源优势，根据本地的环境条件和经济能力，研究制订木本粮食产业发展规划，因地制宜、适度规模发展，培育特色明显、竞争力强的产业村、镇、县，形成"一村一品""一县一业"等，充分发掘木本粮食作物产业潜力，促进地方特色经济发展，科技引领支撑乡村振兴。

（二）科技攻关，研发配套技术

开展科技联合攻关，选育具有自主知识产权的新品种，建立标准化繁育基地，加速品种更新换代，实现生产的良种化；开展高效栽培、养分综合管理、病虫害绿色防控等技术的研发与应用；健全产业标准体系，实现种苗繁育、栽培管理科学化、标准化，促进热带木本粮食生产规模稳步发展；发展果品贮运保鲜技术、精深加工

技术研发与产业化，加强功能性产品研制，增强产品核心竞争力，促进产业升级。

（三）政策保障，加强人才培养

政府有关部门应加强财政对科技创新的扶持，加快建设和完善产业技术体系，形成以产业技术体系为基本骨架的创新体系，完善产业扶持体系，设立专项资金；重视热带木本粮食科研团队扶持，提升专业人才的培养质量；引导各类主体在产业全链条创业创新，培育产业领军人才、技术团队；加强产业推广技术人才培养，提高生产管理、经营者的管理水平，为热带木本粮食产业发展提供基层人才保障。

（四）品牌营销，发挥龙头优势

进一步提高热带木本粮食作物的产量和品质，提高种植者收益；培育创建地方特色产业品牌，对市场竞争力强的优势产品进行商标注册，申请"三品一标"，提升社会与市场知名度，增强核心竞争力；强化品牌经营意识，建立多元化、安全的产品营销渠道网络体系；培育主导产业，建立产业基地，壮大龙头企业，发挥龙头优势，带动特色产业发展。

第五节

热带油料作物

热带油料主要指分布在亚洲、非洲和美洲等热带亚热带国家和地区的椰子、油棕、油茶、花生、油菜等，全球种植面积达53 000万亩。而中国海南、云南、广东、广西等热区种植的热带油料作物种植面积达2000多万亩，已经有一定的产业基础，发展潜力很大。《国务院办公厅关于加快木本油料产业发展的意见》（国办发〔2014〕68号）提出建立一批标准化、集约化、规模化、产业化示范基地，大力增加健康优质食用植物油供给，切实维护国家粮油安全。2021年中央一号文件《中共中央 国务院关于全面推进乡村振兴加快农业农村现代化的意见》提出"促进木本粮油和林下经济发展"，2021年3月李克强总理的政府工作报告提出"多措并举扩大油料生产"[1]。2022年中央一号文件《中共中央 国务院关于做好2022年全面推进乡村振兴重点工作的意见》提出要"大力实施大豆和油料产能提升工程"。发展热带油料产业，对提高我国食用油自给率，拓宽国产食用油的来源途径具有十分重要的意义。

---

[1]　《2021年政府工作报告》，http://www.gov.cn/zhuanti/2021lhzfgzbg/index.htm[2022-06-30]。

一、椰子

（一）椰子产业发展现状

1. 国际发展现状

椰子享有"生命之树"的美誉，目前全球已有90多个热带国家（或地区）种植椰子，2020年全球收获面积为17 362.91万亩，产量约为6152.04万吨。从收获面积来说，菲律宾、印度尼西亚、印度、坦桑尼亚、斯里兰卡收获面积全球排名前5位，收获面积全球占比分别为31.54%、23.93%、18.60%、5.19%、4.34%；从产量上来说，印度尼西亚、印度、菲律宾、巴西、斯里兰卡产量全球排名前5位，产量全球占比分别为27.35%、23.89%、23.55%、3.63%、2.79%；从椰子出口上来说，印度尼西亚、泰国、越南、印度、科特迪瓦出口量全球排名前5位，出口量全球占比分别为60.28%、17.73%、8.40%、3.59%、1.99%；从椰子进口上来说，中国、泰国、马来西亚、阿联酋和美国进口量全球排名前5位，进口量全球占比分别为41.15%、22.57%、18.21%、2.78%、2.75%。国际上椰子产品加工研发主要集中在各大食品、饮料公司，如雀巢、三务集团、浙江菲诺食品有限公司、Peter Paul、Vita Coco，百事可乐旗下的 Naked Juice、富兰克林贝克（菲律宾）食品有限公司等，工厂均设在印度尼西亚、菲律宾等椰子主产国，生产的椰蓉、椰子油、椰浆等产品远销全球。

2. 国内产业现状

中国椰子种植在海南、广东和云南，截至2020年底全国种植面积53.7万亩，收获面积为42.4万亩，年产量为21 350.8万个。海南椰子产业占全国的99%左右，海南椰子种植面积为53.5万亩，收获面积为42.2万亩，年产量为21 278.8万个。椰子被海南省委、省政府确定为重点发展的"三棵树"之一，主要分布在海南东部沿海市县，仅文昌市种植面积占比达43%，产量占比达28%。

中国拥有完整的椰子加工产业链，至2020年底全国注册椰子加工企业1279家，生产各类椰子产品260余种。其中海南省椰子加工企业359家，占全国总数的28.1%。近些年江苏、广东、河北等地的椰子产业也发展迅速，尤其是椰汁、活性炭等产品市场占有率较高。全国产值过亿的椰子加工企业有10余家包括春光、南国等。椰子加工产品广泛应用于石油化工、日化、农业、食品等领域。2020年，中国椰子原料进口依赖度极高，尤其是椰子果、椰子油和椰粕的进口额分别占世界进口贸易总额的47.13%、7.22%和3.20%。

（二）科技发展现状与趋势

1. 良种良苗

收集保存全球主要椰子种质资源200多份。已通过认定（审定）的有文椰2号、文椰3号、文椰4号、文椰5号、文椰6号（矮种椰子）和文椰78F1（杂交种椰子）等多个椰子新优品种（图10-8～图10-13）。椰子组培快繁技术取得阶段性突破，为椰子种苗的规模化繁育提供技术支撑。

图10-8　文椰2号

图10-9　文椰3号

图10-10　文椰4号

图10-11　文椰5号

图10-12 文椰6号

图10-13 文椰78F1

2. 栽培管理

在椰园开展复合栽培技术研究，集成优化复合栽培模式下的水肥一体化等关键技术，提高椰园的整体经济效益。在椰苗幼龄期发展林下经济，提高椰园的整体经济效益。研发椰子专用肥产品，减少椰树畸形，促进生长并提高产量。

3. 虫害防控技术研究

发明了红棕象甲聚集信息素引诱剂、诱芯及诱捕器。采用生物防控技术利用寄生蜂防治重大入侵害虫椰心叶甲（图10-14）。

4. 保鲜与产品加工技术研究

研究了椰子鲜果、椰子水、椰肉等保鲜技术，浓缩椰浆低温加工技术，常温椰浆生产技术，同时生产天然椰油和低脂椰汁技术，椰子功能蛋白多肽制备技术，椰蓉和种皮等副产物加工利用技术等（图10-15）。开发出椰子水，椰子油微胶囊，椰子爽肤水、润肤乳、面膜、系列精油等新产品（图10-16）。

（三）产业重点研发任务

1. 良种良苗工程

收集保存全球主要椰子种质资源，建设世界级椰子种质资源圃；选育一批具有独特性状的优良品种和海南本土高种椰子良种品种，建立椰子制种园；加快椰子组

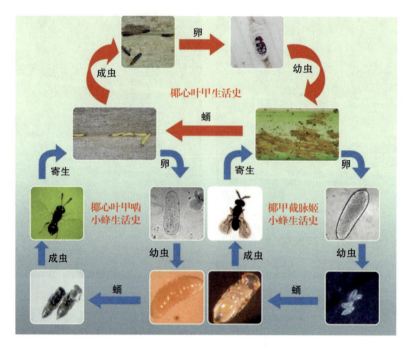

图10-14　椰心叶甲生物防治流程

图10-15　椰子油

图10-16　椰子化妆品

培快繁技术研究，提高良种苗木繁育速度；建立标准化良种良苗繁育基地，加大示范推广；新建或扩建椰子标准化示范基地，集中展示标准化生产技术；改造低产椰园，推广椰子立体种养模式，发展林下经济。

2. 有害生物绿色防控工程

强化椰子种植区域林业有害生物监测预警、检疫御灾、防控减灾体系建设。建设应急防控指挥系统，建设药剂药械储备库。加大低毒低残留农药防控、生物农药防控等无公害防控技术以及航空作业防控、地面远程施药等先进技术手段的推广运用，在重点区域建设椰子有害生物无公害防控示范基地，提升有害生物灾害处置水平。

3. 工业保障原料供应和产业升级改造工程

加大椰子初级加工原料贮运保鲜的研究，保障原料供应。加强传统椰子加工业技术改造，建立产业园区，加大以椰子为原料的保健食品、特医食品、日化用品等新兴产品及军用材料和油脂化工等高端产品的研发力度；加强废弃物综合利用开发力度，推动椰子废弃物的综合利用进程；加大产业机械化程度的研发力度，提升产业机械化水平。

4. 品牌塑造提升工程

加强国内外交流合作，研究制定椰子产业技术国际标准体系；加强椰子产品的商标注册、专利申请等品牌保护工作，培育壮大"文昌椰子""陵水香椰""万宁金椰"等地理标志品牌，着力打造"海南椰子"公共品牌；建立椰子产品的品牌信用制度，将品牌信誉纳入国家和地方层面的企业（商家）诚信体系。

5. 国际椰子交易市场建设工程

建立椰子产业基础信息采集系统，创建"国际椰子产业大数据中心"。整合椰子产业供应链，打造"国际椰子交易中心"。积极推进"互联网＋椰子"产业发展。

6. 一二三产业融合工程

积极申报椰子重要农业文化遗产及非物质文化遗产；鼓励发展椰子综合体验、农场定制、文化旅游、健康产业、影视动漫基地等新经济模式；建设椰子文化博物馆，椰子休闲旅游主题景区，椰林生态休闲农庄，椰子影视、舞蹈、歌曲等文化产品。

二、油棕

（一）产业发展现状

1. 国际产业发展现状

油棕是世界上单位面积产量最高的一种木本油料植物，一般亩产棕榈油200

公斤左右，远远高于单位面积花生产油量、大豆产油量，享有"世界油王"的美誉。全球40多个国家种植油棕，2020年收获面积为43 104.23万亩，油棕果产量为41 843.93万吨，印度尼西亚、马来西亚是全球两大棕榈油产区，印度尼西亚油棕种植面积、油棕果产量分别占全球的52.19%、61.31%；马来西亚油棕种植面积、油棕果产量分别占全球的18.21%、23.17%。棕榈油是世界上贸易量非常活跃的油品，印度、中国、巴基斯坦、荷兰、西班牙、意大利、美国等是棕榈油进口大国，特别是印度和中国，均占全球进口量的15%左右。

2. 国内产业发展现状

油棕在我国海南、云南、广西和广东等地都有零星种植分布，主要作为景观绿化。棕榈油80%用于食用，其余20%的棕榈油产品用于非食用途。在食品工业领域，棕榈油一般被加工成起酥油、人造奶油、氢化棕榈油、煎炸油脂和专用油脂等，中国所消费的棕榈油全部依赖进口。国内有棕榈油贸易企业近万家，其中大型贸易企业直接从国外进口，进入国内后再通过大量的中小分销商进行分销。2020年中国进口棕榈油646.15万吨，出口2.56万吨。从进口来源来看，我国的棕榈油主要从印度尼西亚和马来西亚进口。2020年中国从印度尼西亚进口了374.67万吨棕榈油，进口规模达24.05亿美元；从马来西亚进口了269.88万吨棕榈油，进口规模达17.08亿美元。中国从这两个国家进口的棕榈油金额占中国棕榈油进口规模的99.7%。

（二）科技发展现状与趋势

1. 选育适合我国的高产和抗寒新品种

中国热带农业科学院选育的国审油棕新品种热油4号和热油6号，具有早花早果、高产稳产、品质优、抗旱和抗风性较强等优点，适宜在海南及相似气候区域推广种植。特别是热油6号，为中国首个年亩产油量超过200公斤的可供大面积推广使用的油棕优良品种（图10-17和图10-18）。热油4号油棕新种质组培苗曾于2019年5月被时任海南省省委书记的刘赐贵作为礼物送给瓦努阿图总理夏洛特·萨尔维。

2. 油棕种子种苗和组培苗繁育技术

油棕种子种苗和组培苗繁育技术，可缩短育苗周期30天左右，通过组培可对优良的品种或品系进行快速繁育，缩短育种周期。该项技术的突破，对我国及企业"走出去"发展油棕种植业提供了种苗支持。

图10-17　热油4号油棕品种

图10-18　热油6号油棕品种

3. 油棕机械化采果机的研发

油棕生产上以人工采摘果穗为主，采摘时劳动强度过大，面临采果工严重缺乏的局面。油棕机械化采果机的研发和示范，可降低劳动强度30%以上，采摘效率提高5%～10%。

4. 信息素绿色防控油棕主要害虫二疣犀甲的研发和应用

二疣犀甲危害油棕严重时可造成减产10%以上，利用信息素开发的引诱剂单个诱集面积可辐射15～20亩。具有专一性强、绿色防控、效果好等优点。和化学防治方法相比，可降低防治成本10%左右。

5. 棕榈油的精炼加工及应用

中国的棕榈油精炼加工主要集中在天津、上海和广州周边地区，这些区域不但是我国棕榈油的主要进口、贸易集散地，而且也是大型棕榈油加工企业的聚集地，拥有足够的棕榈油加工、储存能力。棕榈油经过精炼分提，可以得到不同熔点的产品，分别在餐饮业、食品工业和油脂化工业具有广泛的用途。

（三）产业重点研发任务

1. 新品种的培育

以中国和油棕主产国产业发展的关键技术需求为目标，主要开展适合中国热区栽培的抗寒和抗旱等抗逆性较强品种及市场上亟须改良的低棕榈酸品种等的研究，通过组培进行繁育优良种质或品种；开展转录组学、代谢组学和蛋白组学等多组学研究，阐述高产、抗寒和脂肪酸等调控机制，通过油棕遗传转化技术与基因编辑技术的构建，为分子定向育种奠定基础。培育优良的品种并在国内外油棕种植区进行推广，通过种业科技创新引领油棕产业发展。

2. 生产技术研发与集成

油棕栽培过程中配方施肥技术、高效生态模式、油棕采果和运输的机械化、油棕茎基腐病和二疣犀甲防控体系、棕榈油功能性和高附加值产品等生产技术亟待加快研发与集成，不断完善"产-学-研-育-繁-推"一体化产业协作机制。

三、 油茶

（一）产业发展现状

油茶是中国大宗油料作物之一，泰国、越南、缅甸和日本等国家也有少量分布或零星栽培。中国占全球油茶资源的95%以上，并形成千亿产值规模。除中国外，其他国家油茶资源少，对油茶研究、生产和开发利用极少。

2020年全国栽培面积约为6700万亩，处于产前期和盛产期的面积分别达到2545万亩、4132万亩，年产油茶籽314万吨、茶油72万吨。热区油茶在我国海南、广东、广西、云南、福建、湖南南部、江西南部等地均有种植。在油茶主产区中，湖南、江西、广西三省区的种植面积最大，种植面积、产量均占到全国的65%以上。2020年湖南省油茶种植总面积为2232万亩，占全国总面积的30%以上；湖南油茶籽产量128.26万吨，约占全国总产量的40.85%。当前，热区油茶产业发展正以良种为基础，以标准和品牌创建为抓手，坚持推进绿色无公害和适度加工新理念，强化技术创新、工艺升级和产品研发等，逐步实现标准化、园艺化、庄园化、机械化、智能化、多元化发展模式，努力实现油茶全资源利用，油茶产业高质量发展初见成效。

（二）科技发展现状与趋势

1. 油茶产量、品质、抗逆等重要性状的形成机制与调控

相关多个研究团队最近克隆了大量有关油茶脂肪酸合成、自交不亲和、激素调控、矿质元素吸收等相关的功能基因，物质合成涉及的关键基因也正在逐渐被克隆。

2. 油茶优异种质挖掘、评价及高效育种

国内专家对香花油茶进行多代人工培育形成优良品种，该物种果实成熟时籽粒极易掉落，是培育机械化收籽型油茶的良好素材。海南省陆续认定了23个适宜热带地区种植的油茶优良品种，解决了热带地区发展油茶产业的良种问题（图10-19和图10-20）。

图10-19 热研1号油茶品种　　　　图10-20 热研2号油茶品种

3. 原料（油茶果）规模化采后处理及加工

湖南大三湘茶油股份有限公司"鲜榨茶油"工艺突破了油茶鲜果到茶籽加工、茶籽压榨加工、附产物茶饼综合利用等茶油三大传统加工瓶颈，在我国油茶产业创新发展方面迈出重要一步。

（三）产业重点研发任务

1. 油茶种植区划

依据油茶种植区划，在山地丘陵适生区域大力发展良种油茶林基地，新造油茶林与低质低效林改造相结合，扩大良种油茶比例和规模。通过分区建设突出重点，做到因地制宜，分类经营和集约经营。其中湖南、江西和广西为核心发展区；浙江、福建、广东、湖北、贵州和安徽为积极发展区；云南、重庆、河南、四川和陕西为一般发展区；海南为新兴发展区。

2. 加强良种基地建设

把优良种苗繁育基地建设作为规划的工作重点，扩大良种苗木供应量，通过实施种苗定点基地生产和强化监督，保证优良品种的种苗得以有效推广与普及。

3. 加大科技推广和技术培训工作力度

强化油茶新品种、新技术的推广应用，通过技术示范、技术培训等多种形式，不断提高油茶产区林地生产力及广大林农科技文化素质和专业技能，增强自我发展能力。

四、 其他热带油料

（一）花生

我国花生总产量占全国油料作物生产的50%以上，热区花生种植面积占全国种植总面积的20%左右，尤其是海南地处热带北缘，具有重要的区位优势和特色。

广东、广西、福建等省区农业科学院、中国热带农业科学院、仲恺农业工程学院等单位在种质资源、新品种选育、轻简化栽培等方面取得了重要进展。拥有国家油料改良中心南方花生分中心、国家花生工程技术研究中心海南花生科研工作站等平台，培育了粤油系列、桂花系列、福花系列、仲恺花系列花生新品种。2013年中国热带农业科学院椰子研究所花生研究团队通过花生新品种在海南进行引种试种，筛选出的部分品种适应性强、产量高、外观好、品质高。经测产，亩产鲜花生达600公斤，并在推动海南花生全程机械化建设等方面取得重要进展。此外，以海南为主的鲜食特色小粒种花生新品种正在培育中。

针对目前热区花生的生产现状，未来重点研发任务如下。

1. 优良专用品种的培育和推广

培育高含油率、高油酸的油用型花生品种，培育高蛋白、高糖分食用花生和高整齐度的食用型等花生品种，将提高黄曲霉抗性和出仁率作为重要的育种目标。

2. 生产布局规划和经营

开展花生区域布局规划研究，确立相应的优势区域和产业带，并给予相应的产业发展扶持；形成区域化规模经营，促进优质专用花生的区域性规模化种植。

3. 促进花生加工业的发展

推动花生深加工及副产品的开发利用等发展，充分发挥其经济效益和社会效益。

（二）油菜

油菜是我国国产植物油的第一大油源，同时也是我国第二大饲用蛋白源；2020年国内油菜籽产量达到1405万吨，其中亚热带地区四川、湖南、湖北三省的油菜种植面积合计占全国50%以上，我国的油菜加工主要模式是本地加工就地压榨，亚热带地区主要以油菜籽压榨为主，油菜籽加工以小型企业为主。制约国内油菜产业发展原因主要有以下三点：种植效益偏低、政策扶持力度减弱以及进口产品冲击较大。除此之外，过于单一化的补贴政策并不能弥补产业面临的短板，而对于油菜产业的关键性环节，如生产层面的机械化种植技术推广与应用、传统小型油脂加工设备的改造升级、产品品牌建设等方面，政策又往往表现出缺位。如何深度挖掘油菜背后的经济价值对于油菜产业的进一步发展至关重要。

第六节

南 繁 种 业

"南繁"源于吴绍骙先生提出的农作物异地育种设想，是利用中国南方特别是海南岛南部地区冬春季节气候温暖的优势条件和丰富的热带种质资源，将夏季在北方种植的农作物育种材料，于冬春季节在南方再种植一季或者两季的农作物育种方式。南繁在保障国家粮食安全、缩短农作物育种周期、促进现代农业发展和农民增收、培育科研育种人才等方面做出了突出贡献。2018年4月，习近平在海南考察时强调，国家南繁科研育种基地是国家宝贵的农业科研平台，一定要建成集科研、生产、销售、科技交流、成果转化为一体的服务全国的"南繁硅谷"[①]。

一、　南繁的重大贡献、作用

中国南繁事业始于20世纪50年代，至今已有70余年的历史，经历了从理论提出到实践探索（20世纪50年代末至60年代）、实践确立（20世纪70年代至80年代）、制度成熟（20世纪90年代）、发展推进（2000~2012年）、全新起航和"南繁

---

① 《习近平：以更高站位更宽视野推进改革开放 真抓实干加快建设美好新海南》，http://jhsjk.people.cn/article/29925832[2022-06-30]。

硅谷"建设阶段（2013年至今）。南繁加代选育可使农作物新品种选育周期缩短三分之一至二分之一。海南岛南部三亚、陵水黎族自治县、乐东黎族自治县三地常年平均气温为24～25℃，大于等于10℃积温达到9000℃以上，1月平均气温（全年月平均气温最低）在19.8℃以上。由于得天独厚的气候条件，南繁已成为我国农业育种的"孵化器"和"加速器"、保障农业生产用种的"调节库"及种子质量天然的"鉴定室"。70余年来，每年的9月到翌年5月，全国近30个省区市800多家科研院所、高等院校及科技型企业8000多名农业科技专家、学者到海南从事南繁育种工作。从杂交水稻、高产玉米到抗虫棉，我国已育成的农作物品种中70%以上经过了南繁基地的培育，为保障国家粮食安全、重要农产品有效供给和推动农业科技创新做出了重大贡献（表10-1）。目前，整个南繁科研育种基地已划定科研育种保护区26.8万亩，24.26万亩高标准农田建设完成，生物育种专区基本完工，南繁基地基础条件和质量水平进一步提升（图10-21和图10-22）。

表10-1　南繁主要作物名单

作物种类	作物名称
粮食作物	水稻、玉米、马铃薯等
油料作物	大豆、花生、向日葵等
瓜类作物	西瓜、黄瓜、南瓜、甜瓜、冬瓜、丝瓜等
蔬菜作物	番茄、辣椒、黄秋葵等
经济作物	棉花、麻等
其他作物	甘薯、木薯、姜等
林木花草	月季、睡莲、百合、朱槿、牧草、林木（紫薇等）、果树（葡萄等）、草药（牛膝、金钱草等）

图10-21　海南岛南繁基地分布情况

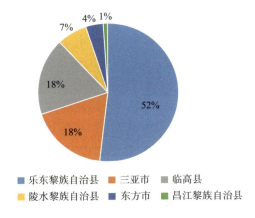

图 10-22　南繁基地规模情况

南繁事业维系着国家粮食安全和农业可持续发展。1970年，中国工程院院士、"杂交水稻之父"袁隆平的两位助手在三亚发现野生稻雄性不育株"野败"，1973年，袁隆平在南繁基地成功实现了杂交水稻的三系配套，选育出世界上第一个实用高产杂交水稻品种，使我国成为世界上第一个在生产上成功利用水稻杂种优势的国家。自从我国推广玉米单交种以来，优良品种更新换代6次，每次品种的更新都离不开南繁的贡献。南繁为"中国饭碗"铸造了最坚实的底座，创造了以占世界7%的耕地，生产出占世界25%的粮食，养活了占世界18%的人口的伟大奇迹。

为认真贯彻落实习近平总书记2018年4月在海南考察时的重要指示精神，农业农村部会同国务院有关部门和海南省政府，先后制定印发《关于加强海南南繁基地建设和管理备忘录》《国家南繁科研育种基地（海南）建设规划（2015—2025年）》。2018年底，海南省委、省政府决策部署，在三亚崖州湾科技城打造南繁科技城，南繁科技城面积约4.02平方公里，以南繁科技产业为核心，围绕动植物育种科技、国际种业交易、种质资源产权交易、生态土壤肥料、种业知识产权交易、热带特色农业科技六大方面，致力于打造产业化、市场化、专业化、集约化、国家化的国家南繁科研基地与国家热带农业科学中心。2021年5月，海南省崖州湾种子实验室揭牌成立，实验室通过先进的设施平台，吸引高层次人才，整合优质种业科研资源，攻关种子重大科学问题、解决种源"卡脖子"等关键技术难题。

二、"南繁硅谷"建设

当前，我国正加快由种业大国向种业强国转变，建设国家"南繁硅谷"，加速种业前沿技术、颠覆性技术的突破应用，提升种质资源鉴定利用能力、生物育种设计能力，将引领我国现代种业跨越式发展。

为落实习近平总书记建设"南繁硅谷"的指示，根据《中共中央 国务院关于支持海南全面深化改革开放的指导意见》，按照《海南省创新驱动发展战略实施方案》，农业农村部与海南省人民政府联合签署《共同推进海南全面深化农业农村改革开放备忘录》要求，编制"南繁硅谷"建设规划，推进南繁科研育种基地建设，加快建设南繁科研育种基地配套服务区，建设南繁生物育种科技创新平台，建设南繁科技公共技术服务平台，建设全球动植物种质资源引进中转基地。

"南繁硅谷"发展目标：围绕"一城两地三园"，全面对"南繁硅谷"建设进行总体布局。"一城"即南繁科技城；"两地"即国家南繁科研育种基地和全球动植物种质资源引进中转基地；"三园"，即作物、畜禽、水产三类现代种业产业园。推进科技和体制机制创新，形成部、省、院、校、企五方合力，实现南繁由季节加代向全年研发、由育制种向产业链、由分散独立向集群协同拓展，打造服务全国、面向全球的种业创新先行区、人才聚集区、产业孵化区、开放试验区。

"南繁硅谷"建设主要内容：一是在落实好国家南繁科研育种基地建设规划的基础上，全面推进南繁科技城建设，打造高质量科研平台和配套服务体系，建立完善的保障政策和机制，全面推进国际国内合作。二是发挥海南区位优势和南繁科技优势，借助海南自由贸易港建设契机，面向未来全球种业科技创新方向，围绕产业链与创新链互动发展需求，建设"一带一路"种业对外开放先行区，把"南繁硅谷"打造成为具有世界影响力的全球种业合作新平台。三是构建"严、大、快、同"的种业知识产权保护体系，用最严厉的制度、最严谨的标准、最严格的执法和最严肃的问责，打造南繁种业知识产权保护高地和知识产权交易中心。四是加快全球动植物种质资源引进中转基地建设，配套完善体制机制，做到既便利资源进出口，又要全面管控生物安全，既要便利企业审批，实现一线放开，又要加强监管，实现二线管住。五是健全社会服务保障体系，着力优化营商环境，加快完善法律法规，提升国家"南繁硅谷"公共服务水平和支撑能力，保障"南繁硅谷"可持续发展。

三、中国热带农业科学院南繁

（一）南繁生物安全

中国热带农业科学院立足海南的区位优势，积极担当起"南繁硅谷"建设任务。2008年，农业部转基因植物及植物用微生物环境安全监督检验测试中心（海口）首次通过"双认证"，其主要职责任务之一是开展南繁基地作物转基因成分检测，至2019年累计在南繁基地开展水稻、玉米、棉花等作物转基因成分检测并出具检测报告3723份。

（二）科技创新进展

1. 椰子等棕榈作物生物育种研究

建立了成熟的油棕、椰枣组织培养技术体系；初步建立了以合子胚为外植体的椰子组织培养技术体系，启动了以花序、子房和茎尖等为外植体的椰子、槟榔组织培养技术研究。

开展了椰子、油棕、椰枣遗传转化技术研究，初步完成GFP（green fluorescent protein，绿色荧光蛋白）瞬时转化。

已完成椰子、槟榔、椰枣基因组测序，目前正围绕相关育种目标开展性状解析与基因挖掘工作，拟基于现有组织培养技术体系，通过遗传转化和基因编辑，构建棕榈作物生物育种技术平台，创制新种质，并结合组培育苗选育新品种。

2. 热带作物功能基因组学研究进展

（1）香蕉B基因组及亚基因组进化

构建了染色体水平香蕉B基因组图谱，发现了A、B基因组在全基因组复制之后的近期发生分化，并且B基因组的二倍化进程更敏感，揭示了亚基因组的偏向性表达调控果实成熟及淀粉代谢。

（2）木薯单体型基因组进化及功能分化

绘制了染色体水平木薯参考基因组和单体型基因组图谱，发现了双等位基因间广泛发生表达不平衡，且基因组方向性选择驱动等位基因表达分化。

（3）花生非对称亚基因组进化

揭示了异源四倍体花生A和B亚基因组为单系起源，发现了花生驯化过程中发生了非对称亚基因组进化，揭示了基因组上结构变异导致的同源基因偏向性表达参与花生荚果发育与抗病性。

3. 南繁瓜菜虫害绿色防控研究

（1）优异抗虫种质及基因资源挖掘与创新利用

创建基于生命力与虫害指数相结合的辣椒、西瓜、豇豆种质资源抗虫性鉴定评价技术，鉴选获得既抗蚜虫又抗蓟马的辣椒种质6份、西瓜品种3个及抗蚜豇豆种质

2份，克隆获得6类抗虫基因，从生活力与繁殖力响应机制、营养物质防御效应、次生代谢物质防御效应、酶活性及其合成关键基因表达特性等酶学防御效应方面初步阐明抗虫性的生理生化与分子机制。

（2）危险性瓜菜刺吸式害虫发生规律与成灾机理

明确外来危险性瓜菜害虫棕榈蓟马、木瓜秀粉蚧、桃蚜、豇豆蚜、美洲斑潜蝇、二斑叶螨、朱砂叶螨、茶黄螨在海南的为害特性与发生规律；发现种群异质性与抗药性强是二斑叶螨、三叶草斑潜蝇等处于种间竞争优势的关键因素，从种间竞争、寄主选择性、生态适应性等方面初步阐明其成灾机理。

（3）危险性瓜菜害虫监测预警与绿色防控

创建基于28S rDNA种特异性引物的棕榈蓟马、木瓜秀粉蚧、美洲斑潜蝇、二斑叶螨分子快速检测技术，准确率达98%以上，并且对不同虫态及不同地理种群均具有稳定的检测效果；创建能够反映传入途径、繁殖能力、传播方式、生态风险等上述外来刺吸式害虫定量风险评估技术及风险管理技术流程，初步研发出瓜菜虫害免疫诱抗、微生态调控、植保无人机飞防等关键技术，并通过集成与示范推广取得良好成效。

四、 南繁种业未来重点研发任务

（一）加强种质资源保护利用

落实属地责任，加快资源普查收集、保存和鉴定评价，健全资源保护体系，加快建设全球动植物种质资源引进中转基地，完善现有国家、地方种质资源库（圃）管理制度，建立种质资源信息共享平台。

（二）着力打造科研育种创新平台

提高种业科技创新能力，加快实施农业生物育种重大科技项目，开展种源关键核心技术攻关，集聚全球种业创新发展要素，培育先进育种创新链，加快推进南繁科技城国家重大公共科技创新和服务平台建设。

（三）切实保障南繁科研用地

保障南繁科研用地供给，重点抓好南繁科研育种基地信息化与标准化示范建设、生物育种专区建设；建设南繁科研育种基地配套服务区，加快打造南繁科技创新、人才集聚、产业发展和成果转化新高地。

（四）积极培育大型种业公司

优化营商环境，引导资源、技术、人才、资本等要素向重点优势企业集聚，促进农业科技成果市场化，将"南繁硅谷"打造成全球种业创新高地和产业集聚中心。

（五）加强知识产权保护

充分利用海南自由贸易港政策制度优势，综合运用法律、经济、技术、行政等多种手段，推行全链条、全流程监管，构建"南繁硅谷"种业知识产权特区。

第十一章

冬季瓜菜产业发展

　　1988年国家正式提出了"菜篮子工程"，2009年底，实现了蔬菜播种面积和总产量两项世界第一的成绩，人均蔬菜占有量440公斤，不仅超出了世界平均水平一倍多，还高于不少发达国家。热带地区冬季光热条件充足，是天然大温室，非常适宜发展瓜菜产业。海南是全国最大的冬季瓜菜生产基地、重要的南菜北运基地。《国务院关于推进海南国际旅游岛建设发展的若干意见》（国发〔2009〕44号）提出"充分发挥海南热带农业资源优势，大力发展热带现代农业，使海南成为全国冬季菜篮子基地"。《国务院关于进一步促进蔬菜生产保障市场供应和价格基本稳定的通知》（国发〔2010〕26号）提出"加强蔬菜重点生产基地建设"。我国热区总面积仅占全国土地面积5.60%，但却在冬春季节供应着全国70%的新鲜蔬菜，源源不断地运往北方农产品批发市场，2021年中国（海南）国际热带农产品冬季交易会期间，北京新发地农副产品批发市场就订购了86.6万吨海南冬季瓜菜，为首都北京"双节"期间农产品稳定供应打下基础。2020～2022年的中央一号文件均强调"菜篮子"市长负责制，强化瓜菜的生产。

第一节

叶 类 蔬 菜

一、 产业发展地位

　　叶类蔬菜是瓜菜产业的重要组成部分，其发展可促进瓜菜产业结构的调整、优化居民的饮食结构、增加农民收入、提高人民的生活水平。叶类蔬菜是居民日常生活的必备蔬菜，因其周年均衡供应，鲜嫩优质、品种多样，在增加区域优质农产品供应，丰富区域居民菜篮子、保证自给蔬菜中占有重要地位。每年冬春季节，热区冬春叶类蔬菜源源不断输送往北方大中城市，在全力保障"菜篮子"产品市场供给、稳定市场价格上发挥了重要作用。同时热区夏秋渡淡叶类蔬菜，适合热带地区夏秋季节高温高湿的气候环境，在服务热区夏秋淡季"菜篮子"工程、提升单位面积土地种植效益上具有重要意义。

二、 产业发展现状

叶类蔬菜品种繁多，主要包括小白菜、上海青、菜心、快菜、芥菜、空心菜、圆白菜、大白菜、生菜、芥蓝等。热区广西、云南素有"南菜北运""西菜东运"和粤港澳"菜篮子"基地之称，孕育着丰富多样的叶类蔬菜资源。2020年广东叶类蔬菜播种面积达1600余万亩，产量达2200万吨；海南叶类蔬菜播种面积80万亩，产量100万吨；云南叶类蔬菜播种面积200万亩，产量约300万吨。

此外热区设施蔬菜种植业、植物工厂发展迅速，如海口市琼山区甲子镇福昌村光伏蔬菜大棚，叶类蔬菜35天至45天出一茬，平均亩产750～900公斤，有效保障了海口的叶菜供应，尤其是生产淡季时的供应。源康（深圳）农业科技有限公司的植物工厂，日产叶类蔬菜2.5吨；京东6000平方米的植物工厂，年产生菜和油菜300吨；中科三安植物工厂20 000平方米，日产蔬菜5吨以上。

三、 科技发展现状与趋势

热区开展叶类蔬菜品种选育及栽培技术研究的单位主要包括广东省农业科学院、海南省农业科学院、广西壮族自治区农业科学院、华南农业大学、广州市农业科学研究院、中国热带农业科学院等，品种选育工作取得了很大进展，主要包括华冠系列、美都、德高206、青浪7号、广研清江白菜、迟花菜心、中冠一号、超越快菜、华尔兹美丽等。

热区叶类蔬菜种质资源收集与保存方面取得较大进展，广东省农业科学院率先开展了菜薹、芥蓝遗传图谱的构建，并对薹色、花色、产量性状、抽薹时间、开花时间等进行了定位研究；开展了叶菜资源的收集、筛选、鉴定；菜心、芥蓝分子育种，芥蓝杂交种子纯度鉴定。华南农业大学揭示了褪黑素和茉莉酸调控菜心叶片衰老机制。广西壮族自治区农业科学院充分挖掘、利用来自少数民族的叶菜资源，并充分考虑多民族的风俗习惯和文化特点，因地制宜地培育具有地区特色的种质资源。海南省农业科学院从耐湿热品种筛选与培育、配套栽培技术、设施应用等方面着手，开展了夏秋季耐湿热渡淡叶菜品种选育、布局、栽培技术等方面的研究，保障了本地市场供应，稳定菜价。近年来，随着蔬菜绿色生产理念的不断深入，减肥减药的叶菜栽培技术受到越来越多的重视。目前，较新的叶菜栽培技术主要有水肥一体化技术、苦瓜套种叶菜技术、一次性施肥技术、有益微生物与环境互作技术等。

四、 产业重点研发任务

（一）新品种选育

热区的气候优势有利于发展冬春季节叶类蔬菜生产，但夏秋季叶类蔬菜的供应在保障本地市场供应和稳定菜价等方面发挥着重要的作用。因此，需因地制宜地筛选培育耐湿热、高产、质优的叶类蔬菜品种，保障夏秋季渡淡叶类蔬菜的安全生产。

（二）智能化生产技术体系

智能化生产一直是蔬菜产业节本增效的难点环节，在技术上对精准识别、智能定位等均有很高的要求，同时农机、农具、农艺、作业等的匹配度也是决定智能化生产的关键因素。通过集成农机自主导航、轨迹监测、机器视觉、柔性感应等先进技术，同时集成优化设施设备、栽培技术、绿色防控技术等，可以实现叶类蔬菜智能化生产。

（三）质量安全保障体系

加快研究叶类蔬菜重金属和抗生素的消减技术，从品种培育和栽培技术研发的角度，降低叶类蔬菜重金属风险。此外，土壤抗生素超标已经成为威胁叶类蔬菜安全的重要因素。如何避免或缓解人类活动对叶类蔬菜安全的影响，将是叶类蔬菜产业的重要研究方向。

（四）加强国际合作研究与发展

对标荷兰农业，加强与荷兰农业的国际合作，学习荷兰"家庭农场＋合作社"

适度规模经营模式，以及农业产业链中各环节分工明确的高效分销模式。可引进荷兰农业优质的种质资源、先进生产技术和农机设施，为全国人民打造高质量冬季"菜篮子"。

第二节

瓜　果　类

一、瓜类

瓜类蔬菜包括苦瓜、黄瓜、冬瓜、丝瓜、西瓜和南瓜等，均是喜温植物。中国热区由于光温条件良好，冬春季可进行喜温瓜菜露地生产，为瓜类蔬菜的种植提供了良好条件，已成为我国极具规模的冬春季节瓜类蔬菜生产基地。

（一）苦瓜

1. 发展现状

苦瓜属于葫芦科苦瓜属一年生蔓生攀缘植物，原产于亚洲热带地区，在中国约有600年的栽培历史。苦瓜表面呈瘤皱状，果实内含有苦瓜苷，因具有一种特殊的苦味而得名。苦瓜是海南省冬季"南菜北运"的主要瓜菜种类之一，对丰富全国冬季蔬菜市场起到了重要作用。近年来，随着消费者对苦瓜营养价值和药用价值认识程度的不断提升，我国苦瓜产业发展迅速，栽培面积呈逐年扩大趋势。广东的苦瓜种植面积最大，有80余万亩；其次是广西，有50余万亩。海南苦瓜年播种面积为20万亩，并已形成以屯昌为主的苦瓜产业带，年种植面积为3万多亩，占全省冬种苦瓜面积的40%。

2. 品种选育

近年来，利用品种提纯、杂交育种和诱变育种等方法，通过对耐冷、抗病、丰产、早熟、强雌系等苦瓜品种进行选育，育成一批表型较好的苦瓜品种，如热科1

号、热科2号、大肉一号、桂农科一号、桂农科二号、海研1号、海研2号、如玉5号、早优苦瓜、早绿苦瓜、农优1号、新科3号苦瓜、强雌品种Q11-2和屿强-2等（图11-1和图11-2）。

图11-1　热科1号苦瓜　　　　　　　图11-2　热科2号苦瓜

3. 技术攻关突破

目前，市场上苦瓜品种的抗病性、抗虫性、耐冷凉及熟性等都存在一定问题，为解决这些问题，主要从以下几个方面考虑：一是加强苦瓜种质资源收集、鉴定、评价，尤其是从苦瓜发源地引进种质资源，其中耐冷凉、抗白粉病、枯萎病种质资源的评价与利用将是苦瓜育种的重要目标；二是加强苦瓜育种的基础理论研究工作，如建立苦瓜高效的组织培养再生体系和遗传转化体系，研究苦瓜的遗传多样性，采用全基因组扫描结合表型的多样性进行决定重要性状的关键基因挖掘，采用分子育种方法进行种质资源创新或者品种改良。此外，开展苦瓜产品精深加工，研发药食同源产品苦瓜茶、苦瓜露、苦瓜酒、苦瓜果酱、苦瓜素等，延长产业链。

（二）黄瓜

1. 发展现状

黄瓜是全球十大蔬菜之一，总栽培面积仅次于番茄，中国是黄瓜生产面积最大、产量最高的国家。联合国粮食及农业组织数据显示，2020年全球黄瓜收获面积为3391.98万亩，中国黄瓜收获面积为1920.31万亩，占全球的56.61%；全球黄瓜产量为9125.83万吨，中国黄瓜产量为7283.30万吨，占全球的79.81%。其他黄瓜主产国家或地区主要有：欧盟、土耳其、俄罗斯、乌克兰、伊朗、乌兹别克斯坦、墨西哥、西班牙、美国等。

国内黄瓜种植分布于全国各地；主产区为河南、河北、山东、湖南、辽宁、湖北、江苏、四川、广东、广西、安徽、陕西等，目前已形成具有鲜明地方特色及发展潜力的全国农产品地理标志7个、名特优新农产品11个。中国是黄瓜出口大国，黄瓜出口规模远大于进口规模，主要进出口商品类型有：鲜或冷藏的黄瓜及小黄瓜、用醋或醋酸制作或保藏的黄瓜及小黄瓜、暂时保藏的黄瓜及小黄瓜。其中，鲜或冷藏的黄瓜及小黄瓜出口数量最多、创汇金额最高。主要出口销往地为：中国香港、俄罗斯、蒙古国、中国澳门、越南、吉尔吉斯斯坦、哈萨克斯坦、柬埔寨、马来西亚、新加坡。随着农业产业结构的调整及经济的快速发展，中国黄瓜的栽培茬口划分不断细致，种植面积不断扩大、产能不断提升，品种不断丰富，在国际黄瓜产业中占据着越来越重要的地位，市场话语权不断提升。

2. 品种选育

"十三五"期间，研究者利用表型评价或分子鉴定技术对黄瓜种质资源的遗传关系、单性结实、抗病性、抗逆性等进行了评价筛选，获得了一些具有优良性状的种质。研究者还对黄瓜核心种质耐低温性、耐高温性、耐旱、耐弱光性、抗病性、抗虫、下胚轴长度、种子含油量、果实性状等进行了鉴定，筛选出对应的抗逆、抗病、抗虫、优质的种质资源，并利用系谱法创制了一批优质多抗的育种材料，成为新品种选育的重要亲本。2017～2020年通过非主要农作物品种登记的黄瓜品种共有1215个，申请植物新品种保护的黄瓜品种共有126个，授权37件。华南型黄瓜品种的选育越来越受到重视，逐渐成为重要的育种方向，具有代表性的华南型黄瓜新品种有：甘丰春玉、唐秋209、百福10号、力丰、龙早1号、东农812、盛秋2号、吉杂17、唐杂6号、龙园黄冠、龙园翼剑、燕青。这些新品种的外观品质有了明显优化，特别是在商品瓜光泽度上大幅度提升；另外，在产量和抗病性方面也比以往推广的品种有优势。

3. 技术攻关突破

加强对黄瓜种子资源的整理收集和创新利用；强化黄瓜抗重大和新型病害育种、品质育种；加强适宜在热带地区种植的黄瓜品种创新工作；强化适合轻简化栽培育种、国外品种替代等方面的工作；提高对黄瓜种子生产技术、种子加工检测技术的重视程度，不断缩小与国外公司在种子质量上的差距；加大知识产权保护力度，严厉打击假冒侵权、套牌种子现象。同时需要加强我国的黄瓜遗传育种研究，加大具有重要育种价值的基因挖掘和调控网络解析研究；要在高通量大规模基因分型技术、基因编辑技术、大孢子培养技术上尽快实现突破。

（三）西瓜

1. 产业发展现状

西瓜全球广泛种植，2020年全球西瓜收获面积为4579.89万亩，产量为10 162.04万吨，主要种植国家有中国、印度、伊朗、俄罗斯、巴西、土耳其等。

中国的西瓜种植地域广、模式多样、栽培历史悠久、品种资源丰富，在世界西瓜生产中居主导地位，2020年西瓜收获面积占全球的46.04%，产量占全球的59.29%。西瓜的种植周期短、比较效益高，是农民增收显著的百日作物。随着西瓜产业的迅速发展，我国初步形成了黄淮海（春夏）、华南（冬春）、长江流域（夏季）、西北（夏秋）、东北（夏秋）五大西瓜优势产区。西瓜肉质细嫩多汁，清甜爽口，生育期一般在100～120天，是高投入、高产出、高效益的经济作物，是种植面积较大的瓜类之一。分省域来看，产量排名前三的省份分别是河南省、山东省、江苏省。主要种植的品种有麒麟西瓜、小天使西瓜、红虎西瓜、黑美人西瓜、特小凤、红小玉、黄小玉、春雷西瓜、京秀西瓜、抗病早冠龙西瓜、少籽巨宝西瓜、雪峰花皮无籽西瓜、黄宝石无籽西瓜、黑金刚西瓜、庆发黑马西瓜、华蜜冠龙等。

2. 品种选育

西瓜的杂优利用育种是西瓜新品种育种的基础，育种目标更加趋于面向市场多元化需求的细分，如西北区域以金城5号等为代表的优质大果、适应性强、耐贮运类型品种；华南区域以无籽新1号、广西5号等为代表的高抗、丰产、耐贮运无籽西瓜类型品种；东部区域以早佳、京欣、美都等为代表的适于设施栽培的优质品种等，以及中国热带农业科学院培育的琼丽、美月、琼花、琼美、热研黑宝（图11-3和图11-4）。

图11-3　琼丽西瓜品种

图11-4　美月西瓜品种

3. 技术攻关突破

广东、广西、海南、福建以及西南热区是华南冬春季节西瓜优势区。该区域热量与光照条件好，冬春季节比较干旱，非常适宜西瓜的生长；产业基础较好，反季节优势明显，销售市场广阔；西瓜品质较好，种植收益较高。未来生产应以冬春季节西瓜为主，发展优质西瓜品种，主攻国内高档果品市场；优化品种结构，减少病虫害危害；进一步提高设施化水平，满足市场需求变化；提高产业化程度，塑造地方品牌。

（四）南瓜

1. 发展现状

南瓜是葫芦科南瓜属一年生蔓生草本植物，因其富含胡萝卜素和维生素C受到广大消费者喜爱。全球南瓜种植范围广泛，印度南瓜种植面积全球排名第一位，中国南瓜产量全球排名第一位，其他的主要生产国还有俄罗斯、乌克兰、喀麦隆、土耳其、孟加拉国和美国等。截至2020年底，中国的南瓜栽培面积已达1500万亩，产量达4000万吨左右，其中南方热区南瓜种植面积在200万亩左右，产量在400万吨左右。

2. 品种选育

南瓜在我国蔬菜研究领域作为一个小的种类而不受重视。从20世纪90年代后期开始，国内一些科研单位才陆续开展南瓜的引种和育种工作，在肉用南瓜、籽用南瓜、砧用南瓜方面推出了一些新品种。例如，育成肉用南瓜吉祥1号、锦栗、红栗、京红栗、短蔓京绿栗等；育成籽用南瓜甘南1号、宝库1号、绿农1号、梅亚雪城1号、梅亚雪城2号、银辉1号、银辉2号等；育成西瓜砧木京欣砧3号、京欣砧4号、京欣砧5号、京欣砧6号，黄瓜砧木冀砧10号、绿洲天使等。

3. 技术攻关突破

第一，陆续开展国内外种质资源的引进与创新，拓宽育种材料的遗传背景；开展杂交新品种选育研究，尤其是籽肉两用或籽用专用新品种，保持我国南瓜育种的可持续发展。第二，南瓜属作物营养丰富，在南瓜属作物品质育种研究中，应重视营养成分，尤其是功能成分生理代谢途径的研究。第三，在南瓜属作物抗病育种研究中，应系统地对抗不同生理小种病菌的遗传规律进行研究。第四，应根据不同的地域、生产季节和消费要求，制定不同的育种目标，应对与生产紧密联系的南瓜属作物主要经济农艺性状遗传规律进行全面深入研究，选育出具有较高价值的品种，使基础研究成果较快地转化为生产力。

（五）瓜类蔬菜科技创新现状

土壤健康与耕地可持续利用成为热区瓜类蔬菜栽培的研究热点，已推出了一系列改良技术和产品。例如，中国热带农业科学院等单位构建了以华南地区稻菜轮作为主的菜田轮作技术体系，并研究了葱蒜类作物在露地苦瓜轮套作系统中的应用；设施大棚连作障碍问题通过轮作、有机肥和土壤调理剂配施、土壤消毒技术的综合应用得到有效缓解；中国热带农业科学院联合海南省农业科学院、屯昌枫绿果蔬产销专业合作社等单位实施苦瓜嫁接育苗技术研究与高产栽培示范，并于2014年12月获得了海南省科学技术进步奖三等奖，利用白籽南瓜嫁接苦瓜，成苗率达94.33%，枯萎病发病率仅为1.8%，有效解决了苦瓜生产中枯萎病等土传病害的防治难题，提高了产量和质量，苦瓜嫁接苗比实生苗增产800公斤/亩以上。

研发和推广应用安全高效的瓜类蔬菜保鲜技术，包括：低温保鲜、冰温保鲜、气调保鲜、辐照保鲜、超声波保鲜、可食性涂膜保鲜、功能性包装材料保鲜和基因工程保鲜等技术。有效控制其在储运和销售过程中的营养损失和品质降低，保证旺季不烂、淡季不断。

（六）产业重点研发任务

1. 加强瓜类蔬菜产业科技创新和推广

加强对瓜类蔬菜种质资源的整理收集和鉴定，为更好地保护优质资源贡献力量，为新品种的培育提供有力的技术支撑。加大对科研经费的投入，以农业科研单位和龙头企业为依托，进一步加强瓜类蔬菜新品种的选育，引进、育成一批适于热区气候条件的优质、多抗、高产的优良新品种，丰富种植品种，增加特色精品瓜类蔬菜品种，培育具有高效益和高附加值新品种，扩大市场，促进农民增收和农业增效。

2. 构建瓜类蔬菜安全生产标准化平台

坚持以市场为导向，从实际出发，制定瓜类蔬菜产品质量标准和生产技术规程，确保瓜类蔬菜产品在整个生产过程都有标准可遵循。着力建好瓜类蔬菜标准化示范基地，大力开展瓜类蔬菜质量认证，实行品牌化经营，从生产源头抓好产品质量，尽快塑造出热区特色品牌优势，提高瓜类蔬菜竞争力。充分发挥龙头企业的示范作用，以优惠政策、市场手段、行政措施推动龙头企业率先执行国家制定的农产品质量标准，为推动瓜类蔬菜标准化发挥示范带动作用。

3. 加强对瓜类蔬菜设施栽培集成技术的研究与开发

随着设施蔬菜产业的发展，育苗也由传统的床土育苗、营养钵育苗等方式向着集约化、工厂化育苗的方向发展。近年来，研究人员在瓜类蔬菜自动化育苗装备、育苗环境调控技术等方面有了一定的进展，使得育苗效率得到大幅度提升。建立了一批高标准的现代化育苗温室，配置了全自动的育苗生产线，极大地提高了育苗效率。今后要进一步加强对瓜类蔬菜设施栽培集成技术的研究与开发，促进瓜类蔬菜设施栽培技术标准化和生产管理科学化，大力推广瓜类蔬菜设施栽培，摆脱传统农业生产条件下自然气候、季节的制约，这样不仅可以使单位面积产量大幅度增长，还可以改善农业生产的环境，提高生产水平，促使农业由数量型向质量型转变，符合热带高效农业发展战略。

4. 加强瓜类蔬菜的储运保鲜工作

目前热区瓜类蔬菜储藏保鲜技术研发活跃，但在产业上广泛使用的技术偏少，主要原因在于采前与采后发展不协调；储藏保鲜技术不成熟；储藏保鲜设备欠普及，很大程度上影响了瓜类蔬菜的储运时间和产品质量，导致难以保证热区瓜类蔬菜附加值的实现。今后要做好热区瓜类蔬菜的区域和生产季节的规划，以产、储、运、销综合技术为基础，建立全方位、多层次、多角度的服务体系，建成现代化、集团化、国际化的瓜类蔬菜储运体系。

二、 茄果类

（一）辣椒

1. 发展规模

辣椒是一种重要的蔬菜作物和调味品，适应性强，风味多样，营养丰富，深受消费者喜欢，可以鲜食、也可以加工，具有重要的产业价值。2020年全球辣椒收获面积为3104.99万亩，产量为3613.7万吨，中国辣椒收获面积、产量均全球排名第一，其他主要生产国还有印度尼西亚、墨西哥、土耳其、尼日利亚、西班牙、埃及、塞拉利昂等。

2020年中国辣椒年收获面积为1220万亩，产量为1960万吨。中国辣椒种植已逐步脱离季节与地域限制，形成了"大区域+小范围"种植新趋势。"大区域"主要是指中国南方地区，这一区域是中国主要的辣椒种植区，具有十分明显的气候优势，如海南、广西等地可常年种植辣椒，并可将辣椒制成干辣椒或其他辣椒制品后向北方地区输出，从而弥补北方地区的辣椒需求缺口。辣椒是我国热区南菜北运最重要的蔬菜，也是消费量最大的调味品、加工方式最多的蔬菜，已成为热区的特色农业、乡村振兴的支柱产业，为繁荣地方经济做出了重要贡献。

2. 品种选育

辣椒品种种类繁多，包括羊角椒、甜椒、泡椒、指天椒、线椒、螺丝椒、美人椒等。热区开展辣椒品种选育及栽培技术研究的单位主要包括广东省农业科学院、海南省农业科学院、广西壮族自治区农业科学院、华南农业大学、广州市农业科学研究院、中国热带农业科学院等。热区的辣椒品种选育工作取得了很大发展，选育的辣椒品种包括粤椒1号、汇丰2号、辣优2号、辣优4号、海椒3号、海椒5号、海椒109、桂椒7号、桂椒8号、桂椒10号、华椒5号、热辣1号、热辣2号、热辣4号、热辣6号、茂椒4号、东方神剑等（图11-5和图11-6）。粤西地区辣椒种植品种主要为羊角椒、指天椒、泡椒等；粤东地区种植品种主要为羊角椒、指天椒、泡椒、线椒、螺丝椒等；粤北山区种植品种主要为青皮椒、黄皮椒、美人椒等。广西种植品种主要为羊角椒、指天椒、泡椒等。海南种植品种主要为指天椒、泡椒、黄皮尖椒、黄灯笼椒等。

图11-5　热辣2号辣椒品种

图11-6　热辣4号辣椒品种

3. 技术攻关突破

中国辣椒种质资源丰富，国家种质库保存辣椒资源约2200份，湖南省农业科学院保存辣椒资源3200余份，中国热带农业科学院保存辣椒资源2300余份，其他科研单位和育种企业也保存着一定数量的辣椒种质资源。经过几十年的集体攻关，辣椒新品种在丰产性、适应性、抗病性、抗逆性等方面的研究均达到较高水平，鲜食辣椒新品种90%以上为一代杂种。研究者相继建立了辣椒组织培养和植株再生体系，实现利用双价抗菌肽基因转化辣椒，建立了辣椒抗青枯病鉴定新技术，优化了辣椒耐高温高湿评价体系，基于多组学研究辣椒耐高温高湿机制。目前广东省多家育种单位和中国热带农业科学院成功选育辣椒CMS（cytoplasmic male sterility，细胞质雄性不育）系，并成功实现三系配套及应用。华南农业大学深入研究了辣椒雄性不育机理。韩国和中国科学家相继发表了辣椒基因组文章，为深入开展辣椒基础研究提供了便利条件。

热区辣椒种植以选择抗病虫品种为主，采用水旱轮作和薄膜覆盖新技术，能保温、保肥、保水，还能抑制杂草生长，减少农药使用。绿色防控以微生物菌剂、黄蓝板、色诱灯、性诱灯和太阳能灭虫灯等技术为主，可灭杀上百种有害昆虫，实践证明，80%的害虫都会被杀灭，每年可减少农药使用量30%以上。

（二）番茄

1. 发展现状

番茄是三大世界性贸易蔬菜之一，在全球蔬菜贸易中占有重要地位。随着番茄需求量的不断上升，世界番茄生产总量及种植规模不断扩大。2020年全球番茄收获面积为7577.98万亩，产量为18 682.12万吨。世界番茄生产区域主要集中在亚洲、欧洲和北美洲，其中亚洲为主要产区，中国番茄收获面积、产量均排名世界第一，收获面积全球占比五分之一，产量全球占比三分之一。其次主要生产国还有印度、土耳其、美国、埃及、意大利、伊朗、尼日利亚等。

番茄是中国种植面积排名第四的蔬菜品种，2020年收获面积为1667.22万亩，产量为6486.58万吨。2020年中国番茄出口数量为21.8万吨，同比增长11%，主要出口到俄罗斯、蒙古国、哈萨克斯坦、越南等地。番茄产业已成为我国蔬菜产业的重要组成部分，主要集中在山东、河北、河南、江苏、广东、云南等地。黄淮海、长江、西北、华南、东北、西南是我国种植番茄的六大优势区域，山东、河北、河南三省番茄种植规模最大。

2. 品种选育

广东农业科学院培育番茄品种包括五七红、粤农2号、江奇、夏星、秋星、粤胜、粤红玉、粤星、新星101、阿克斯一号、皇冠666、金星101、金星1371、粤星13号、黄箭。新星101番茄是华南地区抗青枯病表现最好的品种，该品种作为抗青枯病砧木在广西大面积推广，至今仍一直作为抗青枯病、耐热品种推广应用。华南农业大学培育的番茄品种包括0718-3、0769-1、杂交1号、杂交3号、丰顺、大丰顺、好时年、福安、多宝、夏红、金石、红宝石。广州市农业科学研究院培育的番茄品种包括金丰、穗丰、益丰、年丰等。广西壮族自治区农业科学院培育的番茄品种包括桂红1号、桂红2号、诺贝尔等。中国热带农业科学院选育出的樱桃番茄品种串串红，品质优良，荣获海南省科学技术进步奖三等奖，立新美娜品种母本THX21-23是从"千禧"粉红色小番茄经七代分离选育而成的自交系（图11-7和图11-8）。华南地区番茄以露地栽培为主，广西桂林、广东珠江三角洲等地以栽培大红番茄为主，广西百色、海南陵水与广东茂名等地以露地种植樱桃番茄为主。

图11-7　樱桃番茄品种串串红　　　　　图11-8　立新美娜品种

3. 技术攻关突破

各科研单位在抗青枯病栽培技术研究和推广方面也做了大量工作，如加强抗青枯病砧木品种选育、开展砧木和接穗亲和力研究，总结了一套适合华南地区的番茄抗青枯病嫁接技术，嫁接苗果实品质好、增产显著，极大地提高了农民收入。采用分子标记技术研究了番茄种质资源间的亲缘关系，鉴定了番茄种质资源表型性状和果实主要品质性状，对具有应用价值的材料开展了苗期青枯病抗性鉴定，鉴定出一批抗青枯病的番茄资源。初步探索了番茄中靶标蛋白参与抗青枯病的分子机制，发现了蛋氨酸和γ-氨基丁酸合成途径参与了番茄抗青枯病过程，参与青枯病抗性激素通路的Marker基因在抗病品种和感病品种中存在表达差异，研究证实组蛋白乙酰化在番茄抗感病品种参与抗青枯病过程中发挥重要作用。建立了以叶绿素、电导率和脯氨酸为耐热指标的番茄耐热筛选体系。

华中农业大学研究团队克隆和鉴定了番茄抗性和品质性状调控基因65个，其中关键基因6个；在国际上首次研发出原创性分子标记22个；在国内率先开发出一套番茄实用分子标记59个。同时利用高效的分子标记辅助育种技术和创制优异的育种材料，他们育成了聚合多种抗性、品质优良的番茄品种"华番12"，这是世界上首个兼抗青枯病和黄化曲叶病毒病的大果番茄品种，平均单果重达230克，攻克了青枯病抗性与小果连锁的难题，成为湖北、广西、广东等青枯病高发地区的首选品种，还被广西、海南等番茄产区广泛用作抗青枯病砧木品种。

（三）茄子

1. 发展现状

茄子是一种重要的蔬菜作物，全球广泛种植。2020年全球茄子收获面积为2815.07万亩，产量为5661.88万吨。中国茄子收获面积、产量世界排名均为第一，收获面积、产量分别占全球的42.13%、64.63%。其他主要生产国家还有印度、埃及、印度尼西亚、土耳其、伊朗、意大利、日本等。

茄子在中国各地均有种植，周年上市，全国已经形成中原圆果、东北紫黑长茄、华东紫红长茄、华中紫黑长茄、华南紫红长茄、西北高圆茄、西南长茄等七个优势产区。2020年收获面积达1185.99万亩，产量为3659.32万吨。紫红长茄是中国热区的主栽品种，在南菜北运及出口蔬菜中占有重要地位，2020年中国茄子出口数量为14 802.4吨，同比下降10.3%，出口最多地区为中国香港，其次是俄罗斯，再次是中国澳门、越南。

2. 品种选育与布局

广东省农业科学院、广州市农业科学研究院、华南农业大学、广西壮族自治区农业科学院、广州农达种子科技有限公司等单位培育的系列紫红长茄在华南热区大面积推广。广东省农业科学院培育茄子品种包括中日紫茄、粤丰紫红茄、丰优紫红茄、新丰紫红茄、庆丰紫红茄、白玉白茄、农夫长茄、农丰长茄、白玉2号白茄、农夫2号茄子、农夫3号茄子、新丰2号茄子和新丰3号茄子。华南农业大学培育的茄子品种包括早丰长茄、长丰长茄、华研2号等。广州市农业科学研究院培育的茄子品种包括紫荣2号、紫荣6号、紫荣7号、紫荣8号、象牙白2号、翡翠绿2号等。广西壮族自治区农业科学院培育的茄子品种包括瑞丰1号、瑞丰2号、瑞丰3号、桂瑞丰5号等。紫红长茄是南方热区的特色类型，其在广东粤西和粤北、广西南宁，海南三亚、乐东的栽培面积较大。

3. 技术攻关突破

在茄子青枯菌分离鉴定及效应研究、抗青枯病遗传、QTL定位和关键基因功能研究方面取得突破性进展。研究进一步证实茄子调控青枯病信号可能主要依赖SA（salicylic acid，水杨酸）途径，揭示了SmMYB44与SmSPDS互作参与亚精胺合成调控茄子青枯病抗性。深入研究发现，分段高温处理的热害指数和连续高温处理下的细胞膜电导率可以有效区分不同茄子材料幼苗的耐热性。筛选获得了茄子果皮颜色相关基因连锁的分子标记并进一步证实光照对茄子果皮着色的影响主要通过调控花青素和叶绿素的生物合成来实现。

（四）茄果类产业重点研发任务

1. 加强种质资源搜集、保存、鉴定和创制

种质资源的保护与利用已成为世界多国的国家战略。我国茄果类蔬菜种质资源遗传背景相对狭窄，以往对部分种质资源进行了评价和优良性状挖掘等研究，但远远不能满足育种的需求。广泛搜集和引进优良种质资源仍将是未来一段时间内茄果类蔬菜遗传育种的重要任务。

我国在加强种质资源的精准鉴定和优良基因挖掘相关研究，尤其是对具有较强抗性、有潜在育种价值的野生近缘种基因进行深入挖掘，快速地将特异种质材料用于育种实践。利用现代高新育种技术与常规育种技术相结合开展种质创新，拓展遗传背景，加快茄果类蔬菜新品种选育。

2. 加强多学科联合推动抗病与品质育种进程

一些过去发生过但不太严重的病害近些年发生严重，如辣椒细菌性叶斑病等；还有一部分是近些年在我国暴发流行的新型病害，如番茄斑点萎蔫病毒等。需要前瞻性地确定育种目标，不断挖掘抗病基因，培育抗主流病害和新型流行病害的茄果类新品种。

将来消费者对于优质、多样的茄果类蔬菜品种的需求还会增加，各种口感优良、功能营养型的品种需求将会继续增加，优质高价的高端市场所占份额将快速增大。因此有必要就果实发育、营养、风味相关品质性状形成的机理和遗传因素进行研究。代谢组学有助于研究代谢物、品质、风味的遗传关联；转录组学揭示不同时期不同组织的基因表达差异。将多组学、多学科结合，开展分子设计育种、全基因组选择、数字化育种是下一步茄果类蔬菜抗病、品质育种技术发展的重要内容。

3. 加强高效轻简化栽培技术研发

国内市场劳动力成本逐年升高，适合高效轻简化种植的茄果类蔬菜品种也亟待列入日程。茄果类蔬菜多属于多次采收，比较难做到机械化，但为了降低劳动强度和节约劳动力，采收机械化和智能化将是未来的发展方向。

4. 推动茄果类蔬菜精深加工产业发展

培育辣椒、番茄专用型品种，深度开发辣椒色素、辣椒调味品、辣椒碱、番茄红素等产业链条，另外开发辣椒、番茄副产品，拓宽产业链，进而提高附加值，增加农民收入。

中共中央、国务院印发的《乡村振兴战略规划（2018—2022年）》提出，推进畜牧业区域布局调整，优化畜牧业生产结构，大力发展草食畜牧业。2018年中央一号文件《中共中央 国务院关于实施乡村振兴战略的意见》提出，加快发展现代农作物、畜禽、水产、林木种业。2021年中央一号文件《中共中央 国务院关于全面推进乡村振兴加快农业农村现代化的意见》提出，加快构建现代养殖体系，保护生猪基础产能，积极发展牛羊产业。2020年9月，《国务院办公厅关于促进畜牧业高质量发展的意见》（国办发〔2020〕31号）发布，提出加快构建现代养殖体系，建立健全动物防疫体系等。习近平在庆祝海南建省办经济特区30周年大会上的讲话中要求海南做强做优热带特色高效农业[①]。特色畜牧业是热带特色农业的重要组成部分，热带特色畜禽遗传资源作为我国生物多样性的重要组成部分，同样是维护国家生态安全、农业安全的重要战略资源，也是现代种业创新和科技发展的支撑和基础。

第一节

热带特色畜禽产业

一、　热带特色畜禽产业地位

（一）热带特色畜禽产业是稳住"肉盘子"的关键保障

中国不但是畜禽养殖大国、消费大国，也是世界上地方特色畜禽品种最为丰富

---

① 《习近平：在庆祝海南建省办经济特区30周年大会上的讲话》，https://www.12371.cn/2018/04/14/ARTI1523660364597311.shtml[2022-07-01]。

的国家。中国地方特色畜禽品种的肉质无论从味道还是食用价值方面都是一般畜禽肉和"洋肉"无法比拟的。热带特色畜牧业已经从家庭副业发展成为热区农业农村经济的重要支柱产业，成为增加农民收入的主要来源。截至2020年底，热区畜牧业产值已占农业总产值的30%以上，从事畜牧业生产的劳动力就有1000多万人。随着居民生活水平的提高和集约化、规模化、现代化特色畜禽养殖产业的发展，热带特色乡土畜禽势必将以优质的畜禽产品品质受到市场的认可和追捧，也将极大地丰富"肉盘子"。

（二）热带特色畜禽种质资源是国家畜禽种业发展的战略资源

热区素有"无鸡不成宴""无肉不成席"的肉食消费习惯，拥有遗传多样性非常丰富的畜禽品种资源。中国畜牧兽医信息网畜禽种质资源保存中心、牧草种质资源保存中心收集的99个地方猪种中的48个、45个山羊品种中的23个、82个地方鸡种中的42个品种均来自热区，这些热带畜禽种质资源更是中国畜禽资源的瑰宝，其中繁殖性能、肉品品质等是最受国际关注、最具特色和国际竞争力的经济性状。随着中国经济高速发展，以广东为代表的南方热区城乡居民对肉类产品已从量的满足转向了质的追求，优质肉类产品需求巨大。以广东鸡肉为例，优质肉鸡品种结构从2001年快长、中速和优质类2∶1∶1发展到目前1∶1∶1的比例，并且肉质最好的优质型肉鸡市场比例还在呈加速上升趋势。

（三）热带特色畜禽是全球动植物种质资源引进中转基地的重要支撑

习近平在庆祝海南建省办经济特区30周年大会上的讲话强调，要加强国家南繁科研育种基地（海南）建设，打造国家热带农业科学中心，支持海南建设全球动植物种质资源引进中转基地[①]。《中共中央 国务院关于支持海南全面深化改革开放的指导意见》明确，支持海南建设全球动植物种质资源引进中转基地。海南建设中转基地，面向国际国内两个市场，全球化、多样化、复杂化的种质资源引进中转，热带特色畜牧产业以及热带畜牧科技工作都是保障全球动植物引进中转基地运转的重要支撑。

二、 热带特色畜禽产业现状

在独特的自然、地理、生态和社会条件下，中国热区形成许多适应当时条件和

---

① 《习近平：在庆祝海南建省办经济特区30周年大会上的讲话》，https://www.12371. cn/2018/04/14/ARTI1523660364597311.shtml[2022-07-01]。

需要的畜禽品种资源或类型，对发展热区农业农村经济发挥了重要作用，是中国畜禽遗传资源库中的宝贵财富。例如，海南省特色畜禽有文昌鸡（图12-1和图12-2）、儋州鸡（图12-3和图12-4）、五指山猪（图12-5和图12-6）、屯昌猪、临高猪、海南黑山羊（图12-7和图12-8）、海南黄牛、定安四季鹅、嘉积鸭、东方墩头猪、黎母山鸡、白莲鹅等，其中不少地方品种具有独特的优良性状，是海南当地"四大名吃"的原材料，同时海南省还批量引进外来优质特色畜禽品种进行选育和改良，形成海南独特的地方优势产品，如海南和牛等，已经成为海南省宝贵的畜禽资源。中国热区2020年畜牧业总产值超过10 000亿元，全国占比30%以上；肉类总产量超过1800万吨，全国占比四分之一；生猪存栏量全国占比超过40%，地方猪全国占比60%以上，地方优质禽饲养量全国占比80%以上，山羊存栏量全国占比接近四分之一。

图12-1　文昌鸡母鸡

图12-2　文昌鸡公鸡

图12-3　儋州鸡母鸡

图12-4　儋州鸡公鸡

图12-5　五指山猪母猪

图12-6　五指山猪公猪

图12-7　海南黑山羊母羊

图12-8　海南黑山羊公羊

三、热带特色畜禽产业面临的挑战

经过多年的快速发展，我国热区特色畜禽养殖逐步由小规模传统养殖方式向现代畜牧业转型，产业整合速度加快，但畜牧业可持续发展遇到了一些重要瓶颈问题。一是畜禽种业发展滞后，对地方优良特色畜禽品种不够重视，育种和繁育技术体系不完善。二是畜禽生产水平、效率和效益偏低。三是畜禽用粮剧增、人畜争粮矛盾突出，热区丰富饲料资源开发利用不够、优质粗饲料生产技术还没有突破。四是畜禽生产有污染。规模化养殖场粪污处理和环境控制技术还存在空白，种养脱节严重。五是畜产品质量安全隐患时有发生，畜产品和饲料产品质量安全检测技术标准缺乏。

四、 热带特色畜禽产业重点研发任务

（一）热带特色畜禽种业创新工程

1. 热区特色畜禽资源保护与高效利用关键技术研究

充分发挥热区地方畜禽资源优势，深入开展国内外热带特色畜禽种质资源的收集评价和保护，构建如陆川猪、五指山猪、惠阳胡须鸡、文昌鸡、清远乌鬃鹅、海南黑山羊等热带特色畜禽国家级保种技术体系，建立健全热带种畜禽性能测定体系和种质鉴定技术标准；加快建设中国南方畜禽基因库（备份库），打造全国热带特色畜禽种质与基因资源中心。

2. 热区地方特色畜禽重要经济性状遗传解析

针对我国热带特色畜禽产业发展现状和可持续发展的需求，运用生理学、生物化学与分子生物学、动物遗传学和细胞生物学等的理论和方法，分别从分子水平、细胞水平、个体水平和群体水平的不同层次探讨热带特色畜禽生长性状、胴体性状、肉质性状、抗病抗逆性状、繁殖性状遗传规律和形成机理，并探索杂种优势的遗传机理与预测。

3. 热区特色畜禽高效繁殖技术研究与示范

研发热带特色畜禽人工授精、高效胚胎移植等优秀种质快速扩繁技术，构建热带特色畜禽选育技术体系，培育一批适合热区养殖的优质特色畜禽新品种，打造集资源保护、育种研发、品种示范于一体的国际一流的热带畜禽种业创新中心。

4. 热区优质、高效特色畜禽新品种的培育

以收集、保护特色畜禽资源为主要育种素材，充分发挥其肉品质好、风味佳的优势，采用现代畜禽育种技术，通过导入回交、杂交配套等育种方式，合成选育出目标特征突出的新品系，培育出优质、高效的特色畜禽新品种，以满足广大城乡居民日益增加的高档优质畜禽产品需求。

（二）热带特色畜禽营养与养殖创新工程

围绕养殖业可持续发展面临的资源短缺、质量安全和环境污染等问题，系统开展营养、湿热环境、肠道微生态互作对热带养殖动物健康影响的规律及正向控制、协同调节机制研究，解析陆川猪、五指山猪、惠阳胡须鸡、文昌鸡、清远乌鬃鹅、海南黑山羊等热带特色畜禽肉产品营养品质形成的机理与关键调控途径；建立主要热带特色畜禽营养

需要量动态模型和饲养标准，构建热带特色畜禽营养需求大数据和共享平台。

1. 非常规饲料原料高效利用技术

针对不同阶段营养需求并结合饲料生产实际，以玉米-豆粕为能量原料和蛋白原料价值评定参照标杆，选取来源丰富、工艺稳定、应用简易和性价比高的非常规饲料原料[如大麦、高粱、小麦、牧草、绿狐尾藻、木薯粒（片）、柠檬酸渣、糖蜜、棉菜粕、花生饼（粕）、啤酒糟、酱油渣、甜菜渣等]，有针对性地选用抗营养因子去除技术以及非常规饲料资源新型加工工艺及其日粮配制技术。

2. 热带特色畜禽养殖氮磷代谢及其减排的营养干预技术

以氨基酸平衡供给技术（低蛋白质日粮技术）为基础，重点挖掘改善氮营养素利用效率、除臭减氨功能显著的有益微生物，优化其与寡糖、多糖、酶制剂等的配伍工艺，研制用于降低热带特色畜禽养殖臭气、净化养殖环境的功能性饲料添加剂，集成热带特色畜禽养殖除臭减氨、减磷的营养干预技术，并进行示范与推广；筛选并确定针对热带特色畜禽生长需要和生理需要的低毒、低排放以及性价比高的微量元素添加剂种类，并开展功能性有机微量元素的复配技术应用推广，减少矿物元素使用量及排放量。

3. 饲料抗生素替代技术

主要针对我国畜禽产品安全问题突出现状，以生态安全为目标，重点对饲料调制技术、液体与发酵日粮应用技术、抗生素替代品的组合应用技术等进行集成创新，利用植物提取物、酶制剂、酸化剂、益生菌等绿色饲料添加剂，筛选出适合热带地区特色畜禽养殖的饲用抗生素替代产品，并在所有饲料和养猪企业进行示范与推广。

第二节
热带牧草与特色畜禽共同推进行动

一、 热带牧草与特色畜禽共同推进行动发展现状

（一）热带牧草与特色畜禽共同推进行动的必要性

2015年中央一号文件中提出"发展草牧业"，提出将我国"粮食为主"的农业向

"粮草兼顾型"农业转型和将秸秆畜牧业向草牧业逐渐转型，并首次提出要加快发展草牧业。2016年中央一号文件《中共中央 国务院关于落实发展新理念加快农业现代化实现全面小康目标的若干意见》提出"推动粮经饲统筹、农林牧渔结合、种养加一体、一二三产业融合发展"。发展"草畜+"产业能够将草畜和关联产业紧密结合起来，符合"产出高效、资源节约、产品安全、环境友好"的现代农业发展道路。热区光热条件十分充足、饲草资源丰富，2020年拥有草地资源9亿亩、荒山草坡4.5亿亩、幼龄果（林）园1.5亿亩，年产甘薯藤12亿公斤、甘蔗梢16亿公斤、玉米秸秆90亿公斤及其他杂粮秸秆40亿公斤；高产人工草地可亩产鲜草30吨/年，牧草生长期长，大多数牧草生长期在240～300天，基本四季常青，全年能为家畜和家禽所利用，是发展节粮型生态养殖业的理想区域。

（二）热带牧草新品种选育与特色畜禽共同推进行动进展

1. 育成大量适宜热区的牧草和饲料作物新品种，收集保存大批资源

先后育成热研4号王草（图12-9）、热研2号柱花草（图12-10）、热研3号俯仰臂形草（图12-11）、热研1号银合欢（图12-12）、热研11号黑籽雀稗、热研12号平托落花生、卡选14狗尾草、桂牧1号杂交象草、907柱花草、闽引羽叶决明等146个经全国草品种审定委员会审定通过的优良牧草新品种，占总数的32.3%，且多数为引进品种、野生驯化种或地方栽培种。现在这些优良品种大部分已得到大面积推广应用，遍及我国热区各地。这些南方牧草新品种为后期开展人工草建植和集约化牧草生产提供重要的基础保障。已建立了中国最大的国家级热带牧草（草坪草）种质资源保存中心，收集整理热带牧草（草坪草）种质6700多份，为后期继续开展牧草新品种培育，提供了可靠的基础材料。

图12-9 热研4号王草

图12-10 热研2号柱花草

图12-11 热研3号俯仰臂形草　　　　图12-12 热研1号银合欢

2. 开展了大量草畜禽一体化研究工作

江西省农业科学院先后开展了"赣中南地区生态养猪的循环经济模式研究""规模化猪场粪污污染控制及循环利用技术集成与示范""绿色生猪生产关键技术研究与示范""蛋鸭笼养技术研究""鄱阳湖地区畜禽饲料资源节能减排精准利用研究""南方湿热地区主要农业废弃资源利用技术研究与示范"等项目，取得了一系列畜禽高效生态养殖方面的科研成果。中国热带农业科学院开展了"海南黑山羊规模化健康养殖营养调控技术研究""文昌鸡林下健康养殖技术研究与产业化示范"等相关项目的研究，并取得了显著成绩；广西壮族自治区农业科学院开展了"银香鸡健康生态养殖技术推广""肉鸡规模化健康养殖关键技术研究、集成与示范"等研究；广东省农业科学院开展了"养鸡场疫病综合控制技术研究与示范""猪健康养殖关键营养技术研究与应用"等研究。

3. 取得了大量物化成果

以中国热带农业科学院选育的高产刈割型禾草热研4号王草为例，热研4号王草以其适应性广、鲜草产量高等特点，在全国华南地区以及部分北方地区得到了广泛应用，推广面积达400万亩，已逐步成为南方牧草的高产刈割型禾本科牧草当家品种，曾被列为《农业部"十五"期间重点推广50项技术》，并入选"中国农业科技十年发展成就展（2002—2012）"。热研21号柱花草入选农业农村部主推品种，热区果园豆科牧草间作及土壤修复技术、热带果园间作柱花草绿肥提质增效技术分别入选2017年和2021年农业农村部农业主推技术。

二、 热带牧草与特色畜禽共同推进行动重点研发任务

（一）热区优质饲草加工调制技术研究

研究豆科牧草的生物酶处理、微生物发酵脱毒、功能性成分和抗营养因子高效利用等精深加工技术；研究豆科牧草干草调制过程中粗蛋白、粗纤维、维生素、胡萝卜素动态变化规律和养分损失关键因素以及调控方法；研究拉伸膜青贮、裹包青贮技术，制定全混合日粮（total mixed ration，TMR）工艺，形成TMR技术体系；研究草产品质量检测技术、草产品质量安全评价体系、草产品质量安全标准；草产品和青贮产品在舍饲、半舍饲条件下饲养草食畜禽的适宜添加量，草产品与过瘤胃蛋白合理搭配提高氮素利用效率、草产品与精料配制TMR平衡日粮技术。

（二）热区畜禽日粮配置与高效转化关键技术研究

以生态高值热区畜禽养殖工艺为理念，对重金属减排与矿物质微量饲料高效利用技术、畜禽氮磷代谢及其减排的营养干预技术、饲料调制技术、液体与发酵日粮应用技术、抗生素替代品的组合应用技术等进行集成创新，并进行示范与推广。

（三）热区畜禽生态化养殖土地环境承载与污染控制技术研究

针对热区养殖业的污染问题，重点对热区养殖业的污染源、污染物、分布区域、污染类型等展开全面调查与评价，并在此基础上研究周围土地对畜禽粪便等污染的负荷评价，研发出有针对性的污染阻控技术，重点利用高产优质热带牧草消纳畜禽粪便，降低污染物的排放，并结合有机肥生产技术消化过多的畜禽粪便，最终实现污染物的零排放，保证热区畜牧业的生态高效发展。

（四）热区林-草-畜生态种养循环模式集成与示范

因存在热区土地资源紧张，种草面积严重不足的情况，热区的林果草间作一直是热区牧草栽培的主要模式，利用种植牧草开展养殖并利用种植的牧草以及主作物消纳畜禽养殖的粪便，形成循环利用发展的生态高效发展模式。集成已有的间作技术、养殖技术、粪便有机肥化技术，形成系统的生态种养模式，并将这些集成的技术在南方热区进行示范推广，可以产生良好的经济、生态与环境效益。

（五）规模化人工草地水肥一体化技术集成与示范

主要针对热带牧草特别是禾本科、豆科牧草的大规模单种模式下的水肥高效利用技术，研发适合南方规模化养殖条件下大面积配套牧草种植的减肥增效的水肥一体化技术，达到充分利用现有土地资源并高效利用水肥的大规模草畜配套技术，并对这些技术推广示范，加强热带牧草与特色畜禽共同推进行动稳定高效发展。

第三节
建设无规定动物疫病区

一、 无规定动物疫病区定义

无规定动物疫病区是指在规定期限内，没有发生过某种或几种疫病，同时在该区域及其边界和外围一定范围内，对动物和动物产品、动物源性饲料、动物遗传材料、动物病料、兽药（包括生物制品）的流通实施官方有效控制并获得国家认可的特定地域。无规定动物疫病区包括：非免疫无规定疫病区和免疫无规定疫病区。无规定动物疫病区除没有特定的疫病发生这一必要条件外，还具有以下特点：地区界限应由有效的天然屏障和法律边界清楚规定；区域内要具有完善的动物疫病控制体系、动物防疫监督体系、动物疫病检测报告体系、动物疫病屏障体系以及保证体系正常运转的法律、行政制度和技术、资金支持；宣布无疫病必须要有令人信服、严密有效的疫病监测证据支持；除非实施严格的进口条件，无规定动物疫病区不能从感染地区或国家进口可能引入疫病的畜禽及其产品。

2009年，海南无规定动物疫病区示范区、广州无规定马属动物疫病区顺利通过农业部、欧盟等的评估正式建成对外宣布，标志着中国动物疫病防控工作上了一个新台阶，推动动物疫病区域化管理进入新阶段，为开展无规定动物疫病区研究工作提供了国内成功的实例。

二、 海南无规定动物疫病区建设实施成效

2009年，海南无规定动物疫病区示范区通过验收，随之，国务院下发《关于推进海南国际旅游岛建设发展的若干意见》，把海南国际旅游岛建设上升为国家战略，"无疫区"品牌实实在在成为海南国际旅游岛建设的一块"金字招牌"，维护了国际旅游岛畜牧业生产安全、动物卫生安全、食品安全、公共卫生安全、生态安全和社会经济的稳定，起到了保驾护航的积极作用。

（一）实现生猪从调入向调出的历史性转变

1999年以前，海南肉食、畜禽种苗都不能自给，每年需要从省外调进百万头肉猪供给海南市场，还有为数不少的畜禽种苗。通过建设无规定动物疫病区，2004年海南猪肉实现了自给，2005年全省生猪在满足本省供应后，开始大批量向岛外调出。特别是儋州市，2006～2020年连续15年获国务院生猪调出大县奖励，并获评第八批国家生猪养殖综合标准化示范区、第九批国家生猪养殖业转型综合标准化示范区。

（二）规模化、集约化、产业化不断提升

近年来，海南畜牧业生产从过去以农户散养为主的生产方式向规模化、标准化和产业化的生产方式转变。2020年全省登记备案的生猪规模养殖场1068家，罗牛山集团有限公司、温氏食品集团股份有限公司、正邦集团有限公司、新希望六和股份有限公司、牧原食品股份有限公司等龙头企业在海南迅猛发展，农村专业合作社、专业村和专业户层出不穷，有力地推动了海南畜牧业的快速发展。

（三）畜牧业成为循环经济的重要产业

海南积极推行畜牧业健康养殖，把畜禽养殖业与种植业、农村能源有机地结合起来，把畜牧业发展与农村沼气有机地结合起来，把规模养殖小区和沼气产业有机地结合起来，形成沼气—养殖场（小区）—无公害基地的农业生态循环经济的有机体。畜牧业生态循环经济的发展，有效地治理了农村的"脏、乱、差"，改善了农村生态环境，为发展有机农业、形成循环农业经济、建成文明生态村和实现农民增收节支做出了积极贡献。

（四）畜牧业成为农民收入的重要来源

据统计，2020年海南全省牧业产值占农业总产值的比重达20%左右，农民人均畜牧业收入达1500元，畜牧业收入占农村居民人均经营净收入的25%，畜牧业已经成为拉动海南农民收入的一个重要增长点，随着产业发展质量和水平的提升，畜牧业已成为全省大农业中发展速度最快、市场化特征最明显、最具活力、效益最为显著的重要产业。畜牧业的发展不仅消化了农村大量的富余劳动力，还因其投资少、见效快、商品率高，成为农民现金收入的重要来源。

三、　新形势下海南无规定疫病区建设

海南无规定动物疫病区历经二十多年的建设和实践，已经取得了很大成绩，标志着中国动物疫病区域化管理进入新阶段。同时海南还在加快推进国际旅游岛和自由贸易港建设，《国务院关于推进海南国际旅游岛建设发展的若干意见》提出大力发展畜产品等现代特色农业，习近平总书记在庆祝海南建省办经济特区30周年大会上的讲话中提出支持海南建设全球动植物种质资源引进中转基地[①]。海南经济将焕发出空前的活力，在这种新的形势下，要建设好海南无规定疫病示范区，应做好以下几个方面。

（一）思想方面，树立动物防疫为纲的指导思想

无规定疫病区建设在指导思想上要以动物防疫为纲，纲举目张，一切畜牧兽医工作和技术都是防疫工作和技术，把动物防疫渗透到全部工作中，评价一切，衡量一切，从而使动物防疫工作转变成一个全局工作，不会出现挂一漏万的被动局面。

（二）对策方面，针对不同情况采取不同防疫对策

第一，针对"动物—病原"这个工作对象，采取免疫为主的防疫策略，在免疫的基础上监测、净化，剔除病原，把疫病消灭在萌芽状态，保证不出村、不出场。

第二，针对规模养殖工作对象，采取健康养殖的防疫策略，明确防疫过程就是提高养殖水平和淘汰落后养殖方式过程，进行规范化改造的过程。例如，对养猪场采取仔猪沼气锅炉地暖保温技术、母猪冷风降温技术、育肥猪高床饲养技术、草沼

---

① 《习近平：在庆祝海南建省办经济特区30周年大会上的讲话》，https://www.12371.cn/2018/04/14/ARTI1523660364597311.shtml[2022-07-01]。

环保技术、母猪全进全出技术等"五化"建设，在养禽场全面推行机械化育雏、传送带清粪、自动控温、自动送料等技术，实现健康养殖，确保无疫。

第三，以整个畜牧业为工作对象，实施"五好畜产品"（无重金属残留、无霉菌毒素残留、无外用激素、无禁用兽药、无致病病原）防疫管理策略。对畜牧业管理的要求就是质量和效益，质量是对消费者讲的，而效益是对生产者讲的，两者的核心问题是畜产品安全。为此，针对畜牧业的上游（饲料、兽药投入品）—中游（养殖环节）—下游（屠宰、检疫环节）实施"五好畜产品"防疫管理，把饲料、兽药、畜牧、屠宰、防疫等法规拧成一股绳，综合执法，提高管理水平。

第四，针对区域管理对象，采取以冷鲜肉跨省流动代替活体肉用动物跨省流动的防疫策略。多年的实践证明，很多活体动物在产地是带毒亚健康，长途运输后抵抗力下降，应激发病，从而传播疫情。因此，应采取严格的冷鲜肉跨省流动代替活体肉用动物跨省流动的防疫策略。

（三）工作落实方面，要建立市县政府负责的防疫责任制

每年举办各种培训班和现场会，讲解无规定疫病区建设的内容、方法，实施"两线五点"网格化管理（生产一条线，流通一条线，村、养殖场防疫责任点，交易点，屠宰点，报检点，防疫责任点），落实部门防疫责任。省政府与市县政府而不是畜牧兽医管理部门签订《重大动物疫病防控和畜禽水产品质量安全监管责任状》，把无规定疫病区建设工作转变为政府行为和政府完善现代社会治理的重要职能，省政府指挥长定期召开指挥部会议，通报情况，检查落实，年终按照评分标准进行考核，考核结果在年初省委、省政府农业农村工作会议上通报。这样就一改无规定疫病区建设过去只由畜牧兽医部门抓的被动局面，而成为政府健康岛、无疫岛、旅游岛建设的根本任务，加大了工作落实力度。

（四）队伍方面，要加强内部防疫能力建设

无规定疫病区建设是载体而不是目标，关键是要在无规定疫病区建设过程中提高动物防疫能力。动物防疫能力包括决策能力和执行能力，执行能力关键靠动物卫生监督所、动物疫控中心和必要的硬件，因此，在队伍建设方面要强化三种能力建设。首先是执法能力，动物卫生监督所就是我们的畜牧公安；其次是动物疫病预防控制中心的实验室和应急物资储备建设，这是监测净化病原的基础；最后是无害化处理体系建设，否则只管活的，不管死的，畜牧兽医工作有头无尾，像个漏斗，不成体系。

（五）技术方面，要加强疫病防控技术储备

建设无规定疫病区，应加强动物疫病的诊断、检测试剂盒新型疫苗的技术研发和储备，主要包括以下内容：①海南外来、动物中转疫病诊断技术研究，针对非洲猪瘟、禽流感等海南外来、动物中转疫病，有效利用特异、高通量的分子诊断和免疫学诊断等技术；②海南外来、动物中转疫病诊断试剂研发，针对非洲猪瘟、禽流感等海南省外来、动物中转疫病，研发简便、快速、重复性好的诊断试剂；③新型疫苗和生物制剂研发，开展新型疫苗、治疗性高效疫苗佐剂、治疗用单克隆抗体、诊断抗原抗体等生物制剂的研发。

第十三章　热带海洋生物资源保护与利用

从20世纪70年代开始，向海洋进军就被列入许多国家的发展战略，而海洋生物资源的研究利用是最主要的内容之一。习近平在庆祝海南建省办经济特区30周年大会上的讲话中提到，"提高海洋资源开发能力，加快培育新兴海洋产业，支持海南建设现代化海洋牧场，着力推动海洋经济向质量效益型转变。要发展海洋科技，加强深海科学技术研究，推进"智慧海洋"建设，把海南打造成海洋强省"[①]。南海地处热带，是仅次于珊瑚海和阿拉伯海的世界第三大陆缘海，也是全球海洋生物多样性最具代表性的海域之一，深入挖掘热带海洋生物资源潜力具有十分重要的现实意义。

第一节

热带海洋生物资源概括与现状

一、海洋微生物资源概括与现状

在海洋生态系统漫长的演化过程中，海洋微生物为适应高压、黑暗、高盐、低温和寡营养的生存环境，进化出丰富多样的基因型、代谢途径和生理生态功能，是地球上最丰富的战略资源。据估计，微生物占海洋生物量的90%以上，物种达2亿～10亿种，它们不仅能产生陆地微生物不能产生的活性物质，而且在海洋的物质循环、能量流动、生态平衡、环境净化，甚至在海底沉积成岩及成油成气过程中

---

① 《习近平：在庆祝海南建省办经济特区30周年大会上的讲话》，https://www.12371.cn/2018/04/14/ARTI1523660364597311.shtml[2022-07-01]。

都担当着重要的角色，对于维持海洋系统的功能、物种/群落多样性的演化具有不可替代性。

海洋微生物资源是海洋资源的重要组成部分，保护和利用海洋微生物资源是发展海洋经济、建设海洋强国的重要内涵。由于海洋微生物在菌种、基因和代谢产物资源方面的多样性与特异性，海洋微生物在医药、环保、工业以及食品等多个领域受到广泛重视，美国、日本及欧盟等发达国家和地区先后推出"全球海洋取样考察"、"国际海洋微生物普查计划"和"海洋生物开发计划"等一系列研究计划，并投入巨资开展海洋微生物资源、活性物质和功能基因开发等方面的研究。

二、　热带海洋微藻资源概括与现状

作为海洋生态系统中最为重要的初级生产者，微藻不仅是海水中溶解氧的主要供应者，同时也是海洋碳氮流通的主要贡献者，是鱼、虾、贝类等经济动物的直接或间接食物来源，对地球生态系统的平衡和调节起着十分重要的作用。据推算，海洋微藻通过光合作用产生有机碳的总量是高等植物的7倍左右，对二氧化碳的吸收量则约为全球年产量的一半。因此南海微藻种群的稳定性与南海海洋生态系统的稳定性密切相关，微藻种群的组成结构和物种丰度变化直接影响海水水质，以及生态系统物质流、能量流和生物资源的变动。

从20世纪80年代开始，国内海洋科研院所和高校利用显微鉴定技术、生物化学标记法、流式细胞术、系统发育法等多种手段对南海微藻种群状况进行了多次有针对性的调查。综合多次冬夏两季调查资料（表13-1）可以发现，南海各个区域的微藻种群组成具有明显的季节性，冬季高于夏季；微藻丰度分布具有明显的季节性和区域性，从大陆和海南岛沿岸向外海迅速减少。

表13-1　南海调查海域浮游植物物种丰度和细胞丰度的历史资料比较

采样时间	采样水深/米	鉴定物种数	平均细胞丰度/($\times 10^3$升$^{-1}$)	调查区域
1998年6月	表层	63	0.830	5°00′～25°00′N，105°00′～120°00′E 海盆（＞1000 米）
1998年12月	表层	89	8.460	5°00′～25°00′N，105°00′～120°00′E 海盆
1999年8月	表层	58	181.000	18°00′～22°00′N，105°00′～117°00′E 海盆
2004年2～3月	0～200	195	206.404	18°00′～23°00′N，110°00′～117°00′E 陆坡（200～1000 米）、海盆

续表

采样时间	采样水深/米	鉴定物种数	平均细胞丰度/($\times 10^3$升$^{-1}$)	调查区域
2004年2~3月	表层	157	407.132	18°00′~23°00′N，110°00′~117°00′E 陆坡、海盆
2004年8~9月	0~200	162	115.000	18°00′~22°00′N，110°00′~117°00′E 陆坡、海盆
2004年8~9月	表层	112	387.000	18°00′~22°00′N，110°00′~117°00′E 陆坡、海盆
2007年4月	0~200	318	974.900	17°17′~21°25′N，109°28′~113°13′E 陆架（50~200米）、陆坡、海盆
2008年8~9月	0~200	169	180.600	18°00′~23°00′N，110°00′~120°00′E 陆架、陆坡、海盆
2009年7~8月	0~200	150	26.490	18°00′~22°30′N，109°00′~120°30′E 陆架、陆坡、海盆
2010年1月	0~200	168	2.690	17°00′~22°30′N，111°00′~120°30′E 陆架、陆坡、海盆
2012年8~9月	0~200	206	666.700	10°59′~25°30′N，110°30′~116°59′E 陆架、陆坡、海盆

在过去的半个世纪中，国内一些大学和研究机构建立了各自的微藻种质库，某些微藻企业也建立了经济藻种保存室。热带海洋微藻由于历史原因研究基础和研究深度都不够，在资源收集、开发、利用等领域均处于相对落后的境地，至今没有系统的藻种资源库建立。中国热带农业科学院热带生物技术研究所微藻资源利用课题组依靠农业农村部南峰专项的支持，2018~2020年从海南周边海域、西沙群岛、南沙群岛收集、分离、纯化共150余株藻种，并在此基础上初步建立了热带海洋微藻藻种资源库，主要收集保存硅藻、甲藻、绿藻和金藻等，具有典型热带特色，为今后深入开展生物学基础研究和微藻产业化奠定了基础。

三、 热带大型海藻资源概括与现状

大型海藻不仅为海洋动物提供栖息地和繁育场所，而且在改善环境、净化水体等方面也起着举足轻重的作用，还为人类提供了大量的可利用资源，在食品、医药、工业和农业等多个领域得到了广泛的应用。

南海是热带海藻生物多样性的中心，拥有极为丰富的热带大型海藻资源。南海周边东南亚国家的统计数据显示，南海的热带大型海藻包括96科1412个类群，其中包括绿藻门22科305个类群，褐藻门14科258个类群，红藻门48科730个类群，蓝藻12科119个类群。

中国热带海藻的专门调查研究相对较少。Titlyanov等2008～2012年开展了海南岛的大型海藻调查研究，收集到252个大型底栖海藻类群，其中红藻、绿藻和褐藻分别占53%、31%和16%。与早期的大型海藻区系特征相比，海南岛生长时间长、体积大的大型藻类数量减少，而细丝状、管状和叶状的藻类数量明显增加。

中国热带农业科学院热带生物技术研究所大型海藻研究团队于2018年起开展了为期三年的潮间带大型海藻资源调查工作，对海南岛及三沙的永乐群岛、宣德群岛沿岸的15个站点进行了14次调查，初步摸清了相关区域热带大型海藻资源的现状。截至目前共收集到217种热带大型藻类。值得关注的是，此次所收集的海藻资源中共发现了52种地理新记录物种，包括褐藻门5种，绿藻门19种，红藻门28种。

由于海洋藻类学是一个长期被忽视的学科，我们对热带海藻的资源现状和种类组成的认识还有许多不足之处，尤其是人类活动对这些海藻资源造成的影响还知之甚少，热带大型海藻的调查和研究还有很长的路要走。

四、 热带海洋动物资源概括与现状

南海热带海洋主要生物资源的物种数目占全国对应的物种总数的70%以上，已有记载的各类主要热带海洋生物超过2万种，其中鱼类资源1500余种，虾蟹类资源800余种，海螺贝壳软体类资源1200多种。南海海域还有丰富的珊瑚资源，如鹿角、葵花、菊花、兰石竹等珊瑚。

南海热带海洋水产资源具有海洋渔场广、品种多、生长快和鱼汛期长等特点，是中国发展热带海洋渔业的理想之地。南海优良的渔场有北部湾渔场、清澜渔场、三亚渔场、西中沙渔场和南沙渔场。根据《2021中国渔业统计年鉴》，2019年南海海洋捕捞产量为300.38万吨，约占所有海域捕捞量的30.03%，2020年南海海洋捕捞产量为279.49万吨，约占所有海域捕捞量的29.5%。由此可见，捕捞过度加快了海洋动物资源的衰退，海洋捕捞产业的内部矛盾日益突出，导致了海洋动物资源再生能力不断下降、渔政管理困难以及海洋环境不断破坏等一系列问题。

第二节
热带海洋生物资源保护

一、 热带海洋微生物资源保护

　　海洋微生物资源是海洋资源的重要组成部分，保护海洋微生物资源是发展海洋经济、建设海洋强国的重要内涵之一。与其他生命形式保护一样，微生物资源保护可分为就地保护和迁地保护。就地保护应与自然生态保护同步，让各类微生物自然生存在复杂的海洋生境中，保持自身及其赖以生存的生态系统的多样性和变异性。为维护海洋生物多样性，首先是防止对海洋生物资源的过度开发，其次是保护好海洋生物栖息地或生境，防止石油、重金属、农药、有机物和易导致富营养化的营养物质等污染海洋，保持海洋生物资源的再生能力和海水的自然净化能力，维护海洋生态平衡，从而保证海洋微生物资源的可持续开发利用。

　　微生物的迁地保护，是就地保护的继续与发展，是微生物物种资源保护的重要形式。此种保护方法不受地域限制，便于菌种的管理、保藏与研究，但需要建立专门的微生物资源保藏机构，采用特定的保藏技术和方法对微生物菌种进行保藏。海洋微生物菌种保藏管理中心（依托于自然资源部第三海洋研究所）是国际上少数几个海洋微生物菌种保藏中心之一，截至2020年底库藏海洋微生物3.2万株，归属于1380个属，5230个种，并建立了菌种信息库和菌种资源共享网站（http://www.mccc.org.cn）。中国热带农业科学院在海洋微生物资源保护利用方面也有很好的积累，设有超低温冰箱冻结菌种保藏库和冷冻真空干燥菌种保藏库，截至2020年底已从海南岛、西沙群岛等南海海域收集保藏海洋微生物菌株5000余株，其中潜在新属种600余株，已发表细菌（含放线菌）新属种35个，获得抗菌、产酶、固氮、氨氮降解等功能菌株876株，初步建立南海微生物菌种库、基因库和化合库，是对我国九大国家级微生物菌种保藏管理中心的有力补充。

二、 热带海洋微藻资源保护

　　海洋微藻不仅在制药、饲料、能源方面有重要的应用价值，而且在维护海洋生态稳定方面具有十分重要的意义，但海洋微藻资源保护一直未得到充分的重视，导致一些珍贵的基因资源流失。尤其是在一些特殊的热带生境环境，如红树林、热带珊瑚礁海域、深海区域等，往往都有相应的微藻生活。这些微藻带有特殊的基因类型，如红树林生境的微藻往往能够适应海水盐度的变化；珊瑚礁海域微藻如虫黄藻与珊瑚是共生关系，为珊瑚的生长发育提供营养成分；深海区域生活的微藻，往往能够耐受低温高压。甲藻产生毒素的种类和分量，与海域的水温、营养物质的含量都是相关的。红树林、珊瑚礁、热带草场等的消失以及海域环境的改变，必定导致与之密切相关的微藻种群的改变，保护好上述生态区，也就保护好了该区域的微藻资源。为了准确地评估和保护海洋微藻资源，首先应制定评价指标，评价指标应考虑海洋微藻资源的研究意义、应用意义及生态意义三个方面；其次应根据实际情况成立保护区保护濒危种和特有种，建立热带微藻种质资源库。

三、 热带大型海藻资源的保护

大型海藻作为初级生产力，为鱼、虾、贝等海洋动物提供食物、隐藏和产卵场地，在维持海洋生物多样性方面发挥重要作用。同时，大型海藻吸收海水中的氮、磷等营养盐，对近海海域富营养化有很好的生物修复作用，可抑制赤潮的发生；此外，大型海藻也是海洋碳汇的重要组成部分，大型海藻吸收二氧化碳释放氧气，是缓解全球气候变暖、减少二氧化碳等温室气体、发展海洋低碳经济、实现碳中和的重要途径。

南海拥有丰富的热带大型海藻资源，但受全球气候变化、人类活动等影响，热带大型海藻资源正受到严重威胁，如海藻场退化日益严重，有些种质资源正面临消失危险，因此，亟须开展热带大型海藻资源的本底调查和保护，为大型海藻资源可持续利用和海洋生态环境建设提供支撑。

在农业农村部"农业资源保护修复与利用"子课题"海洋大型海藻资源调查评估"、海南省重点研发计划"海南省海藻场大型海藻资源多样性及其保育技术研究"及三沙市自然资源和规划建设局"三沙南海（西沙海域）海洋生物资源调查"等项目的资助下，中国热带农业科学院热带生物技术研究所大型海藻研究团队于2018年起开展了南海热带大型海藻的资源保护工作，截至2021年底，建立了南海大型海藻资源库，包括标本保存库、分子保存库、藻类种质活体保存库。标本保存库保存大型海藻标本487份；分子保存库冷冻保存大型海藻组织504份，获得55种大型海藻DNA条形码；藻类种质活体保存方面，在海南省昌江县进董村建立了海藻养殖基地保存麒麟菜活体种质4种，在三亚市崖州区梅西村与海南春蕾海洋生物科技有限公司合作，保存长茎葡萄蕨藻等大型海藻3种，在琼海市长坡镇保存马尾藻种质13种，并正在开展退化马尾藻场原位修复技术研究。

四、 热带海洋动物资源保护

热带海洋有较高的相对温度与丰富的营养，海洋中动物生长、繁殖、群落演替速度极快，形成了热带海洋动物生态系统纷繁复杂与物种多样性极度丰富的格局。热带海洋动物资源开发和利用价值高，有食用价值、医药价值、旅游价值、观赏价值、工业价值等。据不完全统计，我国南海热带海洋动物物种数量5600多种，几乎涵盖动物界所有门类和类群，而且特有珍稀物种繁多，包括海龟、珊瑚等全球生态保护的旗舰物种。

然而，随着人类社会活动的不断加强，海洋污染日益加剧、过度捕捞使热带海洋动物锐减、外来物种入侵严重，热带海洋动物资源多样性正以空前的速度消失，海洋动物生存遭受严重威胁，开展热带海洋动物资源保护刻不容缓。当前，国家正在制定保护与发展、局部与整体、眼前与长远利益相结合的海洋动物资源政策，不断加大宣传和教育力度，以提高民众的热带海洋动物保护意识。我们也在增强保护海洋动物资源多样性的能力，进一步开展热带海洋动物资源多样性保护的评估调查、基础研究和应用试验，增加海洋动物多样性保护的人力、物力和财力投入；同时加强对海洋渔业方式的引导，鼓励开展深海养殖业和远洋捕捞业，设立人工鱼礁，加强渔业生态的修护，加大重要珍稀海洋动物种类的人工底播放流力度。

第三节

热带海洋生物资源评价与利用

一、 热带海洋微生物资源评价与利用

菌种资源是微生物功能研究和开发的前提。然而，目前普遍认为海洋微生物能被分离培养的还不到1%，已分离获得的微生物菌种只是海洋环境的冰山一角，即使采用传统的平板涂布法，分离得到的细菌仍有大量新物种，而真菌的研究程度更低。

目前，微生物研究主要依赖于微生物培养，平板涂布法仍然是使用最广泛的微生物培养法，绝大多数菌株都是通过这种方法分离得到的。随着大量未培养微生物"暗物质"的发现，微生物培养重新成为研究者心中的"硬道理"。为此，研究人员不断尝试改良微生物分离新技术、新方法。微生物培养组学是近几年新发展起来的用于研究复杂、多样、未知微生物的研究方法，通过使用多种培养基分离难培养菌群，并结合MALDI-TOF（matrix assisted laser desorption ionization-time of flight，基质辅助激光解吸飞行时间）质谱和16S rDNA测序等技术对分离菌株进行鉴定。通过培养组学方法对土壤中的细菌进行分离培养，对于丰度最高的前100个OTU（operational taxonomic units，操作分类单元），可分离细菌达到50%以上。因此，新兴微生物分离、培养技术的发展，正在提高微生物资源的培养效率。

在热带海洋微生物开发利用方面，欧美发达国家一直处于引领地位，已在环境保护、医药健康、工农业生产等方面成功开发大量产品，有些已经进入临床阶段甚至已经成药。在国内，主要科研院所联合开发海洋微生物资源，重点集中在石油污染物降解、环境治理、海水健康养殖、生物防治、生物降解酶类、抗菌、抗肿瘤及生物活性物质等方面开展开发利用。真菌活性产物研究相对较多，包括雷斯真霉（*Penicillium raistrickii*）、土曲霉（*Aspergillus terreus*）和产黄青霉（*Penicillium chrysogenum*）等，次生代谢产物表现出抗肿瘤、抗氧化或抗细菌的活性。在原核生物中，放线菌和芽孢杆菌是重要的天然产物产生菌，海洋来源的多黏芽孢杆菌和甲基营养型芽孢杆菌9912相继作为生防菌获批为海洋微生物农药。2009～2018年的十年间，我国研究人员对海洋微生物活性化合物的研究报道涉及897篇论文，包括聚酮类、蛋白类、生物碱、萜类等多种类型，其中80%来源于真菌、16%来源于放线菌、4%来源于其他细菌。

在国家重点研发计划、国家自然科学基金等专项资金的支持下，中国热带农业科学院启动了海洋微生物资源方面的研究，完成了海南岛、西沙群岛20多个岛礁及其近海海域微生物样品采集、分离培养、活性评价和保存，完成岛礁近岸海水微生物多样性的评价分析。截至2020年底，收集保藏海洋微生物菌株5000余株。对其中的真菌和放线菌菌株提取物进行金黄色葡萄球菌、乙酰胆碱酯酶、α-糖苷酶抑制剂和细胞毒活性筛选，共筛选到活性代谢产物71份，包括8种放线菌粗提取物和16种真菌粗提取物具有良好的抑菌活性，9种真菌粗提取物对乙酰胆碱酯酶有较强的抑制活性，15种真菌粗提取物对α-糖苷酶有较强的抑制活性，14种放线菌粗提取物和9种真菌粗提取物对肿瘤细胞株HeLa细胞株有细胞毒活性。从生物活性较好的15株微生物次生代谢产物中分离鉴定化合物113个，其中，来源于南海海洋真菌*Penicillium sp. KFD*28的吲哚生物碱类化合物达18个，包括新化合物9个、新骨架化合物7个。这些化合物显示有良好的蛋白酪氨酸磷酸酶1B抑制活性，可作为2型糖尿病药物研发的先导分子。

二、 热带海洋微藻资源利用与评价

直至20世纪50年代，微藻才作为蛋白质、液体燃料和精细化工的潜在资源而受到人们的关注。早期的研究工作主要集中在人类或动物的营养方面，多作为饵料等，侧重于生产蛋白质之类的物质，近年微藻研究的目的逐渐转向获得生物活性物质以开发具有高附加值的医药产品。微藻资源种类多、生理学和生化特性范围很广，能产生很多功能独特的脂肪、多糖、蛋白、类胡萝卜素等生物活性物质，在医药、食品、水产养殖、化工、能源、环保、农业及航天等领域有着重要的开发价值。

（一）微藻在医药领域的应用

目前利用微藻生产的多不饱和脂肪酸（polyunsaturated fatty acid，PUFA），如亚麻酸、EPA（eicosapentaenoic acid，二十碳五烯酸）、DHA（docosahexaenoic acid，二十二碳六烯酸，俗称脑黄金），能预防和治疗心脑血管疾病、癌症，调节中枢神经系统和视觉系统。其中螺旋藻中的不饱和脂肪酸主要是亚油酸和亚麻酸，二者可降低血浆胆固醇水平，特别是γ-亚麻酸，其效果是前者的170倍。

藻胆蛋白可以刺激人体B淋巴细胞的增殖反应，提高机体的免疫力，R-藻红蛋白可以和胰岛素抗体产生特异的免疫反应，对糖尿病有一定的疗效。微藻中的类胡萝卜素可清除自由基延缓衰老、减缓心脑血管疾病病情恶化。其中β-胡萝卜素在人体内可被转化为维生素A，增强机体免疫功能，预防疾病的发生；虾青素具备较强的抗氧化及抗肿瘤活性并可增加机体免疫力，主要存在于小球藻（*Chlorella vulgaris*）、雨生红球藻（*Haematococcus pluvialis*）等中；玉米黄素主要来源于微拟球藻（*Nannochloropsis gaditana*），在心脑血管疾病、视觉保护及提高免疫力方面具有积极的效果。

（二）微藻在食品工业方面的应用

微藻在食品工业中应用较广，片、粒、粉状的原藻粉都可用于生产食品，微藻浓缩抽提液可做营养液等保健食品以及食品加工用原料。当前实现规模生产的实用微藻只有小球藻、螺旋藻和杜氏藻，其中螺旋藻比牛奶含有更多的钙、磷、钾、镁，并含有丰富的微量元素、酶和天然色素，而胆固醇的含量却很低。正因如此，螺旋藻已被联合国粮食及农业组织推荐为21世纪人类最理想的保健食品。微藻也可以作为天然色素加入食品中，如藻蓝素、胡萝卜素、叶绿素、虾青素等可用于食用色素和抗氧化剂。微藻在食品工业中的应用如表13-2所示。

表13-2　微藻在食品工业中的应用

原料	成分或形状	应用实例
原藻粉	片状或粒状	螺旋藻（片）、小球藻（片）、绿藻素（片）
	粉状、片状	微藻全营养素、健康食品或食品添加剂等风味小吃食品
微藻抽提液	浓缩抽提液	营养液、绿藻精等保健食品以及食品加工用原料
微藻色素	藻胆素	食用色素
	胡萝卜素	食用色素、抗氧化剂
	虾青素	食用色素、抗氧化剂、饲料添加剂
	叶绿素	食用色素
脱色藻粉	粉状	用于雪糕生产等食品添加剂

（三）微藻饵料在水产动物养殖中的应用

目前世界各地已有40多种微藻用作水产动物幼体的基础活饵料，但能在大规模苗种生产中推广应用的微藻只有20多种。因此，迫切需要开发优质微藻并探讨其在水产养殖中的确切作用，促进水产养殖的健康发展。同时，对微藻的水生动物养殖中的饵料效果应从多方面进行评价，既要考虑微藻的生长、繁殖和形态特征等生物学特性，又要分析研究微藻的生化成分的含量和组成比例。应尽快建立起藻种、培养、收获等标准化程序，确保微藻饵料效果稳定，以提高苗种的生长率和成活率。

（四）微藻生物能源的开发与利用

在众多原料中，微藻是制备生物能源原料的优良替代品。藻类能十分有效地利用太阳能将水、二氧化碳和无机盐类转化为有机资源，其太阳能转化效率可达到3.5%，光合作用转化效率可达10%以上；微藻可以在海水、咸水或半咸水中生长，利用微藻培养生产生物燃料所需占地面积小，加上微藻一般是简单的分裂式繁殖，具有生长周期短、产量高、易于大规模培养等特点，生产成本相对较低，能有效解决生物燃料产业的原料瓶颈。同时一些微藻细胞富含油脂，有的微藻含油量超过其生物总量的80%，如角毛藻CS178（*Chaetoceros calcitrans* CS178）、陆兹尔巴夫藻CS182（*Pavlova lutheri* CS182）等，为低成本的生物燃料的生产提供了原料支持。此外，微藻生长可以消耗大量的二氧化碳，从微藻到油的生产过程也可以实现零排放，具有良好的环保效益。例如，我国海南绿地微藻生物科技有限公司通过利用二氧化碳废气来养殖微藻生产生物柴油的试验在海南省乐东黎族自治县获得成功，微藻含油率达到28%～32%，该公司计划投资2980万美元在海南建设微藻项目，项目建成投产后可实现年产生物柴油 30 万吨。

三、 热带大型海藻资源评价与利用

大型海藻含有多种生物活性物质，如海藻多糖、蛋白水解物、生物活性肽、生物碱、萜类化合物和色素，以及各种酶抑制剂等。除了作为食物外，大型海藻在食品、医药、农业和环境治理等领域均有广阔的开发前景。

（一）人类食物的来源

大型海藻含有多种维生素和矿物质（碘、铁和钙等），有些种类甚至含有大量的维生素 B_{12}、omega-3 脂肪等营养元素。越来越多的证据表明食用大型海藻对健康有诸多益处，如促进胎儿和婴幼儿的大脑发育、净化血液、保护视力、帮助消化、提高免疫功能、预防肥胖和心血管疾病、延缓衰老等。

中国、日本和韩国等亚洲国家，自古以来就有食用大型海藻的传统。最常见的可食用大型海藻包括裙带菜、海带和紫菜等。此外，热带大型海藻，如江蓠、麒麟菜等也是东南亚国家的传统食材。

除了直接食用外，大型海藻也可以加工成食品添加剂和营养食品。海藻具有极高的营养价值和保健价值，天然大型海藻经过炮制加工或提取活性成分后，可制成海藻颗粒、片剂、胶囊、茶、饮料等多种营养保健品。大型海藻作为人类 21 世纪的绿色健康食品，其综合性开发利用有着广阔的发展前景。

（二）植物和动物的生长促进剂

大型海藻作为动物饲料或饲料添加剂，其矿物元素、海藻酸盐、多不饱和脂肪酸和促生长因子等可以提高动物的生产性能；其多糖多酚类物质可有效改善免疫机能，还可降低肠道中有害微生物含量，用于动物饲料中可减少或取代抗生素，对提高畜禽产品肉蛋奶的品质和经济效益具有重要作用，发展潜力很大。

热带地区广泛分布的马尾藻是理想的海藻肥原料。马尾藻富含多糖类物质、细胞分裂素、嘌呤等物质，利用马尾藻为原料生产的有机肥对平衡植物的生殖生长、增加抗逆抗病能力具有明显作用，可以促进作物地上部和地下部分别增重 48%～50% 和 54%～57%。

我国南海拥有丰富的热带马尾藻资源，丰富的物种多样性及其巨大的生物量，使热带马尾藻资源在我国的农业领域有着巨大的应用开发前景。我国的马尾藻开发和应用处于世界前列，开发了马尾藻为原料的海藻颗粒有机肥、海藻液体有机肥、海藻土壤改良剂等多种形式的新型产品。相关产品显著的促生长功效和环境友好特性，深受国内外市场的喜爱，是马尾藻开发利用的典范。

（三）重要工业原料

全球具有商业用途的海藻中，约一半（约110种）用于生产海藻胶。海藻胶主要包括琼脂、卡拉胶和褐藻胶三种类型。卡拉胶和琼脂是半乳糖，而褐藻胶是由甘露糖醛酸残基和古洛糖醛酸残基组成。不同海藻胶具有不同的特性，在食品工业生产上广泛用作胶凝剂、增稠剂和稳定剂等食品添加剂，如果冻、布丁、冰淇淋、果酱、乳液饮料、家禽和肉制品的生产等。

最近，海藻提取物还成为化妆品配方中的新宠。一些研究表明，海藻胶具有增加肌肤弹性、改善皮肤保湿性能、防御紫外线、延缓衰老、减少黑色素生成以及美白等功效。被誉为"长寿藻"和"绿色鱼子酱"的热带大型海藻——长茎葡萄蕨藻，除了在日本、东南亚国家作为高档料理之外，还因其富含多酚、甾醇、维生素和矿物质等功能性成分，在抗衰老和保湿等方面具有良好的功效，而逐渐受到化妆品行业的青睐。

四、热带海洋动物资源评价与利用

（一）石斑鱼

石斑鱼是世界上最重要的海洋经济鱼类之一，它们广泛栖息于全球热带和亚热带的岛礁海域，在中国记录有46种，其中南海石斑鱼常见种有13种。

自20世纪80年代起，中国科技工作者开始对石斑鱼的人工繁殖进行突破性研究，无论是通过成熟的雌性亲本注射雄性激素，加快石斑鱼的性转换过程，还是通过雄核发育，从受精卵入手，培育雄性鱼苗，都取得了良好的效果。如今，主要人工养殖品种包括东星斑、老虎斑、老鼠斑、青斑等品种。现在海南已经成为全国的石斑鱼鱼苗核心区，为全国各地输送优质的种苗，成为水产种苗南繁的标志物种，同时依赖南海海域的天然优势，深海网箱养殖也蓬勃发展。

（二）卵形鲳鲹

卵形鲳鲹（*Trachinotus ovatus*）是鲹科、鲳鲹属鱼类，俗称短鳍鲳、金鲳、红三黄腊鲳等，分布于热带和温带的海域，在中国主要分布于南海、东海、黄海和渤海等海域。

广东、海南、福建等地从20世纪90年代初开展卵形鲳鲹海水网箱和池塘养殖。该鱼主要特点为生长速度快，半年可达500克/尾；环境适应力强，成活率高，目前已经成为海南、广东、广西和福建等地区深水网箱养殖主要品种之一。近年来，海南深水网箱养殖卵形鲳鲹产量不断上升。据统计，2020年海南省卵形鲳鲹产量为4.5万吨，年产值达到10亿元以上，已经成为海南深水网箱养殖的主要优势品种；而且随着深水网箱养殖产业发展，大企业通过吸纳附近渔民加入或者扶持小的个体养殖户发展深水网箱养殖的方式，还能有助于当地渔民转产转业。

随着产业的迅速发展，网箱养殖也面临着布局不合理、超负荷养殖、养殖密度过大以及养殖管理水平和病害防治技术落后等问题，导致养殖鱼类病害频发。发展深水网箱养殖业，能有效减少近岸海洋环境污染，生态效益显著，但深水网箱养殖业的可持续发展，要依靠装备与技术的进一步提升和相关的政策法规、海域规划、保障措施、海陆接力设施等的进一步完善，以保障深海网箱养殖真正实现低风险、高效益。

（三）鳗鲡

鳗鲡为鳗鲡科动物，属鱼类，国内主要分布在中国长江、闽江、珠江流域，海南岛及江河湖泊中。鳗鲡肉质细嫩，味道鲜美，富含脂肪，营养价值高，深受人们喜爱，被誉为"水中人参"。20世纪70~80年代，世界各地的鳗鲡资源急剧减少，其中欧洲鳗已被列为《华盛顿公约》的限制捕捞对象，这促使人们开展鳗鲡养殖。

早在20世纪60年代，中国科研人员已着手鳗鲡人工繁殖研究试验工作，但是未能突破鳗苗培育技术这一世界性难题。到20世纪90年代中期，中国鳗鲡产量已超过日本。进入21世纪，中国开始对养殖鳗鲡进行病害测报和预报，鳗鲡加工业发展迅速，成为养殖水产品加工业的佼佼者。鳗鲡养殖业现已形成苗种采捕、苗种培育、养殖生产、加工流通、销售出口的产业体系并得到健康稳定发展。

（四）方斑东风螺

方斑东风螺（*Babylonia areolata*），俗称花螺、东风螺、泥螺、南风螺等，在中国主要分布在处于热带、亚热带的福建、广东、广西和海南等地区沿海。它肉质鲜美，营养丰富，酥脆爽口，是近几年来国内外新兴的海鲜美食佳肴。由于近年来的过度捕捞，自然海区的野生方斑东风螺资源日渐枯竭，使得方斑东风螺的养殖迅猛发展。

1980年之前，中国对方斑东风螺的研究仅限于对其自然资源的调查和天然捕捞。近年来，国内外围绕方斑东风螺的生物学、人工育苗技术、养殖方式、病害控制、营养饲料、养殖生态等开展了大量的研究。其中中国科学院南海海洋研究所在2000年开始进行方斑东风螺的人工育苗攻关试验，并获得成功。继此之后，广东、福建、海南等也先后开展方斑东风螺育苗与养殖技术研究。

（五）鲍

鲍，俗称海耳、牛眉、鲍鱼，被誉为海八珍之首，味道鲜美，营养丰富，含有较高的蛋白质和糖原，不仅是酒席之美味佳肴，而且有调经、利肠、滋阴壮肾、抗氧化和抗炎活性之功效。鲍壳还是著名的中药材石决明，又名千里光，有明目功效，也可作为替代人骨组织的原材料。另外，其壳内珍珠层色彩绚丽，是制作装饰品和贝雕之佳品。在全世界已命名的216种鲍鱼中，中国沿海地区分布的鲍鱼有7种，主要有皱纹盘鲍、杂色鲍（又称九孔鲍）、耳鲍、羊鲍、半纹鲍、翡翠鲍和台湾鲍，其中西沙群岛产的半纹鲍、羊鲍，是著名的食用鲍。由于天然产量很少，因此价格昂贵。

（六）珍珠贝

珍珠产业是中国极具悠久历史的传统产业，2020年中国珍珠养殖产量为456.5吨，同比下降25.4%；其中海水珍珠养殖产量为2.1吨，淡水珍珠养殖产量为454.4吨。2020年中国海水珍珠养殖产量中，广西地区海水珍珠产量为685千克；广东地区海水珍珠产量为1436千克。广东、广西珍珠生产以马氏珠母贝作为母贝，种质退化，生产的珍珠品质不高，国际竞争力差。

在国家星火计划项目的支持下，中国热带农业科学院热带生物技术研究所与三沙海蓝蓝珍珠养殖有限公司合作，成功改进了珠母贝养殖与插核技术，在南海西沙海域开展了养殖与育珠示范。采取插核前利用抑制笼养殖数天，增加珠母贝的养殖密度，减少饵料的摄食量，使珠母贝排空体内的生殖腺和肠胃的食物，增加珠母贝腹部的空间，有利于插核手术的进行，从而降低珠母贝的术后死亡率，提高优质珠率。另外，改传统的左袋左边插核植珠技术为左袋右边插核植珠技术，显著提高存珠率。通过改进的技术，珠母贝术后死亡率由原来的20%下降到8%，存珠率由原来的50%提高到66%，优质珠率由原来的30%提高到45%。2020年放养珠母贝已达20万个，生产珍珠2000多颗，优质珠达1000多颗。南海优质的海洋生态环境为培育高品质黑珍珠提供了得天独厚的条件，南海黑珍珠产业的进一步发展，有望引领中国的珍珠市场走向光明的未来。

第四节

热带岛礁农业

一、 热带岛礁农业的重要性

岛礁作为海陆兼备的特殊区域，具有多元的价值系统。热带岛礁在太平洋赤道附近分布较多，具有地域结构简单、土地资源稀缺、生态系统脆弱的典型特点，易受台风、土壤生理失调、病虫害等威胁。面积较大的岛屿具备完整且典型的农业系统，以位于太平洋西部的美国关岛为例，陆地面积549平方千米，形成了包括椰子、香蕉、菠萝、番木瓜等水果以及蔬菜作物种植为主的农业生产系统，同时野生植物资源保存较好，生态系统完整。另外，位于太平洋中部的夏威夷群岛，总面积16759平方千米，拥有较为典型的热带岛礁农业系统，农作物以甘蔗、花卉、坚果和蔬菜为主。密克罗尼西亚群岛、美属萨摩亚群岛等地也具有较完备的农业系统，主要农作物为椰子、面包果、芋头、可可等，均形成了特色热带岛礁农业。

中国热带岛礁主要分布于占中国海洋国土面积三分之二的南海海域，绝大多数为珊瑚骨骼残体组成的珊瑚岛礁，多具有完整的热带珊瑚礁生态系统，是生物多样性的热点区域。包含东沙群岛、西沙群岛、中沙群岛、南沙群岛等命名岛屿（礁）270个以上，海域面积约150多平方千米，陆域面积约12.36平方千米（未含人工岛礁面积）。

南海热带岛礁地理位置特殊，战略与经济地位突出。自20世纪80年代开始，依托自然岛礁逐渐开始了岛礁建设，至2015年完成了西沙群岛、南沙群岛等岛礁建设，其中仅南沙群岛永暑礁、华阳礁、美济礁、赤瓜礁、东门礁、南薰礁、渚碧礁等陆域吹填面积就达13.22平方千米。一系列岛礁建设丰富了南海岛礁生态系统的类型，同时也为南海热带岛礁农业生产和相关科研工作的开展奠定了基础条件。

热带岛礁农业的发展在丰富农业生产内容，改善岛礁景观，维持热带岛礁生态系统稳定与功能发挥中具有重要作用。同时，热带岛礁农业的发展可丰富岛礁蔬菜、瓜果等供给，对于维持岛礁日常活动开展、服务岛礁发展具有积极作用。此外，热带岛礁农业生产活动的开展对于宣示国家主权、服务国家战略也具有现实意义。

二、 热带岛礁农业的发展现状

（一）热带岛礁农业资源特点

1. 气候特点

中国热带岛礁分布的南海海域为典型的热带海洋气候，具有终年高温高湿多雨，太阳辐射强，热量足，温差小的典型特点，夏季易受台风影响。除北部东沙岛1月平均温度为20.6℃外，其余各岛1月平均气温均在22.0℃以上，区域内年均气温26.5℃以上，大于等于10℃年积温达9230～10 180℃。年均降水量在1500毫米以上，年均湿度在81%～84%。年日照时数为2300（南沙群岛）～2900（西沙群岛）小时，太阳能辐射总量5734兆焦/米^2（南沙），西沙甚至达6000兆焦/米^{2}以上。

2. 土壤条件

南海诸岛土壤多为以珊瑚、贝壳砂母质为基础，在热带气候条件下发育而成的富磷高钙砂性土壤，具有少氮富磷的特性，氮素是该地区微生物、植物等生态系统中生产力的限制因素。土壤类型以砂壤土、紧砂土、松砂土等为主，表层土壤pH值普遍在8.5左右，且有随土层加深碱性增加的趋势。土壤中碳酸钙的质量分数普遍在30%～50%，甚至达90%以上。磷含量高达250毫克/克，但以Ca-P为主的无机磷占80%～90%，呈现钙、磷丰富但有效态铁、锰、硼等元素缺乏的状况。总体而言，热带岛礁土壤肥力较差。

3. 淡水资源

南海热带岛屿年均降水量在1500毫米以上，自然降水是热带岛礁主要的淡水资源来源。受岛屿条件、降水分布等限制，不易产生地表径流，淡水资源易成为热带岛礁农业生产的限制因素。但灰沙岛的岛礁有透镜体淡水，如永兴岛的透镜体淡水储量达$1.47×10^6$立方米，但受土质等影响无法直接饮用。另据调查，南海的各个岛礁均建成数十至千吨以上的海水淡化和中水回用设施，淡化海水主要用于日常生活用水和灌溉，能够满足对盐碱度要求不高的蔬菜和其他植物的种植，成为热带岛礁农业生产的淡水来源。

（二）热带岛礁农业的发展状况

国家对南海岛礁的开发为热带岛礁农业的发展提供了机遇。热带岛礁生态环境和地理位置特殊，农业生产多出于防风固沙等生态需要或者蔬菜补给、景观营造等生活需求，绿化植物、瓜果蔬菜甚至杂草等随着岛礁农业的发展逐渐进入岛礁生态系统。为配合蔬菜种植、农业景观营造等需求种植大棚等设施农业亦逐渐引入岛礁。针对美济礁的调查显示，仅以食用为目的引入栽培植物达56种，占岛礁279种维管植物的20.1%，其中以小白菜、辣椒等常规蔬菜品种，番杏等少数药、食两用植物，以及椰子、龙眼等水果为主。农业生产活动的引入增加了岛礁生态系统复杂性与物种多样性，对于维护岛礁系统的稳定与可持续发展具有重要作用。

近年来，南沙群岛热带岛礁农业发展极具代表性。研究表明，南沙群岛灰沙岛土壤偏碱性，可以生长白避霜花、海岸桐、草海桐和过江藤等植物，部分开发后有机质含量达13.1%，具备一定的生产条件。南沙岛礁的迅速建设，为南沙岛礁农业生产的发展奠定了基础。自2018年以来，逐步通过客土改良等措施，永暑礁、美济礁、渚碧礁等岛礁农业生产活动得以发展，借助轻简种植技术等实现了面积800～7000平方米不等的小规模蔬菜生产。而其他岛礁如赤瓜礁、东门礁、华阳礁、南薰礁等存在以景观目的为主的花盆（池）或者室内种植。整体来看，受土质条件差，高温、高湿、高盐等自然条件的限制，南沙热带岛礁农业种植易出现生长抑制或者生长不良的现象。

以南海热带岛礁为对象开展的系列资源调查与实践获得了丰富成果。一是在完成热带岛礁资源调查的基础上，将岛礁植物群落划分为住宅–菜地群落（果蔬地群落）、海岸带–防风林群落、行道–住宅绿化观赏–人工草地栽培群落（绿化美化地群落）以及荒废工地和空旷沙地群落，明确了重点发展果蔬菜地、荒弃工地和空旷沙地等的生产功能，在最大程度上维护岛礁生态系统与功能的完整，减轻农业生产对岛礁生态系统的干扰。确立了农业种植品种为耐热、耐湿、耐旱、耐盐碱的栽培蔬菜品种，如辣椒、茄子、南瓜等，或者生长快、适应性强、抗病虫害的药食两用植物，如假蒟、鳄嘴花、鹿舌菜等，而水果类则选择圣女果、西瓜、西番莲等，在实现保障岛礁蔬菜供应的同时满足岛礁医疗和景观营造等方面的需求。同时，应重视木麻黄、红厚壳、椰子等热带本土乔木树种岛礁人工林带建设，搭配原生灌木如海人树、水芫花、草海桐、银毛树等，以及滨豇豆、厚藤和海刀豆等藤本作为地被植物，实现防风、水土保持等功能。同时重视礁盘巩固与净化群落构建。二是通过开展热带岛礁农业栽培技术的研究，开发了系列实用的热带岛礁农业生产技术。例如，集成防虫、通风、降温轻简防虫网生产技术，提高了生产设施的抗风能力；同时配套微滴灌等节水灌溉措施，降低了生产用水成本。通过筛选药食两用、蔬菜、景观等植物资源，配套生物改良、物理改良等土壤改良技术，增加作物产量，改善产品品质，保障岛礁物资供应与安全。

三、　热带棕榈作物、热带特色作物在南海岛礁的应用

（一）热带棕榈作物

椰子、油棕、椰枣等热带棕榈作物都是典型的热带喜光作物，在高温、高湿、阳光充足的条件下生长良好，尤其适宜年平均温度为26～27℃，年降雨量为1300～2300毫米地区种植。对比海南诸岛的自然环境以上作物都非常适宜生长；同时椰子、油棕、椰枣等棕榈作物抗风能力较强，可适应南海岛礁条件。

1. 椰子种植使"荒岛"变"绿岛"

椰子在南海诸岛上种植历史较短，1982年中国热带农业科学院椰子研究所开始在西沙群岛科学试种，集成了椰子幼苗种植技术，使种植成活率提高到80%以上。此后，西沙诸岛先后种下了上千株椰子树，昔日的荒岛日渐变成"绿岛"。

2. 构建"立体群落岛礁生态系统"，满足基本生活需求

椰子、油棕、椰枣等热带棕榈作物具有抗风、耐热和耐盐等优良特性，适合南海岛礁气候特点，是南海岛礁乔木类树种的首选。棕榈类作物人工林的构建可促进中层灌木和底部草本植物的生长，利于构建"立体群落岛礁生态系统"。

椰子、油棕是传统的热带木本油料作物，椰枣可作为粮食作物加以利用。椰子、油棕和椰枣等棕榈作物在南海诸岛的种植可在一定程度上满足岛上居民油脂、蛋白质、淡水、粮食的需求，不仅可以为我国的粮食和油料自给率提供一定的支持，同时也可满足战争时的粮食和油料急需，具有一定的保障功能。

（二）热带特色功能性作物面包果

热带岛礁独特的热带气候特点和特殊的地理位置适宜发展热带特色功能性作物。集木本粮食、果树、绿化、用材、编织于一体的热带起源优势树种面包树可作为热带岛礁农业的优选树种之一加以利用。

面包果具有低热量、高蛋白的特性，可以作为粮食加以利用，树高可达15～20米，树干粗壮，枝叶茂盛，板状根发达，具有较好的抗风能力。良好的适应能力、快速的生长性能、优美的树形使其可用作庭院树、遮阴树、行道树和防尘树等，作

为热带岛礁植物也具有利用前景。

四、 发展热带岛礁农业的瓶颈问题

一是热带岛礁自然条件特殊，热带岛礁农业尚处在探索发展的阶段。受岛礁土壤条件差、淡水稀缺以及高温、高湿、高盐等不利条件的限制，热带岛礁农业对种植品种、农业生产技术要求高。农业生产以耐性较好的瓜、果、蔬菜等作物的直接引入为主，未能开展系统的种质资源筛选、品种选育、栽培技术等方面的研究，在抗性资源及品种的筛选、高效栽培技术的研究与集成方面尤为缺乏。同时，岛礁设施蔬菜种植过程中普遍存在产品品质、口感等较差，病虫害发生严重等问题，急需加强相关研究支撑热带岛礁农业发展。

二是热带岛礁农业实践过程中存在高耗能、高成本的弊端，未能充分考虑热带岛礁农业资源的特点，未能充分兼顾岛礁资源高效利用，也需要降低对岛礁能源的消耗与依赖。

三是岛礁农业发展过程中生物安全及入侵生物防控等技术的研发与集成待加强。热带岛礁面积普遍偏小，生态承载力弱，生态系统脆弱，天敌昆虫（寄主）的缺乏，易造成有害生物的爆发。前期调查过程中已发现不同程度地存在有害入侵生物的危害，给岛礁原生植物群落、农业系统甚至岛礁生态安全带来不利影响。

五、 热带岛礁农业的前景与展望

热带岛礁农业立足于脆弱的岛礁自然系统甚至人工生态系统，农业生产活动要在最大程度上维护岛礁原始群落及生态环境的完整性与功能性，尤其要重视岛礁上分布居群稀少，呈斑块化分布但适应性强的海人树、水芫花、海岸桐、抗风桐和沙生马齿苋等原生岛礁植物的保护，维护热带岛礁生物多样性，增强岛礁生态系统的调节、支持、人文等生态服务功能。同时，加强岛礁景观生物多样性保护、监测、评价，开展岛礁景观尺度上的生态建设将是岛礁农业研究的主要方向。

岛礁生态系统脆弱，对外界人为干扰的适应能力弱。调查发现，西沙群岛等出现了国家检疫毁灭性害虫扶桑绵粉蚧、新菠萝灰粉蚧等高度危害岛礁生态的生物。

因此，热带岛礁农业实践中应强化对入侵生物的防控，严防入侵性杂草、红火蚁等有害生物入侵，提升岛礁生态系统的稳定性。在岛礁农业生产过程中优先发展有害生物绿色防控技术，减少化学药剂的使用，减轻环境压力。

南海热带岛礁具有重要的战略、经济和军事地位，对于中国与东南亚友好国家的社会与经济的稳定发展、保障南海局势稳定、维护海上丝绸之路的正常运行具有举足轻重的作用。热带岛礁农业开发过程中应注重供给保障功能建设，逐步构建具有保障农产品供应、岛礁景观营造和岛礁生态功能修复作用的差异化农业生产系统，提升岛礁的服务功能，促进中国在南海海域的合作开发。

生态农业是按照生态学原理和经济学原理，运用现代科学技术成果和现代管理手段，以及传统农业的有效经验建立起来的，能获得较高的经济效益、生态效益和社会效益的现代化高效农业。2015年4月，《中共中央 国务院关于加快推进生态文明建设的意见》提到，"加快转变农业发展方式，推进农业结构调整，大力发展农业循环经济，治理农业污染""发展有机农业、生态农业"。2018年5月，习近平在全国生态环境保护大会上提出"要调整农业投入结构，减少化肥农药使用量，增加有机肥使用比重，完善废旧地膜回收处理制度"[①]。2021年中央一号文件《中共中央 国务院关于全面推进乡村振兴加快农业农村现代化的意见》提出推进农业绿色发展，推广保护性耕作模式，持续推进化肥农药减量增效，推广农作物病虫害绿色防控产品和技术。面向热带农业生产主战场，聚焦种植体系合理化、生物多样性利用与生产高值化、种植中资源高效利用和污染减排、种植后农田生态系统健康评价和耕地健康调理与地力提升等重点任务，突破一批热带农业绿色发展"卡脖子"核心关键技术，是践行"绿水青山就是金山银山"的重要举措。

第一节

农田产业模式

一、 高优农田产业模式

该模式主要分布于粮田区，是以稻田为中心，以间套作为主的立体种植方式，

---

① 《习近平：推动我国生态文明建设迈上新台阶》，http://jhsjk.people.cn/article/30603656 [2022-07-05]。

实行粮经作物多茬轮作和水旱轮作的方法，采用"稻–稻–菜""烟–稻–菜""莲–烟–莲""稻–菌–菜"等生态综合利用技术，全面提高光、温、水土资源的转化率和生产力。以福建省建宁县"莲–烟–莲"生态农业模式为例，该模式利用前作种植莲子的水田，冬季犁翻晒白整畦种植烤烟，翌年烤烟采收后，通过水肥管理，促进地下藕茎萌发，从而增收一季莲子的"莲–烟–莲"二年三熟制耕作制度，烟后莲模式水旱轮作加深了土层，增加土壤有机质，改善了土壤通透性，形成了良好的农田生态系统。

二、　旱地高优农田产业模式

该模式立足于热带和亚热带的气候特点与资源优势，蔗糖、热带水果、热带粮食作物、冬季瓜菜、茶等特色资源，按有机食品或者无公害生产规程生产。无公害和有机农产品生产模式注重生态环境与农业生产方式相协调，推广的主要技术有生态防治、绿肥套种园地覆盖、病虫害综合防治、平衡施肥等。该模式分布于热区各省区市，其主要类型有无公害生态果园模式、生态茶园模式、"茶、硒、林、加"生态模式等。

三、　种养结合型农田产业模式

（一）"猪–沼–果"农田生态模式

"猪–沼–果"农业模式是广东、福建、贵州等省份，结合自身发展实际，创新并示范推广的农田农业模式。该模式采用"沼气池、猪舍、果园"三结合工程，以沼气为纽带，将沼气池、猪舍、果园有机结合在一起，形成农业资源生态良性循环利用系统。围绕主导产业（果、猪），因地制宜开展"三沼"（沼气、沼渣、沼液）综合利用，达到对农业资源高效利用、保护生态环境、提高农产品质量、增加农业效益等效果。该模式布局原则为：在水源能顾及和养殖较方便的前提下，把畜舍及沼气装置建设在果园制高点且尽量靠近纵向中线上。提倡采用地上建畜舍，畜舍下建沼气池，做到自压排放沼液浇灌果树。其运行方式为：人畜粪便入沼气池发酵生产沼气，利用沼气点灯、做饭、进行仔猪保温；沼液浇施或喷施果树增强抗逆性，沼液也可做添加剂喂猪节约饲料；沼渣用于改良果园土壤，果园套种蔬菜和饲料作物，满足育肥猪的饲料要求。

（二）"果、草、牧、菌、沼"农田生态模式

该模式是通过优化生产者（果树、牧草）、优化消费者（畜禽）和优化分解者（食用菌、沼气分解菌）的有机量化结合，并在生态系统中持续循环转化，是一个高效成功的模式。以福建省漳州市奶牛场为例，在低丘台地上分布着龙眼、荔枝、蜜柚等果树，利用果园空地、草地、草坡套种优质牧草，牧草饲养奶水牛，牛粪与其他原料如稻草、菌草作为食用菌培养料、食用菌下脚料，并以沼气为接口，将所有废弃物作为沼气池的原料，进行综合利用。这一模式的综合利用和技术示范，能够带动畜牧业、果业的快速发展，使该区农业产业结构进一步优化调整，向规模化和集约化方向发展。

（三）秸秆菌业循环模式

以南方特色食用菌产业为核心，针对我国热带地区水稻栽培面积广、稻草过剩和利用率偏低、经济效益不高等问题，通过稻草的基质化、菌渣循环利用等技术集成，构建以食用菌产业为核心，以水稻为主的农作物秸秆资源高效循环利用模式和技术体系，通过"稻草（秸秆）–食用菌–菌渣–农田再循环再利用"的运作模式，最终实现食用菌规范化栽培技术的集成示范，提高食用菌产业的整体技术水平，促进农业资源高效利用。

（四）稻田立体种养生态农业模式

"稻–虾""稻–蟹""稻–鸭""稻–鱼""稻–鱼–鳖""稻–萍–鸭–鱼""稻–蛙"等生态农业模式，在水田种植稻米、养鸭、养鱼和繁殖固氮蓝藻的同时，可以实现稻作、畜产和水产的水田生态循环可持续发展。例如，福建省的"稻–萍–鸭–鱼"共生系统充分利用稻田的浅水环境，辅以人工措施，在种植水稻的早期开始养鸭，同时，放养营养含量高、不占用水稻生长空间的红萍，构建生态环保型的"稻–萍–鸭–鱼"共生生态系统，通过鸭子的活动、取食和排泄起到分萍、倒萍、提高红萍营养成分利用效率等作用，使红萍在稻田系统中的生态优势得到发挥，禾苗长大后，田中出现的昆虫、杂草、红萍等为鸭提供饲料，鸭的粪便可作为水稻的肥料，又可为稻田中的蚯蚓、水蚤、红线虫和浮游生物提供食物来源，这些又给鱼等提供饵料，充分利用鱼、鸭的活动，达到为水稻灭虫、松土、除草和增肥的目的，获得稻、鱼、鸭三级多丰收，使农民增收，而且提高稻、鱼、鸭等产品品质，减少化肥、农药、除草剂的施用，改善农田水质，从而实现生态循环。

第二节

热区循环农业

一、国际热区循环农业模式研究与发展现状

国外学者多将循环农业研究包含在生态农业（持续农业）中，很少单独用"循环农业"一词。国际热区大多为欠发达国家，对循环农业的研究较少。不过在生产实践中，也探索总结出几个比较成功的典型模式。

（一）菲律宾玛雅农场模式

玛雅农场前身是一个面粉厂，20世纪70年代，为了充分利用面粉加工产生的大量麸皮，建立了养畜场和鱼塘；此后为了增加收入和控制污染，陆续建立了肉食加工和罐头制造厂、沼气生产车间、有机肥料厂，形成了循环链条。该农场经过多年的拓展，形成了一个农林牧渔和一二三产融合的良性循环农业生态园系统，也成为国际热区一个典型的生态循环农业模式样板，从此世界各国开始重视生态循环农业的发展。

（二）坦桑尼亚村域保护性生态循环模式

地处坦桑尼亚干旱退化区的一个拥有5500户居民的村庄，统筹考虑当地农业、畜牧、水源、能源和自然资源特点，因地制宜建设雨水收集系统用于保障生活和灌溉用水，以种植草带等措施实现保水固土，通过粪肥还田提高土壤肥力，另外通过禁止砍伐树木来保护生态环境，结合参与性组织方法，创建了村域保护性生态循环模式，将当地传统农业转化成可持续的生态循环农业。

（三）以色列的水土资源高效利用模式

以色列土地资源匮乏，且常年干旱缺水，自然环境恶劣，催生了以科技创新为推动力的水土资源高效利用生态循环农业技术与模式，主要包括高效节水灌溉、无

土栽培、精准施肥等技术，形成了优质高效、精耕细作的新型集约化的现代农业，并在55%的土地上进行了推广，成为在沙漠上发展现代循环农业的成功典范，相关技术在国际上得到广泛应用。

二、 国内热区循环农业模式研究与发展现状

我国热区传统的生态循环农业模式主要是"基塘–渔农"模式和"猪–沼–果"模式。进入2000年以来，随着我国经济快速发展，人们对生态农业认识的提高和热区特色农业产业的快速发展壮大、技术进步叠加，形成了一些更有特色、更有活力、技术含量更高的生态循环农业模式，可高质量地联结种植、养殖和加工产业，实现区域废弃物的高质量循环利用。

（一）"蔗–糖–畜"循环农业模式

该模式的核心产业是甘蔗，核心循环技术是甘蔗副产物的饲料化加工技术。甘蔗是中国种植面积最大的热带作物，为确保我国"糖罐子"安全，提高甘蔗资源利用率、增加甘蔗产值、增加蔗农收入，广西壮族自治区农业科学院、云南省农业科学院、中国热带农业科学院的科技人员，经过多年联合研究，开发出了以甘蔗尾梢、甘蔗渣、废糖蜜为主的系列牛羊饲料产品，以甘蔗渣和甘蔗塘泥为主的肥料/基质产品，以甘蔗叶就地还田利用为主的还田技术，构建起了热带特色的"蔗–糖–畜"循环农业模式。

（二）"畜–沼–草–菌"模式

该模式的核心单元是牧草，主要通过引进耐肥、耐湿、高产优质的狼尾草属牧草等优质牧草品种，消纳规模化养殖场产生的沼液，生产出的牧草用于饲养家畜和栽培食用菌，降低生产成本；同时菌草结合技术可减少食用菌栽培对木材的消耗，环保意义重大。目前已研究明确了具体的配套参数，如每25～30头猪或2～3头奶牛配套1亩狼尾草草地，1亩狼尾草草地每年可消纳约200吨沼液。该模式在福建得到大力推广应用，产生了显著的经济、生态效益。

（三）"猪–沼–菜/果/林"低碳生态模式

该模式是在传统的"猪–沼–果"模式上增加现代技术和环境考量指标，形成以

沼气为纽带，种、养及农副产品加工业为一体的生态工程模式，是中国南方地区应用最普遍的循环农业模式之一。当前以规模化养殖—大型沼气池—沼气发电—沼液沼渣农林利用为主，实现了污染治理与粪污资源化利用，成为农牧结合现代生态农业的典型。

（四）生物转化驱动的循环农业模式

该模式是充分利用功能微生物（含食用菌）、黑水虻、蚯蚓等生物对有机废弃物的高效转化能力，以废弃物种类以及下游生物质产品需求为导向，研发和配置不同循环利用技术与产品，从而构建出一种秸秆、畜禽粪便、农产品加工废渣等废弃物多目标、多层次、分阶循环利用的模式，可有效联结种植与养殖、生产与生活、城市与农村，具有很大的适应范围，适合在区域循环农业模式构建中应用。目前该模式已在海南部分区域应用，取得了显著的社会经济效益，成为全省学习的典范。

（五）高值菠萝循环农业模式

该模式核心产业是菠萝，核心循环技术是菠萝叶循环利用技术。重点是挖掘菠萝叶纤维具有的优异抗菌、驱螨、去除异味、吸放湿性强、导热性好等功能，研发出了菠萝叶纤维机械提取工艺技术与配套设备、纤维精细化处理及其纺织产品开发等关键技术，构建了"菠萝–纤维–饲料/能源"的循环链条，实现了菠萝叶的高值化循环梯级利用。

（六）山地"蕉–猪"种养循环农业模式

香蕉是我国第一大热带水果，其产量对水肥依赖大。云南红河流域针对当地牲畜粪污产量大、香蕉种植对化肥依赖度强，容易造成水体污染和土壤退化等一系列环境问题，通过生物菌剂高效发酵猪场粪污，经自然沉淀过滤后，利用山地自然高差，自流灌溉至蕉园，作为香蕉肥源，解决了猪粪消纳问题，减少了化肥用量，提高了香蕉品质和土壤质量；同时，利用香蕉秸秆和次品蕉生产饲料，代替部分猪场饲料，形成种养结合循环生产体系。

三、　生态循环农业模式发展趋势与展望

国际热区整体上环境承载力空间大，但目前普遍循环链条短。大部分地区采取废弃物简单堆沤制作农家肥或直接进行土地消纳，实现废弃资源循环利用。例如，

澳大利亚、新西兰，养牛业发达，地广人稀，主要通过抛洒牛粪于牧草地进行土地消纳。也有国家利用蚯蚓处理牛粪，收获高质量肥料和蚯蚓，获得更好的增值，如印度、菲律宾、马来西亚等国家，但规模较小，不够普遍。

目前国际上对粮食安全、环境安全、农产品质量安全与品质前所未有地重视，对生态循环农业模式也有越来越多的研究。但热区系统类型多，技术链条可延展空间大，研究积累缺少，因此要更好地构建与利用高效可持续的生态循环农业模式，还需加大研究力度，在时间和空间维度上揭示不同模式的内在生态学规律，构建适应不同资源环境条件的技术链条，形成可支撑模式推广应用的理论和技术体系。

尽管中国热区的生态循环模式研究与发展取得了很好的生态、经济和社会效益，但仍处在发展初期，有很大提升空间。一是目前对于废弃物/副产物特性的常规利用技术研究较多，高值利用技术研发得少，导致有些高值资源进行了低值处理利用，没有实现更好的效益。二是目前的废弃物利用仍是以减少环境污染为主要目标，对接下游产业需求进行针对性开发的技术少、产品少，产业链条仍然比较单一、特色不足、运转效率不高。三是对模式的跟踪评价研究不够、理论支撑不足，不能很好地对模式的推广与发展提出更精确的指导性意见。

第三节
绿 色 防 控

一、 绿色防控技术在热带作物病虫害防治中的重要意义

2017年7月，习近平总书记主持中央全面深化改革领导小组第三十七次会议审议通过了《关于创新体制机制推进农业绿色发展的意见》[①]，这是党中央出台的第一个关于农业绿色发展的文件，也是指导当前和今后一段时期内农业绿色发展的纲领性文件。为贯彻落实《关于创新体制机制推进农业绿色发展的意见》，支撑农业绿色发展和农业农村现代化，农业农村部组织编写了《农业绿色发展技术导则（2018—

---

① 《习近平：敢于担当善谋实干锐意进取 深入扎实推动地方改革工作》，http://jhsjk.people.cn/article/29416146[2022-07-05]。

2030年)》,指出,研制绿色投入品、研发绿色生产技术、发展绿色产后增值技术、创新绿色低碳种养结构与技术模式、绿色乡村综合发展技术与模式、加强农业绿色发展基础研究、完善绿色标准体系等是实现农业绿色发展的主要任务。

绿色防控是指采取生态调控、生物防治、物理防治和科学用药等环境友好型手段来控制农作物病虫害的措施。自2006年全国植物保护工作会议提出"公共植保""绿色植保"理念以来,我国农作物病虫害绿色防控技术的研发与应用取得了显著成效。截至2020年底,全国主要农作物绿色防控面积近10亿亩,主要农作物病虫害绿色防控覆盖率达到41.5%。

热带地区作为一个独特的生态区域,气候常年温和湿润,有利于发展热带作物,同时也非常有利于病虫害的滋生蔓延,以香蕉枯萎病、蔬菜青枯病和根结线虫等为主的土传病害,炭疽病、白粉病等真菌性病害,黄单胞菌属细菌性病害,蓟马、烟粉虱、潜叶蝇等小型害虫,以及椰心叶甲、螺旋粉虱等入侵害虫,一度成为制约热带作物丰产优产的关键,造成30%~50%的损失,甚至绝收。因此,大力发展热带作物绿色防控技术,是热带作物绿色丰产和农产品质量安全的重要保障。

二、 绿色防控助力热带作物健康发展

针对热带作物重要病虫害,以中国热带农业科学院为代表的科研院校、企事业单位,经过多年的科研攻关,研发出一系列绿色防控产品和绿色防控技术,包括:精准施药技术(花蕾注射防治香蕉黄胸蓟马、挂包法防治椰心叶甲、灌根法防治橡胶树根病等);高效施药器械(无人机飞防防治热带果树害虫、风送式喷雾机防治芒果病虫害等);理化诱控技术产品(瓜实蝇诱杀技术);物理防治(黄蓝板诱控芒果蓟马、防雨帽防治橡胶树割面溃疡病);生物防治(寄生蜂防治椰心叶甲、防治香蕉枯萎病生物、芒果采后炭疽病的采前诱抗技术等);生态调控(芒果园生草技术和剑麻园生草技术);综合防治措施(防控对象包括椰心叶甲、椰子织蛾、芒果蓟马、豇豆蓟马、橡胶树六点始叶螨、荔枝蒂蛀虫、香蕉枯萎病、香蕉黑星病、芒果炭疽病、剑麻斑马纹病等)。这些单项绿色防控技术、产品和综合防治措施等技术方案主要从贯彻病虫害综合治理原则、实施重大病虫害重点治理、遵循"节本增效"技术路线、促进绿色防控技术措施与专业化统防统治融合等方面来促进热带作物病虫害防控方式的转变和绿色防控技术的推广应用,促进了热区农作物重大病虫害防控工作,降低了病虫害危害损失,推进了农药使用量零增长行动,"热带作物几种重要病虫害绿色防控技术研究与应用"在2012—2013年度获得中华农业科技奖。下面是几例热带作物重要病虫害绿色防控技术成功应用的案例。

（一）花蕾注射防治香蕉黄胸蓟马精准施药技术

黄胸蓟马（*Thrips hawaiiensis*）为香蕉的主要害虫之一。该虫主要危害香蕉的幼果，造成嫩果表皮上形成木栓化、顶端褐黑色的突起斑点，严重影响香蕉果实的外观及商品价值。由于蓟马个体较小，经常躲在香蕉花蕾内危害蕉果，致使药液较难接触到虫体，再加上香蕉蓟马世代周期短、繁殖力强等特点，致使蕉农在施药过程中不断加大药剂浓度和增加施药次数来提高防治效果，一方面造成害虫抗药性加剧，另一方面造成药液的浪费和环境的污染，进而使施药者吸入、接触到大量药液，严重危害人们的身体健康。

中国热带农业科学院环境与植物保护研究所生防与农药研究室根据香蕉花蕾的生长规律和黄胸蓟马现蕾期危害香蕉幼果的特征，通过防治适期、药剂、施药方式、施药器械的筛选，研发了花蕾注射防治香蕉蓟马精准施药技术，通过现蕾期将药剂注射进入刚抽蕾的香蕉花蕾从而起到杀虫效果。该法不受降雨、光照和干旱等自然因素和果树高度、危害部位等条件限制，具有施药量精确，药剂利用率高，不污染环境，对施药者安全等优点，从源头控制黄胸蓟马危害香蕉果实。该项技术经专家现场鉴定，采用花蕾注射全程只需防治1次，防治效果在90%以上，比传统防治模式减少防治次数2～3次，减药77.78%～83.33%，并且从源头控制了黄胸蓟马的危害，有效保障了香蕉的质量安全，为香蕉安全生产和绿色防控提供了科技支撑。

（二）椰心叶甲生物防治

椰心叶甲是棕榈植物的重要害虫，也是我国禁止进境的二类植物检疫危险性害虫。该虫主要危害椰子等棕榈植物未展开的幼嫩心叶，严重影响棕榈产业。中国热带农业科学院环境与植物保护研究所入侵害虫团队从越南、中国台湾引进椰心叶甲幼虫专性寄生性天敌椰甲截脉姬小蜂和蛹专性寄生性天敌椰心叶甲啮小蜂，通过深入研究两种寄生蜂的生物学、生态学特性以及对寄主的选择行为和对环境胁迫的适应性，创新研发了一套先进、简便、易于推广的寄生蜂规模化繁育技术。利用该技术，日产寄生蜂规模可达200万头，年生产规模达7亿头（其中椰甲截脉姬小蜂5.25亿头，椰心叶甲啮小蜂1.75亿头），并且极大地降低了繁蜂成本，仅为越南、泰国生产成本的50%。根据寄生蜂寄生椰心叶甲不同虫态和椰心叶甲世代严重重叠等特点，该技术首创了两种寄生蜂林间大面积混合释放技术。每月放蜂1次，连续释放4～6次寄生蜂即可建立自然种群，可长期控制椰心叶甲的发生。

该技术整体水平达到国际先进水平，并获得海南省科学技术进步奖特等奖和中国植物保护学会科学技术奖一等奖。目前已在海南等椰心叶甲发生区域推广应用，累计应用2000万亩次，防效达85%以上，每年为海南挽回经济损失15.5亿元以上，减少了化学农药的使用，促进了棕榈产业的发展，保护了种植区的安全生产和生态环境，增加了农民收入，同时，成果技术应邀输出到马尔代夫。

（三）香蕉枯萎病生物防治

香蕉枯萎病，又称巴拿马病、黄叶病，是一种由尖孢镰刀菌古巴专化型（*Fusarium oxysporum* f. sp. *cubense*，Foc）4号生理小种（Foc4）引起的世界毁灭性土传病害。该病害是长期影响香蕉产业安全的重大病害，2007年中央电视台《焦点访谈》栏目专题报道香蕉枯萎病是"癌症"，农户长期过分使用化学肥料和化学农药等，致使土壤土质变坏，肥力下降，导致作物产量、品质降低和环境污染日趋严重等问题。为了有效防控香蕉枯萎病，研发绿色高效的生物防治技术已迫在眉睫。

中国热带农业科学院环境与植物保护研究所生防与农药研究室针对高效生防菌株筛选效率低和田间防效不稳定等问题，创立了高效复合生防菌组合筛选法，获得具有促生长和拮抗双功效的专利枯草芽孢杆菌BLG010和解淀粉芽孢杆菌HC200，具有拮抗和良好土壤定殖能力的绿色木霉H06。研发了基于生防菌株的微生物菌剂产品——绿农林41号和绿农林51号，建立了微生物菌剂应用方法操作规程。通过各市县农技推广部门在热区乃至全国香蕉枯萎病重病区进行多点、多年示范应用，结果表明研发的产品对香蕉枯萎病具有显著的防治效果，取得显著效益，创新推动了国内微生物菌剂由单一菌种向复合菌种发展。

三、　热带作物绿色防控重点研发任务

（一）构建热带作物病虫害监测预警体系

开展以智能高空诱虫灯、远程虫情监测系统、田间智能虫情灯等智能化、自动化设备为基础的智能化监测；突破昆虫雷达自动识别害虫的技术瓶颈，研发以昆虫雷达监测为核心、以灯诱和性诱为基础的全国草地贪夜蛾"空、天、地"一体化智能监测预警技术，构建实时预警信息驱动的智能高空灯成虫阻截技术体系，并重点建设一批布局合理、管理精良、运行高效的监测网点，提高重大病虫疫情监测预警水平。

（二）推行绿色替代技术

优化作物布局、推广抗病虫品种、实施培育健康种苗等健康栽培措施；结合果园生草覆盖、作物间套种天敌诱集带等生物多样性调控，控制有害生物、保护自然

天敌；加大寄生蜂、捕食螨、枯草芽孢杆菌等生防资源的开发和利用，重点研发以虫治虫、以菌治虫和以菌治菌等生物防治技术；研发植物源农药、植物诱抗剂和农用抗生素等生物化学农药应用技术；重点推广昆虫信息素、杀虫灯、诱虫板防治热带果树、蔬菜等病虫害，积极开发和推广应用植物诱控、食饵诱杀、防虫网阻隔和银灰膜驱避害虫等理化诱控技术。

（三）优化科学用药技术

优化高效低毒农药及生物农药在热带作物病虫害防治中的应用技术，根据热带作物病虫害危害特征，优选最佳药剂组合；根据热带作物植株特性，筛选适宜的功能性助剂，提高农药液滴在作物叶片上的展布润湿性能；创制适用于热带果树、冬季瓜菜、天然橡胶、木薯等经济作物的风送式喷雾机、喷杆喷雾机和植保无人机等先进的高效植保机械，建立应用技术参数，构建集药剂、功能助剂和施药器械为一体的高效精准施药技术，提高农药利用率。

（四）创新示范推广机制

引导热带作物种植大户、专业合作社、种植企业和地方政府组建专业化服务组织，构建"政府＋科研＋推广＋企业"推广模式，引入专家科技小院、参与式技术培训、"互联网＋"，提高技术到位率和普及率；在热带果蔬优势区域，鼓励种植大户实施化肥农药统测、统配、统供、统施，大力推行病虫害专业化统防统治，提高防治效果。解决热带农业技术落地"最后一公里"问题，为热带作物绿色发展提供技术支撑。

第十五章　热带农业信息化

　　热带农业信息化是在热带农业生产、经营、管理和服务等各个领域应用计算机技术、网络与通信技术、电子技术等现代信息技术的过程。热带农业信息化的特点为数字化、网络化、精准化、智能化。国家高度重视农业信息化，《国务院关于大力推进信息化发展和切实保障信息安全的若干意见》提出"推进农业农村信息化，实现信息强农惠农"。《"十三五"国家信息化规划》也提出推进农业信息化。《国家信息化发展战略纲要》要求"把信息化作为农业现代化的制高点，推动信息技术和智能装备在农业生产经营中的应用"。《数字乡村发展战略纲要》提出夯实数字农业基础，推进农业数字化转型。历年的中央一号文件均对农业农村信息化有所触及，2021年中央一号文件《中共中央 国务院关于全面推进乡村振兴加快农业农村现代化的意见》提出实施数字乡村建设发展工程，发展智慧农业，建立农业农村大数据体系，推动新一代信息技术与农业生产经营深度融合。大力发展热带农业信息化，不断提高农业生产经营的标准化、智能化、集约化、产业化和组织化水平，是我国热带农业突破资源环境约束、实现产业升级的根本出路。

第一节
热带农业信息化发展现状

一、　国内现状

（一）数字技术与热带农业农村加速融合

　　随着我国数字农业建设试点项目工作的开展，物联网、大数据、人工智能等新一代信息技术在热区的大田种植、设施园艺、畜禽养殖、水产养殖的在线监测、精准作业、数字化管理等方面得到不同程度的应用。智能感知、智能分析、智能控制等数字技术加快向热带农业农村渗透；热带农业农村大数据建设不断深化，天然橡胶单品种大数据建设全面启动；热带农产品市场监测预警体系逐步完善，热带农业生产正在向实现精细化、数字化、智能化管理发展。

（二）科技创新能力不断提升

随着热带农业科技创新力度的加大，热带农业信息化科技创新能力不断提升。数字农业领域国家工程技术研究中心（热作分中心）、国家数字种植业（天然橡胶）创新分中心、国家农业科学观测实验站、农业农村部农业遥感重点实验室（热带农业遥感方向）等平台建设持续推进；物联网工程、人工智能、数据科学与大数据技术、智能科学与技术、虚拟现实技术、区块链工程等现代信息技术相关专业在热区高等院校逐步设立。在热带农情信息遥感监测技术、植物生长模拟与预测模型、热带作物智能决策和应用、热带作物产业监测与预警、热带作物数字人工智能应用、智能水肥一体化、热带农业智能装备等研究领域取得较好进展；集成应用卫星遥感、航空遥感、地面物联网的热带农情信息获取技术日臻成熟；热带农业信息化示范基地建设稳步推进。

（三）信息化助力热带农业三产融合发展

现代信息技术向热带农业农村渗透进而催生出热带农业电子商务、订单农业、创意农业、分享农业、众筹农业等新产业新业态，促进了热区农村一二三产业融合发展。近年来热区农产品电子商务蓬勃发展，农村电商产品品牌影响力不断提升，如"百色芒果""罗甸火龙果"通过电商知名度不断提高；热带农产品加工、包装、冷链、仓储等设施建设不断加强；大数据等赋能农村实体店作用彰显，线上线下销售渠道融合发展。此外，围绕现代热带农业一二三产业融合发展，在种养业的基础上，鼓励大力发展加工流通、休闲旅游、健康养老、养生等产业，构建乡村产业体系，"互联网+"农业社会化服务加快推进。

（四）数字农业政策支持体系初步建立

在国家及相关部委发布《"十三五"全国农业农村信息化发展规划》《"互联网+"现代农业三年行动实施方案》《农业部关于推进农业农村大数据发展的实施意见》等文件的基础上，热区各省区市结合实际出台了一系列支持政策，初步构建了数字农业农村建设的政策体系，积极推动农业生产智能化、网络营销新模式和信息化管理服务，以信息化引领现代农业发展，以信息化提升农业产业质量，推进农业发展方式转变。

二、 国外现状

热带国家和地区农业信息化起步较晚，20世纪80年代后，许多国家日益强调从传统农业思想向现代农业思想的转变，开始增加农业信息化投入，重视农业信息技术研究与推广，加强农民智力开发与职业培训，农业信息化发展速度明显加快，取得了一定的成绩。

（一）科学研究

国际热带农业信息化研究主要集中在农业信息数据库、精准农业、专家系统、虚拟农业等方面。农业信息数据库方面，澳大利亚、印度、菲律宾、斐济等国发展非常快，尤其是澳大利亚建成世界有名的"Agrigate"农业信息网，印度也建立若干专业性的信息数据库系统，实现全国信息资源的共建与共享；精准农业方面，遥感技术已被澳大利亚、印度、巴西、阿根廷等国家广泛运用于农业资源调查、生态环境评价、作物产量预报、农林牧灾害监测、病虫害监测等，以色列运用物联网与互联网技术研提精准农业节水节肥解决方案；专家系统方面，澳大利亚、印度、巴西、菲律宾等国家相继研制作物栽培、水产、畜禽饲养、农业经济效益分析、农产品市场管理等方面的专家系统，促进生产科学管理和技术推广；虚拟农业方面，澳大利亚已实现对植物上部形态结构的模拟，以研究最佳生产管理措施。

（二）应用

热区国家澳大利亚农业信息化起步较早，全国约65%的大中型农田作业机械配置了全球导航和自动驾驶系统，生产环节精准作业的农场达90%以上，实现了牲畜精准管理、拖拉机无人驾驶、遥控飞机监控农作物健康等。已建立较完善的农业信息监测预警体系，正在试点与推广"智能农场""数字农庄"等智慧农业建设；印度农业信息技术应用可与发达国家媲美，已使用航空红外及热红外扫描技术、"3S"技术、智能数据分析等方法开展作物病虫害判别、营养与肥料建议、产品分级与质量监控等；以色列以实现高科技农业发展为目标，在农业灌溉，设施农业中温室的供水、施肥和气温调控，农产品加工质量控制等方面都已实现计算机自动化控制，并实现国内农业信息互联互通；巴西是较早试验和示范应用精准农业技术的发展中国家，开展了使用信息系统控制管理土地和农场、基于云计算的精准施肥、无人机分析作物健康、植物计数等应用；泰国非常重视农业基础设施和信息网络建设，探索创建了微气候监测系统，开发了基于物联网的灌溉控制系统的智能农业装备、可预先编程的杀虫剂释放无人机等；越南则主要致力于创建农业信息技术应用和发展项目，如制订国家信息化发展计划、开发农业信息系统和数据库等，也积极引进试验国际的创新解决方案，如英特尔的蔬菜智能生产物联网系统等。

除此之外，还有一些国际社会组织，如国际热带农业研究所、国际生物多样性中心与国际热带农业中心联盟、联合国粮食及农业组织等采用GIS、大数据、无人机和卫星成像等技术开展了作物原产地地图、香蕉病虫害检测智能手机、"手拉手"地理空间信息平台等的研制和应用。其他热带国家也积极实施"农业信息化跨越"战略，总体来说大部分热带国家农业信息化水平还比较低，农业信息化建设任重而道远。

第二节
热带农业信息化重要技术创新与产业贡献

一、 热带农业大数据

（一）热带农业农村大数据标准体系

热区积极谋划建立统一、规范、可用的农业大数据标准规范和标准体系。如贵州出台《贵州省大数据标准化体系建设规划（2020—2022年）》，加强贵州省大数据标准化顶层规划；广西积极推进农业信息化技术标准和数据标准建设，共完成数据交换标准、网络基础设施标准、信息安全标准等七大体系34个标准的建设；广东出台《广东省大数据标准体系规划与路线图（2018—2020）》。此外，中国热带农业科学院科技信息研究所围绕主要热带作物建立了热带农业农村大数据采集与加工标准规范体系（图15-1），为数据开放和共享提供支撑。

图15-1　热带农业农村大数据采集与加工标准规范体系

（二）热带农业数据获取技术多样化发展

　　围绕热带农业产前、产中、产后等环节，利用物联网、智能设备、移动互联网等信息技术采集数据，提高数据采集效率和质量；利用遥感、无人机等现代空间信息技术建设高分统计应用系统，实现热区农村数据采集"空、天、地"一体化应用；利用爬虫等网络数据抓取技术对网络资源中涉及热带农业的数据进行动态监测；建设基础数据库，实现热带农业基础调查数据集中统一管理。目前已形成现代信息技术采集手段为主、传统采集手段为辅的热带农业农村发展大数据信息采集体系（图15-2）。

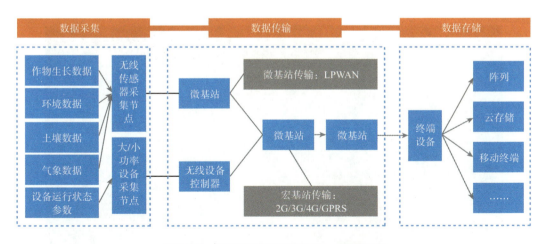

图15-2　传感器数据采集传输、存储体系

LPWAN：low power wide area network，低功率广域网络。GPRS：general packet radio service，通用分组无线服务

（三）大数据平台建设发展迅速

近年来，随着热带农业数据开放共享的基础环境不断优化，建成了如热带农业大数据平台（图15-3）、云南农业大数据中心、广西农业大数据管理平台、贵州农产品大数据平台、广东郁南三农大数据综合信息服务平台等一大批农业综合大数据平台。热带农业单品种大数据建设也步入快车道，如中国热带农业科学院研发了"天然橡胶全产业链大数据平台"（图15-4）、云南建成了"中国芒乡·丽江华坪芒果大数据平台"，四川攀枝花建设"芒果大数据中心"，贵州建成了"猕猴桃大数据平台"及"火龙果大数据平台"，福建建成"蜜柚大数据云平台"。

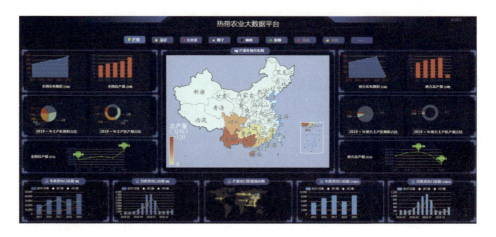

图15-3　热带农业大数据平台

图15-4　天然橡胶全产业链大数据平台

（四）数据赋能热区乡村振兴作用彰显

全面推进乡村振兴，需要大数据提供信息密钥，生成"数智"密码，共享经验智慧，联通线上线下。中国热带农业科学院科技信息研究所引入数据挖掘理念，通过对气象大数据、农作物（以芒果为例）分地区历史产量数据进行分析，研发了气象作物关联分析系统，构建了热区主要县（市、区）芒果产量与当地日平均气象条件的关系模型，研究结果为我国芒果的生产提供参考依据；贵州开展了大数据在火龙果产业的灾害预警、果园耕地质量监测、病虫害防控、气象灾害预测、市场波动预测分析、生产技术指导、经营科学决策等方面的应用，为不同用户提供监测、查询、发布、共享和专题报告等专业化、差异化服务，推动火龙果产业节本增效与优化升级；云南华坪通过对芒果数据资源进行挖掘，预测预报芒果市场动向，帮助相关部门优化芒果种植布局，促进其向优势产地集中。

二、 热带农业物联网技术

物联网技术的有效实施能够在很大程度上解决现代传统模式下热带农业生产和发展过程中出现的各种问题。近年来，热区大力推进物联网在热带农业生产中的应用，推动建设了一批大田种植、设施园艺、畜禽养殖、水产养殖物联网示范基地，熟化了一批农业物联网关键技术和成套设备，推广了一批节本增效农业物联网应用模式。

（一）热带作物种植物联网技术应用

中国热带农业科学院科技信息研究所研发的主要热带作物物联网环境与作物生长信息采集系统、水肥一体化灌溉控制系统，实现了土壤墒情自动预报、灌溉用水量智能决策，远程、自动控制灌溉设备等功能，解决了热带作物大田的水肥管控，提高了精准作业和管理信息化水平，达到了节本增效的目标，目前已在海南儋州、万宁、文昌，广东湛江，广西扶绥，以及贵州兴义等地建设有十多个农业物联网应用示范基地，搭建农业物联网数据平台，覆盖花卉、南药、芒果、木薯、橡胶、林下经济、蔬菜、油棕、香料作物、甘蔗等产业（图15-5、图15-6）。广东从化地区新建设的荔枝文化博览园，部署了"天、地、空"一体化环境精准感知系统，实现了无人化水肥灌溉的精准智能策略控制；通过超清和近景图像视频采集系统，实时展示荔枝生长变化特征和种植管理活动全过程，并且可近距离抓拍荔枝生长状态图片，自动识别、诊断病害和进行产量预测，实现了种植精细化、智能化管理，全面提高种植管理水平和作业效率。

（a）油棕　　　　　　　　　　　　（b）芒果

（c）橡胶　　　　　　　　　　　　（d）花卉

（e）胡椒　　　　　　　　　　　　（f）香草兰

图15-5　物联网技术在热带作物中的应用场景

图15-6　热带农业物联网数据平台

（二）物联网技术在热带养殖业中的应用

在畜禽方面，目前利用智能传感器、射频识别等先进感知技术，可对养殖环境及动物生命信息进行实时监测和智能调控，实现智能环境调控、精细投喂、智能育种、智能屠宰及数字化营销等全过程的数字化管理。例如，海南罗牛山股份有限公司养猪基地利用物联网技术实现了养殖场内通风环控、自动喂料、机械刮粪、有机肥生产及无害化处理、污水处理、红外监控系统的智能化监控，推动了畜牧产业的转型升级。在水产养殖方面，广东顺德杏坛镇率先在广东将物联网技术运用至水产养殖中，养殖户通过智能终端，实时在线掌握鱼塘的水温、pH值、溶氧量等关键指标数据，指导科学养殖；在海水养殖中，海南基于"5G+海洋牧场"的示范项目（智能化深水网箱养殖），研发了网箱生物环境在线监测系统，可实时采集水温、盐度、溶氧量、叶绿素等数据，使水产品在适宜的环境下生长，减少和避免大规模病害的发生，提高水产苗种存活率，在保证质量的基础上大大提高了养殖产量，增加了养殖企业的经济效益。

三、　热带农业遥感监测

以"3S"技术为代表的空间信息技术在热带农业领域的应用，主要包括热带农业资源环境特征及空间模拟、典型热带作物遥感精准分类识别与种植监测、主要热带作物植被参数遥感反演、热带作物生长（长势、产量、病虫害）遥感监测与预警、热带农业自然灾害（台风、洪涝、干旱）监测与评估及热带农业地理信息系统研发等。

当前，国内学者在热带农业遥感领域主要开展了热带作物空间分布、热带作物生产过程遥感监测、热带农业生态环境监测、热带作物生产过程模拟以及热带作物对气候变化的响应机理等研究工作（图15-7）。在天然橡胶叶面积指数及生长趋势监测、天然橡胶产胶潜力遥感估算、农业干旱遥感综合监测、天然橡胶干旱遥感动态监测及其影响定量评估、洪涝灾害遥感监测、橡胶园台风灾害遥感评估、海南耕地质量改良信息共享平台构建等研究方面具有明显优势，构建了海南主要耕地质量空间数据库，开发了海南农业干旱综合监测系统等数字农业应用系统。

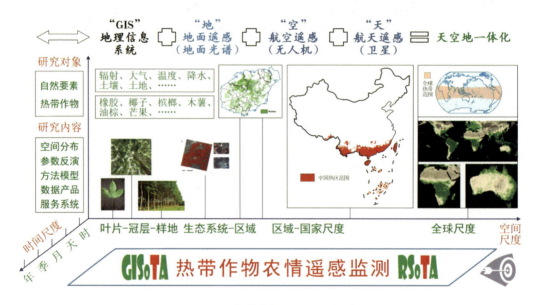

图15-7　热带作物农情遥感监测

针对典型热带作物——橡胶、槟榔、椰子"三棵树"的遥感监测研究中，天然橡胶是目前热带作物遥感监测研究涉及最多的热带作物，最早的橡胶林遥感提取研究始于马来西亚，随后在国内外逐步展开，研究热度也逐步提升。从算法演化来看，橡胶林遥感提取大致可划分为四个阶段：一是基于光谱波段/植被指数的影像统计；二是基于粗分辨率影像的物候提取；三是基于中分辨率影像的单/双点物候检测；四是基于多源遥感大数据的综合分析。此外，还开展了橡胶叶片营养高光谱诊断分析、橡胶树年龄遥感监测。在槟榔遥感监测研究中，主要是利用高分辨率卫星影像开展小区域槟榔种植面积提取、基于无人机多光谱影像开展槟榔黄化病监测。在椰子遥感监测研究中，Kannan等利用遥感和GIS对印度泰米尔纳德邦的椰子种植区域进行了空间制图；杨礼等采用无人机高分辨率影像数据，建立了一种基于图像模板匹配算法的椰子树自动提取方法，其小范围椰子树识别完整率达到85.9%，识别准确率达到95.7%；Mohan等基于机载激光雷达的树木检测方法，自动识别巴西东南部椰子种植园中的单株椰子树，其平均树木检测准确率为86.22%；Vermote等基于树阴影检测方法，利用WorldView-Ⅲ传感器获取的极高空间分辨率（30厘米）数据估算了汤加地区的椰子树数量，并将卫星估算值与农业普查数据进行比较，估算误差在3%以内。

综合来看，当前橡胶、槟榔、椰子"三棵树"遥感监测研究存在的主要不足包括三个方面：一是时效性不高，提取的往往是历史时期的空间分布信息，不能反映当前最新种植情况；二是研究的空间分辨率主要集中在30米左右的中等分辨率，虽然也有高空间分辨率（30厘米）的遥感制图，甚至是单个作物的识别，但是其空间覆盖尺度仍然较小，不能反映较大空间尺度的种植生长情况；三是以往研究大多基于单一技术手段，尚未协同利用卫星遥感、航空遥感、地面物联网等手段，也没有联合多源遥感大数据、云计算平台、深度机器学习等技术，无法满足实时、大范围、高空间分辨率的动态更新监测。

四、 热带农产品市场监测

近年来，随着互联网信息技术和大数据分析技术的快速发展，农产品市场监测的信息化水平不断提高，我国主要热带农业地区均建立了区域性的农产品市场信息监测体系。例如，截至2020年，广西在50个主要农产品生产基地、批发市场建立了农产品产销价格采集点，对主要农产品价格进行采集、监测及预判，建立覆盖全产业链的数据监测体系，促进农产品产销精准对接。广东建立的农业信息监测体系覆盖全省345个规模生产基地、50个农产品批发市场、40个基点县、200位种养大户，监测产品覆盖粮食、蔬菜、水果、生猪、家禽、蛋奶、茶叶等产业，通过数据标准化协同从技术上实现多产业、分条块和多终端的数据统一采集。海南建立了完整的农产品市场价格监测体系，涵盖主要农产品类型，包括胡萝卜、豆角、冬瓜等22种蔬菜，猪肉、牛羊肉、鸭肉等禽肉产品，金线鱼、罗非鱼、虾、石斑鱼等水产品，粮食和食用油，以及木瓜、芒果、火龙果、椰子、本地香蕉等热带特色农产品，并每天公布主要农产品价格及波动情况。

在热带农产品市场价格监测方面，海南还建立了槟榔及橡胶价格监测体系，每天公布各市县橡胶和槟榔青果收购价格、环比涨跌幅、同比涨跌幅等信息。海南国际热带农产品交易中心已上线浓缩乳胶价格指数、标准胶（TSR20）价格指数、槟榔价格指数和胡椒价格指数，进行价格指引，指导海南热带农业种植户的日常生产、种植。

在农产品价格监测信息化建设及应用方面，中国热带农业科学院通过建立监测点，实现"集贸市场、批发市场、国际市场"热带农产品价格动态跟踪监测的"三位一体"格局；截至2021年底，已覆盖371种热带农产品日度价格的跟踪采集，收集价格数据200万余条；建立主要热带农产品市场监测预警系统，及时发布月报、季报、年报信息，发布产业监测预警报告、安全评估报告及针对热带水果贸易的救济方案等（图15-8）。海口建设的"全景菜篮子"信息综合服务平台，覆盖农产品从生产到销售所有环节的信息化管理方式，实时掌握农产品所有流通环节的数据，通过该平台，能够掌控各个蔬菜基地的生产数据，包括蔬菜的品种、种植面积、田头价格等信息，对所有蔬菜基地数据进行汇总和分析，提前发现各蔬菜基地种植品种的分布情况和价格信息，引导蔬菜基地进行种植品种选择，避免出现盲目种植导致价格波动现象。

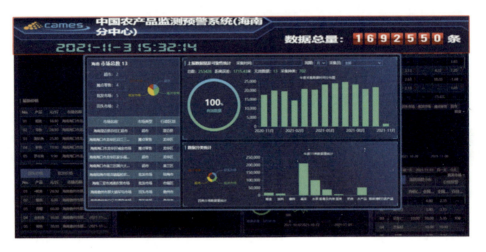

图15-8　中国农产品监测预警系统（海南分中心）

五、热带农产品质量溯源

随着互联网、数字农业快速发展，我国农产品溯源技术得到广泛研究和应用，基本覆盖了农产品生产、加工、包装、冷藏、运输、检测、仓储、销售等整个供应链。

广东、广西和海南是我国热带水果的主产区，初步开展了热带水果溯源标识试点应用示范。茂名市广垦名富果业有限公司实施了农产品质量追溯系统项目，消费者可通过电话、短信或登录网站发送质量追溯码查询到番石榴、杨桃等热带水果从田间生产到销售各环节的详细信息。广州、海口、南宁等城市的超市将二维码或数字码等可追溯标签加贴于芒果、菠萝等热带水果品种，消费者可通过可追溯标签查询热带水果的产地和生产时间，以及净重、等级、专业合作社和农户等质量安全信息。广东省农产品质量安全追溯管理平台率先将食用农产品合格证、追溯凭证"二码合一"，满足不同生产者"产地准出"和"市场准入"的监管要求，同时系统对接国家追溯平台，满足农业农村部全国"一盘棋"的监管要求。海南澄迈以发展工业的理念发展农业，健全了农产品质量安全可追溯系统和信息平台，建立了县域电商产品品控与溯源云平台和"农药一卡通"质量安全信息管理平台。2019年中国热带农业科学院科技信息研究所研发构建的龙山县百合质量安全追溯系统在湖南湘西得到了良好应用与示范（图15-9）。贵州从茶园到茶汤建立了质量追溯系统，通过完善茶园种植采收的质量追溯，制茶厂建立茶叶加工追溯、茶叶物流销售追溯和追溯信息数据库维护管理等追溯体系，增加产业链的透明度，使得消费者放心消费，提高企业在消费者心目中的可信度。2019年，福建在全省实施食用农产品产地准出和市场准入衔接制度，要求所有进入农产品批发市场、大型商场、连锁超市及主要农贸市场的食用农产品，必须出具追溯凭证，才可以上市销售。截至2020年，福建省农产品质量安全追溯监管信息平台已覆盖全省1.3万多家食用农产品生产企业、合作社、家庭农场，累计生成追溯凭证和追溯标签310多万批次。

图15-9　龙山县百合质量安全追溯系统

在农业电商、大数据背景下，区块链技术在海南热带农产品生产、管理、加工、仓储和物流配送等各环节的追踪溯源也逐步得到推广应用，各节点数据信息将会采集上链，方便企业、顾客、政府等各方查询、查证，吸引国内外观光客来海南体验、消费，使海南成为热带农产品消费高地，促进海南国际旅游消费中心的形成。

第三节
热带农业信息化未来展望

一、 新一代信息技术将应用于现代农业全产业链

未来 10～20 年，新一代信息技术（物联网、云计算、大数据、人工智能、区块链、数字孪生）将在热带农业领域中不断应用和融合，加速农业全行业知识、技术和服务的积累、扩散、分享与创新，让整个农业价值链中的各方可以捕获、追踪和共享数据，推动热带农业信息服务范式由细碎零散向规范系统转化，极大提升各环节效率，引领现代农业发展与转型。新一代信息技术应用贯穿于热带现代农业的整个产业链：在生产过程中，实现农作物种植、畜禽饲养的管理信息化，以及病虫害防治信息化等；在流通过程中，帮助上游和下游企业更好地管理农产品的运营和提升产品质量；在管理过程中，针对农业构建的虚拟模型，帮助政府部门进行农业宏观调控、农业活动智慧管理等；在农业社会服务信息化过程中，帮助农民充分了解天气情况、土壤湿度、病虫害预警信息、农产品价格、农业保险、农业信贷等，做出更好的决策。

二、 物联网、大数据、人工智能等新兴技术驱动热带农业发展新业态

物联网、大数据、人工智能、区块链等新兴技术的发展，极大地提高热带农业领域复杂问题的解决能力，催生农业产业发展新业态。人工智能技术，使地面和空中机器人增加，实现了从种植到收获的一些操作的自动化，并且更容易得到土壤信息、天气和污染数据，从而做到对害虫和农药等的精细控制。大数据、物联网技术，将改变粗放的热带农业经营管理方式，它提供远程监控、虚拟地理信息系统、作物和土壤健康监测以及更好的农场管理技术。区块链技术可以保证农业生产企业或消费者方便、安全地获取信息，区块链技术已被成功用于检测食品链中劣质食品，为早期有效应对创造了条件，还可以为消费者提供食物来源信息。移动技术、远程遥

感服务和分布式计算为小农户获取信息、进出市场、了解金融、参与培训等提供便捷服务，新一代信息技术为将小农户纳入数字驱动农业食品系统创造了机会。

三、 数字农业农村经济将得到快速发展

当前，数字技术加速向各领域渗透发展，全球范围内开启了一次具有革命性的数字化转型。数字农业是农业现代化的高级阶段，是我国由农业大国迈向农业强国的必经之路。2020年我国农业数字经济的渗透率仅为8.9%，比服务业和工业分别低31.8个和12.1个百分点，农业农村发展数字经济的潜力巨大。未来数字农业的发展是智能水肥一体化、数字智能植保、数字气象预警、产量智能预测、农产品可追溯、物联网、互联网、大数据等高科技技术支撑种植养殖农场、工厂化养殖场、智慧农村等方面，传统农业得到全方位、全视角、全过程的数字化改造，加快转变农业发展方式，提高土地产出率、资源利用率，使农业农村数字经济产业链得到深化，价值链和利益链得到不同程度提升和完善，形成数字经济与农业产业深度融合发展的新型发展格局。此外，电子商务等新业态新模式的涌现将盘活农业农村经济，农业农村数字经济人才监管与培养力度也将得到加强。

四、 以智能农业为代表的农业4.0时代即将来临

随着人类智能社会的发展，以智能农业为代表的农业4.0时代也即将来临，智慧农业是农业信息化发展从数字化到网络化再到智能化的高级阶段。未来热带智慧农业发展以提高主要农业产业的劳动生产率、资源利用率和土地产出率为目标，重点突破农业传感器、农业大数据和人工智能、农业智能控制与农业机器人等智慧农业关键核心技术和产品，实现技术产品自主化；集成建立"信息感知、定量决策、智能控制、精准投入、个性化服务"的智慧农业产业技术体系，建成智慧农（牧、渔）场，建立农产品智慧供应链，实现农业生产智能化、管理数字化、服务网络化、农产品流通智慧化、农业农村信息服务个性化，推进知识替代经验、机器替代人工，培育农业智能装备、农业信息服务、农产品可信流通等新产业。智能热带农业将是无人的生产系统，将实现热带农业全链条（产前、产中、产后等）、全过程（生产、加工、包装、运输、存储、物流、交易等）、全产业（人员、技术、装备、资金、体系等）、全区域（种植单元、养殖单元、企业、地区、全球等）泛在的智能化。

第十六章　热带农业国际合作

　　热带农业国际合作是中非、中拉、中国—东盟、中国—南太平洋岛国合作的重要组成部分，发展潜力巨大。加强热带农业国际合作，可以充分展现中国作为世界上热带农产品生产大国、消费大国、进口大国和热带农业科技强国的优势地位，对于构建以国内大循环为主体、国内国际双循环相互促进的新发展格局、开创新时代中国特色大国外交新局面、推动构建人类命运共同体，具有重要意义。党的十八大以来，习近平总书记"合作共赢"的中国外交声音、理念、思想，正引领着中国热带农业阔步走向世界，引领着热带农业国际合作迈入新时代，引领着热带农业走出去构建新格局。多年来，以中国热带农业科学院为代表的热带农业科研院所，以这全球热区1%的土地为支点，扛起我国热带农业对外合作科技先行者和主力军的重任，针对全球热区技术进步和产业升级提出解决方案，将中国智慧和中国经验传播到世界热区每一个需要的地方。中国热带农业日益走上了国际大热区的舞台，并支撑引领世界大热区农业发展。

第一节
热带农业国际合作历程

　　中国热带农业是建立在引进国外先进科技资源的基础上，通过创新利用发展起来的，种质资源的引进贯穿了热带农业发展的全过程。中国热带农业国际合作的历程与中国热带农业的发展是紧密相连的，大致可以分为三个阶段。

　　第一个阶段：从中华人民共和国成立到20世纪80年代，主要是开展天然橡胶的国际合作与交流，以大规模引进天然橡胶种质资源为标志。在此期间，中国天然橡胶产业取得了举世瞩目的成绩。同时也将具有中国特色的橡胶产业技术分享给周边国家，如为越南培训橡胶加工领域的学生，为国际橡胶研究组织举办天然橡胶产业技术培训班，援助越南建立热带作物研究院与试验站，援助柬埔寨建制胶厂等。

第二个阶段：从20世纪80年代至党的十八大召开，主要是引进各种热带农业种质资源与技术，全方位开展热带农业的国际合作，以开启天然橡胶走出去步伐为标志。在此期间，国家实施引进国际先进农业科学技术计划，即"948计划"，举办中非农业合作论坛，兴建援非农业技术示范中心，全面启动中国—东盟自由贸易区，与世界热带国家的热带农业科教机构、热带农业国际组织搭建起长期的科技交流与合作关系，向世界有关国家、国际热带农业中心派出访问学者、留学生等。

第三个阶段：党的十八大以来，主要是全球分享中国热带农业优良品种资源、先进技术，彰显国家科技外交的职责与担当。习近平总书记和党中央高度重视热带农业国际合作与交流，与热带国家的每一次外事活动，均会涉及热带农业话题。2017年习近平总书记访问老挝时说，"农业领域可以成为双方合作的重点领域，中国不仅可以帮助老挝发挥自然优势，还可以帮助更多人摆脱贫困"[①]。"一带一路"倡议、"人类命运共同体"的理念深入人心，世界热带国家的高度拥护并积极参与。

第二节
中国热带农业国际合作现状

一、引进热带作物种质资源与技术

（一）引进热带作物种质资源

我国与洛克菲勒基金会和国际植物遗传资源委员会于1986年共同建立了首个国家作物种质资源库，长期保存总量达52万份。热带作物资源是热带农业发展的根基，中国热带农业科学院共引进各种热带作物种质资源3万余份，主要包括橡胶、

---

① 《国际论坛：老中减贫合作成绩显著》，http://theory.people.com.cn/n1/2020/1015/c40531-31892374.html[2022-07-05]。

木薯、椰子、咖啡、胡椒、香草兰、可可、芒果、荔枝、菠萝、龙眼、槟榔、剑麻、甘蔗、木瓜、热带牧草、热带蔬菜、水稻、油棕、腰果、坚果等。通过种质资源的创新利用，培育出新品种300多个。其中，通过与国际热带农业中心合作，截至2020年底，中国热带农业科学院共引进种质资源2982份，包括热带牧草种质1946份、木薯900份、旱稻56份、豆类80份；同时，通过国际热带农业中心协调，引进第三方科研机构种质资源100多份。在海南儋州构建的农业农村部儋州热带牧草种质资源圃和农业农村部儋州木薯种质资源圃，成为亚洲最大的热带牧草和木薯种质库。

（二）引进热带农业先进技术

"948计划"启动后，以中国热带农业科学院为代表的热带农业科教机构，纷纷走出国门，引进国外先进的农业生产技术和管理经验。仅中国热带农业科学院就引进热带农业先进技术600余项，主要分布在橡胶、木薯、腰果、牧草、热带蔬菜、热带经济作物和热带水果等种植技术领域。通过消化吸收再创新，促进了热带作物生产技术进步，保障了相关产业的健康发展。例如，引进国际热带农业中心先进的木薯、柱花草和臂形草等杂交选育种技术，利用该技术选育出热研1号银合欢、热研2号柱花草、热研4号王草等热带牧草新品种24个，选育出华南6068、华南5号、华南11号等高产优质木薯新品种14个，成为我国和东南亚国家的主栽品种，并实现了大面积的推广应用；从越南和中国台湾成功引进椰心叶甲天敌椰甲截脉姬小蜂和椰心叶甲啮小蜂，学习借鉴并创新了饲养、繁殖和释放技术，利用寄生蜂生物防治技术有效解决了我国尤其是海南椰心叶甲严重危害的问题；通过吸收菲律宾从菠萝叶和香蕉茎秆提取麻纤维的经验，成功利用菠萝麻和香蕉麻生产出服装和床上用品，深受广大消费者的喜爱；通过引智推广项目推广了香蕉节水灌溉、木薯新品种引种繁育、热带饲用木本植物种质评价、椰子综合加工、橡胶抗寒转基因种质培育、菠萝优良品种综合栽培、天然橡胶/纳米碳管复合材料高性能化、新型生物杀蚊剂开发和小作物分类与农残含量标准等。

二、 热带农业科技外交

（一）科技外交的定义

科技外交是指把科学技术和外交事业结合起来，以实现国家的利益和外交目标，同时促进科学技术的发展。其包括两方面相互联系的内容：一方面，是以科学技术推动外交事业，通过科学技术的交流合作，促进国家关系的发展，通过科学证据和咨询，为解决外交议题提供支撑；另一方面，是以外交政策和外交手段，为本国的科技发展创造良好的国际环境，促进国际科技合作，从而促进本国科学技术的发展。科技外交是继经济外交和环境外交之后，又一个外交理念的重大突破，反映出科学技术无国界。

科技外交表现为三个层面：政府层面、机构层面（科研机构、大学、学术团体、企业）、科学家层面。科技外交按照领域可以分为很多类。例如，农业科技外交、生物科技外交、制造业科技外交、高新技术产业科技外交、健康科技外交、金融科技外交、能源科技外交等。科技外交具有普遍性、先导性、灵活性、跨领域性等特点，能实现其他外交手段所不能实现的功能，值得大力推进。

热带农业科技外交隶属于农业科技外交，是指国与国之间热带农业科学技术的交流与合作。

（二）热带农业科技外交的意义与作用

科技外交是一个国家软实力的体现，是外交的一种新形式，是传统外交手段的补充，也是国家总体外交的重要组成，同样具有实现外交目标的作用。

1. 促进和改善国家间的关系

科技外交就是通过推动国际科技合作、学术团体国际交流，促进和改善国家间关系，以实现科技人文交流，增进理解与互信。追逐科学技术是各个国家发展的共同诉求。科学技术的交流与合作往往是其他领域交流与合作的先导。例如，1989年与中国建交的密克罗尼西亚联邦，农民大部分以种植椰子为生，椰子种植面积占国内农作物种植面积的85%以上，但是椰子单位面积产量不足世界平均水平的50%，不足中国平均水平的30%。密克罗尼西亚联邦多位领导人先后访问中国时，均到访中国热带农业科学院椰子研究所，特别是2017年彼得·克里斯琴总统在出席博鳌亚洲论坛期间，时任海南省委书记的罗保铭表示，海南义不容辞践行习近平主席周边外交理念和"一带一路"倡议，愿意加快推动与密克罗尼西亚联邦在椰子产业等热带高效农业、海洋渔业、美丽乡村、全域旅游等领域的务实合作[1]。中国热带农业科学院积极响应，组织了最强有力的工作团队，启动海南–波纳佩州标准化椰子种植示范园建设工作，为密克罗尼西亚联邦椰子产业发展提供持续技术援助，赢得了该国人民的高度赞誉，增进了中密两国人民的友谊。

---

[1]　《罗保铭会见密克罗尼西亚联邦总统》，http://cpc.people.com.cn/n1/2017/0326/c117005-29169626.html[2022-07-05]。

2. 支撑国家外交政策和解决外交难题

特定领域的科技合作与交流，能够支撑国家的外交政策；特定领域的科学研究与成果，能够支撑国际谈判。2019年2月赢得萨尔瓦多大选的候任总统纳伊布·布克尔曾在国内外多个场合公开表示要"重新审视与中国的关系"。中国农业农村部派出渔业科技代表团、热带农业科技代表团分别对萨尔瓦多的渔业、热带农业进行了现场考察访问，并就两国渔业、热带农业的科技交流与合作交换了意见，有序推动了中国与萨尔瓦多渔业、热带农业的合作。2019年6月27日，布克尔终于定调，"与中国的关系已经完整建立"，将会继续下去。

3. 参与多边合作，解决全球性问题

席卷全球的新冠疫情给世界经济带来巨大冲击，国际科技合作需要进一步加强，从病毒溯源，到疫苗开发，中国在解决全球性问题方面进行了积极的尝试。中国热带农业科学院积极响应联合国粮食及农业组织的倡导，将选育的新品种和研发的新技术，通过联合国粮食及农业组织分享到世界更多的热带地区，在改善热带国家粮食安全以及农业和技术减贫等方面做出了积极的贡献。

4. 促进科学技术的发展

科技无国界，科技外交促进科学技术发展。2014年来中国热带农业科学院参加培训的肯尼亚学员鲁西，将学到的香蕉组织培养技术运用到自己位于肯尼亚的工厂，不但自己发家致富，还带动当地人脱贫。2016年，鲁西的香蕉组培项目荣获非洲商业竞赛奖。2019年51岁的玻利维亚学员胡安，转4次飞机、跋涉近60个小时抵达位于海南的中国热带农业科学院学习神奇的中国木薯种植技术，促进了中国木薯种植、加工技术走进南美洲、非洲，进而带动了全球木薯产业科学技术的发展。

5. 塑造国家形象，提升国家地位

科技外交有助于塑造国家形象，提升国家地位。20世纪80年代，杂交水稻技术在全国推广开来，粮食产量直接翻了几番，而之后籼型杂交水稻的出现，更是让粮食产量达到了一个新的高度。中国赴马达加斯加的农业专家带去了杂交水稻的最新技术，成功培植出适合当地土壤、气候的5个高产杂交水稻品种。杂交水稻走出国门，造福世界，在国际上塑造出中国良好的国家形象，更彰显了中国应有的大国风范，切实提升了中国在国际社会中的地位。

（三）热带农业科技外交的进展

1. 签署热带农业国际合作框架协议

国际热带农业科技基础总体薄弱，广大热区发展中国家基本没有建立起热带农业科技支撑体系，我国在国际热带农业科技创新方面发挥着重要的支撑和主导作用。围绕全球农业科技合作布局，中国热带农业科学院结合自身优势学科及资源积极构建双边及多边合作框架，与联合国粮食及农业组织、世界粮食计划署、国际生物多样性中心与国际热带农业中心联盟、国际橡胶研究与发展委员会、国际热带农业研究所等16个国际组织和刚果（布）、莫桑比克、柬埔寨、越南、老挝、印度尼西亚、菲律宾、泰国、巴基斯坦、密克罗尼西亚联邦、哥斯达黎加、巴西、美国、法国、澳大利亚等50多个国家和地区科教机构签署了热带农业领域的科技合作协议，并在合作框架下推动国际合作平台建设和实施重大国际合作项目。

2. 搭建热带农业国际合作平台

以中国热带农业科学院为代表的热区农业科教机构充分发挥自身优势，积极参与热带农业国际合作与交流平台的构建。以中国热带农业科学院为例，截至2020年底其建有热带农业研究与培训参考中心、热带农业国际科技合作基地、热带农业对外开放合作试验区（儋州）、农业对外合作科技支撑与人才培训基地、中国科协海智计划工作基地和海南–东盟热带作物科技合作基地等境内热带农业国际合作与交流平台40多个，建有中国援刚果（布）农业技术示范中心（图16-1）、密克罗尼西亚联邦椰子标准化种植示范园、柬埔寨香蕉种苗繁育与标准化种植示范基地、中国–阿联酋椰枣红棕象甲综合防治示范基地、中国热带农业科学院厄瓜多尔农业试验站、中国热带农业科学院莫桑比克农业试验站、中国热带农业科学院印度尼西亚农业试验站、中国热带农业科学院菲律宾农业试验站等境外农业国际合作与交流平台20多个。

图16-1 中国援刚果（布）农业技术示范中心

3. 热带农业国际技术援助

我国热带农业科技国际合作取得了显著成果，涉农部门和研究机构牵头参加了多个国际重大多双边的合作机制，显著地增强了中国热带农业科技在全球热带农业发展中的话语权和影响力。

截至2020年底，中国热带农业科学院依托科技部国际杰青计划，接收来自缅甸、巴基斯坦、孟加拉国、埃及、尼日利亚、苏丹、巴西、厄瓜多尔、哥伦比亚、秘鲁等10多个国家40多名青年科学家来华开展热带农业领域的合作研究。派出100多名热带农业专家赴20多个国家实施援助工作，足迹遍布东盟国家、非洲、南太平洋岛国和中南美洲。例如，援助缅甸橡胶种植技术，援助瓦努阿图油棕种植技术，援助尼日利亚木薯种植技术，援助刚果（金）木薯种植技术，援助柬埔寨橡胶、果树和牧草种植技术，援助莫桑比克腰果种植技术，援助巴布亚新几内亚和加纳热带农业开发技术，援助几内亚甘蔗种植技术，援助塞拉利昂油棕种植技术，援助乌干达和赞比亚热带水果种植技术等。截至2020年底，依托商务部的国际培训项目，举办了100多期热带农业技术培训班，培训了来自近100个发展中国家的4000余名学员，扩大了世界热区的朋友圈，培养了知华友华的重要人脉。

4. 热带农业国际交流

近年来，国外首脑访问热带农业科技机构明显增多，热带农业科研机构"高朋满座"。例如，2000年、2006年和2017年，密克罗尼西亚联邦前后三任总统以及瓦努阿图政府总理，缅甸联邦共和国副总统曾到访中国热带农业科学院，委内瑞拉总统访问四川省农业科学院，中非总统访问福建农林大学等。此外热带国家农业部门、科技部门领导、国际组织、农业科研机构和大学以及私营企业的领导人等均纷纷来华访问以中国热带农业科学院为代表的热带农业科教机构。

随着我国热带农业领域的国际交往日益密切，以热带农业为主题举办的活动也越来越丰富。先后举办了中非热带农业科技合作论坛、国际橡胶研究与发展委员会年会、全球热带农业研究高层论坛、世界芒果大会、国际澳洲坚果大会、亚洲木薯大会、中国（广西）—东盟农业科技交流合作研讨会等国际学术会议。通过举办国际会议，不仅了解了国际相关领域的科技发展趋势，还深化了与外国伙伴的联系，拓展了合作领域，提升了我国国际影响力和参与组织国际活动的能力。

此外，我国农业科技人员出国（境）执行合作研究、国际会议、学术交流、项目合作及培训等任务的团组和邀请来华访问的外宾也明显增多。例如，中国热带农业科学院2015～2020年派出了379个团组1197名专家执行热带农业科技任务，接待来华参加热带农业领域会议、考察、交流和培训的外宾4000多人次。

三、热带农业与"一带一路"倡议

（一）"一带一路"的定义

2013年9月，习近平首次倡议建设"丝绸之路经济带"[①]；2013年10月，提出同东盟国家共同建设21世纪"海上丝绸之路"[②]。随后，"推进丝绸之路经济带、海上丝绸之路建设，形成全方位开放新格局"写入《中共中央关于全面深化改革若干重大问题的决定》。至此，"丝绸之路经济带"与21世纪"海上丝绸之路"正式升级为国家顶层设计，并称"一带一路"。"一带一路"倡议，来源于中国的成功经验，着眼于各国人们追求和平与发展的共同梦想，为世界提供了一项充满东方智慧的发展方案，使中国发展更具有影响力。

（二）热带农业在"一带一路"倡议中的作用

"一带一路"热带国家绝大多数是发展中国家，农业资源禀赋好、市场潜力大，但热带农业发展相对滞后，与我国开展热带农业合作的需求十分迫切，多数希望借鉴我国热带农业改革发展的实践经验。这些发展中国家真诚希望向我们学习并派员到国内参加培训，一方面学习先进的技术和生产经营模式，另一方面了解中国的农业政策，以便参考借鉴。从近几年的发展实践看，热带农业合作既回应了"一带一路"热带国家的重点关切，又贴合公众利益与民生，已成为打造"一带一路"命运共同体和利益共同体的民生工程和最佳结合点之一。

1. 推动热带农业政策对话平台的构建

中国与非洲各国携手推进热带农业合作，通过定期举办会议，邀请中非双方农业官员、专家学者交流分享各自发展理念和实践经验，推动中国农村经济社会发展五年规划、农业现代化发展规划等与非洲农业综合发展计划相互衔接、互为借鉴，打造出中非热带农业政策对话平台。

2. 推动热带农业科技交流与合作

坚持科技合作的先导地位，多渠道加强"一带一路"热带国家间知识分享、技

---

① 《习近平在纳扎尔巴耶夫大学的演讲》，http://jhsjk.people.cn/article/22843712[2022-07-06]。

② 《共同建设二十一世纪"海上丝绸之路"》，http://cpc.people.com.cn/xuexi/n/2015/0721/c397563-27338109.html[2022-07-05]。

术转移、信息沟通和人员交流。例如，截至2020年，广西已与东盟国家建立了12个农业科技园区，包括中泰传统药物研究联合实验室、中马北斗应用联合实验室、中泰曼谷创新中心、海世通文莱深海养殖研发中心、中越边境地区农业科技走廊、中国—老挝农业合作示范区、中国（广西）—柬埔寨（暹粒）农业科技示范园等机构，有效促进了中国优势产能"走出去"，带动了当地农业科技发展。

3. 推动热带农产品贸易来源多元化

保障天然橡胶、木薯淀粉等热带农产品进口来源多元化，既要考虑各进口来源地的生产和贸易增长潜力，也要考虑贸易平衡、运输通道、地缘政治等因素，"一带一路"热带国家在这些方面均具有优势，可以在我国未来全球农产品供应体系多元化中发挥重要作用。天然橡胶进口来源集中在泰国、马来西亚、印度尼西亚和越南，木薯淀粉集中在泰国、越南，这种高度集中的农产品进口贸易格局，潜伏着较大风险。"一带一路"倡议提出以来，中国自非洲农产品进口额从2012年的28.6亿美元增长到2020年的42.6亿美元，年均增长率为5.11%，农产品进口来源地、运输通道、进口口岸和贸易渠道呈现多元化。

4. 推动热带农业投资合作

"一带一路"热带国家是中国热带农业投资合作的重点区域，从境外投资企业设立数量来看，中国境外农业企业主要设立在亚洲、非洲和欧洲地区，其中亚洲超过55%，非洲超过15%。截至2020年底，136个签有共建"一带一路"合作文件的国家中，有农业投资的约为80个，其中热带国家约60个，占比高达75%。"一带一路"正是中国推进农业对外投资、重塑国际农业规则、维护全球市场稳定的有利契机。例如，广东农垦自2005年开始实施产业走出去战略，海外业务分布于新加坡、泰国、马来西亚、印度尼西亚、柬埔寨、老挝、贝宁、加纳等国家，投资建设生产经营项目47个，累计投资总额27.51亿元。除了传授技术、分享财富，广东农垦旗下的海外工厂还积极参与当地社会活动，捐助学校、医院等设施。一幅因天然橡胶而兴的靓丽图景，正随着"一带一路"建设而在全球铺开。

5. 推动能力建设与民间交流

"一带一路"倡议提出以来，中国与"一带一路"国家广泛开展农业人才交流活动。截至2019年底，中国向亚非37个国家派出81个援外组共808人次的农业专家，仅中国热带农业科学院就派出100多人次到国外执行热带农业援助项目；仅2018～2019年，中国就派出了13个组122位专家赴受援国执行农业技术援助任务。精心构建课程体系，注重中国元素、讲好中国故事、传播中国声音、展示中国特色、阐述中国成就、突出中国理论、输出中国实践是中国热带农业科学院做精农业对外合作科技支撑与人才培训基地、推动能力建设与民间交流的一大特色。

四、 农业走出去

（一）农业走出去的定义

农业走出去，也称为农业对外投资合作，泛指我国各类主体在海外开展的涉农经营管理活动，包括对外农业援助、对外农业投资和农产品贸易等。农业走出去是我国开展农业外交的主要方式，随着我国综合国力的增强和国际影响力的提升，通过各种途径积极开展大国外交成为时代的要求，而农业外交历来是中国外交的重要组成部分。农业走出去也是我国农业农村发展的重要组成部分，对保障粮食安全和重要农产品供给，补充调剂国内、配合支撑国外具有重要作用。

（二）农业走出去的意义

党中央、国务院历来高度重视农业走出去。党的十八大以来，以习近平同志为核心的党中央把农业走出去摆到更加突出的位置，近几年中央一号文件都对加快实施农业走出去战略、提高农业国际化水平提出了要求。

1. 面向两个市场两种资源、提升我国农业竞争力的迫切需要

一方面，这些年我国农业发展取得了巨大成就，粮食产能持续巩固。粮食产量从中华人民共和国成立之初的2264亿斤，增长到2020年13 390亿斤，并连续6年产量稳定在1.3万亿斤以上，大国粮仓根基越来越牢固。但是长期面临的挑战和制约也日益突出，耕地数量减少、质量下降、农业面源污染加重，资源环境两道"金箍"越绷越紧，农业生态环境成为突出的短板，农业的主要矛盾已经由总量不足转变为结构性矛盾。在国内外市场高度关联的背景下，仅仅局限于国内资源市场是不够的，还需要统筹利用国际国内两种资源两个市场，拓展农业发展和结构调整的空间。另一方面，我国既是农产品第一生产大国，又是仅次于美国的农产品进口大国。近年来，国内外农产品价差越来越大，天然橡胶、棕榈油、木薯干片、食糖等进口规模不断扩大。加快农业走出去，就是要加强农业产能国际合作，推动农业优势产能和技术转移，统筹利用境外资源市场，调剂国内余缺，促进国内产业转型升级。

2. 服务国家外交大局的迫切需要

随着我国综合实力的增强，国际地位和影响力日益提升，农业越来越成为我国

对外交往的重点和热点领域，也是重要的优质外交资源。巴西、阿根廷等国家开拓中国市场的意愿十分强烈，东南亚、非洲等地区和有关国际机构也迫切希望中国加大农业走出去、"南南合作"的力度。加快农业走出去，可以充分展现我国作为世界上最大农产品生产大国和消费国的优势地位，对于构建新型国际关系和开放型经济新体制、实现国家全球布局的外交战略、不断提升国际影响力话语权，具有重要意义。

3. 践行"一带一路"倡议的迫切需要

一方面，"一带一路"的海陆两条路线将扩大我国农产品出口，为农业发展提供更广阔的市场前景，也为中国农业走向世界大开方便之门。另一方面，将吸引"一带一路"国家的资金、技术和管理经验进入我国农业领域，以及大量质高价优的农产品流入国内市场，倒逼我国农业转型升级，提高我国农产品的国际市场竞争力。

4. 应对国际竞争、提升全球粮农治理话语权的迫切需要

金融危机以来，世界经济处于深度调整期，全球经济治理加快重塑，贸易保护主义抬头，投资壁垒加剧，国际竞争日益激烈。我国是世界第二大经济体，又是农业贸易投资大国，参与全球粮农治理当仁不让。加快农业走出去，加强农业领域多双边投资贸易谈判，有助于在国际舞台讲好中国故事，贡献中国理念，提供中国方案，引导制定和完善涉农国际标准和规则，提升全球粮农治理制度性话语权，增强我国农业的国际竞争优势。

总之，农业走出去是我们的国家战略，是农业历史发展阶段的一种必然选择，我们有这个需要，也有这个能力，因此这一步必须走，必须跨，而且必须走好走快。

（三）科技支撑热带农业走出去

科技支撑是推动热带农业走出去的核心要件，一直以来，中国热带农业科学院在促进热带农业科技走出去方面做了大量工作。近年来中国热带农业科学院依托集成300多项可供推广应用的品种、技术和产品成果，积极服务广东农垦、中国农业发展集团有限公司、中地海外集团有限公司等农业对外合作部际联席会议"20+20"机制下的企业以及天津聚龙嘉华投资集团有限公司（以下简称天津聚龙集团）、绿洲农业发展（柬埔寨）有限公司等其他走出去企业，在非洲、东南亚、南太平洋、拉美地区围绕天然橡胶、油棕、香蕉、甘蔗、胡椒等热带作物开展优良品种选育、精深加工、农机装备的推广应用和市场营销，真正惠及当地民生，实现互利共赢，取得了显著的成效。

1. 科技支撑天然橡胶产业走出去

截至2020年底，中国在境外设立的投资于天然橡胶产业相关的企业有90余家。为支撑天然橡胶产业走深、走实、走稳，科技先行，一要在企业并购境外橡胶加工厂、企业布局境外橡胶种植园等方面提供咨询服务；二要在橡胶树病虫害防控、橡胶死皮防控、手工胶刀、电动胶刀、干胶含量检测、天然橡胶初加工等技术上培训境外员工；三要在橡胶林下经济、胶林间作与套种等方面提供技术指导，科技支撑天然橡胶产业境外做大做强。以2018年数据来说，中国境外投资天然橡胶总产量达143万吨，对保障国内天然橡胶安全供给发挥了重要作用。

2. 科技支撑油棕产业走出去

棕榈油是我国继大豆油、菜籽油之后第三大食用植物油，也是我国第一大进口植物油品种。天津聚龙集团是国内较早从事棕榈油贸易的企业，2006年开始在印度尼西亚布局产业链前端种植业，计划在印度尼西亚开发种植油棕20万公顷。为了让天津聚龙集团的油棕产业在印度尼西亚走深走实，中国热带农业科学院专家与企业联合开展印度尼西亚油棕种植园生产情况调研，明确了其在高效栽培、良种繁育、机械采果等方面的技术需求。通过建设700亩油棕示范基地，开展施肥管理和病虫害防治等技术示范，培训了一大批懂技术、会管理的产业技术工人。同时，联合组建种苗组培扩繁实验室，优化改进油棕组培苗生产技术体系加快良种繁育和供应。据统计，通过技术培训，天津聚龙集团示范基地的肥料利用率提高了5%，病虫害危害发生率降低了5%，产量提高了10%。

3. 科技支撑甘蔗产业走出去

中国甘蔗生产成本高，蔗糖进口量居高不下，东南亚、拉丁美洲是全球甘蔗生产的优势区域。2008年开始，云南省农业科学院甘蔗研究所以"大湄公河次区域农业科技交流合作组"为平台，与缅甸农业部甘蔗研究中心开展甘蔗种质交换、试验示范与技术培训工作，为缅甸提供品种材料20份，输出杂交花穗20个，接收缅方技术人员培训20人次，赴缅培训800人次。提供到缅方的甘蔗新品种云蔗98-7、云蔗99-596、云蔗99-91在缅甸表现良好，其中云蔗98-7于2018年在缅甸通过了品种审定，为首个在南亚东南亚审定的甘蔗品种。中国热带农业科学院培育了中糖和热甘系列甘蔗新品种7个，创建了以脱毒种苗为核心的良种繁育技术体系。甘蔗脱毒种苗具有茎形成率高、生长速度快等优良性能，非常适合机械化种植，甘蔗脱毒种苗繁育技术也开始走向"一带一路"热带国家，助力甘蔗产业走出去。

农业走出去是国家战略，技术支撑是推动农业走出去的核心要件。热带农业走出去是国家农业走出去的重要组成部分，科技支撑热带农业走出去是热带农业科教机构的职责与担当。一大批走出去企业在热带农业科教单位的技术支撑下，大力实施热带作物产业战略转移，在缅甸、柬埔寨、老挝等国家建立了一批橡胶、剑麻等热带作物生产和加工基地。以2018年数据为例，云南省农业走出去企业境外粮食产量达68.22万吨，其中玉米产量为37.67万吨、水稻产量为26.36万吨、薯类产量为1.99万吨；天然橡胶产量为25.99万吨，甘蔗产量为39.45万吨，牛肉产量为741.56万吨。绿洲农业发展（柬埔寨）有限公司联合中国热带农业科学院香料饮料研究所等科研团队在柬埔寨开展胡椒产业合作，黑胡椒单位面积产量从4.0吨/公顷提高到5.8吨/公顷，增幅45%，并在主产区白马市、西哈努克市建立标准化示范基地3个，面积为600亩，辐射带动了周边胡椒产业发展。合作建立的"中国（海南）—柬埔寨胡椒标准化栽培示范基地"和"柬—中胡椒产业园"于2017年被农村部认定为"首批境外农业合作示范区建设试点"。《柬华日报》以《柬胡椒终于迎来了世界权威胡椒专业研究机构》给予报道，《海南日报》在题为《数十载肝胆相照 新时代再谱新篇》新闻中给予报道，扩大了我国科研机构和走出去企业的国际影响力。

第三节

打造世界一流的热带农业国际合作交流基地

"打造国家热带农业科学中心"是习近平总书记着眼于新时代海南改革开放发展和我国热带现代农业发展新使命而亲自谋划和部署的重大战略安排，打造热带农业科技国际合作交流基地是建设国家热带农业科学中心的重要支撑[①]。

一、 国际热带农业科技创新合作平台

（一）国际生物多样性中心与国际热带农业中心联盟亚太中心

重点建设国际生物多样性中心与国际热带农业中心联盟亚太中心，共同开展亚太地区主要经济作物改良的分子生物学和生物技术、植物资源交换与创新利用、土壤健康和热带农业生态、病虫害综合管理、畜牧作物综合系统、气候智能型农业等领域合作研究。

---

① 《海南将建国家热带农业科学中心》，http://scitech.people.com.cn/n1/2018/0702/c1057-30100482.html[2022-07-05]。

（二）中国–美国热带农业生物技术国际联合实验室

重点开展热带农业生物组学研究，利用组学大数据开展热带作物基因型与表现型全基因关联分析，抢占热带生物遗传资源挖掘利用研究的国际制高点。

（三）中国–法国热带生物多样性研究国际联合实验室

重点开展热带生物多样性起源分布演化及其机制、生物多样性与生态系统功能相关性、生物多样性保护与可持续利用研究，引领热带农业可持续发展。

（四）中国–德国智能农机装备国际联合实验室

重点开展智能农机装备核心功能部件的研制与系统集成，突破农业装备数字化设计与先进制造、自主导航与自动控制、变量作业与数字化管控等核心技术研究，显著缩短我国热带农业智能农机装备领域与世界发达国家的差距。

（五）中国–德国植物信号与行为国际联合实验室

重点开展热带植物激素信号传导、气候变化下的植物信号响应、植物与微生物互作信号转导等研究，揭示热带植物重要性状形成的信号传导网络和分子调控机制和响应模式，为热带作物分子辅助育种和综合利用提供理论支持。

（六）中国–澳大利亚热带农产品加工国际联合实验室

重点开展农产品加工品质形成机理与调控研究，突破农产品功能因子挖掘与利用、农产品高效增值利用、功能性食品设计与制造等关键技术，提升我国热带农产品加工技术水平。

（七）气候变化与东南亚农业生态系统及生物多样性联合实验室

研究气候变化对东南亚动物、植物的变迁、生物多样性的影响与重要病害发生之间的关系，气候变化对热带作物产量生理、品质形成过程的影响，作物对气候变化适应的机理。

（八）中国–巴西热带植物蛋白组学国际联合实验室

以木薯、牧草、热带果树、花卉、水稻等重要热带经济作物为研究对象，研究其蛋白质组学，为双方提供一个热带作物蛋白质组学的培训、技术开发和转移、科学研究及生物信息平台。

（九）中国-热带农业研究与高等教育中心热带植物资源保护利用国际联合实验室

以咖啡、可可、木薯等热带作物为研究对象，开展种质资源表型鉴定和基因型鉴定，深度发掘利用优异性状基因创制新种质。

二、 国际热带农业试验示范平台

按照国家热带农业科学中心总体建设规划布局，结合我国热带农业科技创新、国家科技外交战略和农业企业"走出去"需求，针对重点区域、重点国别和重点作物，推动我国境外热带农业产业示范平台建设。重点在马来西亚、柬埔寨、巴基斯坦、斯里兰卡、阿联酋、刚果（布）、莫桑比克、尼日利亚、科特迪瓦、瓦努阿图、密克罗尼西亚联邦和巴拿马等"一带一路"热带国家建设12个境外农业科学综合实验站。联合开展热带农业种质资源保护与利用，研发示范优良品种和适用技术，务实推进与发展中国家在热带农业资源创新利用、先进热带农业技术试验示范等方面的合作。

通过加强参与全球热带农业科技创新治理，谋划牵头组织热带农业可持续发展相关的国际大科学计划，为世界热带农业可持续发展贡献中国智慧和方案。以成熟适用技术提升热区发展中国家和地区热带农业生产技术水平，树立良好国际形象，赢得良好国际声誉，提升我国在世界热区的影响力和话语权。

3

第三篇
为国家使命而战

新时期，热带农业已经成为国家重要战略支撑、国家优势外交资源、国家安全重要抓手，大力发展热带农业具有特殊重要意义，要从服务种业与粮食安全、增进人民福祉、促进乡村振兴、维护人民生命健康和保障国家安全的战略高度充分认识和发展热带农业。

2022年4月10～13日，习近平总书记先后来到三亚、五指山、儋州等地，深入科研单位、国家公园、黎族村寨、港口码头等进行调研，强调要围绕保障粮食安全和重要农产品供给集中攻关，实现种业科技自立自强、种源自主可控，用中国种子保障中国粮食安全。要建设一支政治过硬、本领过硬、作风过硬的乡村振兴干部队伍，吸引包括致富带头人、返乡创业大学生、退役军人等在内的各类人才在乡村振兴中建功立业。乡村振兴要在产业生态化和生态产业化上下功夫，继续做强做大有机农产品生产、乡村旅游、休闲农业等产业。要聚焦发展旅游业、现代服务业、高新技术产业、热带特色高效农业，加快构建现代产业体系。要深入推进农业供给侧结构性改革，加强农业全产业链建设，严守生态保护红线、永久基本农田、城镇开发边界三条控制线。要推进城乡及垦区一体化协调发展，加快推进国家南繁科研育种基地建设，完善天然橡胶产业扶持政策。①通过打造热带农业国家战略科技力量、培育现代热带特色高效农业产业、提升热带农业国际合作水平、建设国家热带农业科学中心等有力措施，引领热带农业朝国家战略物资和特色农产品有效供给的保障产业，乡村振兴的主导产业和助推"一带一路"建设的支撑产业高质量发展。

展望未来，建设热带农业强国、全面推进乡村振兴、实现中国特色热带农业农村现代化必须坚持科技创新在我国热带农业农村发展全局中的核心地位，把科技自立自强作为国家热带农业科学中心、全球热带农业中心的战略支撑，深入实施科技兴农战略、人才强农战略、创新驱动发展战略，全面增强热带农业科技创新能力，引领全球热带农业高质量可持续跨越式发展。

① 《解放思想开拓创新团结奋斗攻坚克难 加快建设具有世界影响力的中国特色自由贸易港》，http://jhsjk.people.cn/article/32398623[2022-07-05]。

第十七章　热带农业发展展望

新时期，热带农业依然要承担保障国家粮食安全、乡村振兴、重要农产品供给安全、生态安全等多个任务，农业现代化依旧是四个现代化同步发展的短板。2021年12月，国务院印发了《"十四五"推进农业农村现代化规划》，到2025年，农业基础更加稳固，乡村振兴战略全面推进，农业农村现代化取得重要进展。力争到2035年，乡村全面振兴取得决定性进展，农业农村现代化基本实现。热带农业现代化是一个动态过程，不同发展阶段热带农业现代化的内涵特征不尽相同。新发展阶段热带农业现代化的内涵特征，可以概括为热带农业生产体系现代化、热带农业经营体系现代化、热带农业产业体系现代化三个层面。热带农业现代化是在严格保护耕地的基础上，设施和装备化水平高、旱涝保收的热带农业，科技成果集成化应用、主要依靠科技进步实现增长的热带农业，投入品和生产过程绿色低碳、可持续性强的热带农业，信息技术得到广泛应用、生产经营智能化水平高的热带农业；是在着力促进小农户和现代热带农业有机衔接的基础上，土地逐步流转集中、经营规模逐步扩大的规模化热带农业，各类农户进行多形式、多层次联合的合作化热带农业，各类农户乃至合作社将独自开展难以实现规模经济的生产经营活动交由专业化、社会化组织完成的服务社会化热带农业；是在稳定粮食生产、确保国家粮食安全基础上，热带粮食作物、热带经济作物、热带冬季瓜菜、南繁种业、热带畜牧与热带海洋生物资源充分发展的热带农业，品质优良、附加值高、产业链条长的热带农业，比较优势突出、主导产业鲜明、聚集效益明显的热带农业。目前，由于热带地区经济发展水平相对不高，基础设施建设相对滞后，热带农业现代化水平不高。随着科学技术的不断发展，新技术、新理念与热带农业产业的融合不断加深，未来热带农业也将迎来深刻的发展变革，热带农业现代化水平也将稳步提升。

第一节

产业发展展望

一、 热带农产品市场展望

世界95%的热带农产品生产在发展中国家，80%的消费集中在发达国家。2020年，我国热带和南亚热带作物产量达到3340.1万吨，同比增长4.3%，热带农产品进出口贸易量为2512.4万吨，同比减少0.4%，进出口贸易额为238.5亿美元，同比增长2.7%，是全球热带农产品主要进口国。

（一）热带农产品对外贸易发展概况

1. 进出口规模概况

中国是世界上的热带农产品生产大国也是消费大国，热带农产品贸易是中国农产品对外贸易的重要组成部分。据农业农村部农垦局统计，2020年我国热带农产品进口贸易量为2456.86万吨，进口贸易额为227.53亿美元；出口贸易量为55.56万吨，出口贸易额为10.93亿美元。我国热带农产品的进出口贸易额占农产品进出口贸易额的9.66%，其中，热带农产品的出口贸易额占农产品出口贸易额的1.44%，热带农产品的进口贸易额占农产品进口贸易额的13.32%。可见，我国热带农产品对外贸易逆差明显，且两者差值较大。

据联合国粮食及农业组织统计数据，2011～2020年我国热带农产品贸易一直为贸易逆差，出口贸易规模明显小于进口贸易规模。我国热带农产品对外贸易仍将长期处于贸易逆差，国际竞争力较差。对外进出口贸易额及贸易量仍将波动增长，且波动越加频繁。

2. 贸易结构概况

2020年热带农产品对外贸易中，棕榈油进口量最大为720.34万吨，其次是木薯进口量为611.18万吨，天然橡胶进口量为229.84万吨，香蕉进口量为175.65万吨,椰子进口量为65.15万吨,这五大热带农产品进口量占热带农产品总进口量的73.35%。棕榈油进口额最大为47.02亿美元,其次是天然橡胶进口额为30.77亿美元,榴莲进口额为23.05亿美元,木薯进口额为19.14亿美元,坚果进口额为9.85亿美元,这五大热带农产品进口额占热带农产品总进口额的57.06%。柚子出口量最大为17.43万吨,其次是肉桂出口量为8.59万吨,咖啡出口量为5.81万吨,芒果出口量为4.45万吨,荔枝出口量为4.23万吨,这五大热带农产品出口量占热带农产品总出口量的72.91%。肉桂出口额最大为2.91亿美元,其次是咖啡出口额为1.90亿美元,柚子出口额为1.37亿美元,芒果出口额为0.86亿美元,荔枝出口额为0.85亿美元,这五大热带农产品出口额占热带农产品总出口额的72.19%。

3. 贸易方式概况

我国热带农产品对外贸易方式包括期货和现货,其中棕榈油、天然橡胶、咖啡等都有农产品期货贸易,是我国期货市场的重要组成部分。随着我国经济社会发展,农产品期货需求将更加旺盛,热带农产品对外贸易中的期货种类将更加丰富,期货市场对我国热带农产品产业发展的影响力度将愈加深厚。

我国热带农产品进出口贸易以加工品贸易为主,2020年,中国热带作物产品进出口贸易额最大的是混合橡胶类产品,其进出口贸易额为47.8亿美元;进出口贸易量最大的是棕榈油类产品,其进出口贸易量为722.9万吨。贸易顺差最大的产品是肉桂,其贸易顺差为2.9亿美元;贸易逆差最大的是混合橡胶类产品,其贸易逆差为47.8亿美元。由于进出口贸易结构性差异,我国热带农产品进口贸易的加工率要明显高于出口贸易。

(二)热带农产品对外贸易影响因素

从进出口的结构来看,进口数量明显高于出口数量,从一定意义上来说我国农产品的出口的数量和质量都有很大的提升空间,同时以上两个方面也是制约我国热带农产品出口的重要因素,探索其背后的原因主要包括以下三方面。一是我国热带农产品的出口主要以鲜果为主,在产品的深加工及产品的附加值方面缺少整体布局与关键技术支撑,需进行深入的研究、探索与提升;二是我国热带农产品的品质与品牌建设相对滞后,在高产栽培技术和新品种应用上不够理想,进而影响热带农产品的品质和质量,对出口有很大的影响与冲击;三是我国热带水果在种植过程中易受到化肥、农药的影响,导致品质下降、出口减少。

在中美贸易战及全球经济下行的大背景下,国际环境日益复杂,不确定因素增加,热带农产品的进口和出口面临着巨大的挑战,热带农产品的进口价格可能会有小幅上涨的可能,进口的数量可能会有所减少;热带农产品的出口数量会受到不同程度的影响，大部分热带农产品出口的数量也会有所减少。

（三）热带农产品贸易前景展望

在全球经济下行及中美贸易战的大背景下，热带农产品的进出口情况不容乐观，我国热带农产品对周边国家及发达国家的出口可能会有所减少，但长期来看，我国依然是橡胶、香蕉、龙眼、木薯等热带农产品的进口大国。与发达国家相比，我国与"一带一路"热带国家持续合作的前景会很好，无论在进口数量和出口数量方面都有可能会持续地增长，但进出口额如何变化取决于国际市场的价格变动。

中国热带农产品进口的发展态势主要取决于我国消费者对热带农产品的喜爱程度及居民手中收入的多少，以及如何处理好国内热带农产品与国外农产品的价格差等趋势性因素等。中国热带地区的气候条件、技术水平、产量、质量、品质等因素也会成为影响热带农产进出口的重要影响因素。预计热带农产品的进口量和进口额会持续增加，但出口量和出口额可能会呈现出差异化的态势，个别热带农产品的出口量和出口额会有所增加，有些热带农产品的出口量和出口额会有所减少。

1. 工业原料

天然橡胶收获面积及产量将稳中有升。近年来，天然橡胶各项利好政策陆续出台。2018年天然橡胶生产保护区划定工作全面推开，拟在云南、海南、广东三省分别划定900万亩、840万亩、60万亩天然橡胶生产保护区。海南出台了《2018年海南省农业保险工作实施方案》，支持民营胶园开展价格（收入）保险，省级财政补贴30%，各市、县财政补贴30%。云南启动天然橡胶"保险+期货"试点项目，创新性采用"现货保底收购+保险+期货"模式，规避价格下跌风险。在利好政策的推动下，植胶者生产积极性逐渐恢复，对市场预期的信心有所增强，预计天然橡胶种植面积将保持稳定，随着2010年扩种的橡胶树进入开割期，产量释放将不断扩大，在无重大灾害的情况下，预计天然橡胶收获面积及产量将稳中有升。

天然橡胶进口依存度不断攀升。我国是全球最大的天然橡胶消费国和进口国，消费量占全球总消费量的三分之一以上，但是橡胶自给率仅为15%，对外依存度高达85%，随着我国经济高速发展，轮胎市场出口订单激增，国内汽车、重卡市场对橡胶的需求不断增长，供需缺口将长期存在。同时天然橡胶替代品混合橡胶进口量近年来持续增长，2018年进口量超过了天然橡胶进口量，混合胶通过一般贸易方式进口零关税且符合下游轮胎厂生产需求，成为下游应用优选品种。2018年财政部发布从2019年起对加入《亚太贸易协定》国家的烟胶片、其他初级形态天然橡胶只征收17%的进口关税，进口关税不断降低，将进一步刺激橡胶品的进口。出口方面，受中美贸易战影响，我国轮胎出口形势不容乐观，2018年财政部将轮胎、橡胶管带、橡胶制品等产品出口退税率由9%提高到13%，天然橡胶、合成橡胶等原材料出口退税率由5%提高到10%，在一定程度上增加了企业的利润，从而鼓励了天然橡胶出口。

食糖进口规模保持较高水平。我国是食糖净进口国，食糖的进口规模受到居民收入水平、国内供需形势、国内外食糖价差、替代消费品、国际贸易政策等多重因素的综合影响。随着人民生活水平提高和饮食结构的调整，对食糖消费需求大幅增加，而国内制糖产业受生产条件及技术水平限制，食糖生产成本相比巴西等制糖发达国家较高，国内甘蔗种植面积及糖企生产能力有限，直接影响我国食糖的产量，食糖产不足需的现状长期存在，对进口的依赖性或进一步加大。总体看，国内食糖产不足需的状态将延续，食糖进口压力将不断增大，进口量将持续增长，贸易仍将保持较高水平。

木薯淀粉进口量将持续增长。木薯淀粉应用广泛，国内需求量大，而我国木薯种植面积及产量不断下降，木薯淀粉产量也呈下降趋势，国内木薯产业难以满足当前木薯加工企业和燃料乙醇产业的需求，木薯淀粉市场供应缺口长期靠大量进口弥补，且近年来泰国、越南木薯淀粉在劳动力成本、土地租金、价格等方面优势明显，预计我国木薯淀粉进口量将持续增加，东南亚国家仍将是我国木薯进口主要来源国。出口方面，由于产量下降及需求的增长，预计我国木薯出口将有所减少。

2. 棕榈经济作物

我国是世界第一大棕榈油进口国，棕榈油高度依赖进口，进口依存度达99%。近年来，随着我国人民消费水平提升，棕榈油在食用植物油中所占比重有所下降，从2013年21%下降到2018年的17%，预计未来食用棕榈油的需求量仍会持续下降。随着棕榈油价格下降，加工工艺提升，以及对生物能源以及可降解塑料的需求增加，预计未来工业用棕榈油将持续增加。

中国是第一大椰子进口国，进口依存度达90%。国内椰子产量仅能满足市场需求的10%，平均每年进口25亿个，鲜食椰子主要从泰国、马来西亚、菲律宾进口，毛椰子主要从越南、印度尼西亚进口。但近年斯里兰卡、菲律宾已经禁止出口加工用毛椰子，印度和越南也在准备推行出口禁令，我国加工用毛椰子进口面临原材料限制。预计未来椰子进口受到主产国限制出口政策影响，进口量会进一步缩小。出口方面，我国主要是出口椰子干，年出口量在500吨左右，未来随着海南自由贸易港的建设，国内椰子消费进一步增加，预计椰子出口量可能进一步萎缩。

3. 热带水果

中国是世界热带水果的主产区和主要消费市场，热带水果进出口在全球市场的份额将会持续提高，进出口贸易规模也会持续扩大。对外贸易伙伴关系的拓展和深化，以及国内市场对高品质、多元化热带水果的需求会继续增加，推动热带水果的进出口贸易增长。近年来国内热带水果果品越来越注重品牌化、标准化，这些对我国热带水果竞争力的提升有很大的帮助作用。跨境电商的发展也有利于热带水果及其制品进口的增长。多来源、多品类的进口水果势必冲击国内水果市场。同时我国一系列对外贸易协定的签订、实施，"一带一路"沿线自由贸易区的推进等，都将给我国热带水果及制品的对外贸易扩大创造良好的外部环境，特别是东盟国家地区。

4. 香辛饮料

香辛饮料进出口规模呈现稳定增长趋势，咖啡、胡椒、可可等仍然是进口为主，八角、肉桂等仍将继续保持出口优势。

咖啡进口规模将呈增长趋势。目前我国咖啡人均年饮用量仅为 0.03 千克，远远低于全球人均年咖啡饮用量1.25千克。但国内咖啡消费总量可观，约为12万吨，随着中国经济的增长、生活方式和消费观念的改变，国内咖啡消费增加迅速，且从增速上看，2010年以来我国咖啡消费年增长率在15%左右，远高于全球市场2%的增长率，其中即饮咖啡和现磨咖啡市场具有很大发展潜力。咖啡市场缺口仍将需要增加进口弥补。

胡椒的进口量将逐步增长。我国是胡椒净进口国，进口量达出口量的4倍以上。当前我国胡椒人均年消费量仅为10克，远低于韩国、日本等国家人均消费量，随着人们生活水平的提高及需求的多样化发展，面对国内巨大的市场需求，在国内胡椒增产能力有限的情况下，预计胡椒进口量将进一步增长。出口方面，我国胡椒出口规模虽较小，但随着胡椒碱、胡椒油、胡椒香水等深加工产品研发上市，未来我国胡椒出口竞争力也将进一步增强。

八角不仅可作调味品，用作香料，还可作药用，同时兼具化工原料的作用，其多种用途使其经济价值倍增，特别是从八角中提取的莽草酸是抗禽流感特效药物的主要原料。我国是八角净出口国，出口量远大于进口量，主要出口到英国、德国、马来西亚、越南、澳大利亚、巴基斯坦、美国等国家。随着未来八角精深加工技术的研发，八角的利用价值进一步拓宽，以原料出口的贸易将会缩减，八角精深加工产品的出口将会增长。

二、 热带农业产业发展对策

（一）乡村振兴背景下热带农业发展对策

乡村振兴战略背景下发展热带农业，要结合经济、信息及科技等多种现代生产要素，全力培育热带农业品牌，重点推进热带农业转型升级工作。

1. 持续深化热区农业农村改革

农业农村改革是一项打基础、利长远的工作，是实现热带农业规模化、集约化、现代化发展的重要条件。政府层面要扎实做好农业用地登记、确权、颁证等农业服务工作，扎实推动农业用地"三权"分置改革，加快解决规模经营的问题。热带农业发展也应当建立在有序的土地流转之上，实施标准农田改造和农业产业园建设项目，推广适用机械种植，降低生产成本，提升规模效益。

2. 加速推进热带农业科技创新

推进热带农业科技创新，目的是提升热带农产品品质，提高热带农产品效益。政府在科技投入上要继续加大力度，发挥科研机构的资源和优势，加快技术创新，增强核心创新能力，促进农产品加工业提档升级；积极促进国际交流与合作，支持农业经营主体自主开展专业领域技术研究，改变粗放型经济增长方式，提高产业技术水平；鼓励发展科技农业、循环农业、智慧农业，加快形成一批国内国际领先的农业科技创新成果。

3. 积极培养热带农业经营主体

农民专业合作社、农业生产企业仍然是经营主体中的"领头羊"和"主力军"，是推动热带农业转型的中坚力量。要引导和规范农民合作社发展，积极培育新型农业经营主体，做大做强热带农业龙头企业，通过它们来更好地整合资源、流转土地、开发技术、建立标准、更新设备、拓展市场，建立全链条的产业体系，引领热带农业走集约化、标准化、绿色化、智慧化发展道路，持续提升热带农业的市场竞争力。

4. 不断延伸热带农业产业链条

产业链延伸是快速扩大农业生产规模、提升区域竞争实力和抗风险能力的有效手段。做强热带农业，必须选择重点产业，聚集资源要素，强化创新引领，通过种养加、产供销、农工商一条龙综合经营，延长产业链、提升价值链，不断培育发展新动能，加快构建现代热带农业产业体系、生产体系和经营体系。同时，要积极创新业态，发展壮大热带观光农业、休闲农业、体验农业、共享农业，实现热带现代农业与文化旅游融合发展，为热区农业农村现代化奠定坚实基础。

（二）国家安全背景下热带农业发展对策

在总体国家安全观的视角下，热带农业以其特殊性直接涉及政治安全、经济安全、社会安全、生态安全和科技安全等多领域，并对国土安全和军事安全有着重要影响。

1. 强化现代生物育种体系构建

种子就是农业的"芯片"，每个国家都在加大力度抢占未来种业发展的制高点。当前世界种业已经进入到"常规育种＋生物技术＋信息化"的育种新时代，正迎来以基因编辑、全基因组选择、人工智能等技术融合发展为标志的新一轮科技革命。加快建设国家农作物种质资源长期库，提升海南等国家级育制种基地水平，加大种质创制和共性关键技术的创新力度，支持企业加大育种投入，完善商业化育种体系，全面提升我国热带种业的核心竞争力，以获得在国际上的竞争优势。

2. 保障热区农产品安全性

橡胶、甘蔗、油棕等热区农产品是我国重要的战略资源和工业原料，政府应将天然橡胶、甘蔗、油棕等重要热带作物产业发展提升至国家战略高度，在资源分配和政策方面给予强有力的支持，强化其经营体系现代化建设，促进适度规模经营，建立风险保障机制，保护产业可持续发展。以科技创新支撑效益提升，在品种、技术装备、质量调控、加工制品等领域创新突破一批核心关键性技术，集成应用一批科技成果和技术模式，着力满足国防建设和高端橡胶制品业的用胶需求，满足人们对糖料、油料等生活必需品的需求。

3. 提升热带农业产业竞争力

当前我国热带农业产业对外部的依赖仍十分严重，没有足够的话语权，提升热带农业产业竞争力是必须要解决的首要问题。首先要增强对热带农业的财政投入，不断加强物流、灌溉等农业基础设施建设，促进产业的可持续发展；其次要减少热带农业产业受国际农产品市场影响导致的波动，提升产业的抗风险能力，使产业发展呈现良性循环态势；最后应优化热带农业产业结构，逐步摆脱劳动密集型发展模式，增加高附加产值农产品的生产，培养龙头企业带动地区农业发展，提升国际竞争力。

4. 强化热带农业产业控制力

随着我国农业市场开放程度的日益加深和外资对我国农业产业的不断渗透，国内热带农业产业受到的冲击会越来越大，必须加强对热带农业内资企业的扶持和对外资的引导。首先应建立热带农业资本流动安全监控机制，密切监管外资对我国热带农业龙头企业的收购行为，弱化外资企业对我国热带农业产业的控制力；其次要规范市场秩序，引导跨国企业与国内企业公平竞争，防止发生串联；最后应降低我国热带农业产业对外资的依赖程度，通过优惠政策鼓励内资企业扩大投资，减少外资对内资的挤出效应，避免对产业链安全造成威胁。

（三）"一带一路"热带国家农业发展对策

"一带一路"倡议提出以来，热带农业就一直是我国开展国际合作的重点，涉及热带农业的"一带一路"国家所占比重较高，因此，热带农业对于推进"一带一路"在农业领域的进展具有重要意义。

1. 加快热带农业科技"走出去"

以科研机构和企业为依托，通过热带农业技术支持，与"一带一路"国家合作共建热带作物原料种植基地，提升其自身生产发展能力，增加其国内市场有效供给，有助于缓解我国从国际市场进口原料的竞争性压力，主要从引进新品种、稳产丰产栽培技术、改善农田水利设施条件、提升农业机械化水平、开展人员培训以提升劳动者素质等多方面，着手提升单位面积产量水平。

2. 打通生鲜农产品的物流通道

政府与企业相结合，推行海外仓储模式，借助保税区、贸易区、贸易港的最新优惠政策，在跨境电商出口环节缩短订单反应时间，节省成本；双向发展物流陆路和海上运输，有力提升双边的热带农业合作；不断壮大电商物流，方便居民采购生鲜农产品。

3. 建设全球合作伙伴关系网络

加强国家间政策沟通与交流，构建多层次、多类型的双边热带农业合作论坛和对话，共同挖掘互补互利的合作亮点，拓展第三方市场合作，实现优势互补等一系列国际合作事项；加强贸易平台建设，推动国内区域发展，对接国际合作，促进新亚欧大陆桥物流运输发展，助推西南地区发展，辐射带动东南亚、南亚合作，发挥东部沿海地区在热带农业国际合作中的"排头兵"作用。

4. 构建热带农业境外风险预警与控制体系

主要对投资目标国家的整体风险环境开展预警分析，构建风险防范机制，加强境外突发事件应急管理；完善财政与金融支持政策体系，建立"一带一路"热带作物科技合作基金，积极争取国际科技资源；税收精准施策，服务企业行稳致远，"一站式服务"促进热带农业贸易畅通，增加互联网办公比例；完善热带农产品进出口政策体系；加大热带农产品质量管理力度，实施"绿色通关"，推动优势热带农产品出口；制定热带农业人才引进和培训的相关配套服务政策，充分利用国际人才资源，鼓励海归人才创新创业，开展"一人一策""一事一议"的服务模式等。

第二节

科技发展展望

当前，世界热带农业处于传统农业向现代农业过渡阶段，热区各国政治、经济的不同，特别是科技水平的不同，决定了世界热带农业多元化发展格局。热带农业资源稀缺，抢占热带农业科技竞争制高点是主导未来热带农业发展方向的关键。准确把握全球热带农业发展趋势，在前沿基础领域、关键技术、科技数据、平台条件、人才引培等方面系统设计，久久为功，实现热带农业科技前沿领域并跑或者领跑，保障国家战略物资和重要农产品供给安全，支撑引领全球热带农业高质量发展。

一、 强化热带农业产业关键技术研发

为积极应对发达国家"全球布局"、发展中国家"追赶比拼"的国家热带农业科技激烈竞争新格局，我国热带农业产业关键技术研发应以"跃居世界热带农业科技高端"为使命，走创新驱动的跨越式发展道路，抢占全球热带农业科技制高点。

（1）天然橡胶：在基础研究领域开展橡胶产量构成性状研究、功能基因的筛选；橡胶树对低温、干旱等逆境抗性的生理与分子调控机制；天然胶乳物理网络结构和非橡胶组分与天然橡胶制造工艺间的关系以及对加工性能、应变诱导结晶性能和物理机械性能等的影响；橡胶树重要病虫害发生规律和绿色防控；橡胶树重要病虫害的监测预警和综合防控技术等研究。在关键技术和产品研发方面开展高效的橡胶树遗传转化体系；橡胶树产量早期预测技术、接穗/砧木互作技术；优良基因型体胚工厂化繁育技术；标准化、工厂化、机械化育苗新技术；涵盖橡胶园信息化和机械化开垦、定植、抚管技术；水肥一体化栽培系统和林农畜有机循环等技术的集约化分类经营技术集成应用；天然橡胶理化改性技术、新型天然橡胶微纳结构复合材料制备技术；胶园土壤地力修复、橡胶树新型专用肥及轻简化施肥技术；省工高效采胶技术与装备、山地胶园轻简管理机械装备工具等的研究。

（2）香蕉：开辟杂交育种、分子育种和细胞工程育种等选育种新途径，培育更多优良品种，满足市场需求；开展香蕉枯萎病的致病机理和防控机理研究，集成和简化适合不同生态条件和不同发病情况的枯萎病防控技术模式；香蕉生产管理加工

技术研究，标准化的栽培技术，机械化、轻简化的贮运保鲜技术、副产物利用等亟须研究推广和应用。

（3）木薯：重点加强生产和良种繁育等基地设施建设，创建木薯生产示范区；加强农机农艺融合，完善木薯生产全程机械化装备体系；重视病虫草害的监测预警与控制研究，强化木薯种苗检疫，做好种茎病害的抽样检测与监测，开展疫情阻截，创制抗非洲木薯花叶病种质。

（4）芒果：开展新品种选育，利用优良性状相关控制基因分析，加强定向育种，如耐贮运、高产、抗逆以及早熟或晚熟优质新品种选育；开展芒果水肥一体化技术研究，如何做到成本低，使用方便将是重点；病虫害防治，重大病虫害的预测预警技术和绿色防控技术将是提高芒果品质和效益的重大课题；芒果生产中小型机械的研制将是未来提高生产效率的重要一环；芒果轻简化保鲜技术研究；芒果副产物利用水平相对较低，果实的精深加工产品开发及其加工技术需要进一步研发；每年修剪产生的大量枝条和叶片以及残次果、种子、果皮等未加以充分利用，充分利用废弃物，延长产业链是产业发展的需求。

（5）椰子：建立椰子的组织培养和遗传转化体系，开展分子设计育种研究，培育抗寒、高产、脂肪酸改良的椰子新品种；突破椰子精准施肥技术，研究椰子生长周期内的养分循环规律，按照热带土壤发育特性和椰子的营养元素需求规律对土壤肥力进行定向培育，建立资源高效利用、椰子养分和间种模式管理技术体系并制定相关技术规程；突破椰子重大病虫害早期监测技术，开展椰子重要病虫害的快速鉴定及 PCR 检测技术、发生和变异规律分析、变异趋势预测研究，建立标准化早期鉴定评价方法和指标体系；研发智能化装备，开展椰子的机械化和智能化采摘、实时远程管理调控、油脂压榨和分提等装备的研发工作，提升椰子产业的智能化水平；突破椰子油脂品质提升技术并进行功能性产品开发，开展椰子油脂功能性伴随物的功效评价与开发利用技术研发，改进油脂传统加工工艺，提升椰子油脂的市场认可度和国际化。

（6）甘蔗：在基础研究领域开展甘蔗产量、抗性及糖分形成机制的研究可为高产高糖抗逆品种的研发提供理论依据和重要的基因资源，甘蔗水分、养分高效利用机制的研究可为甘蔗精准供给体系的研发提供科学依据；在关键技术和产品研发方面开展甘蔗分子标记、基因编辑、转基因等技术研发，完善甘蔗常规育种技术体系，通过分子设计育种与常规育种技术组装集成，构建高效精准的分子育种技术体系，聚合优异基因，创制高产、高糖、抗病虫、抗逆、养分和水分高效利用、适合机械化作业等突破性育种材料和品种；在有害生物监测与防治方面开展甘蔗重要有害生物快速检测、监测和预警技术研发，构建环境友好型综合防控技术体系，提高病虫害防控水平，促进甘蔗高效生产并保障其生态安全；在甘蔗栽培技术方面开展甘蔗专用肥、控效肥和药肥研发；在甘蔗加工利用方面开展甘蔗糖及副产物加工技术研发，提高糖和相关副产品的质量，延长产业链，为提升蔗糖产品质量、提高产品附加值和产业整体效益提供技术支撑。

（7）热带粮食作物：重点加强提高种质资源利用率、育种新技术、新品种选育、栽培技术及其配套、成果转移转化与推广应用等方面研究。

（8）热带香辛饮料：重点开展优质、抗锈、抗虫新品种选育，良种良苗繁育和标准化生产技术研究；重大病虫害防治减灾机制研究；贮藏和加工技术研究；智能化机械化生产加工装备研究；高效栽培与加工技术研究。

（9）热带油料作物：重点开展优良新品种培育、组培快繁技术、标准化栽培技术体系、油棕专用肥及施肥技术、重要害虫二疣犀甲的防控技术的研发及信息素开发推广利用；机械化和智能化采摘机械研发与推广，棕榈油脂品质提升技术与功能性产品开发，高附加值产品的研发等。

（10）热带果树：重点开展新品种选育、品质形成机理及其调控的机制、重要农艺性状的遗传规律及优良种质的创制技术、保鲜技术及其配套的设备、精深加工产品开发及其加工技术、综合利用技术及其配套设备、智能化机械化装备等技术研发。

（11）冬季瓜菜：在基础研究领域，一是开展蔬菜产量、抗性及品质形成机制的研究；二是攻克连作障碍难题，明确水旱轮作等技术与蔬菜防病的关系，明确湿热环境下瓜菜营养障碍、水肥利用与瓜菜产量品质调控的关系；三是明确热带气候条件下蔬菜养分需求规律、水肥耦合效应和菜田土壤养分变化规律，明确作物养分吸收规律与均衡施肥的关系，为施肥制度制定提供依据；四是研究热带气候条件下蔬菜采后生理生化机制，明确采后生理特性及贮运保鲜参数。在品种选育和技术研发方面，一是重点加强耐贮运高产抗逆优质蔬菜品种选育；二是优化提升蔬菜集约化育苗技术；三是优化绿色防控技术；四是优化菜田土壤培肥与可持续利用技术；五是优化贮运保鲜技术。

（12）热带花卉：在基础研究领域，一是通过精确筛选和挖掘优良性状控制基因；二是系统探索优良性状的形成规律及其分子机制；三是开展水分和营养利用规律和高效利用机制研究。在品种选育和技术研发方面，一是研发构建育种技术体系，聚合优异基因，创制高产、抗病、抗逆等突破性育种材料和品种；二是构建环境友好型病虫害综合防控技术体系；三是研发花卉高效、优质和节能生产新模式和新技术；四是研发精深加工技术，延长产业链，提高产品附加值，提升综合效益。

（13）药用植物：在基础研究领域，一是阐明药用植物产量和品质形成的生物学机制，为优质高产药材的生产提供理论依据；二是解析药用植物功效的物质基础和作用机理，为药用植物健康产品的开发提供依据。在关键技术和产品研发方面，一是定向培育不同功用的中药材新品种；二是解析大宗常用热带药用植物重要次生代谢产物合成途径；三是研究热带药用植物功效成分的提取、分离和鉴定技术，发现生物活性成分，深入认识天然产物的药理功能，发现新的药理功效，为新药创制寻找先导分子；五是研发热带药用植物大健康产品研制关键技术。

（14）热带牧草：在基础研究领域，一是开展热带牧草遗传信息研究；二是开展热带牧草的抗逆特性和分子机制研究；三是构建热带牧草遗传转化体系。在关键技术和产品研发方面，一是研发热带牧草基因编辑和转基因技术，创制具有优良品质的牧草品种；二是熟化集成牧草间作、套作等高效栽培技术；三是研发小型、动力强的收获机械，为山区草牧业的产业化提供强有力支撑。

（15）畜禽：在基础研究领域，一是开展热区畜禽品种的特色性状相关基因的挖掘与功能鉴定；二是开展流行病学和病原学研究，弄清热区畜禽疫病的流行规律和病原繁殖特性，为防控畜禽疫病和疫病净化提供遵循。在关键技术和产品研发方面，一是培育性能优异、特色鲜明的畜禽新品种；二是研发安全有效的基因工程疫苗和无毒无害的抗生素替代品。

（16）海洋藻类：对热区现有主要养殖的大型藻类，如江蓠和麒麟菜等进行品质遗传改良，通过生物技术手段获得高产、抗病优质品种，并通过无性繁殖的方式进行苗种的快繁。针对角毛藻、海链藻、金藻等冷水系品种，通过物理、化学或者基因改良的方法，逐步获得抗高温品系，实现上述生产品种的本土化。提升海水饵料微藻规模化养殖技术。针对苗种企业对饵料微藻的需求，探索建立规模化的海水饵料微藻养殖基地，利用先进的管道反应器技术，降低微藻养殖的污染问题，并通过建立养殖水回收体系，循环利用海水，争取做到零排放。

二、强化热带农业科学领域基础和应用基础研究

（一）热带农业种业

1. 热带动植物及微生物种质资源收集保存与精准鉴定技术

系统开展热带动植物、微生物及其近缘种资源收集保存，围绕种质资源多样性及其遗传变异的生物学基础科学问题，利用基因组、转录组、蛋白组等组学方法，开展种质资源表型鉴定和基因型鉴定及技术研究，构建表型精准鉴定数据库，深度发掘产量、品质、抗逆等重要性状表现优异的基因资源，建设热带生物"基因银行"，为创制新种质和新材料奠定基础。

2. 热带动植物生物育种技术

围绕热带作物产量、品质和抗性形成与遗传机制调控等重大科学问题，着力解

析光合产物形成、运输与积累等分子调控机制及高产优质抗逆的分子基础和调控网络，重点突破基于热带作物全基因组的分子标记辅助育种技术、基因编辑技术、生物合成技术、多基因聚合技术及热带作物遗传转化瓶颈，构建第四代生物育种技术体系；开展热带畜禽品种优良特性的分子生物学评估利用研究，利用动物干细胞技术，突破种源限制和种间杂交瓶颈，建立热带畜禽高效育种技术体系，显著提高热带种业自主创新能力。

3. 优良品种培育

重点突破高通量筛选、杂交高效育种技术，构建分子设计育种和常规育种结合的热带作物高效育种技术，培育高产优质抗逆新品种，研发良种良苗繁育、种子加工等技术。

（二）热带作物栽培与管理

1. 高效栽培方面

重点突破热带农业节水节肥调控技术、耕地保护与地力恢复提升技术、绿色保水剂和高效缓释肥开发等，构建资源高效利用技术体系，提高热带农业经济效益、生态效益和社会效益。

2. 生态循环方面

重点突破高效立体种养、农业废弃物的资源化利用、农村环境综合整治和农田生态景观构建等关键技术，构建循环农业模式。

（三）热带农业绿色植保

重点突破适合热带农业生产需要的新型绿色环保农药及生长调节剂创制、天然免疫诱抗、有害生物生态控制、生物防控、高效植保等关键技术，构建以天然免疫、生防物治、物理阻隔为核心的绿色防控技术体系。

（四）热带农业资源与环境

围绕热带作物光热水肥等资源优化配置的重大科学问题，着力解析热区土壤保护与肥力演变规律、作物理想需水与调控、水肥耦合等。围绕农业面源污染、环境安全、农产品质量安全等重大科学问题，强化农药、化肥、地膜等投入品环境效益的长期观测和科学评价，着力解析农产品全产业链中污染物的来源归趋、环境行为、毒理毒性以及代谢规律和资源高效利用等。

（五）热带农产品质量安全

重点突破农兽药残留、重金属、生物危害因子等的高精度检测技术，重金属和地膜等面源污染治理关键技术，构建热带农产品质量安全全程控制技术体系。

（六）热带畜禽健康养殖

建立畜禽健康环境、健康水平的指标体系，重点突破适宜热区畜禽规模化设施养殖关键技术、动物用抗菌药替代技术，研发中兽药制剂和绿色添加剂，构建健康养殖技术模式。

（七）热带农业机械

重点突破热带农业精准作业与信息化技术，研发适合热带农业生产特点的多功能作业关键装备和设施。

三、 提升热带农业科技创新平台条件

（一）构建全球最大的热带农业生物种质资源库

建设热带作物、热带畜禽、农业微生物等活体库和离体保存库，构建热带农业生物资源保存、评价和利用的基础平台体系，建成全球最大的热带农业生物种质资源库。

（二）构建全球最大的热带作物种质资源圃

对种质资源进行农艺性状鉴定、筛选高产优质和抗逆性强的种质资源，建立表型与基因型结合的种质资源鉴定评价体系，创制育种新材料，构建热带作物种质资源展示和共享平台。引种和驯化重要的野生植物，并对珍稀濒危、特有和有重要经济价值的物种进行人工繁殖、保育与科普展示。

（三）建设热带农业有害生物监测预警与隔离防控重大设施

为热带农业有害生物和重大迁飞性害虫的监测、预警、隔离与防控提供技术平台，利用卫星遥感等监测全球热带主要农作物的病虫害发生动态规律，为预警预报、绿色防控提供基础数据。建设功能完备、设施完善、安全可控的热带农业有害生物隔离防控重大基础设施，为引进种质资源的隔离检验检疫和入侵有害生物的防控技术研究提供条件保障。

（四）建设热带农业科技创新综合实验室

面向现代热带农业绿色、智能、高效发展要求，围绕热带生态循环农业、热带智慧农业、热带功能农业等，以建设热带作物、热带农业生物资源保护利用、天然橡胶工程等国家重点实验室为支撑，开展科技创新、国际合作和研究生培养。

（五）建设一批热带农业科技国际联合实验室

与发达国家建立联合实验室和研究中心，联合开展热带作物区域性、共性、前沿性热带农业重大关键技术等合作研究。重点推动中国—美国热带农业生物技术、中国—法国热带生物多样性研究、中国—德国智能农机装备、中国—澳大利亚热带农产品加工等国际联合实验室建设。

（六）建设一批热带农业技术集成示范基地

在我国热区建设一批新品种、新技术、新成果等先进技术集成示范基地。针对重点区域、重点国别和重点作物，在东南亚、南亚、中西亚、非洲、南太平洋岛国等典型世界热区建设境外科学综合试验站。重点在菲律宾、柬埔寨、巴基斯坦、斯里兰卡、阿联酋、刚果（布）、莫桑比克、尼日利亚、密克罗尼西亚联邦等国家布局建设科学综合试验站。

（七）建设国家热带农业科技博览园

建设集热带农业科技成果转化转移、国际热带农业产业示范、热带农业科普启智和教育培训于一体的综合性园区。

第十八章　打造国家热带农业科学中心

　　海南作为"海上丝绸之路"的关键节点，区位优势非常突出。热带农业是我国与东南亚、非洲、拉丁美洲等地区的国家开展农业合作交流的重要组成部分，也是提升我国地缘政治影响力的重点领域。2018年4月11日《中共中央 国务院关于支持海南全面深化改革开放的指导意见》发布，提出"打造国家热带农业科学中心"。2018年4月13日，习近平总书记在庆祝海南建省办经济特区30周年大会上的讲话中再一次强调，打造国家热带农业科学中心[①]。2018年11月18日，农业农村部印发了《贯彻落实〈中共中央国务院关于支持海南全面深化改革开放的指导意见〉实施方案》明确提出以中国热带农业科学院、中国水产科学研究院、海南大学、海南省农科院等科研院所为支撑单位，以建设国际热带农业科技创新高地为目标，以热带农业科技创新、高层次人才引进培养、国际交流合作为重点，整合岛内外优势科技资源，建设一流的国家热带农业科学中心。2019年5月中共中央办公厅、国务院办公厅印发《国家生态文明试验区（海南）实施方案》，也提出打造国家热带农业科学中心。2021年中央一号文件《中共中央 国务院关于全面推进乡村振兴加快农业农村现代化的意见》又一次提出，打造国家热带农业科学中心。2021年9月30日，农业农村部、国家发展和改革委员会、教育部、科技部、财政部、人力资源和社会保障部、人民银行、海关总署、国家市场监督管理总局、中国科学院、中国银行保险监督管理委员会、中国证券监督管理委员会、国家知识产权局等13个部门联合印发《国家热带农业科学中心建设规划（2021—2035年）》，立足海南、面向全球、聚焦关键、带动整体，强化国家热带农业战略科技力量，支撑海南自由贸易港建设，力争用10～15年把海南打造成世界一流的热带农业科学中心。

---

　　① 《在庆祝海南建省办经济特区30周年大会上的讲话》，http://jhsjk.people.cn/article/29925838 [2022-07-05]。

第一节

国家热带农业科学中心

一、 国家热带农业科学中心的内涵

国家热带农业科学中心是以中国热带农业科学院、海南省农业科学院、海南大学为基础力量，同时整合协同岛内外热带农业科技资源和优势力量，面向热带农业科技前沿、面向国家重大战略需求、面向现代热带农业建设发展主战场，打造世界一流热带农业科技创新平台，培育世界一流热带农业科学学科，汇聚一批世界一流热带农业科技人才，突破一批热带农业重大科学难题和产业技术瓶颈，建设"一带一路"热带农业科技交流合作基地。

二、 打造国家热带农业科学中心的意义

（一）贯彻落实习近平总书记重要讲话精神的具体行动

习近平总书记讲话中提出：打造国家热带农业科学中心[①]。在海南打造国家热带农业科学中心，是新时代全面深化改革开放、推动建设海南自由贸易港的战略布局，深入贯彻实施乡村振兴战略和创新驱动发展战略的有力手段。

（二）建设热带农业领域国家战略科技力量的重大举措

打造国家热带农业科学中心，建设面向世界热带农业前沿引领技术和共性关键技术的核心枢纽和协同创新高地，主动发起全球性热带农业科技创新议题，将有利

---

① 《在庆祝海南建省办经济特区 30 周年大会上的讲话》，http://jhsjk.people.cn/article/29925838 [2022-07-05]。

于汇聚全球科技、人才、资本、企业等创新要素，深入参与全球科技创新治理，进一步提升热带农业科学核心领域的原始创新和集成创新能力，培养和造就一批具有国际水平的创新领军人才和尖端科研团队，全面提高我国热带农业科技创新的全球化水平和国际影响力。

（三）做强现代热带特色高效农业产业的迫切需要

打造国家热带农业科学中心，有利于应对热带农业产业发展面临的全球气候变化、生物多样性锐减、农业生态环境恶化、动植物疫情疫病跨境传播等诸多挑战，攻克热带作物优良品种少、产量低、加工能力差、产业链条短、品牌弱等产业发展的难题，为做强做优热带特色高效农业、促进海洋农业高质量发展提供科技支撑，实现热带农业现代化，在生物育种、深蓝渔业、热带果蔬、动物卫生与营养等方面培育一批千亿级产业，打造若干个万亿级热带农业产业集群。

（四）开展热区"一带一路"科技合作的核心枢纽

打造国家热带农业科学中心，将有利于引领、支持、服务"一带一路"热带国家农业农村发展，加快形成面向世界热区的国际化、开放型的国际热带农业科技高端人才聚集地和创新高地，助力海南成为全球热带农业中心，引领未来全球热带农业发展，为落实"一带一路"倡议发挥积极作用，为世界热带农业转型升级提供中国智慧和中国经验。

三、 国家热带农业科学中心的定位

聚焦海南自由贸易港建设，发挥国家南繁科研育种基地优势，建设国家热带农业科学中心，为把海南打造成全球热带农业中心提供科技支撑。

第一，世界热带农业科技创新高地。紧扣国家科技发展战略，汇集国内外高端科技创新资源，打造知识创新空前活跃、技术创新全球领先、科技基础设施完备、创新人才高度集聚的具有世界影响力的科技创新高地。

第二，国际热带农业科技创新人才智谷。聚集全球顶尖的科学家、一流的科研人才团队，培养具有前瞻性和国际视野的热带农业高层次创新创业人才，成为全球热带农业科技创新创业人才智谷。

第三，热带农业科技合作核心枢纽。创设国际合作重大计划，主导或参与全球热带农业科技合作交流，兼顾我方与外方各自关切，提升我国在国际科技竞争中的主导权。

第四，科技体制机制创新试验田和样板间。创新学科内和学科间科研协作机制，促进各科研院校内部和各院校间的创新要素有效整合，引入市场化、企业化的行业关键共性技术平台，深化生物技术与数据技术领域合作，联合相关领域龙头企业形成上下游融合的合力，为高效协同的国家创新体系和开放共享的国际交流合作体系建设提供范例。

四、 国家热带农业科学中心建设的主要项目

国家热带农业科学中心规划建设的项目有：国家热带农业科学中心综合实验室、广州创新中心、南繁育种科技服务中心、热带农业科技国际交流合作基地、高层次人才引进与培养基地、高性能天然橡胶加工重大科技基础设施、国家热带农业试验基地、国家热带畜禽营养与健康研究室、国家植物品种测试三亚中心、国家动植物基因库、热带农业多维组学研究重大设施、国家热带农业科学中心科技孵化器等。

五、 国家热带农业科学中心主要任务

（一）组织引领热带农业科技创新

坚持面向世界热带农业科技前沿、面向经济主战场、面向国家重大需求、面向热带农业建设主战场、面向人民生命健康，系统布局建设一批热带农业领域创新平台，汇聚一批世界一流热带农业科技人才，突破一批热带农业重大科学难题和产业技术瓶颈，为热带农业现代化发展提供高质量的科技供给。

（二）加强热带农业科技成果转移转化

搭建热带农业科技创新与产业需求之间的桥梁，建设与科技创新平台紧密衔接的科技成果转移转化基地，促进热带农业科技成果在中国热区和世界热区转移转化。

（三）促进热带农业科研人才培养

面向海南自由贸易港建设，支撑海南热带高效农业和深海资源开发的科技和产业需求，引进、培养创新素质高、国际视野宽的科技人才，提升热带农业科学人力资源供给与培育能力。

（四）积极推动热带农业科技国际合作

结合我国热带农业科技创新和农业企业"走出去"需求，加强国际热带农业合作交流，联合开展热带农业区域性、共性、前沿性重大关键科学技术研究，抢占世界热带农业科技制高点，提高我国热带农业国际话语权。

国家热带农业科学中心围绕生物育种、热带农业、深蓝渔业、动物卫生与营养四个创新领域，打造世界一流热带农业科技创新平台，培育世界一流热带农业科学学科，在海南海口、三亚、文昌、儋州和广东广州、湛江等地建设12个重大科技基础设施，形成海口、三亚两个创新资源集聚核心，实现热带农业科技创新、成果转化、人才培养、国际合作能力全面提升，引领全球热带农业高质量发展。

第二节

创建世界一流的热带农业科技创新中心

当前，我国热带农业面临发展难题和风险相互叠加的局面。从国内看，城乡居民消费结构加快升级，消费者对食物营养与健康的要求更高，社会持续快速发展对热带农业的多功能需求逐渐增长，优质安全热带农产品需求刚性增长的压力长期存在。从全球看，全球气候变化影响明显加深，国际农产品贸易竞争日益激烈，热带农产品绿色化和低碳化发展要求日益迫切，统筹利用国际国内两个市场、两种资源，提升我国热带农业竞争力，赢得参与国际市场竞争的主动权，是必须应对的重大挑战。从热带农业自身来看，热带农业发展方式依然粗放，劳动生产率、土地产出率、资源利用率仍然偏低，产业结构不尽合理，面源污染等问题依然突出。破解这些难题，长期确保国家战略物资和重要农产品安全供给，实现热带农业国际化、绿色化、低碳化、现代化和持续化的根本出路在科技，根本举措是创建世界一流的热带农业科技创新中心。

一、 依托中国热带农业科学院创建世界一流的热带农业科技创新中心

中国热带农业科学院是国内外唯一整建制从事热带农业研究的国家级科研机构，历经60余年的发展，中国热带农业科学院已建立学科齐全、功能完备、特色鲜明的热带农业"领域+学科"科技创新体系。创新领域涵盖热带经济作物、南繁种业、热带粮食作物、热带冬季瓜菜、热带饲料作物与畜牧、热带海洋生物等大农业范围。

中国热带农业科学院先后承担了"863计划"、"973计划"、国家科技支撑计划、国家重点研发计划、国家重大科技成果转化等一批重大项目和联合国粮食及农业组织、联合国开发计划署、国际原子能机构等国际组织重点资助项目，主导天然橡胶、木薯、香蕉等3个国家产业技术体系建设，取得了包括国家技术发明奖一等奖、国家科学技术进步奖一等奖在内的近50项国家级科技奖励成果及省部级以上科技成果1000多项，培育优良新品种300多个，获得授权专利2100多件，颁布国家和农业行业标准500多项，开发科技产品300多个品种，推动了重要热带作物产量提高、品质提升、效益增加，为保障国家天然橡胶等战略物资和工业原料、热带农产品的安全有效供给，促进热区农民脱贫致富和服务国家农业对外合作做出了突出贡献。

二、 建设世界一流的热带农业科技创新中心总体布局

新时代，中国热带农业科学院认真落实习近平关于"打造国家热带农业科学中心""做强做优热带特色高效农业"的重要指示[①]，面向世界科技前沿、面向经济主战场、面向国家重大需求、面向人民生命健康，以创建世界一流的热带农业科技创新中心，打造热带农业科技创新基地、热带农业科技成果转化应用基地、热带农业高层次人才培养基地、热带农业国际合作与交流基地和热带农业试验示范基地为目标，坚持"开放办院、特色办院、高标准办院"的方针，全面提升热带农业科技创新、成果转化、人才培养和国际合作能力。立足中国热区，按照乡村振兴战略总要求，以全面推进热带农业科技创新为主线，建设区域创新中心，持续提高热带农业科技区域贡献率。面向世界热区，按照"一带一路"建设总布局，坚持"走出去"和"引进来"并重，不断提升热带农业科技国际话语权。稳步推进建成开放共享的

---

① 《在庆祝海南建省办经济特区30周年大会上的讲话》，http://jhsjk.people.cn/article/29925838 [2022-07-05]。

国家热带农业科学中心，成为世界热带农业主要的科学中心和创新高地。

（一）热带农业科技创新基地

在中国热带农业科学院内，建设海口热带农业科技创新中心和南亚热带农业科技创新中心。在热区，建有三亚研究院、广州研究院、广西研究院、云南研究院、四川攀枝花研究院和一批实验站。瞄准现代热带农业的发展方向和关键技术需求，在独创独有上下功夫，在补齐短板上花力气，在战略必争领域抢占制高点，着力突破了一批制约热带农业产业发展的关键核心技术，有效解决了一批事关热带农业现代化全局的战略性科技问题，产出了一批标志性重大原创成果，对热带农业科技进步、热区乡村振兴、国家战略安全做出重要贡献。

（二）热带农业科技成果转化应用基地

在中国热带农业科学院内，建有海口热带农业科技成果转移转化基地、儋州热带农业科技博览园和海南热带植物园、兴隆热带植物园、椰子大观园、南亚热带植物园等。在热区，发挥各研究院、实验站等的平台优势，打造了一批成果转移转化基地和提供科技服务的"无烟工厂"。坚持市场需求和产业问题导向，按照"科技＋平台＋资源"三位一体的思路，挖掘高价值的专利及技术成果，发挥各类转化平台作用，利用现有优势资源，形成叠加效应，不断推动热带农业科技成果工程化和科技产品规模化、市场化、品牌化。

（三）热带农业高层次人才培养基地

在中国热带农业科学院内，建有科技部创新人才培养示范基地、国家引才引智示范基地、国家级专业技术人员继续教育基地、国家技术转移人才培养基地和一批院士工作站、候鸟人才工作站、博士后科研工作站。在热区，发挥各研究院、实验站等的平台优势，利用各地政策资源，不断壮大热带农业人才队伍。以提升人才质量、优化队伍结构为重点，聚集了一批全球顶尖的科学家、一流的科研人才团队，培养了一批具有前瞻性和国际视野的战略科技人才、科技领军人才、青年科技人才。

（四）热带农业国际合作与交流基地

在中国热带农业科学院内，建有热带农业对外开放合作试验区、农业对外合作科技支撑与人才培训基地两大重要平台和热带农业国际组织亚太分中心、中外联合创新实验室等。在热区，分级分类建有一批热带农业境外试验站、联合研发中心、国际联合实验室和国际组织分中心。坚持高质量引进来和高水平走出去并重，实施更大范围、更宽领域、更深层次的国际交流与合作。在境外推广一批新品种、新技术、新模式，为世界热带农业转型升级贡献智慧和经验。

（五）热带农业试验示范基地

在中国热带农业科学院内，建有天然橡胶高标准试验示范区、热带植物种质资源圃、热带生态农业试验示范区、热带果树试验示范区和一批一二三产业融合发展的高标准试验示范基地。在热区，与地方政府和企业双挂牌共建一批精品示范基地和乡村振兴联系点。按照"科研活动的场所、成果转化的平台、示范引领的窗口"的功能定位，在各试验示范基地持续产生一批科研成果和先进技术模式，提升服务热区经济社会发展的贡献度。

参考文献

包特力根白乙. 2016. 中国鳗鲡养殖产业发展及市场展望[J]. 安徽农业科学, 44（11）: 249-251.

蔡元呈, 陈锋. 2005. 福建省主要生态农业建设模式的探索与推广[C]//福建省农学会. 福建省科协第五届学术年会提高海峡西岸经济区农业综合生产能力分会场论文集. 福州: 福建省农学会: 251-256.

陈国宝, 李永振. 2005. 南海主要珊瑚礁鲾科鱼类的组成与分布[J]. 南方水产, （3）: 18-25.

陈晶晶. 2014. 我国生物柴油产业发展策略研究[D]. 唐山: 华北理工大学.

陈俊愉, 程绪珂. 1990. 中国花经[M]. 上海: 上海文化出版社.

陈明强, 李有宁, 郭华阳, 等. 2016. 黑蝶贝苗种中间培育技术的初步研究[J]. 水产科学, 35（3）: 239-243.

陈秋波. 2009. 中国与世界主要天然橡胶生产国天然橡胶生产的历史、现状、问题及策略[J]. 中国橡胶, 25（22）: 8-13.

陈伟平. 2004. 海南省南药资源概况[J]. 热带林业, （3）: 8-11.

程贤松, 李亚军, 李兴涵, 等. 2021. 三亚湾春秋浮游植物分布及其与环境因子的关系[J]. 热带生物学报, 12（1）: 15-24.

崔鹏伟, 朱安红. 2020. 国家热带农业科学中心建设的几点思考[J]. 热带作物学报, 41（10）: 1954-1957.

崔鹏伟, 朱安红. 2020. 新时期我国热带农业发展战略研究[J]. 热带作物学报, 41（10）: 1949-1953.

崔淑兰, 李占立, 李丽, 等. 2020. 药用植物及其天然产物在保健食品中的研究进展[J]. 科技视界, （6）: 189-191.

戴好富, 郭志凯. 2014. 海南黎族民间验方集[M]. 北京: 中国科学技术出版社.

邓干然, 张劲, 李明福, 等. 2007. 加强热带农业废弃物资源综合利用研究促进热带农业增效和可持续发展[C]//中国热带作物学会. 中国热带作物学会2007年学术年会论文集. 西双版纳: 中国热带作物学会2007年学术年会: 49-51.

邓浩, 尹青春, 王世萍, 等. 2019. 海南胡椒产业的SWOT分析和发展对策——以文昌市为例[J]. 轻工科技, 35（2）: 128-129, 131.

邓祥元. 2016. 应用微藻生物学[M]. 北京: 海洋出版社.

丁莉, 周向阳. 2017. 中国咖啡产业竞争力分析及展望[J]. 农业展望, 13（10）: 52-57.

东方. 2016. 微藻多糖药理活性及应用研究进展[J]. 齐齐哈尔医学院学报, 37（30）: 3811-3812.

符莉, 莫业勇. 2018. 我国天然橡胶产业发展面临的矛盾和对策建议[J]. 中国农垦, （5）: 38-40.

高扬, 肖玲, 李雯. 2019. 中国食糖产业竞争力研究[J]. 价格理论与实践, （1）: 141-144.

古洁. 2020. 海南省天然橡胶价格保险的创新及推广 [J]. 中国保险,（7）：48-54.

郭岚, 马丽梅, 张发明. 2015. 头孢菌素类抗菌药物研究进展 [J]. 北方药学, 12（9）：74-75.

国际合作处. 2009. 中国热区小 世界热区大——中国热带农业科学院国际合作55年 [J]. 热带农业科学, 29（11）：15-19.

国家畜禽遗传资源委员会. 2011. 中国畜禽遗传资源志：家禽志 [M]. 北京：中国农业出版社.

国家畜禽遗传资源委员会. 2011. 中国畜禽遗传资源志：牛志 [M]. 北京：中国农业出版社.

国家畜禽遗传资源委员会. 2011. 中国畜禽遗传资源志：羊志 [M]. 北京：中国农业出版社.

国家畜禽遗传资源委员会. 2011. 中国畜禽遗传资源志：猪志 [M]. 北京：中国农业出版社.

国家南繁工作领导小组办公室. 2019. 中国南繁60年 [M]. 北京：中国农业出版社.

国家热带农业科学中心建设规划研讨会在中国热科院召开 [EB/OL]. [2018-07-02]. http：//www.moa.gov.cn/xw/zwdt/201807/t20180702_6153426.htm.

国家天然橡胶产业技术体系. 2016. 中国现代农业产业可持续发展战略研究：天然橡胶分册 [M]. 北京：中国农业出版社.

国家统计局. 2021. 2021中国统计年鉴 [M]. 北京：中国统计出版社.

国务院. 国务院关于加快推进农业机械化和农机装备产业转型升级的指导意见 [EB/OL].[2018-12-29]. http：//www.gov.cn/zhengce/content/2018-12/29/content_5353308.htm.

国务院. 中共中央 国务院印发《乡村振兴战略规划（2018—2022年）》[EB/OL].[2018-09-26]. http：//www.gov.cn/xinwen/2018-09/26/content_5325534.htm.

海南：2020年基本建成国家热带农业科学中心框架体系 [EB/OL].[2018-08-14].http：//www.hkwb.net/news/content/2018-08/14/content_3570636.htm.

韩伟, 吕莹莹, 张萌, 等. 2017. 我国特用玉米生产现状与发展对策 [J]. 安徽农业科学, 45（28）：39-41, 77.

韩振国, 杨静, 李晶. 2020. 新中国70年农业"走出去"的历程探究 [J]. 世界农业,（6）：104-109, 119.

何斌威, 欧阳欢, 王恩群, 等. 2020. 农业科研单位科技支撑热区脱贫攻坚模式实践 [J]. 农业科技管理, 39（4）：15-17, 21.

何康, 黄宗道. 1987. 热带北缘橡胶树栽培 [M]. 广州：广东科技出版社：2-3.

何培民. 2007. 海藻生物技术及其应用 [M]. 北京：化学工业出版社.

何宗源, 尤祖寰, 林言. 2012. 国内鲍鱼的养殖 [J]. 农民致富之友,（22）：102.

胡志全. 2019. 中国农业"一带一路"国际合作现状、问题与前景展望 [J]. 民主与科学,（4）：23-26.

华南热带作物科学研究院, 中国农业科学院作物品种资源研究所. 1992. 海南岛作物（植物）种质资源考察文集 [M]. 北京：农业出版社：1.

黄国勤. 2003. 新世纪世界农业的发展趋势 [J]. 江西农业大学学报（社会科学版）,（4）：130-134.

黄国雄. 1985. 黑蝶贝人工育苗成功 [J]. 海洋渔业,（2）：79.

黄梅, 庞玉新, 杨全, 等. 2014. 道地南药GAP种植基地建设及产业现状分析 [J]. 现代中药研究与实践, 28（5）：8-12.

霍志久, 张志华, 朱永涛, 等. 2015. 微藻资源化利用技术的研究进展 [J]. 化工中间体, 11（5）：88-91.

贾顺义 . 2006. 不同盐度及氮磷浓度对紫球藻生长代谢的影响 [D]. 大连：大连理工大学 .

江红霞，郑怡 . 2003. 微藻的药用、保健价值及研究开发现状（综述）[J]. 亚热带植物科学，（1）：68-72.

金琰，刘海清，侯媛媛，等 . 2013. 中国菠萝产业国际竞争力：基于 RCA 和"钻石"模型的分析 [J]. 世界农业，（9）：118-121.

金琰，徐磊磊，卢珉 . 2018. 海南热带水果有效供给研究 [J]. 热带农业科学，38（4）：128-132.

柯志新，黄良民，谭烨辉，等 . 2011. 2007 年夏季南海北部浮游植物的物种组成及丰度分布 [J]. 热带海洋学报，30（1）：131-143.

赖富丽，王祝年 . 2009. 我国热带药用植物种质资源 [J]. 安徽农业科学，37（12）：5479-5481.

黎振兴，李植良，孙保娟，等 . 2020. 华南地区番茄和茄子研究历史、现状与展望 [J]. 广东农业科学，47（12）：42-52.

李冬融，戴鑫烽，陆斗定，等 . 2014. 2012 年夏季南海西北部网采浮游植物群落结构 [J]. 海洋学研究，32（3）：87-96.

李光玉，孙凤芹，杨永鹏，等 . 2019. 我国海洋微生物菌种资源保藏与共享服务现状 [J]. 生物资源，41（2）：130-137.

李红飞，林森杰 . 2019. 南海浮游植物生态学研究进展 [J]. 厦门大学学报（自然科学版），58（1）：1-10.

李军，金海 . 2021. 2020 年我国肉羊产业发展概况、未来发展趋势及建议 [J]. 中国畜牧杂志，57（3）：223-228.

李军涛，冼健安，王冬梅，等 . 2017. 黑蝶贝养殖现状与前景初步分析 [J]. 水生态学杂志，38（6）：97-101.

李帅鹏，晁珊珊，高仕林 . 2019. 我国鲍鱼养殖产业现状与对策 [J]. 江西水产科技，（6）：44-46.

李万有 . 2017. 无规定动物疫病区建设的探索和思考 [J]. 中国畜牧业，（18）：43-45.

李祥艳，唐海涛，张彪，等 . 2014. 我国鲜食甜糯玉米产业现状及前景分析 [J]. 农业与技术，34（4）：219-221.

李永振，林昭进，陈丕茂，等 . 2003. 南沙群岛中北部重要岛礁鱼类资源调查 [J]. 水产学报，（4）：315-321.

李增平，张树珍 . 2014. 海南甘蔗病虫害诊断图谱 [M]. 北京：中国农业出版社 .

联合国粮食及农业组织 . 2018 世界渔业和水产养殖状况报告 [EB/OL].[2019-05-04]. https：//www.fao.org/family-farming/detail/zh/c/1145051/.

梁飞龙，毛勇，余祥勇，等 . 2005. 方斑东风螺人工育苗试验 [J]. 海洋湖沼通报，（1）：79-85.

梁英，黄徐林，田传远，等 . 2016. 海洋药源微藻研究进展 [J]. 中国海洋大学学报（自然科学版），46（11）：32-43.

林业局印发全国花卉产业发展规划（2011-2020 年）[EB/OL]. [2022-09-21].http：//www.gov.cn/zhuanti/ 2013-02/08/content_2609643.htm.

刘东，王凯丽，黄艳 . 2021. 世界热带农业的起源与传播 [J]. 中国热带农业，（6）：22-26.

刘国道 . 2008. 南方农区畜牧业发展实践与技术 [M]. 北京：中国农业出版社 .

刘海清. 2016. 中国菠萝产业国际竞争力研究[D]. 北京：中国农业科学院.

刘建玲. 2017. 热作产业形势分析报告集（2016年）[M]. 北京：中国农业科学技术出版社：5.

刘杰，李丽，贺娟. 南海海域浮游植物分布特征及研究进展[J]. 海洋地质与第四纪地质，30（3）：133-142.

刘洁宇. 2012. 发展特用玉米是增加忻州市农民收入的重要途径[J]. 现代农业（11）：56-58.

刘明生. 2003. 海南热带药用植物资源保护和利用[J]. 分子植物育种，（Z1）：791-794.

刘伟良，王静毅，魏燕雄. 2009. 现代生物技术在香蕉种质资源的研究与应用[J]. 热带农业科技，32（1）：49-52.

刘雪梅. 2012. 几种大型海藻中植物激素的研究分析[D]. 宁波：宁波大学.

娄甜甜，齐兴柱，尹绍武，等. 2007. 鳗鲡种质资源的研究进展[J]. 水产科学，（6）：366-369.

马孟磊，陈作志，徐姗楠，等. 2020. 南海北部陆坡海域生态系统营养结构和能量流动分析[J]. 水产学报，44（10）：1685-1694.

马威. 2012. 南海北部浮游植物群落的生态学研究[D]. 青岛：中国海洋大学.

毛彧. 2011. 海南椰子种质资源经济研究[D]. 海口：海南大学.

孟迎迎，姚长洪，刘娇，等. 2017. 微藻生物质成分检测方法评述[J]. 中国生物工程杂志，37（7）：133-143.

缪宇平. 2003. 海藻生物活性物质研究——1. 天然海藻抗氧化剂—吲哚噁唑生物碱 Martefragin A 衍生物的合成及其生物活性研究　2. 麻痹性贝毒之膝沟藻毒素 Gonyautoxins 的制备及其测定方法研究[D]. 上海：复旦大学.

莫克赫杰，月骆维. 1979. 杧果的起源[J]. 热带作物译丛，（2）：34-36.

莫丽珍，李学俊，高应敏. 2012. 咖啡品种的特性及历史迁移[J]. 热带农业科学，32（11）：35-39.

农业部畜牧业司，国家牧草产业技术体系. 2015. 现代草原畜牧业生产技术手册东南亚热带丘陵草地区[M]. 北京：中国农业出版社.

农业农村部农垦局. 全国热带、南亚热带作物生产情况（2020）[S].2021.

农业农村部农业贸易促进中心，农业农村部国际合作司. 2020. 中国农产品贸易发展报告（2020）[M]. 北京：中国农业出版社.

农业农村部渔业渔政管理局，全国水产技术推广总站，中国水产学会. 2021. 2021中国渔业统计年鉴[M]. 北京：中国农业出版社.

裴盛基，张宇. 2020. 南药文化[M]. 上海：上海科学技术出版社.

彭文岚，王广建，孙宗彬. 2010. 微藻在能源、环保及食品保健中的应用[J]. 化工科技市场，33（2）：18-21.

任军，黄路生，高军，等. 2000. 赣中南花猪随机扩增多态DNA与群体遗传关系的研究[J]. 遗传，（2）：69-72.

茹蕾，姜晔. 2019. 统筹推进全国农业对外合作工作机制的几点思考[J]. 中国市场，（10）：46-47.

茹蕾，龙盾，张玲玲. 2020. 新时期农业走出去高质量发展的思考[J]. 农业展望，16（12）：124-128.

史亚兴，徐丽，赵久然，等. 2019. 中国糯玉米产业优势及在"一带一路"发展中的机遇[J]. 作物杂志，（2）：15-19.

宋立荣，张琪，郑凌凌，等. 2020. 微藻种质资源库——藻类科学研究和产业发展的重要平台[J]. 水生生物学报，44（5）：1020-1027.

隋鹏飞. 中国农业对外合作发展历程及形势任务[EB/OL]. [2021-07-02]. http://www.cnafun.moa.gov. cn/kx/gn/202107/t20210702_6370933.html.

孙军，宋书群，乐凤凤，等. 2007. 2004年冬季南海北部浮游植物[J]. 海洋学报（中文版），（5）：132-145.

孙培培. 2018. 微藻中抗糖基化活性成分的筛选、纯化以及抗神经炎症的研究[D]. 广州：华南理工大学.

孙元芹，李晓，王颖，等. 2021. 我国海洋生物医药产业发展分析[J]. 渔业信息与战略，36（1）：1-8.

泰露露. 2017. 中国—东盟自由贸易区升级版背景下泰中产业合作研究[D]. 南宁：广西大学.

谭亿，周红霞，王以光，等. 2013. 海洋放线菌来源的卤代天然产物及其卤代机制[J]. 药学学报，48（9）：1369-1375.

唐森铭，蔡榕硕，郭海峡，等. 2017. 中国近海区域浮游植物生态对气候变化的响应[J]. 应用海洋学学报，36（4）：455-465.

涂志刚. 2017. 海南后水湾深水网箱养殖区微生物多样性及其养殖卵形鲳鲹"烂身病"研究[D]. 海口：海南大学.

王红勇，吴洪流，姚雪梅，等. 2010. 海南岛常见的大型底栖海藻[J]. 热带生物学报，1（2）：175-182.

王宏，陈建南. 2010. 广东中医药产业发展的南药资源战略研究[J]. 中国医药导报，7（1）：139-140.

王晓樱. 海南将建国家热带农业科学中心[N]. 光明日报，2018-07-02（10）.

王一飞，刘仁松，岑颖洲，等. 2019. 大型海藻综合开发及应用[Z]. 广州：暨南大学.

王玥琛，孔睿敏，王雁，等. 2019. 大型海藻肥料化应用[J]. 热带农业工程，43（4）：69-70.

王震红. 2010. 荔枝龙眼文化与产业发展[D]. 福州：福建农林大学.

魏玉秋. 2016. 中国南海和印度洋超微型浮游植物丰度与分布研究[D]. 天津：天津科技大学.

翁卓，黄寒. 2015. 中国制糖产业竞争力对比与政策建议——基于对巴西、印度、泰国考察的比较[J]. 甘蔗糖业，（4）：65-72.

吴才文，姚丽，苏火生. 2018. 世界甘蔗糖业生产与需求[M]. 北京：中国农业出版社.

吴才文，赵培方，夏红明，等. 2014. 现代甘蔗杂交育种及选择技术[M]. 北京：科学出版社.

吴成业，刘兆钧. 2004. 中国鳗业面临的问题与对策[J]. 福建水产，（4）：16-19.

吴孔明. 2018. 我国农业科技国际合作40年成果显著[J]. 中国农村科技，（12）：10-13.

吴伟军，谢达祥，阮志德，等. 2005. 方斑东风螺室内人工育苗试验[J]. 水产科技情报，（1）：18-20.

吴忠，苏薇薇. 2000. 论南药生产的产业化、规范化[J]. 中药材，（12）：776-778.

夏勇开. 2011. 中国香蕉生产技术的经济研究[D]. 海口：海南大学.

肖伟，刘勇，肖培根. 2012. 大南药概念的重要意义[J]. 中国现代中药，14（3）：60-61.

邢淑雁，于钦辉，杨菁华，等. 2021. 海洋生物多糖抗肿瘤作用研究进展[J]. 中华中医药学刊，39（11）：158-161.

休斯 G W. 1987. 世界农业史（上）[J]. 方原，译. 世界农业，（11）：9-12.

徐刚，陈璐，郑仪. 2020. 新冠疫情对世界经济的影响[J]. 国际研究参考，（5）：1-8，44.

徐鸿华，丁平，刘军民. 2004. 南药资源开发利用研究的回顾与展望[J]. 广州中医药大学学报，（5）：349-351，355.

徐露，刘养洁. 2012. 世界油棕生产贸易的时空格局演变及发展预测[J]. 世界地理研究，21（3）：70-76.

许凤清，刘金旗. 2007. 海洋药物研究进展[C]//中国药学会. 第九届全国中药和天然药物学术研讨会大会报告及论文集. 南昌：中国药学会学术会务部：372-380.

杨本鹏，张树珍. 2019. 甘蔗良种繁育与脱毒种苗技术[M]. 北京：中国农业出版社.

杨本鹏. 2019. 现代甘蔗栽培技术[M]. 北京：中国农业出版社.

杨翠凤，杨丽涛，李杨瑞. 2014. 甘蔗的起源和进化[J]. 南方农业学报，45（10）：1744-1750.

杨贵兰，李文军，秦松，等. 2021. 藻胆蛋白产业领域专利技术现状与发展趋势[J]. 中国发明与专利，18（4）：55-62.

杨华，冯璐，李复琴. 2013. 现代甘蔗原料管理技术[M]. 北京：中国农业出版社.

杨金涛. 2021. 微藻生物在水产饲料中的应用[J]. 江西水产科技，（1）：31-32.

杨礼，于海洋，吴建鹏，等. 2018. 基于模板匹配的高分影像椰子树提取方法[J]. 测绘工程，27（11）：56-60.

杨连珍，濮文辉，卢琨. 2007. 世界热带作物发展趋势及特点分析[J]. 世界热带农业信息，（12）：3-5.

杨曙辉，李江，王桂平，等. 2019. "绿色"理念下中国玉米产业高质量发展面临的挑战及前景展望[J]. 中国种业，（11）：10-15.

杨秀霞，王殿铭，吕晓东. 2019. 国内外合成橡胶市场现状及发展前景探析[J]. 当代石油石化，27（5）：13-20.

杨易. 2020. 农业走出去：理论思考与实践探索[M]. 北京：中信出版社：238.

佚名. 2010. 甘蔗优势区域布局规划（2008-2015年）[J]. 农业工程技术（农产品加工业），（4）：10-11.

佚名. 2015. 我国花卉产业发展思路、发展战略和建设重点——《全国花卉产业发展规划（2011-2020）》节选[J]. 中国花卉园艺，（1）：33-38.

詹若挺，刘军民，陈立凯，等. 2020. 广东省南药生产发展现状调查[J]. 广州中医药大学学报，37（9）：1836-1843.

张慧坚，等. 2019. 国内外热带作物科技发展现状与趋势研究[M]. 北京：中国农业科学技术出版社：9.

张箭. 2007. 菠萝发展史考证与论略[J]. 农业考古，（4）：172-178，189.

张箭. 2011. 木薯发展史初论[J]. 中国农史，30（2）：19-30.

张箭. 2012. 可可的起源、发展与传播初探[J]. 经济社会史评论，（5）：86-94.

张莉. 2003. 论南海海洋生物的多样性保护[J]. 农业现代化研究，（3）：217-221.

张连帅. 2019. 基于SWOT分析法的海南中药大健康产业发展路径探讨[J]. 中国现代中药，21（10）：1420-1423.

张玲玲，茹蕾. 2020. 新冠肺炎疫情影响下中国农业走出去分析[J]. 农业展望，16（11）：107-111，116.

张偲，张长生，田新朋，等. 2010. 中国海洋微生物多样性研究[J]. 中国科学院院刊，25（6）：651-658.

张婷婷，赵峰，张涛，等. 2019. 中国鳗鱼产业发展及其资源保护建议[J]. 渔业信息与战略，34（4）：235-243.

张晓静，庄芮. 2020. 疫情下的世界经济新变局及六大特征[J]. 现代国企研究，（9）：87-89.

张跃彬，等. 2013. 现代甘蔗糖业[M]. 北京：科学出版社.

张跃彬，邓军，陈跃，等. 2013. 云南高原特色甘蔗产业发展与技术战略研究[M]. 北京：中国农业出版社.

章汝先. 1996. 中国天然橡胶栽培技术的产生与发展[J]. 自然辩证法研究，（4）：45-49，54.

赵明珠，郭铁英，白学慧，等. 2018. 世界咖啡种质资源收集与保存概况[J]. 热带农业科学，38（1）：62-70，85.

浙江省文物考古研究所. 2003. 河姆渡：新石器时代遗址考古发掘报告：上册[M]. 北京：文物出版社.

浙江省文物考古研究所. 2003. 河姆渡：新石器时代遗址考古发掘报告：下册[M]. 北京：文物出版社.

中国农业百科全书总编辑委员会观赏园艺卷编辑委员会，中国农业百科全书编辑部. 2004. 中国农业百科全书（观赏园艺卷）[M]. 北京：中国农业出版社.

中国农业国际科技合作回顾与展望[N]. 科技日报，2000-11-13（4）.

中国热带农业科学院，华南热带农业大学. 2009. 山野崛伟业——热作两院天然橡胶科教事业史料[M]. 海口：海南出版社.

中华人民共和国2020年国民经济和社会发展统计公报[EB/OL].[2021-02-28]. http://www.gov.cn/xinwen/2021-02/28/content_5589283.htm.

中华人民共和国农业部农垦局，农业部发展南亚热带作物办公室. 2004. 中国天然橡胶五十年[M]. 北京：中国科学技术出版社.

曾军，黄圣卓，王军，等. 2020. 南海热带岛礁农业开发现状与对策[J]. 热带作物学报，41（12）：2591-2596.

曾霞，黄华孙. 2021. 我国天然橡胶技术发展现状与展望[J]. 中国热带农业，（1）：25-30.

曾霞. 2021. 中国天然橡胶产业发展和技术展望（2021—2025)[M]. 北京：中国农业出版社.

朱根海，宁修仁，蔡昱明，等. 2003. 南海浮游植物种类组成和丰度分布的研究[J]. 海洋学报（中文版），（S2）：8-23.

朱顺妮，刘芬，樊均辉，等. 2018. 微藻生物能源研究现状及展望[J]. 新能源进展，6（6）：467-474.

朱婷. 2019. 跨境贸易背景下中国与东盟农产品贸易结构分析[[J]. 商业经济研究，（10）：131-134.

邹记兴. 2001. 石斑鱼在我国科技兴海中的战略地位[J]. 中国水产，（1）：76-78.

2018产业扶贫论坛文字实录[EB/OL].[2018-10-17].http://www.farmer.com.cn/wszb2018/cyfp/wzsl/201810/t20181017_1410518.html.

Bulgarelli D，Rott M，Schlaeppi K，et al. 2012. Revealing structure and assembly cues for *Arabidopsis* root-inhabiting bacterial microbiota[J]. Nature，488：91-95.

Dai J Y，Wang Z F，Xiu Z L. 2019. High production of optically pure（3R）-acetoin by a newly isolated marine strain of Bacillus subtilis CGMCC 13141[J]. Bioprocess and Biosystems Engineering，42（3）：475-483.

Delong E F. 2007. Modern microbial seascapes[J]. Nature Reviews Microbiology，5：755-757.

Geoffiau E，Simon P W. 2020. Carrots and related apiaceae crops 2nd Edition[M]. London：CABI.

Hamad I，Ranque S，Azhar E I，et al. 2017. Culturomics and amplicon-based metagenomic approaches for the study of fungal population in human gut microbiota[J]. Scientific Reports，7（1）：16788.

Jones E B G. 2011. Are there more marine fungi to be described?[J]. Botanica Marina，54（4）：343-354.

Kannan B，Ragunath K P，Kumaraperumal R，et al. 2017. Mapping of coconut growing areas in Tamil Nadu，India using remote sensing and GIS[J]. Journal of Applied and Natural Science，9（2）：771-773.

Lagier J C，Dubourg G，Million M，et al. 2018. Culturing the human microbiota and culturomics[J]. Nature Reviews Microbiology，16：540-550.

Liu W Z，Ma L Y，Liu D S，et al. 2014. Peniciketals A–C，new spiroketals from saline soil derived Penicillium raistrichii[J]. Organic Letters，16（1）：90-93.

Mayer A M S，Glaser K B，Cuevas C，et al. 2010. The odyssey of marine harmaceuticals：a current pipeline perspective[J]. Trends in Pharmacological Sciences，31（6）：255-265.

Mohan M，de Mendonça B A F，Silva C A，et al. 2019. Optimizing individual tree detection accuracy and measuring forest uniformity in coconut（*Cocos nucifera* L.）plantations using airborne laser scanning[J]. Ecological Modelling，409：108736.

Morton J F. 2013. Fruits of Warm Climates[M]. Brattleboro：Echo Point Books & Media.

Moore P H，Ray Ming. 1988. Genomics of Trop-Ical Crop Plants[M]. New York：Springer.

Musa Germplasm Information System [EB/OL].[2020-12-31]. https：//www.crop-diversity.org/mgis/.

Nweze J A，Mbaoji F N，Huang G，et al. 2020. Antibiotics development and the potentials of marine-derived compounds to stem the tide of multidrug-resistant pathogenic Bacteria，Fungi，and Protozoa[J]. Marine Drugs，18（3）：145.

Schlaeppi K，Dombrowski N，Oter R G，et al. 2014. Quantitative divergence of the bacterial root microbiota in *Arabidopsis thaliana* relatives[J]. Proceedings of the National Academy of Sciences of the United States of America，111（2）：585-592.

Sun W W，Wu W H，Liu X L，et al. 2019. Bioactive compounds isolated from marine-derived microbes in China：2009-2018[J]. Marine Drugs，17（6）：339.

U.S. Department of Agriculture.Genetic resource collections. [EB/OL].[2020-12-31]. https：//www.ars-grin.gov/Pages/Collections.

Vermote E F，Skakun S，Becker-Reshef I，et al. 2020. Remote sensing of coconut trees in tonga using very high spatial resolution worldview-3 data[J]. Remote Sensing，12（19）：3113

Wang D F，Zhou L L，Zhou H L，et al. 2021. Chemical composition and anti-inflammatory activity of n-butanol extract of Piper sarmentosum Roxb. in the intestinal porcine epithelial cells（IPEC-J2）[J]. Journal of Ethnopharmacology，269：113723.

Zhang X F，Shu C Y，Li Q，et al. 2019. Novel cyclohexene and benzamide derivatives from marine-associated *Streptomyces* sp. ZZ502[J]. Natural Product Research，33（15）：2151-2159.

Zhang Z H，Qu F Y，Wang S Q. Sustainable development of the Yellow Sea large marine ecosystem[J]. Deep Sea Research Part II：Topical Studies in Oceanography，163：102-107.

Zhu T H，Chen Z Q，Liu P P，et al. 2014. New rubrolides from the marine-derived fungus Aspergillus terreus OUCMDZ-1925[J]. The Journal of Antibiotics，67（4）：315-318.